中华学人丛书

北宋新学研究

◎张钰翰 著

北京师范大学出版集团
BEIJING NORMAL UNIVERSITY PUBLISHING GROUP
北京师范大学出版社

目　录

下编　政治实践中的新学学派
——以孟子升格运动为中心的考察

绪论

第一节 研究史

《四库全书总目提要·经部总叙》对中国经学史作了一番精审的梳理，称汉以下两千年，经学凡六变，而其归宿不过汉、宋二家而已。①以后对中国经学史的分派或分期，或以为四派、三派，或以时间的流转为断②，而大体皆同意唐宋之际，经学形态发生一巨大的变化，即由重视经典传授的"汉学"转向了重视发明义理的"宋学"。而新学即是经汉学向经宋学转变过程中，在北宋出现的一个学术流派，属于广义宋学的一支。它以王安石(1021—1086)、王雱(1044—1076)父子及其同道、门人为核心，还包括在官学中成长起来、通过科举考试且认同王安石等人学术的学者。熙宁年间，王安石在神宗支持下实行变法，在其改革之一即贡举教育制度改革之中，王安石主持撰写《三经义》(亦称《三经新义》)、《字说》，并将这些著作列为贡举、官学的指定教材，从而使其新学获得了官学的正统地位。直到北宋灭亡，除了太皇太后

---

① 纪昀、永瑢等：《四库全书总目》，北京：中华书局，2018，1页。

② 关于近代中国经学史分派的问题，周予同先生在《经学史与经学之派别》和《中国经学史讲义》中已有深入分析，参见朱维铮师编：《周予同经学史论著选集(增订版)》，上海：上海人民出版社，1996，92～95、853～862页。许道勋、徐洪兴《中国经学史》第二章第一节在此基础上，结合最近数十年的研究状况作了较为全面的总结，参见许道勋、徐洪兴：《中国经学史》，上海：上海人民出版社，2006，84～92页。而如皮锡瑞《经学历史》、马宗霍《中国经学史》、本田成之《中国经学史》等则未明分学派，唯以时间顺序描摹中国经学的演进历程。

高氏主政和钦宗在位时期，新学在朝廷之上都具有绝对的权威。凭借这种官学地位，新学在北宋后期是当时朝廷和社会之上流布范围最广、影响最大的学术派别，风靡天下六十余年，是同一时期兴起的理学、蜀学、朔学等其他学派所无法比拟的。但是，南宋将北宋的灭亡归咎于王安石及其变法，因人废学，新学也遭到了严重的打击。尤其是随着程朱一系道学正统地位的确立，新学更进一步遭到排斥、否定；至《宋元学案》排之为"学略"而不入"学案"，彻底沦为"异端"。以此之故，数百年来，新学在历史上的实际形态与地位始终暗而不彰。

其实，对于王安石及新学在宋代学术转变中的地位，宋人犹有清晰的认识。王应麟说："自汉儒至于庆历间，谈经者守训故而不凿。《七经小传》出而稍尚新奇矣，至《三经义》行，视汉儒之学若土梗。古之讲经者，执卷而口说，未尝有讲义也。元丰间，陆农师在经筵始进讲义。自时厥后，上而经筵，下而学校，皆为支离曼衍之词，说者徒以资口耳，听者不复相问难，道愈散而习愈薄矣！"①虽然是以否定的口吻出之，却点出了新学对于汉唐经学的突破。近代以来，学术界也不乏对王安石研究的真知灼见。钱穆先生早已指出，王安石乃是初期宋学向第二期宋学转变的中间人物，既具有初期宋学的广大气魄，又触及了第二期宋学所涉及的内在心性问题，乃是将"心术政术绾合到一起，修身正心与治国平天下一以贯之，这一说，遂为以后学者所遵循"②。他同时指出，朱熹的《四书集注》成为元明清取士的标准，其实还是沿着王安石新经义的路子。③ 侯外庐先生主编的《中国思想通史》

---

① 王应麟著，翁元圻等注：《困学纪闻》卷八，栾保群、田松青、吕宗力校点，上海：上海古籍出版社，2008，1094～1095页。皮锡瑞著，周予同注：《经学历史》八，"经学变古时代"，北京：中华书局，2004。

② 钱穆：《初期宋学》，原载南京《中央周刊》，第8卷，第18期，1946年5月，见《中国学术思想史论丛(五)》，北京：九州出版社，2011，1～14页；钱穆：《宋明理学概述》，北京：九州出版社，2011，18页。

③ 钱穆：《国史大纲》，北京：商务印书馆，2002，580页。

认为王安石的学术思想，为道学家的道德性命之学开“别树一帜的‘先河’”①，暗示了新学与道学之间的紧密关系。陈守实先生认为儒家经典通过注释得以理论化并和政治主张密切结合实始于王安石，后来理学家的经注可以说是王安石“经术正所以经世务”、经义即理论的继续。② 朱维铮先生进一步认为理学家充当了王安石变法的遗嘱执行人，王安石在唐宋间经学更新运动中的作用不下于公孙弘在儒术独尊过程中的作用。③ 邓广铭先生在《王安石在北宋儒家学派中的地位》一文中特别指出王安石在“道德性命之理”方面度越前人，起汉唐之衰，是北宋儒家学者中高居首位的人物。④ 余英时先生在《朱熹的历史世界》中也认为王安石是宋儒从前期的“外王”向往转入后期的“外王”与“内圣”并重阶段的关键人物。⑤ 诸说虽侧重点不同，但共同指向了王安石在经汉学向经宋学，或是汉唐经学向宋明理学转变中的关键作用和地位。而作为一个学派的新学，也充当了“经学更新运动”过程中的开路先锋，代表着开拓经宋学进路的一种重要取向。

近代以来，出于变法改制的需要，王安石变法引起了学者的广泛兴趣，相关讨论蔚为大观，由朱瑞熙《20世纪中国王安石及其变法的研究》⑥一文与李华瑞《王安石变法研究史》一书即可窥其一

① 侯外庐主编：《中国思想通史》(第4卷上)，北京：人民出版社，1959，423页。

② 陈守实：《读蔡著〈王荆公年谱考略〉——略谈历史人物历史事件的评价问题(上)》，载《文汇报》，1962-04-12。

③ 朱维铮师：《中国经学与中国文化》，原载《复旦学报(社会科学版)》，1986(2)，见《中国经学史十讲》，上海：复旦大学出版社，2003，23～24页。

④ 邓广铭：《王安石在北宋儒家学派中的地位》，原载《北京大学学报(哲学社会科学版)》，1991(2)，见《邓广铭治史丛稿》，北京：北京大学出版社，2000，177～192页。

⑤ 余英时：《朱熹的历史世界：宋代士大夫政治文化的研究》，上篇“绪说”，北京：生活·读书·新知三联书店，2004，36～64页。

⑥ 朱瑞熙：《20世纪中国王安石及其变法的研究》，载《安徽师范大学学报(人文社会科学版)》，2003(2)；又朱瑞熙、程郁的《宋史研究》第二章第三节对该文有部分增补，参见朱瑞熙、程郁：《宋史研究》，福州：福建人民出版社，2006，65～97页。

斑。[①] 但是，这些研究基本集中于政治层面，对于变法一派学术思想方面的研究则长期止步不前。对比有关“道学”或者说是“理学”的研究，以王安石为核心的“荆公新学”近二三十年以来才真正成为学界研究的一个热点问题。萧永明《北宋新学与理学》[②]、王书华《荆公新学初探》[③]、刘成国《荆公新学研究》[④]、方笑一《北宋新学与文学》[⑤]就都是直接以“新学”作为题目和研究对象，兼及新学与北宋之理学、文学等方面关系的专著。诸书均以王安石之文集和《三经义》《字说》作为讨论的重点，着力于发掘王安石的学术特色及对宋代学术思想的影响。其他不以“新学”为名而专门研究王安石学术思想的论著更是不胜枚举[⑥]，比较全面的当属李祥俊《王安石学术思想研究》，该书以经学思想、儒学思想，以及子学、佛学、道教思想作为讨论范围，涉及了王安石思想中的各个方面。[⑦] 杨天保《金陵王学研究——王安石早期学术思想的历史考察(1021—1067)》提出走出“荆公新学”，而主张王学三体——早年原生体(金陵王学)、官学体(荆公新学)和晚年变体。[⑧] 他指出，不应将王安石的学术不分时代地浑沦来看，而应注意到其在不同人生阶段的学术演变，这一看法是值得重视的。但他的区分实际上是以王安石的身份变化来界定学术变化，而且特别强调王学三体之不同，在笔者看来，这割裂了王安石学术体系的内在一致性和整体性。

由于新学是作为官学的形象而出现的，这种官方色彩使其与政治的变化纠缠不清，新学在官方统治学说中的浮沉也尤其得到学者的重

---

① 李华瑞：《王安石变法研究史》，北京：人民出版社，2004。

② 萧永明：《北宋新学与理学》，西安：陕西人民出版社，2001。

③ 王书华：《荆公新学初探》，河北大学历史学博士论文，2001年4月。

④ 刘成国：《荆公新学研究》，上海：上海古籍出版社，2006。

⑤ 方笑一：《北宋新学与文学：以王安石为中心》，上海：上海古籍出版社，2008。

⑥ 可参考熊凯：《近十年来的荆公新学研究》，载《东华理工学院学报(社会科学版)》，2006(1)。

⑦ 李祥俊：《王安石学术思想研究》，北京：北京师范大学出版社，2000。

⑧ 杨天保：《金陵王学研究——王安石早期学术思想的历史考察(1021—1067)》，上海：上海人民出版社，2008。

视。程元敏《三经新义与字说科场显微录》和《王安石雱父子享祀庙庭考》二文即以科举、孔庙制度为切入点考察了新学的兴衰历程。[①] 陶丰《王安石新学兴废述》则集中于中央朝廷对新学尤其是对王安石的态度上，梳理新学从神宗到南宋的整个进程。[②] 李华瑞《南宋时期新学与理学的消长》则主要探讨新学在南宋的衰落过程，在官方态度之外，他尤其注意理学兴起对新学的打击。[③] 上述王书华、刘成国、方笑一等人的著作中也都涉及对新学演进历程或发展阶段的分析。这些研究使我们对新学在宋代社会中的变化有了清晰的了解，也加深了我们对新学历史地位的认识。

随着研究范围的扩大以及研究者对《道藏》等史料的进一步发掘，王安石以外的其他一些新学学者也开始逐渐引起研究者的注意，尤其是吕惠卿(1032—1111)和王雱，因为有关于《老子》和《庄子》的注疏传世，学界关注尤多。[④] 陆佃(1042—1102)所著《尔雅新义》和《埤雅》也得到了文字学研究者的重视。[⑤] 其他如龚原(1039—1105)、陈祥道(1042—1093)、蔡京(1047—1126)、蔡卞(1058—1117)等人，也都有

---

① 程元敏：《三经新义辑考汇评(一)——尚书》下编，台北：台北编译馆，1986，313～414页。

② 王水照主编：《新宋学(第一辑)》，上海：上海辞书出版社，2001，325～344页。

③ 李华瑞：《南宋时期新学与理学的消长》，载《史林》，2002(3)。

④ 对于吕惠卿，2001年福建召开了关于吕惠卿的学术研讨会，会后编辑了论文集，即汪征鲁主编：《吕惠卿研究》，福州：福建人民出版社，2002。是书各文大多讨论对于吕惠卿的评价和其在熙丰变法中的作用问题，以“翻案”为主，研究其学术思想的文章只有三篇。

⑤ 夏广兴：《陆佃的〈埤雅〉及其学术价值》，载《上海师范大学学报(哲学社会科学版)》，1994(1)；赵诚、康素娟：《陆佃与〈埤雅〉》，载《陕西教育学院学报》，1999(4)；范春媛：《陆佃〈埤雅〉评述》，载《宁夏大学学报(人文社会科学版)》，2005(3)；范春媛：《浅谈〈埤雅〉的训诂特色及其成因》，载《古籍整理研究学刊》，2006(6)；李冬英：《陆佃〈尔雅新义〉管窥》，载《信阳师范学院学报(哲学社会科学版)》，2009(4)。

一些相关研究成果面世①，但总体而言尚多属于初步的探索。另外，除了吕惠卿和王雱，还有很多新学学者也有关于《老子》《庄子》的注释流传下来，新学之重视老庄于是引起了许多学者的兴趣，如熊铁基主编，刘固盛、肖海燕、熊铁基著的《中国庄学史》中，就分别列专节讨论了王安石、吕惠卿、王雱、陈祥道、林自和黄裳(1044—1130)的庄学思想。② 刘固盛《宋元老学研究》③、尹志华《北宋〈老子〉注研究》④、江淑君《宋代老子学诠解的义理向度》⑤等书中也都涉及新学学者对于《老子》的解读。其他单篇论文也有很多，如山田俊《吕惠卿关于〈老子〉〈庄子〉思想浅析》⑥等。这些论著对探讨新学如何诠解老庄做出了一定的贡献，但在笔者看来，大多或就其诠解老庄本身而言，如在讨论新学的老学思想时就强调以儒解老、以庄解老、以佛解老，讨论新学的庄学思想时亦然；或强调新学学者阐释老庄的政治目的，而没有从整体上来把握新学对老庄的认识，没有从新学学术体系本身出发去看待，因此对新学的认识多流于表面。

目前，以笔者所见，对于新学的学术思想研究得最为深入的当属卢国龙。他的《宋儒微言》虽然不是以新学为讨论核心，但其中也重点论述了王安石和王雱的政治哲学。在讨论王雱时，他认为新学学派内部存在两种不同的学术倾向：其一以王雱为代表，主张“任理而不任

---

① 李之鉴：《王安石新学派的后劲——龚原的哲学》，载《河南师范大学学报(哲学社会科学版)》，1990(4)；范丽琴：《龚原〈周易新讲义〉研究》，福建师范大学中国古典文献学硕士论文，2011年6月；[日]芝木邦夫：《陈祥道〈论语全解〉——主体的释义》，杨菁译，见[日]松川健二编：《论语思想史》，台北：万卷楼图书股份有限公司，2006，255～280页；杨小敏：《蔡京、蔡卞与北宋晚期政局研究》，北京：中国社会科学出版社，2012。

② 熊铁基主编，刘固盛、肖海燕、熊铁基著：《中国庄学史》，第五章第三节至第八节，福州：福建人民出版社，2009，257～347页。

③ 刘固盛：《宋元老学研究》，成都：巴蜀书社，2001。

④ 尹志华：《北宋〈老子〉注研究》，成都：巴蜀书社，2004。

⑤ 江淑君：《宋代老子学诠解的义理向度》，台北：台湾学生书局，2010。

⑥ [日]山田俊：《吕惠卿关于〈老子〉〈庄子〉思想浅析》，载《宗教学研究》，1998(4)。

情”的自然主义；其二以陆佃为代表，更多地表现出儒家的人文情怀。① 另一部值得一提的专著是刘成国的《荆公新学研究》。作者在绪论中指出，以往研究对新学中王安石以外的重要学者关注太少，但实际上他自己对这方面也涉及不多(对此，作者在后记中也有所检讨)。他讨论荆公新学的学术建构和理论特色，也仍然是以王安石为绝对主体。该书的一大贡献是比较详细地爬梳了新学的门人和著述②，尽管称不上全面，但还是比较细致地勾勒出了一个新学群体的样貌。

综合来看，以往对于新学的研究，大多集中于两个方面：一是王安石个人的学术思想，虽然如陶丰、刘成国等都认为新学还应包括其他学者，但实际的讨论甚少；二是新学的起源、兴盛与衰退，即从北宋中后期到南宋的历史演变。对于前者，实际上是缩小了新学的范围，以王安石个人代替了作为一个学派的新学整体。新学之所以能够成为一个学派，王安石当然是核心人物，但同样还有许多与他抱持相同意见或者继承、发展了王安石意见的学者。必须要对更多新学学者进行研究，才能勾画出新学之所以成为一个学派的特色，也才能显示出北宋思想学术界的实际样貌。对于后者，研究者实际上是以王安石的人生经历和中央朝廷对于新学的态度作为新学演进的主轴。当然，新学以其官学色彩而出现，与政治的纠葛难解难分。但是，在上述脉络之下，新学学派本身的学术发展被遮蔽了，人们看到的只是新学在政治上的浮沉，似乎新学只是政治权力下的产物，这就使我们无法真正认识北宋后期的学术界，也无法进一步认清整个宋代学术思想史的演进历程。总之，相对于学界对道学乃至蜀学的研究③，新学的研究是亟

---

① 卢国龙：《宋儒微言：多元政治哲学的批判与重建》，第二、三章，北京：华夏出版社，2001，81～192页。

② 其所谓新学门人，以亲受业于王安石者为限，若吕惠卿则不列焉；至其列新学著述，则不限于新学门人，已及于北宋之末。

③ 道学向来是宋代学术史、思想史、哲学史研究的大宗，成果之多，自不必多言。若蜀学，也已经有胡昭曦、刘复生、粟品孝《宋代蜀学研究》(成都：巴蜀书社，1997)以及胡昭曦《宋代蜀学论集》(成都：四川人民出版社，2004)等著作，其研究的范围已远远越出了苏氏父子。

待加强的。

学术面貌之外，由于新学成为官学正统，新学中人大多直接参与到北宋中后期的政治实践之中，是新法、绍述等重大历史事件的亲历者和积极参与者。在政治领域，在不同的政治空气与时代背景之下，他们或坚持以其学术思想改造政治、重塑秩序；或出于现实政治斗争的需要，采取不同的策略，而以学术作为缘饰。他们不仅深刻影响了北宋中后期的政治文化走向，而且直接推动了官方意识形态层面的转向，因此，“政治实践中的新学”其实是研究新学所无法回避的一面，政治与学术的互动乃是必然的研究思路。本书选取“孟子升格运动”这一经汉学向经宋学转变的关键环节，讨论对于孟子的尊崇，如何由一种学者间的思潮，确立其在官方统治学说中的地位，尤其集中在对王安石变法及新学学派与《孟子》的相关度的考察。王安石之确立《孟子》在统治学说中的地位，特别在政治体制和政治文化方面着力。科举、教育制度和孔庙祭祀乃是此中的重中之重。选举制是古代候补官员的选拔制度，唐宋以后，科举制尤其是进士试占据了选举的核心位置。士人想要进入仕途，就必须通过一级级的科举考试，科举考试的内容也就成为绝大多数士人的为学指向。① 在宋代，有四万名左右的进士，数字远高于明清②，参加过科举或者有意参加科举的士人数量无疑更为庞大。如此多的士人为了取得功名，就必须刻苦钻研科举的考试内容，甚至要有意识地投其所好。有些具有独立思想的士人即使自己并

① 科举制在中国古代社会中的地位以及古人的政教相联思路，可参见罗志田：《数千年中大举动：废科举百年反思》，见《变动时代的文化履迹》，上海：复旦大学出版社，2010，29～48页。又可参见余英时：《试说科举在中国史上的功能与意义》，见《中国文化史通释》，北京：生活·读书·新知三联书店，2011，204～236页。

② 艾尔曼著《南宋至明初科举科目之变迁及元朝在经学历史的角色》中，根据贾志扬、何炳棣等人的研究列出宋以降各朝进士总数和每年进士数，进士总数方面，宋代39711人，明代24594人，清代26747人，该文由吕妙芬翻译为中文，收入杨晋龙主编：《元代经学国际研讨会论文集》，台北：“中央研究院”中国文哲研究所，2000，71～118页。

不真正信服官方的说教，也难免“从俗”，比如，欧阳修年轻时为了能通过科举，就对当时流行的时文下了一番苦功。但像欧阳修这样后来能够跳出旧有官方学说束缚，自己独立思考文化传统、创立新说的毕竟是少数，绝大多数的士人恐怕一生都局限于科举所考的官方学说。因此，科举考试的内容无疑在塑造士人思想方面发挥着巨大的作用。宋代以后，为了使士人能够对科举考试的内容进行系统的学习，从中央到地方都建立了比较完善的教育制度。宋代的官学最初主要是由士人推动而兴起的，但随着意识形态控制的需要，官学越来越系统化，越来越制度化。在北宋，多数私人性的书院也逐渐被纳入官学体系中来。虽然到南宋中后期，官学教育日趋僵化，以追求真知为目的的书院重新兴盛起来，但官学仍然在促进士人通过科举方面发挥作用。这种官方的教育制度以培养政府的候补官员为主要目标，同时带有教养读书人的政治意味。教育制度的基本形式和教学场所传授的内容是统治者在从中央到地方进行政治教化的重要途径，里面渗透着统治者的政治文化意志。而文庙，本是学校制度的衍生物，大概从汉代开始，学校中都要祭祀先圣先师。唐代以后，孔子取代周公成为先圣，文庙顺理成章地变成了孔庙。因为按照制度，有学校的地方就要建孔庙，有孔庙就会有相应的祭拜仪式，学生四时都要对先圣先师行礼，孔庙中祭祀的圣贤就成为天下读书人崇拜和效法的对象。先圣先师以及从祀的先儒都是由以皇帝为核心的中央朝廷钦定的，体现着朝廷对于哪些人和什么样的学说能够代表孔子和儒家传统的认知，也同时代表着朝廷对于读书人的期望和塑造。① 尤其是孔庙作为一种庙祠，实际上已经进入了读书人甚至普通民众的信仰领域。五代时学校衰败，一直到宋初，孔庙都是地方的学术文化中心，承担着保存文化传统和教化地

① 中国中世纪官方儒学教育的特征及与政治的关系，可参见朱维铮师：《孔子与教育传统》，见《音调未定的传统》，沈阳：辽宁教育出版社，1995，69～86页。高明士认为传统中国教育在东晋以后逐渐形成“庙学制”，它由祭祀空间和教育空间构成，都具有明显的政治导向，参见高明士：《中国教育制度史论》，台北：联经出版事业有限公司，1999。

方社会的双重职责。宋代对孔庙的建立和完善都非常重视，真宗时期，对于地方孔庙的修葺，对于孔庙祭祀的仪制都做了具体的规定。无论是在象征领域还是在官方教育层面，孔庙祭祀都成为一项重要的制度。可以说，科举、教育制度和孔庙祭祀三者共同构成了中国古代统治文化的核心，是政治、文化、思想、信仰的交汇点，在古代政教结合的体制下，涉及王朝要建立一个什么样的社会，以及选拔怎样的人才以实现其目标。王安石在这些方面创造新的体制，以新学的学术体系贯穿到新体制之中，并大幅提高孟子地位，就是在古代政治的核心处着手，意图改善政治，以实现完美的社会秩序。“孟子升格运动”的两大标志“书升为经”和“人升为圣”，都是在新学占统治学说支配地位的神宗熙丰时期基本得以实现的。前者体现了宋代士大夫针对汉唐旧经学所做出的突破与自我更新，后者则表现了他们如何与皇权抗争、张扬自身的政治主体地位。在这两个过程中，新学实际上都居于主导地位，直接推动了孟子升格的实现。由是我们既可以看到新学改造统治学说、重塑政治文化的努力，也可以透视出新型士大夫的学术与政治追求。

北宋后期的礼制改革，尤其是郊祀制度中天地分祭抑或合祭的问题，也集中反映了新学如何参与到政治之中。在神宗元丰时期，新学提出天地分祭之说，既出于以周礼为法、本天道以制人事的内在学术理念，也符合神宗追法上古圣王、提高君权的要求。而到了哲宗时期，新学在绍圣年间重提分祭之说则更多出于对元祐时期合祭之议的反对，而其背后的目的则是强化哲宗及新学“绍述”神宗新法的合法性，消除太皇太后高氏的政治影响，同时对反变法的“旧党”予以严厉的政治打击。

第二节 “新学”之名称与范围

如论者已经指出的，所谓“荆公新学”之名乃是由全祖望在《宋元学案》中设《荆公新学略》所引起，在宋代并没有这一名称。当时，人们更多地称之为“王氏之学”“临川之学”“新学”等。对于这些名词，杨天保、方笑一、熊凯等学者皆有详细辨析①，本书将在此基础上做出进一步的讨论。

首先，所谓"王氏之学"，其实与"苏氏之学"包括了三苏父子一样，并非指王安石一人之学，同样包括王雱在内。《朱子语类》卷一百三十云："因论王氏之学，而曰：'元泽幼即颖悟。尝有人笼獐、鹿各一，以遗介甫，元泽时俱未识也。或问之曰："孰为鹿？孰为獐？"元泽曰："獐边者是鹿，鹿边者是獐。"其后解经大抵类此。'"②由是可见"王氏之学"不限于王安石个人。更进一步，在后来的学术流衍与政治变迁之中，"王氏之学"不仅指代了一个学派，更已经成为一种符号。如靖康元年(1126)五月陈过庭(1071—1130)言："自蔡京擅权，专尚王氏之学，凡苏氏之学，悉以为邪说而禁之……又有时中斋生姓叶者，党王氏之学，止善斋生姓沈者，党苏氏之学，至相殴击。"③崇宁所禁，包括黄庭坚、张耒、晁补之、秦观等所谓苏轼"门人"④，他们即已被视作"苏氏之学"，而王氏之学、苏氏之学各有追随者，各分党众，已成为一学派之名。又如南宋初期的绍兴七年(1137)，吏部侍郎吕祉(？—1137)上书中言："近世小人，见靖康以来，其学稍传，其徒杨时辈骤跻要近，名动一时，意欲歆慕之，遂变巾易服，更相汲引，以列于朝，

---

① 杨天保：《金陵王学研究——王安石早期学术思想的历史考察(1021—1067)》，第二章，46～74页；方笑一：《北宋新学与文学：以王安石为中心》，第一章第一节，1～7页；熊凯：《"新学"与"王学"探析——兼与徐规、杨天保两先生商榷》，载《南昌大学学报(人文社会科学版)》，2006(3)；熊凯：《王安石"新学"名称由来考辨》，载《史学月刊》，2009(4)。

② 黎靖德编：《朱子语类》卷一百三十，王星贤点校，北京：中华书局，2004，3101页。

③ 汪藻著，王智勇笺注：《靖康要录笺注》卷六，成都：四川大学出版社，2008，731页。

④ 杨仲良《皇宋通鉴长编纪事本末》(后简称《长编纪事本末》)卷一百二十一《禁元祐党人上》云："(崇宁二年四月)乙亥，诏三苏、黄、张、晁、秦及马涓文集、范祖禹《唐鉴》、范镇《东斋记事》、刘攽《道话》、僧文莹《湘山野录》等印板悉行焚毁。"见杨仲良：《皇宋通鉴长编纪事本末》，李之亮校点，哈尔滨：黑龙江人民出版社，2006，2034页。此可见其所禁以苏氏之学为大宗。

则曰：‘此伊川之学也。’其恶直丑正，欲挤排之，则又为之说曰：‘此王氏之学，非吾徒也。’”①在这里，无论是“伊川之学”还是“王氏之学”，也都已经远远越出了二程和王氏父子的学术本身，成为自我标榜或彼此攻击的一种象征符号。不管是自我的认同还是他者的划分，“王氏之学”都已经代表了一个与其他人相异的具有鲜明学术特色与行为方式的特定群体。

其次，苏轼在《六一居士集叙》中云“欧阳子没十有余年，士始为新学”②，欧阳修卒于熙宁五年(1072)，以是推之，则苏轼所谓“士始为新学”当在元丰后期。而晁说之《汝南主客文集序》中则云“逮公三年免丧之后，始有新学，而先王之经亦以新名之”③。该文中言晁端仁除丧后为青州寿光县主簿，时赵抃帅青州。赵抃受命知青州在熙宁三年十二月④，荐端仁为学官在熙宁四年⑤，则晁说之认为熙宁三年时新学已然兴起，似是其视该年殿试用策，又以吕惠卿等意见拔擢进士为新学之始。但不管新学始于熙宁中或元丰中，他们眼中的新学，实际上都是作为官学形态而出现的。那么，“新”之所指则针对着“旧”的官学形态，即以唐九经注疏以及宋初所修撰的《尔雅正义》《论语正义》《孝经正义》为核心的“旧”经学，所谓新学，强调的也是对汉唐经学的突破。对汉唐经学表其不满自不始于新学，宋初之时已然蕴含着新经学的种子。⑥

---

① 李心传：《建炎以来系年要录》卷一百八，景印文渊阁四库全书本，第326册，台北：台湾“商务印书馆”，1986，483页。

② 苏轼：《苏轼文集》卷十，孔凡礼点校，北京：中华书局，2011，316页。

③ 晁说之：《景迂生集》卷十五，影印摛藻堂四库全书荟要本，长春：吉林出版集团有限责任公司，2005，341页。按：汝南主客指说之从世父晁端仁(1035—1102)。

④ 李之亮：《北宋京师及东西路大郡守臣考》，成都：巴蜀书社，2001，259页。

⑤ 晁补之：《鸡肋集》卷六十七《朝请大夫致仕晁公墓志铭》，四部丛刊初编本。

⑥ 金中枢：《宋代的经学当代化初探(上、下)》，见《宋代学术思想研究》，台北：幼狮文化事业公司，1989，1～179页；冯晓庭：《宋初经学发展述论》，台北：万卷楼图书有限公司，2001。

新学之突出意义在于其在官方统治学说中的位置，这是中央朝廷首次确立的不同于汉唐章句注疏之学的经学形态。

可是，新学又非官学这一层面所能涵盖。熊凯曾指出，“新学”由新经义、新字学、新学风、新学派四方面构成，具有官学、新经学和学派三层含义。① 这不能说错，但显得有些支离。作为一个学派，新学本即是以不同于旧经学之学术传统而得以称“新”的，所谓新经义、新字学、新学风所指其实是一回事。而新学之成为官学，乃是北宋熙丰之间和绍圣以后之事，在此之前并非官学，在南宋的一个时期中也与其他学派并立于朝。也就是说官学层面的新学只是新学发展过程中的一个部分，不能涵盖新学全体。新学作为官学形态而出现，意味着王安石一派学术在官方意识形态中树立了正统的地位，以及朝廷对新学的认可(尽管这是在王安石的权力影响下实现的)，并不能反过来说新学就是官学。换句话说，是先有新学之学术然后才可能有其官学地位，学术思想本身才是新学的核心。从这一角度来说，“新学”与“王氏之学”的名称也并不具有根本性的差异，就如同明代之王学与心学都是指王阳明一派的学问一样。

最后，在北宋后期，有所谓“新党”之称，指的主要是支持熙丰新法或者至少口头上倡言新法的人士。此名起于新旧党争，以政治立场作为划分标准，所强调的是政治，而非学术。更确切地说，“新党”抑或“旧党”乃是政治斗争的产物，也很难绝对地以政治见解进行区别——尤其是在绍圣以后。比如说，陆佃后来被归为“元祐党人”，但他其实是熙丰新法的支持者。而“新党”内部的政治态度也不尽相同，刘子健在区分北宋晚期的官僚类型时，就已指出曾布(1036—1107)、吕惠卿、章惇(1035—1105)、蔡确(1037—1093)以及蔡京等人的不同②；关长龙也曾将绍圣中主绍述者分为纯粹绍述派、奉上绍述派和

① 熊凯：《王安石“新学”名称由来考辨》，载《史学月刊》，2009(4)。

② 刘子健：《王安石、曾布与北宋晚期官僚的类型》，原载新竹《清华学报》，第2卷，第1期，1960年，收入《两宋史研究汇编》，台北：联经出版事业股份有限公司，2002，117～142页。

调和绍述派①。虽然他们都是从政治着眼，但如刘子健所示，曾布、吕惠卿等属于有相当学力者，即在学术上有一定自己的见解，不是纯粹的“职业官僚”。而如蔡京，虽然传世文字不多，但也有一些反映了他的学术倾向与意见，如其《题宋徽宗画御鹰图》中言“万物赋形，秉气于八方，随方受色，其形不同，其色亦异……皆自然之理”②，亦可见其对天地自然之道的认识与王安石等新学学者有相当的一致。至于蔡卞，则更是深于经术，曾长期担任国子监和经筵讲官，且有《毛诗名物解》传世。③ 这些人显然应当被视作新学中人。同时，“新党”中的另一些人如李清臣、张商英等，他们的学术倾向则与新学颇为不同，也就是说，很多在学术上有所成就的“新党”中人，并非都属于“新学”学派。“新党”与“新学”二者之间有交集，却非完全重合。在北宋后期的历史环境之中，并非所有新学学者都被归为新党，而新党也并非都服膺新学。

当然，如果抛开当时政治倾轧造成的归类混乱，以对待熙丰新法的态度来说，新学学派基本上都表示支持——只不过在具体做法上有程度和方式的区别而已。比如说，郑侠（1041—1119）因为曾进《流民图》，并直接导致王安石之第一次罢相，历来被视作新法的反对派，其实他对青苗法、免役法的精神都非常赞同，并主张坚决地贯彻下去；他所反对的，主要是在具体施行过程中不得其人而产生的弊端。后来《宋元学案》中仍然将他列入《荆公新学略》，一方面在于王安石与他之间直接的师弟关系；另一方面，他们在很多学术观念上的一致或许也是全祖望考虑到的原因吧。④ 因为由王安石等人所主导实施的新法，

① 关长龙：《两宋道学命运的历史考察》，上海：学林出版社，2001，186～198 页。

② 曾枣庄、刘琳主编：《全宋文》卷二三六三，第 109 册，上海：上海辞书出版社；合肥：安徽教育出版社，2006，165 页。

③ 《毛诗名物解》与陆佃《埤雅》中有相当多内容完全一致，故有人以为前者乃抄袭之作，黄复山已辨其非，指出二者之相同处多属出于《字说》者，参见黄复山：《王安石〈字说〉之研究》，台北：花木兰文化出版社，2008，86～91 页。又《毛诗名物解》后数卷大多为统论，乃《埤雅》所无，当确为蔡卞之作。

④ 对于郑侠的论述，具体参见本书第二章第二节。

从整体上来说是新学的学术思想在社会政治上的反映，二者在根本精神上是一致的，因此，服膺新学的人也大多对新法持认同态度。

有人说“新学”是反对派进行攻击的名称，王安石一派学者从没有自称为“新学”。但如“道学”一名也是政治斗争的产物，而我们无法否认二程都属于道学一样，只要这一名称能够反映一个群体的内在特色，自然不会妨碍我们的理解和使用。

至于如何来界定新学学派，或者说究竟将哪些人纳入新学学派之中，本书主要有两个依据。一是《宋元学案》和《宋元学案补遗》中列入《荆公新学略》的学者，这一部分大多是与王安石等人有比较明确的师承关系的，或是在传世记载中比较明确地说明他们服膺新学。他们大多在新学被确立为官方正统学说以前即已从学于王安石，是新学学术吸引力的自然反映，也说明新学最初并不依赖于政治权力，而是代表着一批北宋士人对宇宙秩序的一种思考趋向。二是在熙宁贡举改制之后，在官学影响下以习新学而通过科举且有维护新学和新法的言行的学者，乃是政治制度中培养出来的新学传人，基本属于朝廷功令下的产物。在政治权力笼罩下成长起来的学者未必都是新学的信徒，有很多人在通过科举步入仕途之后便抛弃了新学而追求个人的真学术，但也同样有很多人终身追随新学，或者是在官学的浸润下久假而不归，或者是其本人确实对新学从心底感到认同，那么这些人虽然未必都是第一流的新学学者，但也应属新学学派中人。这一类中比较突出的例子是黄裳。虽然他没有被《宋元学案》和《补遗》收入新学一派之中，但作为元丰五年(1082)神宗钦点的状元①，他在《演山集》中的文字，比

① 黄裳殿试策尚存，可是因为我们没有将被神宗否定的试卷与之进行对比，所以其中究竟哪些地方得到宋神宗的赏识，我们难以确知。但是有一点值得注意：在熙宁九年(1076)、元丰五年的贡举之中，神宗都否定了殿试考官对一甲名次的排定而重新断以己意，并对考官进行责罚；元丰二年贡举看似没有类似举动，但其实因前一年年底虞蕃讼太学考试不公已引起太学之狱，殿试时正当审理之中，故没有明显的处理；至元丰二年年底狱结，是年殿试考官许将、沈季长，以及国子监、太学官员均遭处罚，则该年神宗同样插手学校贡举之事。合并来看，这似乎反映了神宗意图操控人才选拔，加强皇权的实际控制范围。黄裳被定为状元也应当在此一脉络中进行理解，而不能仅从他的策问与神宗意思相合这一点来看。

较鲜明地表现出了新学的特色，与其他新学学者在许多关键的思想上都是相同的，所以这里笔者也把他作为新学的一员来看待。归根结底，学术思想本身是唯一的判分标准。

第三节　历史中的“新学”

在经汉学向经宋学转变的过程中，学术界出现了许多新的动向。蒙文通先生曾指出，唐代中叶中国学术发生了一次反对旧传统的革新运动，范围涉及经学、史学、子学与文学，即思想、学术、文艺各个领域都出现了与之前截然不同的变化。① 这一革新运动的成果并没有能够在唐代站稳脚跟，而随着晚唐五代十国战乱频仍，整个思想学术界虽然仍然不乏亮点，却失去了整体性的创造活力。但是，以“大历学术”为代表的这一股思想解放之风却为后来宋学的发展奠定了基础，追求义理、返本开新、三教融合等倾向都已出现。其风既开，后来者莫不受其浸润。

入宋以后，尽管北面还有契丹的威胁，不久之后又有西夏崛起，但原有的五代十国之地基本一统，社会恢复了比较安定的局面。在新局势之下，承晚唐五代之弊，宋人需要重新思考宇宙秩序，安顿现实的政治与人生。自宋初以降，这种努力就从未中断，如在皇帝命令之下有邢昺等修《论语注疏》《孝经注疏》《尔雅注疏》，有主要由南方学者编纂的《太平御览》《册府元龟》等类书和张君房所编之《云笈七签》；官方之外，有杨亿、刘筠等所谓“西昆体”，有智圆、契嵩之融通儒释，有“古文运动”，还有略晚的新学、道学等，都反映了各自对于文化根

① 蒙文通：《中国史学史》，见《蒙文通文集》第 3 卷《经史抉原》，成都：巴蜀书社，1995，304～307 页；《中国历代农产量的扩大和赋役制度及学术思想的演变》，见《蒙文通文集》第 5 卷《古史甄微》，成都：巴蜀书社，1999，365～372 页。邓志峰师进一步指出，这一更新运动产生的根本原因在于士大夫精神领域的变化，即以孟子自得、道统为真精神的“师道复兴运动”。参见邓志峰师：《义法史学与中唐新史学运动》，载《复旦学报(社会科学版)》，2004(6)。

本问题的思考。无论是魏阙之上还是江湖之远，不分儒释道，宋人都在努力探究文化生命的根基所在，追寻个人的安身立命之所。而新学，正是这诸多探索中的一支。

宋学的整体发展演进，自以庆历以后为一大变。故《宋元学案》首列安定、泰山、高平、庐陵学案，以为导宋学之源；又有古灵四先生与士刘诸儒学案，所谓“庆历之际，学统四起”是也。① 此脉络乃是从道学正统的视角回溯其源头，未必是历史发展之实相。② 但其所揭示的现象则无法否认。如果抛开单一、直线进化的思维，那么应该说北宋中期的学术界是相当多元化的，当时也没有表现出未来学术必然走向道学的趋势。

以当世影响而言，宋兴以来，学术之探索乃由文章之学而大昌。西昆体、太学体乃至欧苏古文，每在反对之中而出新局面，当庆历之后，实以欧阳修为代表的古文为当时学界之大宗，新学早期似亦由“古文运动”转出。曾肇在《王补之文集序》中云：“盖宋兴百年，文章始盛于天下。自庐陵欧阳文忠公、临川王文公、长乐王公深甫，及我伯氏中书公同时并出，其所矢言皆所以尊皇极、斥异端、明先王道德之意为主，海内宗之。”③他指出“古文运动”亦以明先王道德之意为指向，同时认为王安石属于此一风潮之中的代表。在入仕之初，王安石、吕惠卿等都曾得到欧阳修的称赏延誉，欧阳修甚至或许曾有过以王安石

① 黄宗羲、全祖望：《宋元学案》卷首《宋元学案序录》，陈金生、梁运华点校，北京：中华书局，2009，1～2页。

② 在理学成为宋以后儒学或者经学的主干之后，在探讨理学的形成之时，研究者大多站在理学已经胜利的立场上回头向上追溯理学的源头，于是直接对理学形成产生影响的人物、思想、社会变动就被凸显出来，仿佛自中唐以降，学术便坚定不移地向后来的理学走去，理学也似乎成为不可逆转的历史潮流滚滚而下。在此期间，没有浪花翻滚，即使有一点点水花，也成为“逆流”而遭到批判。这表明研究者是依赖现代人的“后见之明”去审视过去，而没有认真考察历史的实际发生过程，所展现出的实际上是一种被遮蔽的历史。

③ 曾肇：《曲阜集》卷三，景印文渊阁四库全书本，第1101册，368页。

为自己文章宗主继任者的期许。① 但在嘉祐之初，王安石已经明显拒绝了以诗文名世的期待，从"古文运动"中解放出来②，走上了另一条向内探索的道路。

在官方学术的压力之下，新学直接面对的对象是汉唐经学和唐以来盛行的诗赋之学——这是北宋前中期贡举教育制度中的正统。新学以追求经典中所蕴含的先王道德性命之理为核心，顺天道以构建人间秩序，其最后的落脚点仍然是在现实。尽管新学以老庄之学为根基，但新学一派所希望的，是由此创建出一种融会百家的新经学，恢复大道之全。此道既明，则尧舜三代之治可复，他们所处的时代便也可以拥有一个合乎道的完美的社会政治秩序。从王安石以其新学主持变法，借《周礼》《孟子》为缘饰③，到北宋后期的改革礼制，都体现着新学以学术改造、重塑政治秩序的努力。更为重要的是，在熙丰以后的贡举教育制度改革之中，新学成为官方的正统学说，摧毁了汉唐经学在官学中的地位，为义理之学代替章句训诂之学在朝廷上站稳脚跟廓清了

① 欧阳修《居士外集》卷七《赠王介甫》云："翰林风月三千首，吏部文章二百年。老去自怜心尚在，后来谁与子争先。"又《书简》卷五《与刘原父书》(嘉祐二年)中称，"得介甫新诗数十篇，皆奇绝，喜此道不寂寞，以相告"，可见欧阳修以王安石为诗文同道。见《欧阳修全集》，影印世界书局1936年本，北京：中国书店，1986，395、1266页。

② 《临川先生文集》卷七十四《上欧阳永叔书二》云："惟褒被过分，非先进大人所宜施于后进之不肖，岂所谓诱之欲其至于是乎？虽然，惧终不能以上副也，辄勉强所乏，以酬盛德之贶。非敢言诗也。惟赦其僭越。"见王安石：《临川先生文集》，聂安福等整理，上海：复旦大学出版社，2016，1323页。又卷二十二《奉酬永叔见赠》前四句云："欲传道义心犹在(一作虽壮)，强学(一作学作)文章力已穷。他日若能窥孟子，终身何敢望韩公。"(465页)欧、王二人交往情况，参见蔡上翔：《王荆公年谱考略》，见《王安石年谱三种》，裴汝诚点校，北京：中华书局，2006。王安石至和元年年初入京，九月辛酉朔授群牧判官，嘉祐二年知常州，五月离京，七月四日到职视事，是诗与书即作于此时。

③ 此处所谓"缘饰"，并非今所谓虚饰、伪饰。饰者，饬也。对"以经术缘饰吏治"意涵的讨论，参见邓秉元师：《"以经术缘饰吏治"发微——早期的经学、礼教与政治》，见洪涛主编：《汉代经学与政治》(《复旦政治哲学评论》第11辑)，上海：上海人民出版社，2019，5～30页。

道路。所以朱维铮先生才说王安石在经学向理学转变过程中的作用，不亚于公孙弘在儒术独尊过程中的作用。

随着北宋的灭亡，南宋朝廷将亡国的责任归结为新法误国，新学虽然也曾受到或明或暗的扶持，但风靡一世的盛况却再也寻不回了。尔后道学地位不断上升，并在南宋末年被确立为正统①，作为道学对立面的新学，终于无可挽回地被掩埋在历史的尘埃之中。

南宋以后新学的衰落，其原因究竟何在？以往的研究主要归结为两点：其一，新法为北宋灭亡“负责”进而归咎于新学，即政治斗争对学术的压制；其二，道学的兴起。

就政治层面的影响而言，除了政治斗争以外，还有一个受到忽视的原因是新学的官学化。在北宋中后期，王安石以及打着王安石旗号的新党将新学贯彻到教育和选官制度之中，必然造成相当一部分士人视学业为进入利禄之途的工具。王安石贬斥流俗，欲以一己之学来“一道德，同风俗”的内在学术专制性格，更是加剧了学术一元化的进程。于是，天下几于靡然同风。在熙宁中，就已经是“诸生一切以王氏经为师”②。士人多以诵读《三经新义》《字说》等为事，没有自己的思考与心得，结果是新经义虽然较《五经正义》更多地阐发经义，但在一心求仕的士人看来，不过是用一种官方标准解释代替了另一种。从作为士人学习和模仿的典范来说，没有任何根本性的差异。既然从其说即可得高科，为显宦，那么士人也就亦步亦趋，仿佛过去的学究，如牢记《五经正义》般来牢记《三经新义》，也根本无法像王安石所希望的秀才那样通达政事。比如，叶源在熙宁九年科举之前，虽然累为太学上舍优等，却当“省中策问交趾事，茫然莫知本末。或告以见《马援传》者，亟录其语用之，而不及详，乃误以援为愿”③，于时务了不挂怀，又何能立政

① 刘子健：《宋末所谓道统的成立》，见《两宋史研究汇编》，249～282页。

② 李焘：《续资治通鉴长编》(后简称《续长编》)卷二百七十六，熙宁九年六月己酉条，北京：中华书局，2004，6751页。

③ 叶梦得：《避暑录话》卷下，徐时仪整理，见朱易安、傅璇琮等主编：《全宋笔记》第二编十，郑州：大象出版社，2006，309页。原文记作“熙宁初”，误。徐振甫，当即徐铎，为状元在熙宁九年(1076)，一也。文中又言更二十(转下页)

处事？又如朱弁《曲洧旧闻》所记："科举自罢诗赋以后，士趋时好，专以《三经义》为捷径，非徒不观史，而于所习经外他经及诸子，无复有读之者。故于古今人物及时世治乱兴衰之迹，亦漫不省。元祐初，韩察院以论科举改更事，尝言臣于元丰初差对读举人试卷，其程文中或有云'古有董仲舒，不知何代人'，当时传者莫不以为笑。此与定陵时省试举子于帘前上请云'尧舜是一事，是两事'绝相类，亦可怪也。"①举子只去钻研自己要应试的一种经典及王安石或其子弟门人对它的解说，于其他与考试无关的学问都不去学习，与学究只知注疏并无不同。像元丰八年(1085)中进士的姚祐，对不是自己应试的《易经》全未诵读，连经文本身都不了解，就在为学官时随便取来福建本《易经》出题课试学生，便闹出了以"乾为金，坤亦为金，何也"为题的大笑话。②熙宁科举改制的弊端可见一斑。王安石本欲变学究为秀才，不想却变秀才为学究。本是代表着新学术思潮的新学，逐步丧失了自己的活力而慢慢走向僵化。北宋在熙丰时代以后，几乎就没有出现过特别有学术建树的学者，学术之衰落由此可见一斑。

但是，学术的官学化，虽然往往会出现为学术"统一"而"统死"的局面，但并不必然导致某一种学术完全丧失活力乃至衰亡。而政治斗争的打压，更无法真正压制学术的发展。比如，以朱熹为代表之道学、

(接上页)年及第，与叶梦得同年，则其及第在绍圣四年(1097)，上推二十年正当熙宁九年开科。若为熙宁初之三年(1070)，则近三十年矣，此其二。(关于徐铎，《宋史》卷三百二十九作字"振文"，《范太史集》卷五十五作"振父"，《容斋三笔》卷十六作"徐振甫"。)参见龚延明、祖慧编：《宋登科记考》，南京：江苏教育出版社，2009，330、448～449页。

① 李廌、朱弁、陈鹄：《师友谈记 曲洧旧闻 西塘集耆旧续闻》，孔凡礼点校，北京：中华书局，2002，116页。

② 此事宋人笔记中多有记载，详略各有不同，可参见方勺：《泊宅编》(三卷本)卷上，许沛藻、杨立扬点校，北京：中华书局，1997，73页；叶梦得：《石林燕语》卷八，田松青点校，北京：中华书局，1984，115页；朱彧：《萍州可谈》卷一，李伟国点校，北京：中华书局，2006，123页；陆游：《老学庵笔记》卷七，李剑雄、刘德权点校，北京：中华书局，2007，94页。姚祐为元丰八年进士，参见龚延明、祖慧编：《宋登科记考》，375页。

以王守仁为代表之心学，皆曾被斥为“伪学”而遭到禁止，但从其学者不绝如缕，终于又能重新光大。这也就意味着，政治权力从来无法真正灭绝任何一种学术！新学的衰亡，也就不仅是政治因素所能完全解释的，甚至可以说，政治因素在其中只是起着较次要的作用。而就学术层面来说，新学的衰落，伴随的是道学的兴起。但却不能简单地说是道学的兴起导致或促进了新学的衰落，而应该反过来去问为什么新学衰落而道学崛起，为什么士人的整体学术趋向选择了道学而没有选择新学。这一问题，涉及整个南宋乃至宋代思想史，非此处短论所能解决。但可以明确的是，深入认识和理解新学，无疑是弄清此一问题的应有之义。

还需要指出的是，尽管新学在南宋不断趋于衰落，但新学并没有完全销声匿迹。在政治层面，直到淳祐元年(1241)，王安石才被排挤出孔庙从祀的地位，此前新学一直没有得到官方彻底的否定，科举之中也没有完全禁止采用王氏之说①，新学的追随者长期在政治上发挥着作用。更为重要的是，虽然南宋朝廷希望极力撇清与新法的关系，高宗也宣称最爱“元祐”，以争取元祐党人及其后人、同情者的支持，但在实际的政治运作层面，王安石及其新法的影响始终存在。一方面，南宋初年加强中央集权和专制，在经济上强调国家主义等举措与新法的主张如出一辙，这恰恰是在承续王安石的精神②；另一方面，如余英时先生所论，南宋士人所面对的是一个“后王安石时代”，熙丰时代的政治文化一直延续到了南宋③。在学术层面，南宋时期，新学也同样还有一些追随者，至少很多学者乃至道学家也不完全否认新学的学术价值。卫湜《礼记集说》就大量吸收了陆佃、陈祥道、方悫、马希孟

---

① 陈振：《略论南宋时期“宋学”的新学、理学、蜀学派》，见《庆祝邓广铭教授九十华诞论文集》，石家庄：河北教育出版社，1997，460～468页；李华瑞：《南宋时期新学与理学的消长》，载《史林》，2002(3)。

② 关于南宋初期具体的政治进程演变，可参考日本学者寺地遵的《南宋初期政治史研究》(刘静贞、李今芸译，台北：稻禾出版社，1995)，但他并没有指出南宋政权与王安石变法的联系。

③ 余英时：《朱熹的历史世界》，上篇“自序二”。

等新学学者的观点。朱熹在《学校贡举私议》中也承认王安石《易》《书》《诗》《周礼》解以及王雱之说皆有可取之处，应当参考。① 蒙文通以为南宋女婺经制之学实有源于王氏新学者②；而作为集宋学之大成的朱熹③，他重视与重新注释经典，他融会释老的思想，他注《周易参同契》、注《楚辞》，虽然并未明言，但他这种会通百家以建立新经学的倾向实在是继承了新学的道路。由此可见，南宋的朝廷与士人都在不同程度上接受了新学的遗产——至少也是无法忽视的。

不管怎么说，新学毕竟是宋代学术的组成部分，是经汉学向经宋学转变过程中的重要一环，它代表着宋人突破旧学术体系的束缚、开创新经学形态的一种取向与选择。无论我们赞成他们的具体意见与否，都无法否认他们的学术价值与贡献。在今天，我们重新恢复新学的历史面貌，不仅是给新学一个迟到的应有的评价，也是在努力恢复宋代学术思想史的实际演变历程。它告诉我们，历史并不是那么简单的直线发展，而更多的是复杂与多变。

---

① 朱熹：《晦庵先生朱文公文集》卷六十九《学校贡举私议》，见《朱子全书》第 23 册，上海：上海古籍出版社；合肥：安徽教育出版社，2002，3360 页。

② 蒙文通：《中国史学史》，见《经史抉原》，320～321 页。

③ 对朱熹学术思想最全面的研究，参见钱穆：《朱子新学案》，北京：九州出版社，2011。

上　编

再造新经学——作为学派的新学

第一章　新学学派的思想特色

对一个学派的学术思想进行整体性描述是十分困难而危险的。无论是新学，还是洛学或者朔学、蜀学，乃至南宋的经世学派、湖湘学派等，都不是一个组织严密的团体。在其学派的内部，个体的差异相当显著，因此，对学派的整体描绘有可能牺牲掉学派内部的多元性格，甚至可能导致对一些个体产生误解。而将这种整体描绘与个案研究作对比，有时会发现，二者之间并非总是在各方面都保持统一。但是，既然从属于一个学派——无论是自我归属还是他人的塑造，在其成员之中必然有某些核心观念是大体一致的，且与其他学派有比较显著的差别。这应该就是其作为一个独立的学派存在之依据。

基于已有的学术成果大多集中于王安石个人，而对作为一个学术派别的新学缺乏研究，这里首先选择对新学学派的思想特色作一整体描述，然后再在下一章中对新学内部具体的某些个体进行分析。本章的目的，是初步为人们提供一幅关于新学的整体图景，以作为更进一步研究的基础，并揭示出新学学派的某些观念并不仅仅只属于王安石一人，而是在北宋中后期拥有广泛的支持者和追随者。只有如此，新学才能被称为一个学派。

一、天人之道：天道映照下的人间世

(一)追求道德性命之理

王安石的女婿蔡卞说："自先王泽竭，士习卑陋，不知道德性命之理，安石奋乎百世之下，追尧、舜三代，通乎昼夜阴阳所不能测而入于神，著《杂说》数万言，其言与孟轲相上下。晚以所学考字画奇耦横直，深造天地阴阳造化之理，著《字说》，包括万象，与《易》相表里。”①这意味着将王安石视作尧舜三代之后的第一圣人。而其之所以能追迹先圣，在于王安石深明“道德性命之理”。王安石的学术要义在于“道德性命之理”，当时之人也多持此种观点。神宗曾对王安石说“自卿在翰林，始得闻道德之说”②，也将此视作王安石相比于他人的高明之处。陈瓘(1057—1124)在《四明尊尧集》中作一总结，称：“臣闻先王所谓道德者，性命之理而已矣，此王安石之精义也。有三经焉，有《字说》焉，有《日录》焉，皆性命之理也。蔡卞、蹇序辰、邓洵武等用心纯一，主行其教，其所谓大有为者，性命之理而已矣；其所谓继述者，亦性命之理而已矣；其所谓一道德者，亦以性命之理而一之也；其所谓同风俗者，亦以性命之理而同之也。不习性命之理者，谓之曲学；不随性命之理者，谓之流俗。黜流俗则窜其人，怒曲学则火其书，故自卞等用事以来，其所谓国是者，皆出于性命之理，不可得而动摇也。”③由是可见，“道德性命之理”确为王安石及其新学的核心所在。

就阐发内在的道德性命之学而言，王安石不能说是开创者。尽管不能如某些论者所言，其远源可上溯至魏晋时期④，但至少在中唐以

---

① 晁公武撰，孙猛校证：《郡斋读书志校证》卷十九，上海：上海古籍出版社，2005，1000页。按：原作“数十万言”，校勘记据袁本、宛委本无“十”字疑为衍文，今据删。

② 李焘：《续长编》卷二百三十三，熙宁五年五月甲午条，5661页。

③ 陈瓘：《宋忠肃陈了斋四明尊尧集》(后简称《四明尊尧集》)卷一《序》，续修四库全书影印本，第448册，上海：上海古籍出版社，2002，359页。

④ 唐长孺《清谈与清议》与《魏晋玄学之形成及其发展》分别提出“宋明理学和魏晋玄学是有一定程度的继承关系的”，“找寻宋代理学的渊源应该从魏、晋玄学开始”，见唐长孺：《魏晋南北朝史论丛》，北京：生活·读书·新知三联书店，1978，289、350页。唐氏虽不专就道德性命之理立论，却已经暗示了理学对于玄学才性等讨论的继承。日本学者吾妻重二《道学的“圣人”观及其历史特色》一文亦从道学圣人观的内容及其形成过程来考察道学与玄学的关系，对人性、变化气质这些性命问题都有讨论，参见朱杰人主编：《迈入21世纪的朱子学——纪念朱熹诞辰870周年、逝世800周年论文集》，上海：华东师范大学出版社，2001，139～170页。

后，其风已开。① 王安石主持修撰的《三经新义》，以一种官方的形式重新解释经典，其对于道德性命之理的阐发更进一步进入官方意识形态领域，如《五经正义》一般起着统一学术、规范解经方式的作用。

《三经新义》的解说虽然也对汉唐旧说有继承，但更多是自出新义，比《五经正义》更强调内在的义理。比如，《诗经·墉风·蝃蝀》"不知命也"一句，郑笺解作"不知昏姻当待父母之命"②，只是从礼制角度疏解其义，不作过度诠释。孔疏无解。而《诗经新义》云，"男女之欲，性也，有命焉，君子不谓之性也。今也从性所欲，而不知命有所制，此之谓不知命"③，就是从自然人性和天命的角度进行阐释。又如，《尚书·周官》三公论道经邦，燮理阴阳，三孤贰公弘化，寅亮天地，郑注解作三公、三孤都在辅佐君主一人，孔疏更表示公、孤所掌不异④，也就是说"论道经邦、燮理阴阳"和"弘化，寅亮天地"并无区别。王雱则以阴阳为本，天地为末，称"化待道而后立，天地待阴阳而后立。论道而不谕，然后弼。本在于上，末在于下，故公论道，孤洪(弘)化；公燮理阴阳，孤寅亮天地；公论于前，孤弼于后"⑤，将公、孤的执掌与阴阳、天地之理相结合，来解释他们执掌的差别。在这些解说中，新学都没有囿于《五经正义》对经典的诠释，而由自己对于道德性命之理的认识去诠释经典。这种诠释比《五经正义》更重视经典所蕴含的内在意义，也突破了汉唐经学"疏不破注"的旧传统。

---

① 张跃《唐代后期儒学》第五章"对于性情问题的探讨"讨论了中晚唐儒者对于建立儒家心性论的多种探索，参见张跃：《唐代后期儒学》，上海：上海人民出版社，1997，106～141页。最近的研究成果可参考陈弱水《唐代文士与中国思想的转型》(增订本)，尤其是其中《〈复性书〉思想渊源再探——汉唐心性观念史之一章》一文，参见陈弱水：《唐代文士与中国思想的转型》(增订本)，台北：台大出版中心，2016。该书特别注意到了隋唐以来道家的性论。

② 《毛诗正义》卷三之二，见阮元刻：《十三经注疏》，北京：中华书局，1980，318页。

③ 程元敏：《三经新义辑考汇评(二)——诗经》，台北：台北编译馆，1986，49页。

④ 《尚书正义》卷十八，见阮元刻：《十三经注疏》，235页。

⑤ 程元敏：《三经新义辑考汇评(一)——尚书》，206页。

在王安石及《三经新义》学风笼罩下的新学学者，也都秉承着同样的治学路向。在对于礼的解说之中，陈祥道、马希孟(？—1085)、方悫等新学学者都在努力阐释经典中的“立言之意”。比如，对于君爵由公至男、臣爵由诸侯之上大夫至下士都是五等爵，陈祥道认为，“(君臣之爵)皆止五等者，五者天地之中数，先王制法，莫不本之，故五典、五礼、五服、五刑皆谓之天则，制爵之等亦本其自然而已”①。对于诸侯五年一朝，方悫解释说：“朝必以五年为节。五为天地相合之数，君臣之际，有天地之义焉，故其朝聘、巡守皆取数以五为节焉。”②无论是“天地之中数”，还是“天地相合之数”，他们都认为周代制度中“以五为节”具有特殊的抽象含义，极力发掘先王建制礼法背后所遵循的天地之道。那么，周代制度中用五就不是简单的一种既成的存在，而是道德性命之理的外在显现。又比如，陆佃解释为何以左右不同的牵引方式进献马、羊、犬时说：“马、羊，火畜也，礼之属也，故右牵之，济以义也。犬，金畜也，义之属也，故左牵之，以仁济焉。义也示以仁，礼也示以义。”③他将马、羊、犬与五行、五德相结合，又赋予左右以不同的德性意义，使进献方式呈现出一种内在的道德含义。还有像马希孟解《礼记·曲礼》“为人子者，居不主奥”曰，“阼者，主人之所有事也，盖出则接人以仁，则主于东北；东北者，温厚之气始乎此也。奥者，主人之所宴息也，入则退安于静，故位乎西南；西南者，地道也，尊者之所出入也，为人子者，其可以当之乎”④，将方位与仁义之德、天地之道进行沟通。其解造车之法曰：“盖造车之法，轸方以象地，盖圆以象天，轮辐以象日月，盖弓以象星。圆者中规，方者中矩，立者中权，衡者中水。玉辂以象德之美，金辂以象义之和，象辂以象义之辨，革辂以象义之制，木辂以象仁之质。凡欲人君俯仰

---

① 卫湜：《礼记集说》卷二十四，影印摛藻堂四库全书荟要本，长春：吉林出版集团有限责任公司，2005，503页。

② 卫湜：《礼记集说》卷二十八，594～595页。

③ 卫湜：《礼记集说》卷七，147页。

④ 卫湜：《礼记集说》卷三，78页。

而观之则思合天地之德，周旋而视之则思合日月星辰之明，出入不逾于规矩权衡，言动不离于道德仁义，然后奇邪之志不萌于心，而中正之行可律于下，此所谓器以藏礼，礼以出信者也。”①车的方圆是天地的呈现，不同的辂也具有不同的德性意义，在使用时便可以直接与天地、道德仁义进行沟通了。在他们的解说中，礼仪的进退、方位，礼器的形制等，都有了特定的形而上意义，是天道性命的反映，如陈祥道所言，“夫郊社之礼，禘尝之义，其粗虽寓于形名度数，其精则在于性命道德”②。在新学学者看来，礼之中蕴含的性命道德才是礼的精义，才是礼之成其为礼的意义所在。“学术道者，所以穷理；修身者，所以尽性。礼足以穷理尽性，故圣人务焉。”③他们礼学思想的核心，即在于揭示礼中的性命道德。

不仅对于礼学如此，新学对于其他经典乃至学术之整体也都抱有这种态度。蔡卞作《毛诗名物解》，认为：“圣人言《诗》而终于鸟兽草木之名，盖学《诗》者始乎此，而由于此以深求之，莫非性命之理、道德之意也。”④其意盖本之王安石《字说》。⑤ 王安石认为字虽然是人造的，但并非凭空臆造，而是本于自然之理，“盖闻物生而有情，情发而为声，声以类合，皆足相知。人声为言，述以为字。字虽人之所制，本实出于自然”⑥，故蔡卞称王安石乃是“以天地万物之理”作《字说》⑦。蔡卞解《毛诗》中的名物也如王安石解字一般，求该物所以命名之义。比如，其解黄鸟云，“黄鸟之为物，中和而得时者也。有中美之性，故谓之黄鸟。其鸣以春为期，其去以秋为度，仓庚所以鸣其时也。故凡

---

① 卫湜：《礼记集说》卷九，201 页。

② 陈祥道：《论语全解》卷二《八佾第三》，景印文渊阁四库全书本，第 196 册，81 页。

③ 王梓材、冯云濠编撰：《宋元学案补遗》卷九十八引《马氏（希孟）礼记解》，北京：中华书局，2012，5886 页。按：卫湜《礼记集说》卷一百五十六引马说，“修身”作“得身”，见卫湜：《礼记集说》卷一百五十六，3290 页。

④ 蔡卞：《毛诗名物解》卷十七《杂解·草木总解》，通志堂经解本。

⑤ 《四库全书总目》卷十五，122 页。

⑥ 王安石：《临川先生文集》卷五十六《进字说表》，1063 页。

⑦ 晁公武撰，孙猛校证：《郡斋读书志校证》卷十九，1000 页。

记时者，皆言仓庚；形色皆有中和之美，黄鸟所以命其德也”①，以为黄鸟之所以称“黄”，因其有中美之性，而黄色代表着中和之性。这样，黄鸟其名、其物性本身与天道贯通为一，彼此谐和一致。其他如解雾、粱、牛、蚁等皆如是②，是世间诸物皆有天地之理蕴于其中，皆是天道自然的显现。同时陆佃作《尔雅新义》《埤雅》，也都是通过究明字词、事物所以命名的义理原因，以求通于天道性命。③

在解《易》方面，王安石已经注意阐释形上之道与内善之性。④ 王安石弟子龚原著有《周易新讲义》，他认为，“天地万物有成理，有常性，有正命。顺其成理，达其常性，以受正命者，《易》之道也”⑤，穷在物之理，尽在己之性，至在天之命，统以“无彼无此，而万物之所同”之道⑥，此即是《易》道的本质。他在解《易》之中反复阐发这种道德性命之说，“性出于命，德出于道。以性至命，以德至道，行其所无事，则智矣”⑦，“仁则顺理而已矣”⑧，天道与理、性、命等概念成为龚氏《易》学思想中的核心观念。还有稍晚的耿南仲，以《易》之要在无咎，而如何无咎，即在顺乎性命，无拂于天道⑨，同样强调《易》道与天道性命之间的关系。“咸之为道，以性命之理为上，以人为为下。”⑩只有明了性命之理，才能真正尽乎《易》道。

王安石、吕惠卿、王雱等新学学者还十分重视《老子》《庄子》，且有专门的注释流传，很多现代学者已经注意到他们在解《老》《庄》之时

---

① 蔡卞：《毛诗名物解》卷六《释鸟·黄鸟》。

② 蔡卞：《毛诗名物解》卷二《释天·雾》，卷三《释百谷·粱》，卷十《释兽·牛》，卷十一《释虫·蚁》，等等。

③ 关于陆佃的学术思想，详见第二章第一节。

④ 范立舟：《〈周易〉与荆公新学》，载《哲学研究》，2005(4)。

⑤ 龚原：《周易新讲义》卷十《说卦》，丛书集成初编本，北京：中华书局，1991，258页。

⑥ 龚原：《周易新讲义》卷十《说卦》，259页。

⑦ 龚原：《周易新讲义》卷六《井·九二》，152页。

⑧ 龚原：《周易新讲义》卷六《革·九五》，156页。

⑨ 耿南仲：《周易新讲义序》，景印文渊阁四库全书本，第9册，579页。

⑩ 龚原：《周易新讲义》卷四《咸》，103页。

着力阐发性命之说。① 不管他们是以心性之说解《老》《庄》，还是他们在《老》《庄》之中发现了可借以讨论心性的思想资源，心性问题都是新学学者阐解《老》《庄》之时的一个重要方面。而《老》《庄》对大道的看法，更对新学认识天人之道发挥着重要的影响。②

由上可见，道德性命之学是新学学者学术论著中所阐发的核心内容。在新学学者看来，道德性命之学才是先圣立言之真义，是真正的学问。不谈道德，不讲性命，正是“道术为天下裂”的原因所在，而秦以来学者皆汩陷于俗学、曲学之中，大道失传，学术灭裂，政事风俗亦衰靡不振。陆佃说，“自秦以来，性命之学不讲于世，而道德之裂久矣。世之学者不幸蔽于不该不遍一曲之书，而日汩于传注之卑，以自失其性命之情，不复知天地之大醇、古人之大体也”③；林自说，“天下之至正，道德是也，道德出于性命之理而已”④；黄裳说，“古人之学，由心而见性，由性而见天，由天而见道”⑤。他们所要追求的就是古人的道德性命之学，重新使先圣之道复明于世。

需要指出的是，新学的“道德性命之理”不能简单等同于“内圣”。王雱说，“道藏于内则圣也，显于外则王也”⑥，内圣为体，外王为用，就本质上来说，内圣外王为一，只是在不同层面上的不同说法而已。有外王则必有内圣为体，有内圣发之于外则必有外王之用。新学的道

---

① ［日］山田俊：《吕惠卿关于〈老子〉〈庄子〉思想浅析》，载《宗教学研究》，1998(4)；刘固盛：《宋元老学研究》，136～143页；尹志华：《北宋〈老子〉注研究》，101～139页；江淑君：《宋代老子学诠解的义理向度》，第四章第二节“王雱《老子注》的性理思想”，142～164页；刘固盛、肖海燕、熊铁基：《中国庄学史》，第五章。

② 关于新学的老庄之学，下文还有进一步讨论。

③ 彭耜：《道德真经集注・杂说》卷上，见影印《正统道藏》第13册，北京：文物出版社；上海：上海书店；天津：天津古籍出版社，1988，260页。

④ 褚伯秀：《南华真经义海纂微》卷二十三，见影印《正统道藏》第15册，313页。

⑤ 黄裳：《演山集》卷二十三《上黄学士书》，景印文渊阁四库全书本，第1120册，164页。

⑥ 王雱：《南华真经新传》卷二〇，见影印《正统道藏》第16册，267页。

德性命之理实际上也是兼具内圣外王，本末一贯的。也就是说，道德性命之理不仅仅是个人内在的德性修养，也同样反映于个人的行事与社会政治的实践之中。“盖君子之学，有体有用。体不欲迷一方，用不欲滞一体。而古之圣人，本数末度，足以周上下；圆神方智，足以尽往来。而蹈常适变，莫逆于性命之理者，如此而已矣。”①

（二）天道与人道

道德性命之理其实是一个比较含混的说法，道、德、性、命、理都有各自的内涵，对于这些概念，新学中不同学者的态度是不同的，有人浑沦而言，不作具体辨析，也有人在不同的层面上来阐释其间的差别。但在这种差异的背后，新学学者大体都认同一个观念，即在所有事物的本质层面，有一个最根本的、无所不包的道。正是因为天下没有能够外于道的事物，无论是自然界还是人生界才可以彼此相通，完美的秩序也才有可能实现。

尽管王安石也说过“先王之道德，出于性命之理”②，但实际上，这并不意味着性命之理是道德的根本，毋宁说他意在指出道德性命理在根源上是相同的，李祥俊认为“在王安石那里，道、一阴一阳、性命之理是一致的”③，这是不错的，只不过在不同的地方立言有异而已。但到了新学的后学那里，相比于性、命、理等而言，道则具有更根本的意义。龚原说，“欲顺性命之理，而不立其道，则性命之理，亦终于必乱而已矣”④，可见在他看来，性命之理还不是究竟，还需要有道进行统摄，有道作为性命之理存在的依据。黄裳说，“万物之理不同也，其本同出于道；圣贤愚众之情不同也，其本同出于性。……夫人皆有是性，性皆有是道”⑤，也是认为理和性都出于道，都是道的分有或者显现，在物为理，在人为性、情，而道才是天下事物最终极的依据。

① 陆佃：《陶山集》卷十二《答李赍书》，丛书集成初编本，北京：中华书局，1985，130～131页。

② 王安石：《临川先生文集》卷八十二《虔州学记》，1448页。

③ 李祥俊：《王安石学术思想研究》，69页。

④ 龚原：《周易新讲义》卷十《说卦》，259页。

⑤ 黄裳：《演山集》卷二十《送刘子甫序》，145页。

"道之在天为象，在地为器，在人为法，三者之未相离，则有一焉而已。及其下降于域中，散万于形数。"①在天地人的不同层面上，道可以有不同的外在表现，但在三者的根源处，则并无不同。所以吕惠卿说"夫道之所以通为一者，以大小美恶之所自起者，未尝不同，是以通为一也"②，王雱也说"天地虽异而同出于道，万物虽殊而亦出于道，但天地殊高下之形，万物异小大之体，其所出同于本而已"③，这个一、这个本，也就是道。

既然对于新学来说，道是无所不在、无所不包的，那么，一个合理的人间秩序，也应该是道的反映，从根本上是因为顺从了道—性命之理。各项政治制度，也同样因有道—性命之理贯穿于其中，才有其合理性与意义。

在熙宁间主持变法的过程中，王安石特别留意于"变风俗、立法度"。改革学校贡举制度，编撰《三经新义》，便是他贯彻其变法理想的具体实践，而《周礼新义》尤其是他的用心之作。全祖望认为："盖荆公生平用功，此书最深，所自负以致君尧、舜者，俱出于此，是固熙丰新法之渊源也，故郑重而为之。"④王安石《周礼义序》明白地宣示了他变法的原则，故不避烦冗，全引如下：

> 士弊于俗学久矣，圣上闵焉，以经术造之，乃集儒臣，训释厥旨，将播之校学，而臣某实董《周官》。惟道之在政事，其贵贱有位，其后先有序，其多寡有数，其迟数有时。制而用之存乎法，推而行之存乎人。其人足以任官，其官足以行法，莫盛乎成周之时；其法可施于后世，其文有见于载籍，莫具乎《周官》之书。盖其因习以崇之，赓续以终之，至于后世，无以复加，则岂特文、

---

① 黄裳：《演山集》卷四十《论语孟子义·君子多乎哉》，265页。

② 吕惠卿撰，汤君集校：《庄子义集校》卷一，北京：中华书局，2009，33页。

③ 王雱：《南华真经新传》卷二，161页。

④ 全祖望：《鲒埼亭集外编》卷三《荆公周礼新义题词》，见朱铸禹汇校集注：《全祖望集汇校集注》，上海：上海古籍出版社，2008，1176页。

> 武、周公之力哉？犹四时之运，阴阳积而成寒暑，非一日也。自周之衰，以至于今，历岁千数百矣。太平之遗迹，扫荡几尽，学者所见，无复全经。于是时也，乃欲训而发之，臣诚不自揆，然知其难也。以训而发之之为难，则又以知夫立政造事追而复之之为难。然窃观圣上致法就功，取成于心，训迪在位，有冯有翼，亹亹乎乡六服承德之世矣。以所观乎今，考所学乎古，所谓见而知之者，臣诚不自揆，妄以为庶几焉，故遂昧冒自竭，而忘其材之弗及也。谨列其书为二十有二卷，凡十余万言。上之御府，副在有司，以待制诏颁焉。谨序。①

陈寅恪称："晋以后，法律与礼经并称，儒家周官之学说悉采入法典。夫政治社会一切公私行动，莫不与法典相关，而法典为儒家学说具体之实现。故二千年来华夏民族所受儒家学说之影响，最深最巨者，实在制度法律公私生活之方面。"②就王安石之变法理想而言，即是要以《周礼》作为法典，在制度层面贯彻三代圣王的政治理想。他对于现实政治制度，包括处理政事的律法，都保持着高度的重视。他不仅重视制度本身的设置，更注意制度的内涵，以一套义理系统贯穿制度的各个层面，使制度不单单是应对现实需要的设计，也是天道人道的具体显现。比如，他解《周礼·天官·小宰》"以官府之六属举邦治"云："天地四时之官，各以象类名之，其义甚众，非言之所能尽；观乎天地四时，则知名官之意矣。盖治所不能及，然后教；教所不能化，然后礼；礼所不能服，然后政；政所不能正，然后刑；刑所不能胜，则有事焉；刑之而能胜，则无事矣。事终则有始，不可穷也，故以邦事终焉。"③这表明官职的设置与其所以命名之意都有天地四时之象为根据，六属从邦治到邦事作为天地春夏秋冬官各自的职掌，其先后本于由天地至

① 王安石：《临川先生文集》卷八十四《周礼义序》，1478～1479页；程元敏：《三经新义辑考汇评(三)——周礼》，台北：台北编译馆，1987，1页。

② 陈寅恪：《冯友兰中国哲学史下册审查报告》，见《金明馆丛稿二编》，北京：生活·读书·新知三联书店，2001，283页。

③ 程元敏：《三经新义辑考汇评(三)——周礼》，55页。

春夏秋冬的自然运转次序，其内涵也与天地四时所表现出来的特征若合符节。这个意思在王昭禹的《周礼详解》序中表现得更为鲜明："因天地之大美，达而为治教；因四时之明法，达而为礼政刑事。然则常无之道，为万物而有天地四时，圣人为天下而有治教礼政刑事。天地四时，道之所任以致其用者也；六官，圣人任以致其事者也。噫！六官之建，岂圣人之私智哉？实天理之所为也。由此以观，则礼之事虽显于形名度数之粗，而礼之理实隐于道德性命之微。"①方悫也说："《易》之所见者象，礼之所形者器，器由象出也。天地有上下之位，四时有先后之序，礼之道，如斯而已。周监二代，故六官备天地四时之名也。"②《周礼》六官之制，并不是圣人凭空捏造，甚至不是圣人主观意识的反映，而是天理自然如此，圣人不过是顺应天道而已。根据天道，则人间自然就需要有模拟天地四时的六官，此即是以人合天，即是顺道而行。

从新学的政治理想来看，他们希望以体现着道德性命之理的法度贯穿整个社会。因为制度有了"道"和"理"上的依据，出于不得不然，而非外在的约束与强制，那么，制度中的官员就是在守"道"、按"理"行事。贯彻制度、施行法令本身也就成为一种实践天道的过程。他们将《周礼》视作先圣本乎天道所构建的一套制度，是道在人间的反映。王安石推行的法令制度，以《周礼》为基本的依据，其原因也正在于此。③ 刘子

① 王昭禹：《周礼详解》序，四库全书珍本初集十七集。

② 《宋元学案补遗》卷九十八引《方氏礼记解》，5888页。

③ 土田健次郎认为，王安石对《周礼》的重视，在于《周礼》本身的体系性正好反映了王安石所重视的制度在本质上所具有的体系性。他指出王安石的制度论包含了一种伦理性的主张：把握整体，而恪尽一部分职守。窃以为土田健次郎过于强调了王安石对于体系性的关注，在笔者看来，王安石对制度背后所反映的天人之道更为重视。他确实重视《周礼》对制度的完整设计，因为这种设计是天人之道在实际政治制度上的反映，他衡量的标准不在于体系性，而在于"道"和"理"。对此，包弼德也有所指出，参见 Peter K. Bol, "Wang Anshi and the Zhou li," in *Statecraft and Classical Learning: The Rituals of Zhou in East Asian History*, edited by Benjamin A. Elman and Martin Kern, Leiden: Brill Academic Publishers, 2009, pp. 229-251. 土田健次郎之说，参见[日]土田健次郎：《道学之形成》，朱刚译，第六章第一节，上海：上海古籍出版社，2010，318～352页。

健、包弼德都曾指出，王安石希望通过制度改革实现政府与社会、政策与道德统一的理想社会①，从本章的观点来看，就是说新学希望通过贯彻着天道的制度以恢复人尽其性、事称其理的至治之世，现实的政治制度、朝廷的政策举措，与天道是贯通为一的。从这里也可以看出，新学对于道德性命之理的追求，并不仅仅是在个人德性层面，他们更为强调的其实还是在社会政治层面。

作为一切事物共同根基的这个最根本的道，在新学看来，实际上是指天道。与此同时，他们又将人道从天道中分离出来。在对于道的把握上，就有了天道与人道之分。

何为天道，何为人道？王安石认为，天道出于自然，不由人的意志而有所变化，雨雪霜露、春夏秋冬，都是自然地、如其所是地在运转。人道则是人世间的仁义礼信，在根本上是本于天道的，但人可以有积极的作用。②《诗经新义》解《蒹葭》篇时有这样一番阐释："降而为水，升而为露，凝而为霜，其本一也。其升也、降也、凝也，有度数存焉，谓之时，此天道也。畜而为德，散而为仁，敛而为义，其本一也。其畜也、敛也、散也，有度数存焉，谓之礼，此人道也。"③从这个说法来看，似乎天道是就自然界而言，是自然现象、动植物等之中所蕴含的道理；人道是就人生界而言，是人在社会生活中所要遵循的原则。但实际上，新学所认为的天道与人道却并非在不同范围内的异称，而应该说代表着不同的层次、不同的境界。王雱说"尧行天道以治

---

① James Liu, *Reform in Sung China*: *Wang An-shih* (*1021-1086*) *and His New Policies*, Cambridge: Harvard University Press, 1959；[美]包弼德：《政府、社会和国家——关于司马光和王安石的政治观点》，李钟涛、刘建伟译，见[美]田浩编：《宋代思想史论》，北京：社会科学文献出版社，2003，111～183页。在这里要注意，他们所说的道德是moral，并不是中国古人所说的道德。

② 对于王安石的"道"论，可参见侯外庐主编：《中国思想通史》(第4卷上)，第九章第四节；卢国龙：《宋儒微言》，第二章；李祥俊：《王安石学术思想研究》，第一章第三节；方笑一：《北宋新学与文学：以王安石为中心》，第四章第三节。

③ 程元敏：《三经新义辑考汇评(二)——诗经》，95页。

人，舜行人道以事天”①，在尧舜之间做出了分别。《诗经新义》在解《子衿》三章通义中说“人之行莫大于孝，此乃人道，未至于天道”②，即以人道低于天道，天道才是最终的追求和依归。

对于天道和人道的分别，新学学者几乎都有相关的阐述，这里略举数例如下：

吕惠卿云：“道则有天道有人道，无为而尊者，天道也；有为而累者，人道也。”③

陈祥道云：“仁，人道也；命，天道也。”④

龚原云：“易有与天地准者，天道也；有与天地相似者，人道也。”⑤又云：“天道则以法象为体，以变通为用，而县象著明，所以见吉凶以示人也。人道则以崇高为体，以备物立成器为用，而探赜索隐，钩深致远者，所以定吉凶而告人也。”⑥

王雱云：“天道任理，故均；人道任情，故不均。有道者与天合道。”⑦“天人皆出于道，而尽道者能知天人之所为。夫天之所为者，无为也；人之所为者，有为也。”⑧又云：“自然者，天也；使然者，人也。”⑨

蔡卞云：“不以贱妨贵，不以贵废贱者，人道也；不以茅弃菅，不以菅害茅者，天道也。”⑩

林自云：“大道散而有天人之分，君无为而在上，天道也；臣有为而在下，人道也。天者自然，人者使然。人而非天者有之，未有天而

---

①　程元敏：《三经新义辑考汇评(一)——尚书》，27页。

②　程元敏：《三经新义辑考汇评(二)——诗经》，75页。

③　吕惠卿：《庄子义集校》卷五，263页。按：原作“有为而累者，地道也”，而《纂微》所引则作“人道”，《庄子翼》亦同，当以“人道”为是。

④　陈祥道：《论语全解》卷五《子罕第九》，133页。

⑤　龚原：《周易新讲义》卷八《系辞上》，201页。

⑥　龚原：《周易新讲义》卷八《系辞上》，220页。

⑦　王雱：《老子注》，见尹志华：《北宋〈老子〉注研究》，附录，351页。

⑧　王雱：《南华真经新传》卷五，181页。

⑨　王雱：《南华真经新传·拾遗》，271页。

⑩　蔡卞：《毛诗名物解》卷四《释草·菅》。

非人者也。”①

黄裳云：“中者，人道之至也，故曰‘中庸之为德，其至矣乎’！神者，天道之至也，故曰‘及其至也，圣人有所不知焉’。”②

这些话虽然说法可能有一些差异，侧重点也不尽相同，但在根本上却是一致的，即天道要高于人道。那么何以天道为尊呢？在新学看来，最高的境界应该是一切顺乎自然，没有人为的作用掺杂其间。从自然界一切生物、现象的自然运转出发，新学指出，天道是不依赖人的。事物自有天地以来即如此，甚至超越时空的限制，事物也只如其所是。“道者，因其自然而已矣。为无为，事无事，顺性命之理，而不强其所欲，使之生乎故，长乎性，成乎命，卒不知其所以然。”③哪怕是人间世，也要像尧那样无为而治，“荡荡乎民无能名焉”④。也就是说，天道不仅仅适用于自然界，也同样是人生界所应当遵循的“规则”。

与汉儒的天人感应论不同，新学的天、天道更具有超越意义。但是，天道却并不能说是一种存在实体。刘笑敢区分庄子道的两个基本含义：“一是指世界的本原；一是指最高的认识。前者是道的实体意义，即自然观中的道；后者是道的认识论意义，即认识论中的道。”⑤但从作为宇宙本根的意义上来说，庄子，以及其所继承的老子之所谓道，并不具有实体的意义。笔者还是比较倾向于牟宗三先生的看法，《老子》之道乃是一种“境界型”，而非“存有型”，《庄子》则更进一步，“从主观境界上成一大诡辞以显‘当体之具足’”。⑥ 新学的天道，大概也可以说是与《老子》《庄子》之道比较接近的一种境界。他们并不把道

---

① 褚伯秀：《南华真经义海纂微》卷三十三，365页。

② 黄裳：《演山集》卷六十《杂说》，386页。

③ 龚原：《周易新讲义》卷九《系辞下》，232页。

④ 陈祥道《论语全解》卷四《泰伯第八》云：“巍巍，言成功之高大也。有天下而不与焉者，如尧之无为而治者也。无为而治者，君子之道。”(130页)

⑤ 刘笑敢：《庄子哲学及其演变》(修订版)，北京：中国人民大学出版社，2010，109页。

⑥ 牟宗三：《才性与玄理》，台北：台湾学生书局，2002，139～164、172～180页。

作为一种实然的存有，比如，在解“道生一”时，王雱说“道兼阴阳，有阴有阳，有阴阳之中，此三物者，始应一二三之数”①，吕惠卿说“道之在天下，莫与之偶者，莫与之偶则一而已矣，故曰道生一”②，都没有特别强调作为本源的道能够化生出万事万物，而是侧重于描摹道的绝对性、唯一性。道确实是一切事物存在的依据，“无名者道也，而天地之所自而始也”③，但这种作为究极的天道，如果可以言说、领会的话，是需要圣人以自己的生命与之贯通的。在显现上，也同样需要由自然之天地与圣人如其所是地展现，它们本身即已是天道。

至于礼乐仁义，则是在人丧失了性命之本以后，圣人制名创法以使天下复其本。“仁者有所爱也，义者有所别也，以其有爱有别，此大道所以废也。”④“盖人道之弊，天下沈于哀乐之邪而灭其天理。”⑤一方面，行礼乐之制、仁义之德是圣人根据时势的变化所采取的积极措施，属于自觉的行为，有意则有心有我，于是便会有所负累，这不符合自然之道；另一方面，由于出于有意，是圣人不得不然，是势之使然，那么礼乐仁义在现实世界中就会有所表现，是有迹可寻的。但大道无形无方，则人道自然不能入乎大道之境。尽管人道也是本源于天道的，但属于“小体似之也，非正如之也”⑥，模仿所造成的相似毕竟不能相等。但也因为人道源于天道，二者在本质上可以沟通，那么通过扫除事为之迹，忘我无心，则可以由人道而上通天道。“人道极则至于天道矣”⑦，最后的目标仍然是天道。

新学学派分裂天道与人道为二，并不使人有其内在的道德自主性，

---

① 王雱：《老子注》，见尹志华：《北宋〈老子〉注研究》，附录，315页。

② 吕惠卿：《老子吕惠卿注》(原名《道德真经传》)卷三，张钰翰点校，上海：华东师范大学出版社，2015，48页。

③ 吕惠卿：《老子吕惠卿注》卷一，1页。

④ 王安石：《老子注》，见蒙文通：《道书辑校十种》，成都：巴蜀书社，2001，690页。

⑤ 吕惠卿：《庄子义集校》卷六，340页。

⑥ 龚原：《周易新讲义》卷八，201～202页。

⑦ 王安石：《老子注》，见蒙文通：《道书辑校十种》，690页。

天道成为人顺性命之理的根本原则，实际上已成为外在的“他律”。由自然天道而人生，即是自天之所命决定人之所以为人。如是，人之行道，人之顺性命之理而行动，只成为人有意识的外在行为，而不是由自身内在的德性演化出来的。他们之讲一体，并未能真正让天与人作沟通，也并没有达到道体圆满之境。新学的天道与人道相分的思想，殆出于《庄子》。《庄子·在宥》篇云：“何谓道？有天道，有人道。无为而尊者，天道也；有为而累者，人道也。主者，天道也；臣者，人道也。天道之与人道也，相去远矣，不可不察也。”郭注云：“在上而任万物之自为也。以有为为累者，不能率其自得也。”成疏云：“无事无为，尊高在上者，合自然天道也。司职有为，事累繁扰者，人伦之道。”①这里强调的便是天道与人道、君道与臣道的不同。刘笑敢认为，《庄子》的天人合一是以天人对立为前提的，是消极的②，尽管新学也有些学者认同有为在现实世界的价值，但在根本上，他们是希望以人合天。他们所谓“人道极则至于天道”，最终是要消灭人为的价值而归宿于天道的自然，与庄老一样都是在以天道规范人道。③ 可以看出，新学对天道与人道的看法与《庄子》是基本一致的。

二、君臣之间：政治秩序构建与治世之道

（一）君道与臣道

上文中提到所谓“主者天道，臣者人道”，其实已经暗示出在实际的政治秩序之中，君臣的不同职责及其间的关系。判别君道与臣道最大之区别，即在于君道无为而臣道有为，君臣各有其分守。吕惠卿说：“以道观分，则无为为君，无为为君则有为为臣矣，而君臣之义，其有不明者乎！”④这即是从君臣有分的角度来说的。

---

① 郭象注，成玄英疏：《南华真经注疏》卷四，北京：中华书局，1998，228页。

② 刘笑敢：《庄子哲学及其演变》(修订版)，128～130页。

③ 钱穆：《庄老与易庸》，见《庄老通辨》，北京：生活·读书·新知三联书店，2009，343～353页。又此意在其《中国思想史》讨论庄子、老子之时亦有涉及，参见钱穆：《中国思想史》，北京：九州出版社，2011，35～40、64～73页。

④ 吕惠卿：《庄子义集校》卷五，226页。

陈祥道、林自都在注释《庄子》之时对以无为、有为分别君臣之道做出了精到的阐释。陈祥道云：

> 本在于上，末在于下，要在于主，详在于臣。故良匠无为于斲木，而有为于运斤；良御无为于布武，而有为于揽辔。然则为人君者，岂与下同事？为人臣者，岂与上同德哉？经曰："以道观言，而天下之君正；以道观能，而天下之官治。"君坐而论之者以言，臣作而行之者以能，此有为、无为之别也。①

林自云：

> 无为者为上之道，有为者为下之道。为上者以道揆，故兼物物；为下者以法守，故以物物。上不兼物物，非帝王之德；下不以物物，非臣职之任，此上下之分也。古之王天下者，循道而行，顺理而动，未尝见其有为之迹。知而不自以为虑，辩而不自以为悦，能而不自以有为，德配天地之化育，故无为而天下功。神者妙万物，富者畜万物，天能神而不能富，地能富而不能神，帝王能天能地，而德充大于其间，《易》所谓圣人成能者是已。此乘天地、驰万物，而用人群之道也。形而上者道之本，形而下者道之末。其本则要，其末则详。主道无为，所以执其要；臣道有为，所以贵乎详，下之五末是也。为帝王者，守其至要，主其大本，则所谓末者自举矣。为臣者必分之以职，各任其事，运其精神，动其心术，勤劳尽瘁，然后事从之而成也。②

这里面对君道与臣道的分别有几层意思。第一，君道为本，臣道为末。所谓本，乃是指道的层面而论。君主要能体悟天道，然后顺天道以治人。只有在根本上把握了道，才可能进一步实现人间的至治，这也是

---

①　褚伯秀：《南华真经义海纂微》卷三十三，357 页。

②　褚伯秀：《南华真经义海纂微》卷四十一，396 页。

政治的根本。至于臣，则从事于各种实际的事务，即所谓“事”。“君尊臣卑，各有常分，君以无为而任道，臣以有为而治事，道之与事，相去远矣。故典狱则有司杀，治木则有大匠，君不与焉，仰成而已。”①典狱、治木各有其人，这种事务性工作并不是君主应当参与的，只要责成大臣去处理就可以了。在境界上来说，道自然是远高于事的。就政治的运作来说，也自然是道为本，事为末。这不是说实际处事不重要，而是说相对于道而言，事务的处理是第二位的。上文已经指出，人道乃是本于天道，人间的政治秩序、政治制度也应该都是天道的反映。君主任道，即是在最本源的地方处理政治，那自然是更为重要的。

第二，君道执其要，臣道贵乎详。君主所把握的道，是治理国家的根本原则。道是一，即使落实到人生界，就政治的实际操作层面来说，仍然以简明为上。“盖人主执要则百事详，丛脞则百事隳，则简者先王之所尚也。”②根本原则愈简明扼要，则愈可以在执行中不胶固于一端一隅，通变适宜，取得良好的效果。天下之事无穷无尽，非一人所能完全处理，那么就需要依赖群臣去治理，君主个人则当以简驭繁，只负责根本之道而已。至于“丛脞”，各种详细、琐碎之事，就是臣子所应当担负的责任了。实际政治的运作包括法令如何下达，政策如何执行，如何根据不同地方的差异采取不同的措施，如何直接与民众交流等方方面面的事情，这些都是为臣者需要去想、去做的。因为执行之时可能遇到各种情形，所以需要臣子尽可能考虑完备、处事周全，此即所谓“详”。在此过程中，“运其精神，动其心术，勤劳尽瘁”，可见臣子要“尽性分之极”③，竭其全部的心力与智慧，在各个方面发挥自己的才能。

《尚书新义》中“但委任而责成功耳”，表明君主之执要还有一个含义在于“君道以择人为职，上必无为而用天下，下必有为而为天下用，

① 王雱：《老子注》，见尹志华：《北宋〈老子〉注研究》，附录，349页。
② 陈祥道：《论语全解》卷三《雍也第六》，104页。
③ 褚伯秀：《南华真经义海纂微》卷四十，390页。

此君臣之分也”。① 择人，或者更准确地来说择相，才是皇帝的职责。通过宰相以驾驭群臣，通过群臣以治理天下百姓，此即是君主之执要。这在上古圣王之时皆是如此。“尧宅心于舜，而五臣为之用；舜宅心于禹，而八官为之用；文王宅心于牧夫，而凡百有司为之用。是故君之道无为而尊，臣之道有为而累。”②尧、舜、文王都选择出了合适的“宰相”，因此可以不必自己亲力亲为，即达到了无为。

第三，君道是坐而论，臣道则要起而行。坐而论，并非指仅体悟天道而不言不行，因道之可见于外则必然有实际的表现；此乃是指君主不负责实际政务的“执行”，而是要制定出需要臣子去遵行的大礼大法。方悫说“君以道揆礼，故曰明其义；臣以法守礼，故曰能其事”③；王昭禹曰“君以道制法，臣以法守事”④；华镇(1052—1113)⑤云“圣人因时而制法，故弛张详简无一体；君子观法以制行，故隐显语默不同道”⑥，所谓圣人即是君，君子乃指臣。他们的意思都是说，君主要根据他所体悟到的天道为人间制定既符合天道，又可见之于行事的礼法。臣子则根据这些礼法去行事，去贯彻这种“外在化”的天道。礼法既然本于天道，那么作为臣子的只能奉行，照着去做就可以了。如果礼法出现了问题，那也是君主的责任，不应由臣子承其咎。这种君臣之义即决定了君主以刚健为德，臣子以柔顺为德。君主体天道而有所命，臣则当服从上命，守而勿失。“制于上，下听之而不敢违者，命也。万物致命于天，臣民制命于王，故王与天同谓之命。上言之以为命，下守之以为令。命出于上，则变而不穷；令守于下，则常而无变，此命之字所以从令在左，为是故也。先王以是命天下，皆有常数，而天下

---

① 程元敏：《三经新义辑考汇评(一)——尚书》，201 页。

② 黄裳：《演山集》卷四十《论语孟子义》，269 页。

③ 卫湜：《礼记集说》卷一百十六，2410 页。

④ 王昭禹：《周礼详解》卷三，8541 页。

⑤ 李裕民：《宋人生卒行年考》，北京：中华书局，2010，288 页。

⑥ 华镇：《云溪居士集》卷二十三《上湖南提刑书》，景印文渊阁四库全书本，第 1119 册，543 页。

听焉而莫敢违。”①因为命出于天，有天道为依据，则臣下之遵守是无条件的、绝对的。

更进一步说，不仅臣要听命于上，实际上天下万民都要以在上位者为则。《周官新义》中云：“设官分职，内以治国，外以治野，建置在上，如屋之极，使民于是取中而芘焉，故曰‘以为民极’。极之字从木从亟，木之亟者，屋极是也。”②屋极是一间屋子的最高之处，又可以保证房间的稳定和安全，从而庇护居住于屋中的人。君主及其所制定之礼法也如屋极一般，处于整个社会的最高处，是社会秩序完善的保障，而应得到所有百姓的仰视、尊崇与服从。“天下有道，政出于君，大夫议之而无所遂，庶人听之而无所议，以权有所在，分有所限也。”③民众只有听从、遵守的义务而已。从理论上来说，君主作为圣人是可以体悟天道的，其所作所为也必然都是顺道而行，因此在上者刚健以制法，在下者柔顺以从之，“上健而下说，则民志定，有分以一之也。上下辨而民志定，则各安于所履矣”④。上下各守其分，各安其职，社会秩序就会稳定。当然，百姓作为小人，把握不到道的精义，有时对于圣人之所行也不免怀疑，此时百姓之好恶即可以不管不顾，而应听从君主所行的先王之道。“咈百姓以从先王之道则可，咈百姓以从己之欲则不可。古之人有行之者，盘庚是也。盖人之情顺之则誉，咈之则毁，所谓‘违道以干百姓之誉’也，即咈百姓以从先王之道者也。”⑤关键在于每个人要能够认识到自己的不足，相信君之德性，相信君主是在按照天道行事，从而与君主保持一致。“人各上同而自致，则礼出于一”⑥，至治由此而可以得到实现。

这样，君主被赋予了独尊的地位，甚至可以完全凌驾于法令制度

① 王昭禹：《周礼详解》卷十九，8711页。
② 程元敏：《三经新义辑考汇评(三)——周礼》，4页。
③ 陈祥道：《论语全解》卷八《季氏第十六》，201页。
④ 龚原：《周易新讲义》卷二《履》，45页。
⑤ 程元敏：《三经新义辑考汇评(一)——尚书》，30页。
⑥ 程元敏：《三经新义辑考汇评(三)——周礼》，290页。

之上，具有无上权威。王安石说："至尊不可以有司法数制之。"①就君臣之道而论，"为物所制者，臣道也；制物者，君道也"②，君主不可以为物所制，所以故事不必参考遵从，"祖宗不足法，流俗之言不足恤"也由此得到了理论依据。《三经义》中此类言说并不少见，如"操纵之权，上之所专"，"复，有报乎上也；逆，有言乎上也。上言而令之，下听而行之，所谓顺也；下有言乎上，则逆矣"。③ 这些论述都强化了君主的独尊地位。因此，不仅是王安石等人的实际政治行为加剧了君主的专制倾向④，新学的学术体系之中，也同样暗含有张扬君权的意味。

回到本小节开头吕惠卿之语，所谓"以道观分而君臣之义明"，此乃是《庄子》之言。成玄英疏已言，"夫君道无为，而臣道有事，尊卑劳逸，理固不同。譬如首自居上，足自居下，用道观察，分义分明"⑤，以为君如首，臣如足，其尊卑上下之分位乃是出于自然而然。也就是说，君臣之义是由道而观其分，即天道本身即意味着君尊臣卑，君上臣下。

黄裳有一篇《以道观分而君臣之义明论》，从人类社会的发展追溯君臣之起源，其言曰："处万物之中，最为灵者人也。其始也，芚然而相与生，嚣然而相与成，阴阳之所至，霜露之所坠，莫不蕃滋盈溢乎其间。方且坐而嬉，行而游，孰知其当事？孰知其当使？及其久也，利害日以交，智虑日以萌，物既不能相胜于情，于是相揉而相弊，争斗之患起。而求决之者，必就夫聪明睿知、能通其情而辨其疑者，以顺听而服从之。有圣人者出，审其道之若是为之等，上下尊卑之次，使道德灿然出于众人之上、材足以御其下者坐之庙堂之中，号令于四海之外，其德之赏可以劝，其罪之罚可以畏，谓之曰君。志虑苟有所明，能以缉事而辨功者，则任之以名，责之以实，相与拱手奔走以待

① 程元敏：《三经新义辑考汇评(三)——周礼》，95页。

② 《续长编》卷二百十四，熙宁三年八月己卯条，5218页。

③ 程元敏：《三经新义辑考汇评(三)——周礼》，51、68页。

④ James Liu, *Reform in Sung China: Wang An-shih (1021-1086) and His New Policies*, p. 91.

⑤ 郭象注，成玄英疏：《南华真经注疏》卷五，232～233页。

命于下，毋敢自用者，谓之曰臣。”有人类之初，天地阴阳蕴乎其间，人得各尽其性命之分，人的一切活动也都是顺其本性之自然。后来因为在彼此的交往之中产生了利害的冲突，人为了趋利避害而各逞其私智，各动其私心，于是开始有争斗，在此情形之下，有圣人出来解决这种混乱的局面，此圣人就是君。被他所任命、所驱使而往来奔走、执行君主所下达的命令的，便是臣。君在德性上高于众人，在才智上也出乎其类，能够与天道合一，因此便承担了坐于庙堂之中以治天下的职责。作为臣，无论是德性还是资质能力都无法与君相比，就只能待命于下而不敢自用，供君来任用。更进一步，黄裳以伯乐相马、公输般治木为喻："所谓伯乐之为马，般输之于木者，亦若圣人之于君臣也，非挠其材、屈其性也，其固有者，自然之分，吾所谓道者也。由是以观君臣之间，上下之宜，孰以易此乎?"①其指出人之才性各有其天之所命者在焉，是自然如此，非后天所能够通过训练、修养而获得。也就是说，君臣的分位是由其人之才性所决定的，而性者天之所命，那么君臣之分即是天道如此，不是有意造成的。在这里，君尊臣卑、君上臣下的分位之异即成为天道的反映，也就不可打破、不可违背。"此君臣之义也，无时而不然者"②，就将亘古而长存了。

但是，在君臣之间，有时也存在另一种身份，即所谓"宾师"。王安石所谓"若夫道隆而德骏者，又不止此，虽天子，北面而问焉，而与之迭为宾主"③，他在与神宗的关系上，也常以"师臣"自居。在王安石被任命为参知政事以前，他要求神宗"先讲学，使于臣所学本末不疑，然后用之"，用汤之于伊尹、高宗之于傅说、文王之于太公的"学然后臣之"之意。④ 王安石希望自己首先是皇帝的老师，然后才是臣子。出于师弟子关系，神宗需要对王安石的学问抱有坚定不移的信任与钦服，

---

① 黄裳：《演山集》卷四十一《以道观分而君臣之义明论》，275～276 页。

② 龚原：《周易新讲义》卷三《大有》，55 页。

③ 王安石：《临川先生文集》卷八十二《虔州学记》，1447 页。

④ 《长编纪事本末》卷五十九《王安石事迹上》，1045 页；《宋史》卷三百二十七《王安石传》，北京：中华书局，1977，10543 页。

由此引申出的皇帝与师臣的关系，更是显出王安石在神宗前的尊贵与显赫。不管王安石是否如陈瓘所批评的，在日录中假造神宗称其为师臣之语①，但王安石的心态确实反映了他所以自处的位置。乃至常秩、吕惠卿，神宗也可能以之为师，或至少在新学学者看来，他们是可以成为神宗之师的。② 王安石所作《周官新义》中有云："盖命者君所出，而事之者臣所作，故曰'坐而论道谓之三公，作而行之谓之士大夫'。余官言大事未有言作者，则大事独大宰作之而已。"③大宰虽然也是六官之一，但却属于"三公"，可以与君坐而论道，与其余诸官是不同的，即有为君主宾师之意。龚原辨析了臣与宾师之别："盖守君之命而进退者，臣道也；观国之光而进退者，宾道也。"④臣应当根据君之命令行事，君主对待宾师的态度也与对待臣子不同："君道以畜臣为常，而以柔有之，则是宾师之礼也，有时而然者也。"⑤君主退处柔道，而宾师当刚健之体，君顺从于宾师，此即是君待宾师之道。这又为在下位而得道之圣人在政治架构之中留下了一席之地。

（二）因时乘理，无为而无不为

由上面所论，可以看出君道之无为并不意味着不去主动做事、少做事，甚至是完全不作为。也就是说，新学之所谓"无为"并不是指"不为"，而是要顺乎自然之天道，无累无心，使有为入于无为。牟宗三分析老子之有无、有为无为时指出："自然即无为。'无为而无不为'，则'无不为'有'无为'为其超越之根据。以'无为'为其超越之根据，则'无不为'虽亦落于经验界，而却是圆应无方，无意必固我之自然因应，而亦一起具有超越之意义。"⑥此最能得"无为而无不为"之真义。新学之讲无为、有为，其实都是在这个意义上来说的。

在解《论语》"为政以德"章时，陈祥道不仅指出君主当以修养自我

---

① 陈瓘：《四明尊尧集》卷九《寓言门》，392 页。

② 陈瓘：《四明尊尧集》卷九《寓言门》，393 页。

③ 程元敏：《三经新义辑考汇评(三)——周礼》，47 页。

④ 龚原：《周易新讲义》卷三《观・六四》，72 页。

⑤ 龚原：《周易新讲义》卷三《大有》，55 页。

⑥ 牟宗三：《才性与玄理》，177 页。

德行、施行德治为上，更指出君主应当如天上的北辰星一样，无为而治。盖“天运无穷，三光迭耀，其中正而不移者，北辰而已，故天之枢则北辰，为政者取譬焉。北者，道之复于无。无者，无为者也；辰者，居中而正乎四时者也。无为而正乎四时，则无为而无不为矣”①。在古人的观念中，北辰作为自然界苍天之中枢，亘古无所变动，但众星围绕北辰运转，四时更迭由是而确定，这就是北辰以不动为动的作用。人间世之君主也当如此，自己不去积极主动地采取措施，而是使臣子能够环绕在君主周围，从君主那里受命，即得到其行事之合理性的依据，然后各自履行自己的职责。君主的这种无为，乃是要自己能够中正平和，安于自我的身份和地位——如上文所述，此亦由天之所命——没有计量谋划之心，没有必期于治的期待与愿望，没有任何自己的主观意图。如林自所云：“心虚而后能静，静而后能安，安而后能至于无为。无为者，天地之平，道德之至，帝王圣人之所休息也。唯其无所为，则会道于虚，虚则实者，万物自然之理无不在焉。其为出于无为，则向之实者虚矣。虚之而静，静而后动，所以不失其动。不失其动则无为，无为则群才各任其事，当其责，使之尽性分之极而已。”②所谓虚，乃指念虑不萌，私意不起。此概出于《老子》“致虚极，守静笃”。吕惠卿云：“所谓虚者，非虚之而虚也，直莫之盈，故虚也。所谓静者，非静之而静也，夫物芸芸各归其根而不知，而莫足以挠心，故静也。”③虚、静都不是绝对的空虚、静止，而是动而不累于心，使万物各行其是而不自知。君主之使臣下各尽其事，是因其心之虚而自然如此；臣子以有为之事业而显现，而君主则无意必固我。“君人者，法天而体道者也。以道之至虚，可以受天下之群实；以道之至无，可以御天下之群有；以道之至静，可以驭天下之群动。”④此即是君道无为，臣道有为；任臣道之有为，则君道无为而无不为矣。

---

① 陈祥道：《论语全解》卷一《为政第二》，71 页。

② 褚伯秀：《南华真经义海纂微》卷四十，390 页。

③ 吕惠卿：《老子吕惠卿注》卷一，17～18 页。

④ 黄裳：《演山集》卷四十一《不以智治国论》，274 页。

君道之无为乃是本乎天道，“天何言哉？四时行焉，百物生焉”。圣人之于天下亦是如此，行不言之教、无为之治而已。如龚原所云：“无言也，运以至健之精，昭以灿然之象，而四时不忒者，天之神道也。无为也，顺性命之理，以佑万物之神，而天下服者，圣人之神道也。”①天之神道与圣人之神道都在于使万物各遂其性，各安其分。万物之性分乃天之所命，天道无名无方无体而不可见，借万物如其所是之显现而见，则天与圣人之无为亦在于任万物之自然而已。华镇在《列子天瑞论》中说：“夫道存乎太极之上，则生天生地；行乎开辟之后，则无为而自然者，属之于天；有为而或使者，属之于人。故庄生言九变之序曰：先明乎天，而道德次之。是篇明大道之体而谓之天瑞，盖道不可见，言之所及者，自然之符而已。明乎自然之符，则大道得矣。”②刘槩也说：“上德无为而无以为，此心迹俱无为者也，所谓真空是也。真空者，圣人所以极高明，而其崇以效天者也。下德为之而有以为，此心迹俱有为者也，所谓妙有是也。妙有者，圣人之所以道中庸，而其卑法地者也。”③天道无为而自然，人道有为而使然，欲尽天道，则当知万物的生长运行都有各自的道理，这是不依赖于人力作用于其间的，无为就是要使万物符合其本来之理。

君道能实现无为的关键，在于君主能像古之圣人那样，忘掉自己的心虑智慧，忘掉自己的身体形象，更进一步也忘掉自己，同乎天道。人是因为意识到自我的存在，而产生种种与其他人或物的亲疏、利害、贵贱等之分别，外在的事物扰乱了人本之于天的自我本性，而人则开始追逐这些不根于自己性分之本的名与物，天下由是而大乱。“后世之难治，惟其物我太重，以我丧道，以物丧我。我情之放，五官之乱，尽为物道而去。在外者弗听于命，在我者弗有于性，或熄义以争，或

① 龚原：《周易新讲义》卷三《观》，71页。

② 华镇：《云溪居士集》卷十九《列子天瑞论》，475～476页。

③ 刘槩：《老子注》，见严灵峰辑校：《老子崇宁五注》，台北：成文出版社，1979，308页。

溺礼以僭，有为禽兽夷狄而后已者。”[①]因此，反过来说，要达至无为之境，就要不为外物所累而复自我性命之常。“为无为，非无为也，为在于无为而已，期于复性故也。”[②]从根本上来说，圣人之性与众人之性皆本于天，此其所同。然而众人不明性分之在我，逐于外物，只有圣人能够超越人世间的种种分别，摆脱形器的负累，“夫道，无方也，无物也，寂然冥运而无形器之累，惟至人体之而无我。无我则无心，无心则不物于物，而放于自得之场，而游乎混茫之庭，其所以为逍遥也。……有方有物则造化之所制，阴阳之所拘，不免形器之累，岂得谓之逍遥乎？”[③]能逍遥游于世间，即已复性而无累于外，万事万物都不足以扰乱其性，“无已而为名则名成，无已而为功则功立”[④]，而尽乎无为之至矣。

从无累、无我、无心的角度出发，新学之无为论已经蕴含着“任理而不任情”的含义。[⑤] 天道是自然而然的，没有任何人为的安排计较在其中，仁义礼信这些属于人道的价值都是在有我之私之后产生的，自天道来看并没有绝对的价值。万物的生灭，人世的变迁，不过是天道的自然流转而已。因此，春生固然可喜，秋杀也有其存在的合理性。“莫惨于兵刑，而虽盛德不能去之，则因其理而已。”[⑥]圣人之治，也需要有兵刑为辅，因为这是理所当有的，看似残酷，却是天道本然的显现，并不需有恻怛悲悯之心。“盖仁者之于杀也，则惨恻而矜之，以其爱之也。不仁者之于杀也，则愤怒而快之，以其恶之也。真人者，非有爱恶者也，则其于杀也，岂不绰乎哉！此则见其所体也。虽然，古

---

① 黄裳：《演山集》卷四十一《以法为分论》，272页。

② 王雱：《老子注》，见尹志华：《北宋〈老子〉注研究》，附录，264页。

③ 王雱：《南华真经新传》卷一，154页。

④ 王无咎：《暨阳葛君字序》，见《全宋文》卷一五二五，第70册，145～146页。

⑤ 关于王雱在这方面的思想，可参见卢国龙：《宋儒微言》，第三章第四节“‘任理而不任情’的政治哲学”，180～192页。

⑥ 刘泾：《老子注》，见严灵峰辑校：《老子崇宁五注》，322页。

之圣人之于杀，未尝不矜者，与人同之也。”①有惨恻愤怒之念，是因为有爱恶之心，爱恶之心则生于人之情，“天任理，人任情。任理则大而公，任情则小而私”②。仁者爱人，但仁却并没有达到天道的层次，那么爱人也只是在人间世的一种“私意”，行仁以治理天下远不如更高一层的顺天道的效果显著。圣人之用刑杀，甚至不惮于对百姓实施看起来有些残忍酷烈的措施，是从天道的角度来施行的，他们本身则并没有去考虑，此即是行而无所系累，“为而不为”。而正“以其无心于爱与不爱也，此天地之所以能神也”③。至于圣人常常对杀伐有矜恤不忍之意，与众人相同，亦不过是“和其光，同其尘”，“玄同”于众人而已。

也就是说，对新学来说，圣人之治，其眼中只有如何贯行天道，礼乐刑政乃至百姓都只如祭祀之刍狗而已。“圣人不仁，以百姓为刍狗，而无常心，以百姓心为心，则其自视亦刍狗而已，则其所以应世之迹者为刍狗可知也。凡所谓礼义法度者，皆其应世之迹也。方其应世也，则严之饰之用之以至诚，则刍狗之未陈而盛以箧衍，巾以文绣，尸祝斋戒以将之之譬也。及其过也，委而去之而已矣，而心未尝系焉，则刍狗已陈，而行者践其首脊，苏者取而爨之之譬也。”④严饰之或是委去而践之，其间并没有圣人有意识地去分别，只是在“时”的要求之下的不同应对之策而已。“天地之于万物，圣人之于百姓，应其适然，而不系累于当时，不留情于既往，故比橐籥之无穷也。”⑤圣人与道同体，圣人之治，应该是没有任何可以被人察觉的政治行为之痕迹的。当人们还能认识到圣人是圣人之时，他已经落到了有为的层面；就其外在之表现而言，圣人本身也如刍狗一般。待到天下大治以后，也不需要有圣人，圣人也不会有特别突出的地方显现出来以为世人所瞻仰，此即所谓“功成不居”，“功成事遂，百姓皆谓我自然”之意。

---

① 吕惠卿：《庄子义集校》卷三，123页。
② 陈祥道：《论语全解》卷四《泰伯第八》，130页。
③ 刘槩：《老子注》，见严灵峰辑校：《老子崇宁五注》，300页。
④ 吕惠卿：《庄子义集校》卷五，288页。
⑤ 王雱：《老子注》，见尹志华：《北宋〈老子〉注研究》，附录，266页。

就王安石主持变法而言，其托孟子“大有为”之说以劝神宗，新法之政治主张亦多属于积极进取型，此似与新学主无为之说不符。同时，王安石也不认同老子废弃礼乐刑政之说，以为政治制度涉乎形器，必须要有人为之力。① 其他新学学者也并不完全否认有为，尤其是王雱，特别重视有为的价值：“夫有为无为，均是至妙，无所分别。如必以有为为少而无为为至，则失其所以无为，而名实交起，宾主相分，大道判矣。”②他又认为《庄子》中所举的鷦鷯偃鼠的例子，在于“明有为虽小，但能无累乎心，则亦天下之至妙，不必羡无为之大也”③，意在指出不能强制划分有为无为的差别而贬低有为的作用，有为尽管不如无为的境界高，但也仍有其妙处，在很多时候仍然需要有为。或以为这是他们为变法寻找理论依据，在学术上进行了有意识的弥缝。诚然，新学的政治行为与学术论述之间有着密切的关系，这里面或许也确实有新学学者为其政治目的而进行的“诡辩”，但是，如陈瓘所言，“其所谓大有为者，性命之理而已”，承认有为的价值与意义也同样是新学学术体系中的一环，不能仅仅从外在的政治影响来看。

笔者以为，新学之认可有为，在于承认人世政治举措在实现至治过程中的有效性。王安石重视礼乐刑政，其意仍在于通过这一套政治制度以达到或实现无为之治的政治效果。“无之所以为天下用者，以有礼乐刑政也”④，礼乐刑政作为现实的人间之治，在一定条件即符合天道的情况下可以规范人的行为，引导或是强制人们重新认识到自我的内在本性，返璞归真；当人人都能复其自然之性命时，天下大治的局面便可以由此达到。从这个角度来说，无为需要通过有为来显现，有为是实现无为之治的一条途径、一种手段或方式，有为的价值亦在于此。同时，王安石自言，“圣人未尝不为也，盖为出于不为；圣人未尝

① 王安石：《老子注》，见蒙文通：《道书辑校十种》，688页；《临川先生文集》卷六十八《老子》，1230～1231页。

② 王雱：《南华真经新传》卷一，157页。

③ 王雱：《南华真经新传》卷一，157页。

④ 王安石：《老子注》，见蒙文通：《道书辑校十种》，688页；《临川先生文集》卷六十八《老子》，1230～1231页。

不言也，盖言出于不言”①，黄裳也曾说“无为而无不为，以其不止于为”②，有为或无不为都只是就表面来看，只能说是政治的一个阶段，其实质则以无为作为超越性的依据，在此情形下，有为便可以转化为无为。王雱便明确地将有为与无为从理论上统一了起来：“虽为之时，未尝有为；虽无为之时，未尝不为。君人体道以治，则因时乘理而无意于为，故虽无为而不废天下之为。虽不废天下之为，而吾实未尝为也。天何言哉，四时行焉，万物生焉。”③有为、无为是一体之两面，说有为，却因“无意于为”、念虑不生而实际达到无为之境；虽无为，却在现实中又会实行可以让人寻得到痕迹的有为的政事，二者有时是很难严格区分开的。可是，归根结底，尽管新学学者在一定程度上不否认有为有其合理性，认为“无为、有为，均是至妙，任之各以时也”，但“夫帝王之道，无为为本，而有为为末”④，在本末、体用关系上，无为仍旧高于有为，处于更根本的位置。就最高的境界，或者说最终极的目的来说，有为的最后，仍然是要达至无为之天道的。此其一。

其二，无为尽管是顺乎天道的最高境界，但并非所有时代都适合不着痕迹的无为之政，而是要根据时势的不同采取合适的对策，因时通变，唯适之宜。“尧之初治天下也，则天之大而化于民，其忧乐与天下共，所谓有为之时也。及其化极而至于变，则鼓舞万物而不知其所然，所谓无为之时也。无为出于有为，而无为之至，则入神矣。”⑤当天下扰扰，百姓离散，面临分崩离析之势的时候，自然不能一无所为，反而要积极采取措施拯危救溺。而当世道比较平稳，没有战争、灾荒等大患的时候，便可以无所作为，随百姓万物自然生灭即可。尧之一身尚且有有为之治和无为之治的不同，何况其他呢？吕惠卿在解《老子》“有无之相生，难易之相成，长短之相形，高下之相倾，声音之相

① 王安石：《老子注》，见蒙文通：《道书辑校十种》，677～678页。

② 黄裳：《演山集》卷二十二《澶州讲易序》，160页。

③ 王雱：《老子注》，见尹志华：《北宋〈老子〉注研究》，附录，306～307页。

④ 王雱：《南华真经新传》卷六，191页。

⑤ 王雱：《南华真经新传》卷一，156页。

和，前后之相随”时指出，“凡此六者，当其时，适其情，天下谓之美，谓之善；不当其时，不适其情，天下谓之恶，谓之不善”①，即表明最重要的是在正确的时候做正确的事情，不然，即使举措本身是善的，但置于不合适的局面之下，不但不能起到好的作用，甚至可能会有相反的效果。“禹舜有为之名，羲蘧无为之至，有为无为，均是至妙。道至此而浑合，而不解散，圣人终始于其间也。”②只要圣人始终顺天道而行，有为无为均是治世之妙法，都可以达成圣人的政治目的。

就根本而论，古代圣人所表现出来的有为或是无为，并不意味着他们对道的把握有偏差，反倒恰恰说明他们都真正体悟到什么才是真正的道。王安石云：“上德无为而无以为，羲皇也；上仁为之而无以为，尧舜也；上义为之而有以为，汤武也。上义，下德也。或曰：汤武，大圣人也，谓之下德可乎？曰：圣人之所同者心也，德之所以有上下者时也，大圣人者，易地则皆然。”③华镇云：“某闻太上之治，不可试于五帝；唐虞之政，不可行于三代。故三皇以道，五帝以德，夏商周尚功。是数圣人，其迹甚不同，其趣乃归于一致者，达时措之宜，不狥其虚名而贼其实效也。故古今之势，事变之理，君子不可不知。”④三皇以降，虽然在具体的行为表现上有所不同，但其背后，在根本的对于道的把握和理解上并无不同。时代变了，言行也要随之调整，以适应所处时代与形势的需要。如果仅仅在外在的表现上追求与圣人相同，那么实际上只是一种形式上的模仿，而没有真正领悟圣人所以采取何种言行的根本所在。“盖时不同，则言行不得无不同，唯其不同，是所以同也。如时不同而固欲为之同，则是所同者迹也，所不同者道也。迹同于圣人而道不同，则其为小人也孰御哉？”⑤更有甚者，一味地追求古人行迹，可能会造成变乱天下的结果。⑥ 因此，在对道

① 吕惠卿：《老子吕惠卿注》卷一，3 页。

② 王雱：《南华真经新传》卷三，170 页。

③ 王安石：《老子注》，见蒙文通：《道书辑校十种》，697 页。

④ 华镇：《云溪居士集》卷二十四《上西京运使李龙图书》，557 页。

⑤ 王安石：《临川先生文集》卷六十九《禄隐》，1239～1240 页。

⑥ 王安石：《临川先生文集》卷六十七《非礼之礼》，1215 页。

的本质已经有深刻把握的基础上，“权时之变”就是必然的行为方式。“天下无异道，有异时；圣人无异心，有异迹。”①“圣人之教，时而已矣，何常之有？”②有为无为，不过因时之不同，圣人所采取的不同教法而已。而真正能“因时乘理”，便已经臻于天道之无为了。

三、会通百家的“新经学”

（一）庄老为本

彭耜《道德真经集注》于宋代解经姓氏下以王安石、王雱、陆佃、刘槩、刘泾之注总名“崇宁五注”，刘惟永《道德真经集义》中又有所谓“崇宁八注”。就各注撰作时间而论，固非皆于徽宗崇宁中，其名乃出于后人所命，然此名却可见一时风气。“崇宁”者，“崇尚熙宁”也，意在复神宗、王安石之法度。而“五注”之作者，皆可谓新学学派中人。又吕惠卿、王雱、陆佃、陈祥道等人亦有注《庄》之作。由是言之，新学之徒乃极重道家老庄之学。今据前人考证，基本可以确定为新学学派注《老》《庄》之作如下：

王安石《老子注》二卷，今有蒙文通（《道书辑校十种》）、荣肇祖（《王安石老子注辑本》）、严灵峰（《老子崇宁五注》）③辑本。又尹志华《北宋〈老子〉注研究》补上三家所遗漏一大段。

王雱《老子注》二卷，今有严灵峰（《老子崇宁五注》）、尹志华（《北宋〈老子〉注研究》附录）辑本。

吕惠卿《道德真经传》四卷（《郡斋读书志》作二卷），存正统道藏本。

陆佃《老子注》二卷，今有严灵峰（《老子崇宁五注》）辑校本。又其漏收之序，见彭耜《道德真经集注·杂说》卷上。

刘泾《老子注》二卷，今有严灵峰（《老子崇宁五注》）辑校本。

刘槩《老子注》二卷，今有严灵峰（《老子崇宁五注》）辑校本。

---

① 陈祥道：《论语全解》卷二《八佾第三》，86页。

② 王雱：《老子注》，见尹志华：《北宋〈老子〉注研究》，附录，309页。

③ 按：严氏《无求备斋老子集成初编》曾有辑本，后复为此，较前为备。

王无咎《老子义》，佚①。

黄裳《道德经讲义》三卷，佚。②

梁成《老子解》二卷，佚。③

王安石《庄子解》四卷，佚。④

王雱《庄子内篇注》，南宋褚伯秀《南华真经义海纂微》有引。⑤

王雱《南华真经新传》二十卷、《拾遗》一卷，存正统道藏本、四库全书本。

吕惠卿《庄子义》十卷，今有汤君集校本。

陈祥道《庄子注》，南宋褚伯秀《南华真经义海纂微》有引。

林自《庄子注》，南宋褚伯秀《南华真经义海纂微》有引。

刘槩《庄子注》，南宋褚伯秀《南华真经义海纂微》有引。⑥

作为一种现象，许多学者其实都已经注意到，新学学派对于老庄之学十分重视。新学阐释老庄的特点，以往的研究大多集中于三点：其一，会通儒道释，即在阐释《庄子》时援儒、老、佛，解《老子》时融儒、庄、佛，发挥三教合一之理；其二，为现实政治服务，即认为新学学者在注释《老》《庄》阐发无为有为关系等方面是为新法寻找理论根

---

① 彭耜《道德真经集注·杂说》卷上言王无咎尝解《老子·道经》四章，引其二，见彭耜：《道德真经集注》，262页。

② 这两种，见熊铁基、马良怀、刘韶军：《中国老学史》，福州：福建人民出版社，2005，321页。

③ 尹志华：《北宋〈老子〉注研究》，17页。梁成(1049—1125)字子中，试太学，以《易》学登进士第，王安石欲妻以弟安国之女。参见李降：《梁子中墓志铭》，见《全宋文》卷二五二六，第117册，215～217页。

④ 赵希弁：《郡斋读书附志》卷上，见晁公武撰，孙猛校证：《郡斋读书志校证》，1143页。

⑤ 《南华真经义海纂微》卷首载“今所纂诸家注义姓名”，有王雱注，注作“内篇”；又刘槩注下注称“外杂篇，继雱之后”。而考《纂微》中所引，皆在内篇，且与雱《南华真经新传》不同，则雱似另有《庄子内篇注》。《郡斋读书志》卷十一著录《王元泽注庄子》十卷，校证以为即《南华真经新传》，似非。

⑥ 熊铁基主编《中国庄学史》、肖海燕《宋代庄学思想研究》中均作《庄子外杂篇注》，但肖海燕已经指出褚伯秀在《养生主》集注中引及刘槩注，是其亦曾注内篇，参见肖海燕：《宋代庄学思想研究》，武汉：华中师范大学出版社，2011，59页。

据；其三，将阐释《老》《庄》与道德性命之理结合起来。这些论述都有其道理，可是，儒者之学，可以在五经乃至十三经中觅得个人之落脚点与社会国家之根基，何以新学学派尤其将眼光投向老庄道家之学呢？至于很多论者所言新学对老庄的解释不符合原意，我们也很难说王安石、吕惠卿、王雱等人是有意识地为了政治目的而歪曲老子、庄子的本意以沟通儒道，毋宁说，那其实代表了新学一派对于《老子》《庄子》的认识。在这里，重要的不是《老子》《庄子》本身的意义究竟如何，而是新学如何理解它们，它们在新学的学术体系中居于什么位置。我们要以新学的眼光来看待它们，这样才能厘清新学的学术特色。

窃以为新学对于道的认识，在根本上是得自老庄之学的。也就是说，新学学术思想的根本乃是老庄，新学学者是从道家思想逐渐衍生出去完成其本身的学术建构的。在上文阐述新学对于天人之道、宇宙秩序的认识之时，我们已经可以发现，新学的诸多思想都与老庄之学密切相关。自然无为之天道、君道为本，有为应世之人道、臣道为末，无为而无不为，顺万物之理，复性命之常，这些与老庄的思想是一脉相承的，对此前文已经指出过，这里不再重复。此处要强调的是，虽然，在此之前老庄等道家思想早已渗入儒学思想之中，杨向奎先生曾指出，《五经正义》中“道”与“气”这两个观念常结合在一起，代表着道家与儒家思想的结合，也是正义的新发展①，而与新学同时，道学也同样在吸收老庄思想，如程颢《定性书》中云，“天地之常，以其心普万物而无心。圣人之常，以其情顺万物而无情”，在圣人的境界上，在顺乎自然之性而无心无情的层面来说，儒家与道家是相通的，但是，在他们那里，老庄之学都没有像新学那样成为自己学术体系的根基。虽然我们很难说宋儒如明儒那样一家有一家之宗旨②，但是各自所得之道则确有不同，新学之所得即在于由老庄而入道。老庄之学乃是作为体悟大道之本原而成为新学学术体系中的一部分的。

① 杨向奎：《唐宋时代的经学思想——经典释文、十三经正义等书所表现的思想体系》，载《文史哲》，1958(5)。

② 黄宗羲：《明儒学案发凡》，沈芝盈点校，北京：中华书局，2012，14页。

新学学者之以老庄为本也同样是建立在他们对于历史变迁与所处时代认识的基础之上的，这是他们的“应世之方”。上文已经指出，政治上的有为与无为要由所处的时势来决定，同样，孔孟老庄之异，也应在时之不同上进行理解。“夫道，海也；圣人，百川也。道，岁也；圣人，时也。百川虽不同，而所同者海；四时虽不同，而所同者岁。孔、孟、老、庄之道，虽适时不同，而要其归则岂离乎此哉!”①在本质上，孔孟老庄并无不同，都是本于大道的。在新学看来，老庄之学乃是为补礼乐之过而产生的，自有其存在的合理性。吕惠卿以为，“道之大全，本无不备；三代之末，隐于小成。天下失其性命之情，而搢绅先生之所传者，独得其迹，遂以为圣人之所以为圣人者为止于此。于是老聃氏绝学反朴而示之以其真，使知所谓圣者有不在是矣”，至庄子则进一步足成老聃之说②，意即老庄之学乃是在人们竞相追逐圣人外在形迹的时候摆脱这些礼乐文章的束缚而直探道之本原。刘槩认为，“庄子之时，去圣已远，道德仁义裂于杨墨，无为清净坠于田彭，于是宋钘、尹文之徒闻风而肆。庄子思欲复仲尼之道，而非仲尼之时，遂高言至道，以矫天下之卑；无为复朴，以绝天下之华；清虚寂寞，以拯天下之浊。谓约言不足以解弊，故曼衍而无家；谓庄语不足以喻俗，故荒唐而无涯”③，则《庄子》一书属于针对其所处环境下之情势而有意为之，无论是倡言无为还是高言天道，都是为了解决时代问题。王雱则以四时之夏天与秋天进行比喻来说明尧、舜、孔子以至老子之不同，其言曰：“自尧舜至于孔子，礼章乐明，寓之以形名度数，而精神之运，炳然见于制作之间。定尊卑，别贤否，以临天下，事详物众，可谓盛矣。盖于时有之，则夏是也。夏反而为秋，秋则敛其散而一之，落其华而实之，以辨物为德，以复性为常，其志静，其事简。夫秋岂期于反夏乎，盖将以成岁而生物也。”④夏与秋为四季之自然运行，有

---

① 王雱：《南华真经新传·拾遗》，272 页。

② 吕惠卿：《庄子义集校》，1～2 页。

③ 褚伯秀：《南华真经义海纂微》卷一百六，686 页。

④ 王雱：《老子注序》，见尹志华：《北宋〈老子〉注研究》，附录，257 页。

四时之更替才会有一年的完整，这是任何人都无法改变的。同样，在人生界，也如四季一般会有不同时世的更替，在不同的时代之中，便要采取符合时代之特殊情况的应世之方。

中唐以降，士人中有人开始热烈讨论皇、帝、王、霸、忠、敬、文、质等三皇以降各代政治之核心观念的问题，这些都反映出秩序混乱下学者对于何者为治世，如何进行秩序重建的思考与探索。① 新学学者之中，如上文王雱之论尧舜至孔子为夏、老子为秋即属于此类讨论。又如黄裳以为仁义之失至周而极，周以礼乐之文救之；孔子以质之过救周文之弊，老庄之书亦是如此。② 至于他们自己所处的时代，则已是道德灭裂，性命失常。陆佃《道德经注序》云："自秦以来，性命之学不讲于世，而道德之裂久矣。世之学者不幸蔽于不该不遍一曲之书，而日汩于传注之卑，以自失其性命之情，不复知天地之大醇、古人之大体也。"③林自说："夫仁义出于道德，礼乐出于性情，上古世质民淳，仁义与道德为一，礼乐与性情不离。后世废道德以言仁义，离性情而议礼乐，是以有曾、史之仁义，非尧、舜之仁义；有世俗之礼乐，非三代之礼乐。"④黄裳云，秦以后，"汉唐之学，溺于传注之说，形数之中，不自奋发，流为污下，盖已久矣。适丁斯时，有能谈其书者，因见圣人之妙道，其言新美，散在传注之间，学者得之，醉者以醒，寐者以觉，如在饥渴之时偶得醇酒异馔而嗜之，久而不能厌也。

---

① 讨论皇帝王霸的，如韩琬《上睿宗论时政疏》以皇道以德，霸道用智（董诰等编：《全唐文》卷三百四，上海：上海古籍出版社，1995，1364 页）；赵蕤《长短经叙》称，"王者之政化之，霸者之政威之，强国之政胁之"（董诰等编：《全唐文》卷三百五十八，1608 页）；入宋如田锡《太平颂》称，"德厚称帝，仁胜称王。仁德兼备，谓之三皇"（田锡：《咸平集》卷二十一，罗国威点校，成都：巴蜀书社，2008，208 页）等。讨论忠敬文质的，如《全唐文》卷三百十六颜真卿《请复七圣谥号状》，1506 页，卷三百六十八贾至《议杨绾条奏贡举疏》，1652 页；李华《李遐叔文集》卷三《质文论》；等等。对此问题，容另文撰述。

② 黄裳：《演山集》卷十九《顺兴讲庄子序》，143～144 页。

③ 彭耜：《道德真经集注・杂说》卷上，260 页。

④ 褚伯秀：《南华真经义海纂微》卷二十六，323 页。

然而老庄之书复显于今日，其亦时与数之所感欤?”①他们认为，汉唐的章句注疏之学造成学者只知道追求经典中的语言和典章制度的仪文，到如今人们已经不清楚何谓道德性命，人人都是在外在的一套法令政策下生活，失去了天道赋予每一个人的性命之本。

王安石曾说，法先王在法其意而已②，但自秦汉以下，学者读经，只是看到了圣人法度本身，而没有追寻法度背后之意。乃至三代圣王，也皆是以其治世之迹显于世。“由尧舜之迹观之，未免举贤任智而已。举贤则民相轧，任智则民相盗，则是有知有欲之大，而民之所以迁于物也，曷足以厚之哉！此大乱之本所由而生也。”③秦汉以来，世主人臣都是根据上古圣人的政治法度来进行治理，但时代已经改变，即使所有礼乐制度都与上古相同，却并不能取得上古的效果，相反，这恰恰是后世不能实现完美政治之原因所在。“盖世之学孔子者，不能得其心而得其迹，故寓之于老莱子，以明其迹之为患至于无穷，则诗礼窃冢者是也。”④“审仁义之间，察同异之际，观动静之变，适受与之度，理好恶之情，和喜怒之节，世儒得孔子之察者，不过此六者而已矣。此六者，孔子之所以应世，而非其所以为孔子者也，盖六者虽异，不过以物为事而已矣。夫苟以物为事，而欲离四谤，何以异于举足愈数而迹愈多，走愈疾而影不离其身哉!”⑤人们所津津乐道、所极力追求的仁义礼乐，实际上都已经违背了先王之时的真意。在解《庄子·大宗师》中子贡吊子桑户一节时，吕惠卿辨析了先王之礼与世俗之礼的不同：“先王制礼，使人平好恶，而反人道之正。人道之正，性命是也，则以反其真为乐者，岂非礼意哉!”⑥礼之意在于尽人之性命，子凡、琴张之编曲鼓琴，乃是忘生死，直接与天道沟通。子贡不明性与天道，以世俗之礼法视之，则龃龉不合，是其将天所赋予的性命与礼法制度

① 黄裳：《演山集》卷十九《顺兴讲庄子序》，143～144 页。

② 王安石：《临川先生文集》卷三十九《上仁宗皇帝言事书》，750 页。

③ 吕惠卿：《庄子义集校》卷八《庚桑楚》，420 页。

④ 吕惠卿：《庄子义集校》卷九《外物》，506 页。

⑤ 吕惠卿：《庄子义集校》卷十《渔父》，562 页。

⑥ 吕惠卿：《庄子义集校》卷三《大宗师》，141 页。

分而为二，此即已丧失了先王礼乐的精义所在。礼乐法度都当以合乎天命之性为本，若能尽性命，则无适而非礼矣。

由是以观，新学之重视老庄，意在以老庄"反本复朴""绝圣弃智"、仁义礼乐变乱天下之说教人探究礼法制度背后的天道。他们反复强调的，是要人恢复性命之本然，摆脱千年来世间礼乐法度对人内在本性的束缚与戕害，重新回到道德性命与仁义礼乐为一、万事万物自然运行的大道之世。即使不抛弃儒学，还要学孔子，也应当学孔子应世之迹背后所蕴含的圣人之意。"孔子体性抱神，以游乎世俗之间者也，则安有渔父之讥者！而所以言此者，盖世儒之学孔子者，不过其迹而已，故寓之渔夫，以明孔子之所贵者，非世儒之可知也。子贡之告渔父者，乃世儒之知孔子者也。天下虽大，亦物而已，孔子之所以为孔子者，孰肯以物为事也！"①其意以为世儒不知孔子，学孔子而未能得孔子之所以为孔子者，只是跟着孔子的所作所为亦步亦趋。若新学，才是真正了解孔子、能学到孔子之真意的一派学人。孔子之迹不过是人道，其意则可通于天道。新学就是要"主天道而言，所以救人道之弊也"②。老庄之学多言天道，言复性命之本，正是他们面对时代问题所寻找到的解决之道，是他们心目中对于秩序重建之方的认识。而且，在他们看来，这也是由其所处的时代形势所决定的，是自然而不得不如此，并非他们出于私心的有意为之。由此而言，新学在北宋中后期致力于以老庄之学为本建构学术体系以应对现实，正如黄裳所言，"亦时与数之所感"，不过时代之自然要求而已。

（二）融摄百家，复道之全

继续上面的话题，新学对老庄的重视其实也是时代风潮的一部分。潘雨廷以为王雱之注《老子》"能尽心于死生之说，以得古今常一之道，殊可概观宋学所兴起的三教合一之理"，吕惠卿注之义亦相近，且认为，三教结合，于佛教实取其禅，于道教取老庄之几。③ 很多学者认

---

① 吕惠卿：《庄子义集校》卷十《渔父》，558 页。

② 褚伯秀：《南华真经义海纂微》卷三十八，林自注，382 页。

③ 潘雨廷：《易与佛教·易与老庄》，上海：上海古籍出版社，2005，140 页。

为，宋代学术始终面对着佛教和道教的挑战，各家各派实际上都在不同程度上融合了释道的思想。其中，王安石尤其不惮于标榜释道之理与儒不二，着力于融会释道以充实、补充儒家学说。①

以笔者的浅见，新学之融会释道，不能以儒学为本位来思考，即不能简单从儒学的视角去考虑他们对“异端”思想的吸收，而应从新学对于天道、“道之全”之看法的角度出发。其实，新学本身是无法被简单概括为“新儒学”②的，或者说，即使其中很多人以儒自居，但在本质上，新学是一种会通百家的“新经学”③，他们的追求，是要复兴道术未分之前的圣人之道。而他们所谓的儒，也不是分家之后的儒家，而是未分之前、集先圣大成如孔子一般的真儒！

王安石在《答曾子固书》中尝言，“世之不见全经久矣，读经而已，则不足以知经。故某自百家诸子之书，至于《难经》、《素问》、《本草》、诸小说，无所不读，农夫女工，无所不问，然后于经为能知其大体而无疑”④，即主张全面性地研读所有典籍，乃至从社会人生实践中吸收经验，以重新发现经典中所蕴含的所有含义。他又在《庄周》中指出，到庄子的时代，先王之泽竭，人不明道，庄子欲矫其弊而归于正。其称六经之精义，实能见道之全；然自其“以为仁义礼乐皆不足以正之，

---

① 邓广铭：《王安石在北宋儒家学派中的地位》，见《邓广铭治史丛稿》，177～192 页；蒋义斌：《宋代儒释调和论及排佛论之演进——王安石之融通儒释及程朱学派之排佛反王》，台北：台湾“商务印书馆”，1997。

② 此取一般最宽泛的意义。对于如何称呼宋代以来兴起的新的学术，不同领域的学者有相当不同的态度，如宋学、道学、理学、新儒学等。最近的一次讨论可见《宋学研究集刊》第 1 辑中所载 2007 年在北大召开的一次关于“宋学”座谈会的纪要，参见《宋学研究集刊》第 1 辑，杭州：浙江大学出版社，2008 年，1～12 页。美国学者的争论可参考《当代西方汉学研究集萃·思想文化史卷》中田浩和狄百瑞的文章，见[美]伊沛霞、姚平、张聪主编：《当代西方汉学研究集萃·思想文化史卷》，上海：上海古籍出版社，2012，1～37 页。

③ 这里的“经学”，并不是传统意义上对“儒家”经典进行阐发的“经学”或官方钦定的意识形态，而是作为中国传统知识体系之基石或华夏文明之根源的“经学”。对经学的这一“定义”及其简要的梳理，参见邓秉元师：《〈新经学〉发刊词》，见《新经学》第 1 辑，上海：上海人民出版社，2017。

④ 王安石：《临川先生文集》卷七十三《答曾子固书》，1314 页。

故同是非，齐彼我，一利害，则以足乎心为得”观之，则属于矫偏救弊之言，故庄子“自列其书于宋钘、慎到、墨翟、老聃之徒，俱为不该不遍一曲之士，盖欲明吾之言有为而作，非大道之全云耳”。① 诸子各明其所见，有为而发，所以《庄子·天下》篇说：“后世之学者，不幸不见天地之纯、古人之大体，道术将为天下裂。”

对庄子此叹，新学学者颇有同感。在注释《庄子》之时，王雱、吕惠卿、林自等人都有较为详细的阐述，而大义概同于王安石《庄周》一文。在新学看来，诸子只能是一曲之士的原因在于他们“多得其一察焉以自好，得一察焉而已，而不察其余，则非见其全者也”②，也就是他们从各自的角度出发，认识到了道之一端，然后便自信满满，将一端当作了全体。诸子百家之言纷纷扰扰，道之大全也不复明于世，这也是后世道德不明、世乱不治的根源所在。更进一步，甚至是儒家也只是道术分裂之后诸家之一。黄裳说：“自道之体分裂而为六七，然后有为道家者，有为名家者，有为法家者，有为阴阳家者，有为儒家者，有为墨家者。然而真儒之学，之乎方外则为至人，之乎方内则为君子，道之所寓，法之所主，名之所出，数之所归，岂复有他哉！至迁之论六家，辄以为儒之学短而后之，复与墨氏并列，予夺其是非。呜呼！道德不一，天下之人各为其所欲焉，以自为方，盖兴庄子之叹矣！”③这即表明一般意义上的儒家是道体分裂后的产物，站在道之全的角度，也只是为其所欲为而已。但他同时提出了所谓“真儒”之学，内圣而外王，汇道法名数于一体，是在作为九流之一的儒家之上的境界。

结合《周官》与《论语》，陈祥道对何谓儒作了一番疏解：“古之儒者，一而已矣。《周官》‘儒以道得民’，则凡以非道得民者，皆非儒也。后世浇漓，而道术将为天下裂，于是有君子之儒，有小人之儒。君子之儒惟务本，小人之儒在趋末。子夏之为己，止于文学；其为人，止于洒埽应对进退，此趋末者也。故孔子戒之曰：‘女为君子儒，无为小

① 王安石：《临川先生文集》卷六十八《庄周上》，1231～1232 页。

② 吕惠卿：《庄子义集校》卷十，587～588 页。

③ 黄裳：《演山集》卷四十一《以法为分论》，273～274 页。

人儒。'荀卿言有俗儒，有雅儒，有大儒；扬子又言有真儒。真儒以性言，大儒以业言，雅儒似君子，俗儒似小人。"①儒者之本在于体悟天道，在道术未裂之前，所有掌握道的人都可以称为儒，也就是说儒是与道相连的，是一种专称。至道术分裂以后，儒也产生了分化，君子之儒才是古时真正之儒，其核心在于追求道之本；而小人之儒不论是为己还是为人，都落了下乘，仅是在道之末的层面上用力，则只能是诸子之一了。王昭禹在解《周官·太宰》"儒以道得民"时谓"人皆需之谓之儒"，又引扬雄"通天地人曰儒"和孔子戒子夏"女为君子儒，勿为小人儒"之语以见大儒之效②，也同样将真儒与通天地人之道之全体联结在一起。如果说他们仍然是站在儒家的立场的话，也只能是掌握道之全体的这种"真儒"！

尽管百家之学都未能见道之全体，但是，作为道术分裂之后的产物，新学承认它们之中也蕴含着圣人之学之一端，也都有其可以称而道之的地方，"譬如耳目鼻口，皆有所明，不能相通；犹百家众技，皆有所长，时有可用，而不可废者也"③。既然它们也都从不同的角度见到了道，那么为了明古人之大体，遍读百家传记自是新学的内在要求。

同样，在新学看来，佛家之说也可以上通乎道，与经典中所蕴含的道理并没有根本的差异。王安石对神宗说："臣观佛书，乃与经合，盖理如此。"④天道、天理本然如此，不能增损变易，并非仅掌握在哪一家手里，而是人人都可以见到的。那么，佛也同样可以见道。在根本上，佛与孔老也并无本质性的差异，只是从不同的角度、应对不同的时势而立言有别而已。林自称："道，岁也；圣人，时也。执一时而疑岁者，终不闻道矣。圣人之言，应时而变，所变者言，所同者道。道散而为教，教者各售其师之说，久而成弊，则泥束不通。今为儒者则非释，为释者则非道，不知三圣立教，其心则一。傥不明此，皆束

---

① 陈祥道：《论语全解》卷三《雍也第六》，107～108页。

② 王昭禹：《周礼详解》卷二。

③ 吕惠卿：《庄子义集校》卷十，587页。

④ 《续长编》卷二百三十三，熙宁五年五月甲午条，5660页。

于教者也。”①黄裳言道一而已矣，“尧舜得之以为帝，文武得之以为王，仲尼得之以为圣，老子得之以为仙，释氏得之以为佛”②，又言“孔子佛老之用，殊途而同归”③，都指出佛教也同样是道在世间显现的一种方式。那么，阅读佛书，钻研佛理，也同样不妨碍明乎天道。甚至如郑侠那样，“本儒学，以孔氏为宗，得老氏之说以明，又得释氏，而后大明孔子之道”④，通过读佛书而更深入地理解圣人之道。

由是可见，新学对儒与庄老乃至佛、名法之学并不存有严格的正统与异端之见。站在九流之一的儒家的立场自然可以斥新学为驳杂，但从新学的角度来说，这种“驳杂”却正是其想要会通百家，重新探索圣人、天道之全体而努力追求的。

这种追求道之大全的取向在新学的经典注释之中也有所体现，其倾向于将经典看作一个内部存在先后逻辑次序的有机整体。比如，《三经新义》在逐段解释经典的语句含义之后，往往对经典进行较为整体的诠释，或结合数段，或统合全篇，都显示出对于经典的整体性理解。这在《诗经新义》中体现得更为明显，比如，《七月》八章通义曰：“仰观日星霜露之变，俯察虫鱼草木之化，以知天时，以授民事。女服事乎内，男服事乎外。治自内而外，化自上而下。上以诚爱下，下以忠报上。父父子子，夫夫妇妇，养老而慈幼，食力而助弱。不作无益也，备豫乎桑田之事而已；非特备豫乎桑田之事而已也，苟可以除患者皆备豫焉。不贵异物也，致美乎桑田之器而已；非特致美乎桑田之器而已也，苟可以成礼者皆致美焉。人无遗力矣，故事不足治也。地无遗利矣，故物不可胜用也。女不淫而仁也，又有礼焉；士不惰而武也，又有义焉。非道之以政、齐之以刑所能致也，风化而已。其祭祀也时，其燕亨也节。夫然，故天不能灾，人不能难，上下内外和睦，而以逸

① 褚伯秀：《南华真经义海纂微》卷五十一，440页。

② 黄裳：《演山集》卷二十六《论性表》，181页。

③ 黄裳：《演山集》卷二十三《答总长老书》，169页。

④ 郑侠：《西塘集》卷二《大庆居士序》，景印文渊阁四库全书本，第1117册，377页。对郑侠思想的分析，见下章第二节。

乐终焉。此《七月》之义也。”①这番解说就可以揭示《七月》这首诗所要表达的整体含义。程辑本《诗经新义》中这类通义甚多，而《周官新义》也往往合并数官经文之后总解其义于后②，《尚书新义》中亦有于篇末发一议论之例③，可见王氏父子之经义，尤其重视从整体上把握经典的意义。解“曰若稽古”四字达万余言的汉代经解实际上是破碎大道，经典具有完整而统一的内涵，不能分章摘句地割裂开来分析。比如，在解《春官·大宗伯》时，《周礼》原文首曰“大宗伯之职，掌建邦之天神、人鬼、地示之礼，以佐王建保邦国”，次言“以吉礼事邦国之鬼神示”，而后言先祀昊天上帝、祭社稷五祀五岳、享先王，即是以神示鬼为序。④ 对此郑玄只是在注“天神、人鬼、地示”时改其序云“立天神地祇人鬼之礼”，对这种次序的不同未作解释。贾公彦则以为经文“欲见天在上，地在下，人藏其间”，而郑玄说“神祇鬼”是据尊卑为次；于“鬼神示”之序，贾公彦称“欲见逢时则祭，事起无常，故先云人鬼也”⑤，乃是就各个次序分别进行解说，各见其理。而王安石《周礼新义》云：“大宗伯之礼，或以神鬼示为序，或以鬼神示为序，或以神示鬼为序。以神鬼示为序，定上下也；以鬼神示为序，辨内外也；以神示鬼为序，明尊卑也。定上下然后辨内外，辨内外然后明尊卑，礼之序也。”⑥这就建立了一个由上下到内外再到尊卑的次序，从整体上对《周礼》歧异的经文做出了自己的解释。其解说合理与否姑不论，却鲜明地体现了新学这种注重经典整体内涵的倾向。

这种特色在其他新学学者的著作中也有相当鲜明的反映。王雱的《南华真经新传》中，在除《逍遥游》以外的内篇诸篇下皆有解题，阐明

① 程元敏：《三经新义辑考汇评(二)——诗经》，115 页。

② 如合解典妇功、典丝二官，合解闾胥、比长二官等，参见程元敏：《周礼新义体制探原》，见《三经新义辑考汇评(三)——周礼》，716 页。

③ 程元敏：《尚书新义体制探原》，见《三经新义辑考汇评(一)——尚书》，252 页。

④ 《周礼注疏》卷十八，见阮元刻：《十三经注疏》，757～758 页。

⑤ 《周礼注疏》卷十八，见阮元刻：《十三经注疏》，757 页。

⑥ 程元敏：《三经新义辑考汇评(三)——周礼》，277 页。

庄子作该篇之意。他认为，内七篇是一个层层递进的整体，有前后的逻辑次序。其言曰：

万物受阴阳而生，我亦受阴阳而生。赋象虽殊，而所生同根。惟能知其同根，则无我；无我则无物，无物则无累，此庄子所以有《齐物》之篇也。①

夫齐物者必无我，无我者必无生。无生，所以为养生之主，而生之所以存，此庄子作《养生主》之篇而次之于《齐物》也。②

善养生者，必自得于性命之际，而无思无为也。无思无为，则足以处人间，应世变，而忧患不足以累之，此庄子作《人间世》之篇而次之于《养生》也。③

夫处人间，经世变，免于忧患之累者，是能全其性命也。性命全则自得，自得则德之所以充也。德充于内而无待于外，则不求合于物而物自来合，此庄子所以作《德充符》之篇而次于《人间世》也。④

夫德之充者入于道。道者，天下莫不由之也，虽天地之至大，万物之至多，皆同归而一致矣，此庄子作《大宗师》之篇而所以次之于《德充符》也。⑤

天出德而入道，入道而尽妙，此物之所以同归而宗师也。物

① 王雱：《南华真经新传》卷二，158 页。
② 王雱：《南华真经新传》卷三，166 页。
③ 王雱：《南华真经新传》卷三，167 页。
④ 王雱：《南华真经新传》卷四，175 页。
⑤ 王雱：《南华真经新传》卷五，181 页。

之所同归，则应可以为帝王，此庄子作《应帝王》之篇而次于《大宗师》也。①

由认识万物在根本上相同，从而消除物我之对立，自得于内，进而处人间，全性命，充德于天下而成帝王之功业，自内圣而达于外王，本末一贯。这样，王雱就以自己的理解勾勒出了内七篇之间的关联和脉络，从整体上对庄子的立言之意进行了阐发。

又如，陈祥道的《论语全解》在注释某一章之时，也常常引据相关联的章句进行解说，“一面再构筑论理的世界，一面增加实证性，企图统一的陈述之”②。蔡卞《毛诗名物解》有《草木总解》《十五国风次序》《诗序通解》，也是要在整体上强调对《诗》的把握。在新学学者看来，体现着圣人立言之意的每一部经典都是一个不可分割的整体，而其背后所反映的则是“高悬”于文字之上的大道。为了能够完整地把握道，为了能够准确地理解经典，他们在注经之时就必然要透过一章一句而求其背后整体的意义。

这里还值得指出的是，作为一种“新经学”，新学十分重视对经典的注释。除了《三经新义》以外，于《礼记》，有方悫《礼记解》、马希孟《礼记解》、陆佃《礼记解》、陈旸《礼记解义》、陈祥道《礼记讲义》；于《易》，王安石门人及后学所注甚多，据《经义考》，有龚原《周易新讲义》、顾棠《周易义类》、沈季长《周易新义》、王逢《易传》、何执中《周易解》、黄裳《周易澶州讲义》、周秩《易说》、徐铎《易谈》、林自等《太学十先生易解》、耿南仲《周易新讲义》等。③ 此外，对于《周礼》《论语》《孟子》《尔雅》等经典，新学也都有注释之作。④ 如果与二程理学相比照，这一倾向便表现得更为明显。新学虽然注重的是圣人之意，但并

---

① 王雱：《南华真经新传》卷六，190页。

② [日]芝木邦夫：《陈祥道〈论语全解〉——主体的释义》，杨菁译，见[日]松川健二编：《论语思想史》，255～280页。

③ 朱彝尊：《经义考新校》卷十九至卷二十二，林庆彰、蒋秋华、杨晋龙等点校，上海：上海古籍出版社，2010，339～402页。

④ 新学的著述可参见刘成国：《荆公新学研究》，第二章，83～98页。

不废圣人之言，他们认为圣人之意、道德性命之理正蕴含于经典之中。得意可以忘言，见道可以弃象，但首先是需要从言象、从实际可见的名物度数之中去寻得天道的。经典兼具道德性命之理与名物度数之迹，精粗备见，本末并该，其价值自不待言。由此可见新学并非凭空臆说道德性命，而是落实在经典阐释之中。圣人的经典仍然是新学成其为“新经学”的根本所在。

第二章　新学内部的多元化发展

新学学者之中，王安石、王雱父子和吕惠卿，无疑是最重要也最为引人注目的，相关研究也较多，但实际上，新学学派是个颇为庞大的学术群体，其中在学术上有一定建树或特色的学者，为数不少，且至今未引起太多注意。本章则有意选取陆佃（1042—1102）、郑侠（1041—1119）与耿南仲（？—1129）三人进行新学学派的“微观”研究。陆佃与郑侠是王安石的及门弟子，前者始终追随王安石，对新学学术体系的建立与传播都起到了重要作用，是新学学派的核心力量；后者因为进《流民图》一事被看作王安石的反对派，但实际上却是新法的坚定支持者，在学术上也深受王安石的影响。耿南仲是元丰五年（1082）进士，可谓科举教育体制中培养出来的第二代新学学者。本章通过对这三人的“微观”分析，希望能由“人”而及“派”，既展示出新学学派的整体学术特色，也表明新学内部的多元性和复杂性。

第一节　陆佃及其礼家名数之学

陆佃是王安石开始主政之后，在科举考试中录取的第一位王安石的学生。王安石对这个弟子十分看重，将他视作自己改造、建立新的经学体系的得力助手。陆佃也不负所望，毕生追随王安石，协助王安石修撰《三经新义》，为新学培养人才。其平生学术重视礼家名数之学，看似与王安石之学相距甚远，实际上却始终不脱新学的色彩，对王安石所开创的新经学有所发展。

一、“平生慷慨慕荆国”

陆佃出于越州山阴陆氏家族。后世的家谱一致将陆贽视作陆氏的先祖，但自陆贽至山阴陆氏始祖陆忻之间传承的可靠性值得怀疑。北宋时，自陆佃祖父陆轸大中祥符五年(1012)进士起家，陆氏家族才重新兴盛起来。陆佃即是陆轸次子陆珪的次子，生于庆历二年(1042)。关于陆佃的生平及其家族，以往已经有了很多研究成果①，此处不拟详细论述，只随文说明而已。

青少年时期的陆佃刻苦求学，“夜无灯，映月光读书”②。家贫，嘉祐中，居苏州依外家边氏③，以童子从吕宏学④。当时淮南地区盛行胡瑗之学，陆佃即赴高邮从学于安定高弟孙觉⑤。但陆佃对安定之说心有未安，至读到王安石的《淮南杂说》和《洪范传》，心下佩服，于是赴金陵向王安石问学，时当治平三年(1066)。⑥ 在王安石门下，陆

---

① 关于陆佃的生平与交游，可参见吴自力：《陆佃研究——一代刚直博学的经儒之杰》，暨南大学历史学硕士论文，2006年4月；余琼霞：《陆佃及〈陶山集〉考述》，华东师范大学古代文学硕士论文，2010年5月；朱刚、张弛：《陆佃年谱》，见《新宋学(第九辑)》，上海：复旦大学出版社，2020。关于陆佃的家族，可参见孔凡礼：《陆游家世叙录》，原载《文史》，1988年总第31辑，收入《孔凡礼古典文学论集》，北京：学苑出版社，1999，354～383页；陶晋生：《北宋士族：家族·婚姻·生活》，第十章“书香世家——山阴陆氏”，台北：“中央研究院”历史语言研究所，2001，267～292页。这里特别指出两点。其一，孔文指出，陆佃之祖陆轸所撰《修心鉴》一篇融合了儒释道三家思想，陆轸亦学道，对后世子孙皆有影响。其二，陶文指出，陆轸有女嫁与杨大雅之子杨沆，而杨氏一个女婿是欧阳修。杨大雅笃学好古，天圣六年与苏易简同被任命为知制诰，以矫景德后文章雕靡之弊(《续长编》卷一百六，天圣六年九月丙午条，2482页)，欧阳修更是一代文宗，虽然他们与陆佃或其父辈不一定有直接的交往，但注重古文的学术风气还是很有可能影响到陆氏子弟的进学的。

② 《宋史》卷三百四十三《陆佃传》，10917页。

③ 朱刚、张弛：《陆佃年谱》，见《新宋学(第九辑)》，408页。陆佃之母边氏乃是边肃之孙。

④ 陆佃：《陶山集》卷十五《长乐郡君贺氏墓志铭》，169页。

⑤ 陆游：《家世旧闻》卷上，孔凡礼点校，北京：中华书局，2006，195页。

⑥ 陆佃《陶山集》卷十六《沈君墓表》载：“治平三年，今大丞相王公守金陵，以绪余成学者，而某也实并群英之游。”(183页)王安石知江宁府在治平四年，然之前已居金陵，此或陆氏记忆偶误。

佃虚心向学，收获极丰，有“平日就师十年，不如从公之一日”之感慨。陆佃不仅学习王安石之经学，也深受其人格感染，仰慕王安石以师道自任、担当天下的气概。其学成后返高邮，慨然自任昔日同学之师而不让，正是这种影响的反映。① 尽管从王安石学习的时间没有很长，却奠定了陆佃一生的基本学术与为人取向——“平生慷慨慕荆国，自誓中立无邪颇”②。

陆佃中熙宁三年进士第，这次贡举是王安石主政后第一次开科取士。虽然其新学尚未成为官学，但各项新法已开始陆续推行，政治学术变革的风潮已然掀起。在贡举中，王安石及吕惠卿等变法派无疑希望选拔支持新法、与自己施政理念相同的人才，与反对派发生了激烈的冲突。司马光《日记》记载较详：

> 韩秉(持)国、吕惠卿初考策，阿时者皆在高等，讦直者多在下列。宋次道、刘贡父覆考反之，吴冲卿、陈述古多从初考。叶祖洽策言：“祖宗多因循苟简之政，陛下即位，革而新之。”初考为三等上，覆考为五等中，冲卿等奏之，从初考。李才元、苏子瞻编排上官均第一，祖洽第二，陆佃(等)[第]五。上令陈(栩)[相]面读均、祖洽策，擢祖洽第一。上又问偲卷安在，偲者，佃卷号也，擢为第三。③

---

① 陆佃《陶山集》卷十五《傅府君墓志》载：“嘉祐、治平间，与予同砚席、共敝衣服无憾也。是时明孺尚未冠，予亦年少耳。淮之南，学士大夫宗安定先生之学，予独疑焉。及得荆公《淮南杂说》与其《洪范传》，心独谓然。于是愿扫临川先生之门。后余见公，亦骤见称奖。语器言道，朝虚而往，暮实而归，觉平日就师十年，不如从公之一日也。既归，明孺惊曰：‘自今事兄矣，岂曰友之云乎！’然予亦不自让也。憩其馆累月。”(164～165 页)

② 陆佃：《陶山集》卷一《依韵和李知刚黄安见示》，3 页。

③ 司马光撰，李裕民校注：《司马光日记校注》，北京：中国社会科学出版社，1994，123 页。

陆佃本是礼部试第一，廷试突然改试策，陆佃却泰然自若，从容作答。① 如果不是事先收到风声，即表明其素来所学正与朝廷之新取向相同。神宗擢叶祖洽为第一，又特意拔陆佃卷为第三，即是认可他们对策中对当时所行变法的肯定。《宋史》载陆佃进京后王安石曾询问新政得失，陆佃以为法虽善而推行颇扰民，似于新法不无异议。但其对策中支持神宗以求唐虞之治，认为其要在“任贤立本”。任贤在使上下循理，“道德同而风俗一”，立本则当本先王之义以创法立制，既要良意，也要良法。② 这与王安石变法的整体设计与思路是完全一致的。③ 因此，在贡举改制之后，为了改造异议最多的北方五路士人，王安石特意以陆佃为新置的五路学官之一④；随后又召之为国子监直讲⑤，让他参与修撰《诗经新义》⑥，就是希望用自己的弟子担负起改造士人的重任。《宋史》认为这是“安石以佃不附己，专付之经术，不复咨以政”⑦，一方面为陆佃讳，另一方面也是不明推行新经学、以贡举教育改革作新人才为王安石变法核心之故。

陆佃担任学官，基本是用王安石之学授予生徒。林希称“佃等夜在介斋，授口义，旦至学讲之，无一语出己者。其设三舍，皆欲引用其党耳”⑧。此说虽有夸大之嫌，实际情况未必如此，但却点明王安石之学在太学中已经居于主导地位，陆佃等学官正用其说。佃受王安石之

---

① 《宋史》卷三百四十三《陆佃传》，10918 页。

② 陆佃：《陶山集》卷九《御试策》，101～104 页。

③ 详见第五章。

④ 《续长编》卷二百二十一，熙宁四年三月庚寅条，5372 页。

⑤ 《续长编》卷二百二十八，熙宁四年十一月戊申条，5545～5546 页。

⑥ 《续长编》卷二百二十九，熙宁五年正月戊申条，5570 页；程元敏：《三经新义修撰人考》，见《三经新义辑考汇评(二)——诗经》，412 页。

⑦ 《宋史》卷三百四十三《陆佃传》，10918 页。

⑧ 《续长编》卷二百二十八，熙宁四年十一月戊申条，5545～5546 页；卷二百二十六，熙宁四年八月己卯条注，5509 页。

命修《诗》义①，其"《诗讲义》遂盛传于时，学校争相笔受，如恐不及"②，教坊杂戏甚有"学《诗》于陆农师"之谑③。当时陆佃弟子众多，其为郓州教授时，有诸暨黄彦、朱戬、韩羽往从之学。既而佃为太学博士，彦等复往从之④，又有李知刚，黄特、黄持兄弟，石景舒、景愈、景完、景洙兄弟，许安世，俞方等拜在门下。⑤ 其中多人后来相继登科，壮大了新学在朝廷的学术与政治势力。

至元祐元年(1086)王安石卒，新学遭到打压，诏科举不得引用《字说》，国子司业黄隐甚至于太学之中公然诋斥新学，禁止诸生引用；当王安石死讯传至京师时，又阻止诸生祭奠。⑥ 陆佃则不迎合时政之转移，亲率太学生致祭，其祭文云：

> 维公之道，形在言行。言为《诗》《书》，行则孔孟。孰挽而生？孰推以死？天乎人乎，仰莫之使！於皇神宗，更张治具，夔一而足，二则仲父。追龙之升，奄忽换世，公则从迈，天不憖遗。呜呼哀哉！德丧元老，道亡真儒。畴江汉以濯之，而泰山其颓乎？承学诸生，无问识否，斋戒是修，矧从公久。祝之使肖，成就长

① 陆宰《埤雅序》称新经义未作之前陆佃即以说《诗》得名，参见陆佃：《埤雅》，北京图书馆古籍珍本丛刊5，影印明成化十五年刘廷吉刻嘉靖二年王俸重修本，北京：书目文献出版社，1988，263页；陆游记陆佃爱《毛诗》，其治平中从王安石学之时见安石案上有《诗正义》，参见陆游：《家世旧闻》卷上，194页。然则治平中陆佃即已从王安石学《诗》，精于《诗》学，故王安石命其修《诗》义。

② 陆佃：《埤雅》，263页。

③ 陈师道：《后山谈丛》卷一，李伟国点校，北京：中华书局，2007，24页。

④ 陆佃：《陶山集》卷十四《诸暨黄君墓志铭》。

⑤ 《宋元学案补遗》卷九十八，5904～5907页；陆佃：《陶山集》卷十四《黄君墓志铭》、卷十五《石子倩墓志铭》。

⑥ 《续长编》卷三百九十，元祐元年十月，9496～9501页。又全祖望《记荆公三经新义事》中言黄隐焚王氏之书，《宋元学案》卷八载隐"取三经板火之"，似黄隐曾焚毁《三经新义》板。然元祐元年刘挚、吕陶、上官均等攻黄隐，皆不曾言焚板之事。其说最早盖出于王象之《舆地纪胜》卷一百三十五，"黄降，改名隐，守国子司业，取三经版火之，为主王氏学者所攻"，其说不知所本，然攻黄隐者主要为刘挚、吕陶，皆非王氏学者，则其说似当存疑。

> 养，闻讣失声，形留神往。回也昔何敢死，赐也今将安仰？恸貌象之谁如，恍音尘之可想。呜呼已矣，病不请祷，葬不反筑，寄哀一觞，百身何赎。①

此文于王安石之德业推崇备至（将王安石比作孔子），于安石之逝悲恸不已，情感真挚动人。这种感情并非一时的冲动，实际上陆佃终身均于王安石致其尊崇、怀念之情。元祐四年他曾让李公麟为其画《荆公游钟山图》，当夜梦中尚侍奉恩师，得其指点，醒而怅然若失。② 元祐七年陆佃知江宁府，到任后马上祭拜王安石之墓，“俯仰陈迹，失涕沾裳”③。这种深厚的师弟之情出于陆佃对王安石学术人品的钦佩。在陆佃看来，王安石是孔孟而下的第一真儒，“平生共学王丞相，更觉荀扬未尽醇”④，正是因为有了王安石，俗学才能振起，使圣人之道复明于世。⑤ 其独立不与，维护恩师之声名学术，诚“无负于师承”⑥。

哲宗继位，太皇太后高氏辅政，一反熙丰之政，本为侍讲的陆佃以“新进少年”，德业、公望不足以服人为借口被免去经筵进讲、教化人主的职责⑦，实质是反变法派希望消除王安石一派政治、学术对于新皇帝的影响。但由于熙丰期间陆佃并未直接参与变法，因此在元祐前期未被清除新党的风潮波及，且不断晋升，还被任命修撰《神宗实录》。⑧ 这却奠定了他后来被列入元祐党籍的直接根源。由于与反变法派的范祖禹、黄庭坚等人对于熙丰新法、对于王安石的认识不同，陆佃与他们发生了多次激烈的冲突。如其与黄庭坚争王安石“毋使上知”之语是否当入实录，黄庭坚以为如陆佃之言即是佞史，陆佃争曰如黄

① 陆佃：《陶山集》卷十三《祭丞相荆公文》，146～147 页。

② 陆佃：《陶山集》卷十一《题王荆公游钟山图后》，121 页。

③ 陆佃：《陶山集》卷十三《江宁府到任祭丞相荆公墓文》，147 页。

④ 陆佃：《陶山集》卷二《依韵和李元中兼寄伯时二首》，27 页。

⑤ 陆佃：《陶山集》卷十二《答李赉书》，131 页。

⑥ 陆佃：《陶山集》卷十三《除中书舍人谢丞相荆公启》，136 页。

⑦ 《续长编》卷三百六十，元丰八年十月癸未条，8617 页。

⑧ 《续长编》卷三百六十五，元祐元年二月乙丑条，8755 页。

之论则为谤书①，“大要多是安石”②，赞许新法。③ 可尽管如此，元祐所修《神宗实录》在哲宗亲政之后还是得到变法派的激烈攻击，连带维护变法、维护王安石的陆佃也遭贬责。④ 对陆佃的贬官诏书斥其“俯仰顺从，媕阿泯默，曲狥群奸之意，苟幸一身之安。谓尔有所建明，固未尝争论而去；谓尔固为讥讪，则于今其藁不存。进退之间，风节无取”⑤。相比于范祖禹、黄庭坚等人，对陆佃算是比较宽贷的。后来陆佃又被列入元祐党籍，这些并不意味着陆佃背离了王安石的政治路线与学术理念，而实是党派斗争与政治倾轧的结果。

至于《宋史》所论“陆佃虽受经安石，而不主新法，元祐党人之罪，请一施薄罚而已，犹差贤于众人焉”⑥，潜在的思路是学于王安石就要支持新法，支持新法就是小人，就会激烈地迫害反变法派，这不仅不符合历史实相，揆诸逻辑，也实在不通。陆佃反对严惩元祐党人，乃是出于公心，希望能布中和，建皇极。徽宗即位后，其被召进京上殿札子云：

> 神宗皇帝聪明文思，延登真儒，建立法度，布在四方，以幸天下后世。而元祐之际，辄见诋讥；绍圣以来，又皆称颂。夫事无当否，一切纷更，国有常刑，固在不赦。然理有损益，不无赓续，惟务称扬，亦已过矣。《尔雅》曰：“赓、扬，续也。”夫续前人，不必因前所为，利则赓之，善者扬焉，是为善续。《诗》《书》

① 《续长编》卷二百七十八，熙宁九年十月丙午条注，6805页。此注引陆佃《实录院乞降出吕惠卿元缴进王安石私书札子》，此文《陶山集》不载。

② 《宋史》卷三百四十三《陆佃传》，10918页。

③ 陆佃：《陶山集》卷十一《神宗皇帝实录绪论》，117～119页。

④ 李埴：《皇宋十朝纲要》(影印本)卷十三，绍圣元年十二月甲午条，台北：文海出版社，1980；陈均：《皇朝编年纲目备要》卷二十四，北京：中华书局，2006，590～591页；彭百川：《太平治迹统类》卷二十四《元祐党事本末下》，景印文渊阁四库全书本，第408册，601页。

⑤ 《宋大诏令集》卷二百七《陆佃落职知河阳制(绍圣二年二月庚午)》，北京：中华书局，1997，778页。

⑥ 《宋史》卷三百四十三，10923页。

> 所称，后世咏叹不息是也。若元祐纷更，是知赓之而已，不知有扬之之罪也；绍圣以来，率皆称美，是知扬之而已，不知赓之之过也。伏愿陛下咨谋人贤，询考政事，有赓有扬，以续大前人之光，惟其时物，与其当之为贵。大中之期，实在今日。①

其意主张对于熙丰之政善者扬之存之，不善者赓之改之，而大要则认为神宗任用王安石建立的法度符合先王之意，可以垂范后世，是应当恢复和继承的。由于其在政府日短，在具体政事上并没有太多表现即被贬，编入党籍，但其对熙丰之政的看法实与大多反变法的元祐党人不同，并不能因其入党籍而认为他不主新法。②

如果说陆佃与王安石比较明显的不一致，大概要算他对《春秋》的态度。王安石在贡举改制中废除《春秋》，不论如何辩解，实际上都降低了《春秋》的经典地位。陆佃初年似受王安石影响，并未对《春秋》进行特别研读。其学《春秋》，盖始于元祐八年(1093)丁母忧归山阴之后。③ 杨彦龄记云：

> 陆佃农师，自江宁府丁太夫人忧归越，始学《春秋》，而得其说。尝云："古之学者先明《诗》，而《书》次之，《书》已明而《礼》《乐》次之。《礼》《乐》已明而《春秋》次之，《春秋》已明而《易》次之。故五变而《春秋》可举，九变而《易》可言也。吾于《易》见玄圣之道，于《春秋》见素王之道。玄圣内也，素王外也。内外进矣，而后可以言此。"④

---

① 陆佃：《陶山集》卷四《蔡州召还上殿札子二首(原注：元符三年二月)》之二，46页。

② 对此，俞兆鹏《评陆佃对王安石新法的态度》一文已经指出，参见俞兆鹏：《评陆佃对王安石新法的态度》，载《抚州师专学报》，2001(2)。

③ 陆佃《陶山集》卷十六《边氏夫人行状》第187页，记其母卒于元祐八年二月八日。

④ 杨彦龄：《杨公笔录》，黄纯艳整理，见朱易安、傅璇琮等主编：《全宋笔记》第一编十，郑州：大象出版社，2003，152页。

其对于学习诸经的次序与《答崔子方秀才书》中所述王安石之语相同。崔子方于绍圣中上书请复《春秋》取士①，此书之作即在其后，正陆佃始学《春秋》之时。四库馆臣于王安石之说下按语疑未必出于安石，或佃欲为师回护，此难以断言，阙以存疑。然相对于王安石，陆佃在其后来撰成之著作如《尔雅新义》《埤雅》中大量引用《春秋》之说，且作《春秋后传》二十卷，则其对《春秋》之重视在实际层面实甚于王安石。但这也不能证明陆佃背离师说。遵从师说不意味着对师说亦步亦趋。对老师的一些说法有质疑，有发展，但在学术根柢上与师说相同，这正说明陆佃是王门高弟。不然，一味因循模仿，墨守师说，则不过是传声筒而已，又何足道哉！

二、究明物性：《尔雅新义》与《埤雅》

元丰元年五月十七日庚寅，刚刚守完父丧的陆佃受命修订《说文》。② 至五年六月九日己未，修成上进。③ 修订《说文》似与宋神宗对于礼仪制度及其义理基础的重视有关。元丰改元之后，正月十二日戊午，正式成立详定礼文所④，对于郊丘、宗庙祭祀等国家礼制进行改定，涉及礼器、礼服的形制、规格到仪式的先后步骤、祭祀人员的方位等各个方面；三月六日庚辰，又于资善堂置局命王子韶修《说文》。⑤ 由于王安石熙宁中曾撰《字说》⑥，表明文字的音、形皆有其义，出于

---

① 陈振孙：《直斋书录解题》卷三，徐小蛮、顾美华点校，上海：上海古籍出版社，2006，63页。

② 《续长编》卷二百八十九，元丰元年五月庚寅条，7078页。按：熙宁八年五月癸酉，佃父卒。

③ 《续长编》卷二百二十七，元丰五年六月己未条，7875页。

④ 《续长编》卷二百八十七，元丰元年正月戊午条，7012页。陈均《皇朝编年纲目备要》卷二十称"置详定礼文局"（489页），而《续长编》卷二百八十六熙宁十年十二月甲午条注称"明年二月戊午，置详定所"，戊午为是月十三日，然其月五日庚戌条已有详定礼文所之文，李焘盖以日同为戊午致误其月（按：元丰元年闰正月）。

⑤ 《续长编》卷二百八十八，元丰元年三月庚辰条，7049页。

⑥ 《字说》的颁行时间史无明言。刘挚元祐元年上书称学者"专诵熙宁所颁新经、《字说》"（《续长编》卷三百六十八，元祐元年闰二月庚寅条，8858页），（转下页）

自然天理，其《三经新义》中亦多以对字义的解说阐释经义，且以教学者明了“字义”是进一步通“道德之意”乃至“一道德”的重要手段①，因此，神宗对字学的重视似受王安石影响，其所任王子韶②、陆佃即均属王安石一派。

陆佃所修之《说文》今不传，当时颁行与否亦不可知，推测其中可能有王安石的影响。在受命之后，进京之前，陆佃曾自京口赴金陵谒王安石。③一方面可能见到正在修改过程中的新《字说》，另一方面也可能为自己的新任命向王安石请教。其详虽不可考，但他后来所作的《尔雅新义》和《埤雅》，却鲜明地显示出王安石《字说》的影响，《直斋书录解题》即认为《尔雅新义》“大率不出王氏之学”，《埤雅》也“多用《字说》”④，乃至《四库全书总目》认为“《埤雅》之失在于好引《字说》”⑤。唯《郡斋读书志》认为陆佃“学不专主王氏，亦似特立者”⑥。

（接上页）似熙丰中《字说》亦已颁于学官。考王安石《字说》初成于熙宁中，故集中有《熙宁字说序》（《临川先生文集》卷八十四，《王文公文集》无“熙宁”二字），其中称为二十卷，后经修订，复于元丰五年上进二十四卷本。（黄复山《王安石〈字说〉之研究》对《字说》撰修过程有所讨论，参见黄复山：《王安石〈字说〉之研究》，第二章第三节，17～28页。又高克勤《王安石著述考》亦有考证，参见高克勤：《王安石与北宋文学研究》，上海：复旦大学出版社，2006，71～72页。）绍圣元年詹文奏称：“神宗皇帝圣智高妙，盖极象数，尝念文字之学，世所不知，深诏儒臣，俾共探讨。而王安石实进其说，当时未及颁行而学者亦已见之。”见《长编纪事本末》卷一百三十，2185页；又见黄以周：《续资治通鉴长编拾补》（以下简称《长编拾补》）卷十，北京：中华书局，2004，425页。如诸人所言不误，疑熙宁中王安石《字说》初本曾经雕印颁行，学者即已习之。《字说》之元丰修订本当时则未曾颁行，至绍圣时方从龚原之议镂版。学者旧曾习《字说》，新本见于世间后亦当有人据新本有所更定，要之《字说》当曾以教科书之身份广为流传，为学者所宗师，故后来变法派与反对派皆将《三经新义》与《字说》连言。

① 王安石：《临川先生文集》卷八十四《熙宁字说序》，1481页。

② 熙宁之初，王安石引之入条例司，参见《宋史》卷三百二十九《王子韶传》，10612～10613页。

③ 陆佃：《陶山集》卷十三《江宁府祭蒋山神祝文》，145页。

④ 陈振孙：《直斋书录解题》卷三，88页。

⑤ 《四库全书总目》卷一百二十九孙之𫘧《枝语》提要，1111页。

⑥ 晁公武撰，孙猛校证：《郡斋读书志校证》卷一下，167页。

今人重视陆氏《埤雅》甚于其《尔雅新义》，所注意者又集中于二书在训诂学上的特色与贡献。① 但陆佃之子陆宰所作《埤雅序》中，一方面指出陆佃此书作于《物性门类》之基础上，主旨在于明万物之性；另一方面明言陆佃“既注《尔雅》，乃赓此书，号《埤雅》，言为《尔雅》之辅也”②，可知陆氏注《尔雅》是为正经，作《埤雅》乃是“传”，以辅助、增益《尔雅》。陆氏所注《尔雅》即《尔雅新义》，对于陆佃来说，《尔雅新义》的重要性远在《埤雅》之上，这在其自序中也可窥见：

> 万物汝故有之，是书能为尔正，非能与尔以其所无也，名之曰“尔雅”以此。《庄子》曰：“中无主而不止，外无正而不行。”旧说此书始于周公以教成王，子夏因而广之，虽不可考，然非若周公、子夏，不能为也。故予每尽心焉。虽其微言奥旨，有不能尽，然不得为不知者也。岂天之将兴是书，以予赞其始。譬如绘画，我为发其精神，后之涉此者致曲焉，虽使（郭）璞拥篲清道，跂望尘躅可也。元符二年五月，山阴陆佃农师序。③

王安石《熙宁字说序》中曾有“庸讵非天之将兴斯文也，而以余赞其始”④，此序中“岂天之将兴是书，以予赞其始”之文义与之正同，似可见陆佃此书之作有继王安石承担斯文重任之意，而以《尔雅新义》之作继《字说》。其名“新义”，亦与《三经新义》同。⑤ 陆佃有《尔雅新义成查

---

① 夏广兴：《陆佃〈埤雅〉及其学术价值》，载《上海师范大学学报》，1994(1)；赵诚、康素娟：《陆佃与〈埤雅〉》，载《陕西教育学院学报》，1999(4)；范春媛：《陆佃〈埤雅〉评述》，载《宁夏大学学报(人文社会科学版)》，2005(3)；范春媛：《浅谈〈埤雅〉的训诂特色及其成因》，载《古籍整理研究学刊》，2006(6)；李冬英：《陆佃〈尔雅新义〉管窥》，载《信阳师范学院学报(哲学社会科学版)》，2009(7)。

② 陆佃：《埤雅》，263页。

③ 陆佃：《尔雅新义》，北京图书馆古籍珍本丛刊5，影印清嘉庆十三年陆氏三间草堂刻本，北京：书目文献出版社，1988，33页。

④ 王安石：《临川先生文集》卷八十四，1481页。

⑤ 《三经新义》初只名《周礼义》《尚书义》《诗义》，然《实录》中之《王荆公安石传》即称“既成，颁之学官，天下号曰新义”，可见熙宁颁行之初即有“新义”之名。

许国以诗见惠依韵答之二首》，其一曰："背未成鲐齿未鲵，暂时来放五云低。初从荆国犹年少，久侍神皇见日跻。近正铅黄新眼目，指南尘土旧轮蹄。爱君文采真难敌，他日横空是紫霓。"其二曰："探尽骊龙凿尽鲵，明珠未出价犹低。晋人已觉鼍蜞误，汉客仍从豹鼠跻。到底错薪须刈楚，从来得兔要忘蹄。他时若缀三经后，五色云中有紫霓。"①由是可见陆佃承王安石之学，续作新义之宏愿。

序中陆氏所引《庄子》之语出自《天运》篇，郭注云"心中无受道之质，则虽闻道而过去也。中无主，则外物亦无正己者也，故未尝通也。"②其意在强调人能得道与否关键在是否有受道之心。陆氏此处则意在指明天地外物都有其本质，有其本而后人才能通过领悟天道而认识这种本质。这种本质即是万物所具之性，它并非由人所强加，而是其本身固有的，是天之所命。就解释词义来说，每一字词的含义是其内部自然如此。陆氏在《释言》解题中说"直言曰言，因而谓之为诂，顺而道之为训"③，对释诂、释言、释训作区别。所谓"直言曰言"，如"殷、齐，中也；还、复，反也"，是说殷、齐本身就是中的意思，还、复本身就是反的意思，这是直接就其本义训释。所谓"因而谓之为诂"，是指由某词之本义引申，从具体普遍化为抽象含义，如其所举的权、舆为始义，是因为权为量之始，舆为车之始，故此二者均可表示始。所谓"顺而道之为训"，意为某词本身并不直接具有某种含义，但顺着该词自身的含义却可以推出一种新的含义，如悄悄、惨惨，本身没有怨恨的意思，但《诗经》中"忧心悄悄，愠于群小"，"我心惨惨"，二者都指贤人忧虑的表现，贤人具此面貌是因为其心中愠怒，于是悄悄、惨惨便具有了"愠"的含义。释诂、释言、释训虽然有一定的区别，但根本上，仍可以认为是字词本身内在蕴含着的意义。而且，对于陆佃来说，"经之训诂，犹《易》之象，《诗》之比兴，仓颉之会意，庄周之寓

① 陆佃：《陶山集》卷一，12～13页。

② 郭象注，成玄英疏：《南华真经注疏》卷五《天运第十四》，298页。

③ 陆佃：《尔雅新义》卷三，49页。

言”①，明了字词的含义本身并不重要，那只相当于对表象的认识，更重要的是推阐其背后的天理，“得兔”即可“忘蹄”。比如，其解“时、寔，是也”云，“是无常在，时而已矣；寔不出宀时，与时推移”②，在说明时、寔何以具有“是”的含义之时，更重要的是指出更根本的“与时推移”之理，能够根据时的变化进行应对才真正属于“是”，即合乎理。

陆佃解说更具特色者，在于其对草木鱼虫等自然事物之性与其造字之则的相关度的解释。除了释诂、释言、释训之外，《尔雅》的其余部分基本属于对自然事物的解说，具有“辞典”的性质，而《埤雅》一书也基本上都是在阐明物性。陆佃对于词之含义的解释从其字义生发出来。词之所指乃是事物，事物之所以命名，即蕴含于其字之所以造的含义中。也就是说，每一字都有其造字之义，究明一字之义，即可以明该字所表示的事物之性，进而推极于天道。归结起来，可以称为“由字以明物之性，由物之性以明天理”。

让我们举几个例子。陆氏云“豺祭狼卜，又善逐兽，皆兽之有才智者，故豺从才，狼从良作也”③，从豺狼具有的性格上解释造字之义。他又进一步指出狼有善顾其后的特性，而且能预卜兽之所在，灵智有才，虽跋胡疐尾而能不失其勇猛，于是指出这就是《诗·狼跋》以狼称美周公的原因所在。又如，其解“鮂黑鰦”云，“鮂，今污水中白鲦鱼也。以囚，故其色兹黑，即相忘无是也。所谓焦然肝黣如此。《庄子》曰鲦鱼出游从容，是鱼乐也，因而出游，乐矣”④，认为鰦因被囚于污水之中，因此呈现出黑色，所以叫作“鰦”。黄帝居君位之初“焦(燋)然肌色皯黣”⑤，也是因为以身困于天下事物，与鲦鱼被囚相同。陆氏又从这种鱼遭囚的境遇出发，指出《庄子》中所谓“鲦鱼出游从容”的道理。又如解“常棣”云，“此华上承下覆，甚相亲尔者，常而已矣，故曰常棣

---

① 陆佃：《尔雅新义》卷五，64页。

② 陆佃：《尔雅新义》卷三，48页。

③ 陆佃：《埤雅》卷四《释兽》，“狼”条，285页。

④ 陆佃：《尔雅新义》卷十六，146页。

⑤ 《列子》卷二《黄帝》，影印1935年世界书局诸子集成本，上海：上海书店，1986，13页。

也。栘从移，棣从隶。隶言华萼相承，辉荣相隶也。隶，仁也；移，义也。兄弟尚亲，亲亲，仁也，故常棣以燕兄弟”①，从华的自然形态阐明其称“常”称“棣”的意义。因为上下亲比有仁之德，而兄弟互相亲爱与此相同，因此用常棣来比喻兄弟，《诗》之义亦由是而明。

对比郭璞、邢昺对《尔雅》的解释，陆佃解说的特点便可进一步凸显。郭璞所注《尔雅》，博引经传以证明其字有此义，某物与某物同，对于何以有此义，何以异字同义、异物同名，郭氏每以为是不同地方的方言。至邢昺作疏，则已经开始对部分字词，尤其是同义、近义字作义理上的分别，但这部分主要集中于《释诂》《释训》，即对具有抽象意义的字通过征引先儒的用法而阐发其制义之因；而对于鸟兽草木，邢昺仍然主要在描述其形状，基本思路仍然沿袭郭注。所征引之书以明郭注为主，故《四库全书总目》称其守“疏家之体”，尚延“唐以来之通弊”。② 陆佃的解说则尤其强调对于事物之性的剖析，如《四库全书总目》卷四十《埤雅提要》所云：“其说诸物，大抵略于形状而详于名义，寻究偏旁，比附形声，务求其得名之所以然。又推而通贯诸经，曲证旁稽，假物理以明其义……其诠释诸经，颇据古义。其所援引，多今所未见之书。其推阐名理，亦往往精凿。谓之驳杂则可，要不能不谓之博奥也。”

陆氏在诠解字义物性的同时，也“通贯诸经”，通过对字义物性的解释来解说经典，这是他重视对鸟兽草木之物进行认识的关键。比如，陆佃在解“雀”之时进一步解释为一种礼器、在宴饮中所使用的爵，认为其下刻雀形，所以称作爵，雀即爵也，并引《说文》驳斥对于爵形状的不同看法。器物形制的考察只是第一步，更重要的是这种形制蕴含着怎样的意义，即圣人为何制作如此形状的饮器。陆佃指出，爵容量为一升，具有戒人不要过度饮酒进而防止淫泆之行的意味，这是根据雀这种鸟的特性而赋予的意义。陆佃引《诗·召南·行露》、佛书对于雀的看法，证以自然世界中雀与其他鸟不同，是雌雀向雄雀鸣叫以求

① 陆佃：《埤雅》卷十三《释木》，“常棣”条，350 页。

② 《四库全书总目》卷四十，342 页。

偶，且四时都产子的自然习性①，指出雀属于“物之淫者”，作爵取雀形就是要以雀为戒，不可以有“荒淫之饮”。于是，通过对自然界动物之性的考察，陆佃指出，圣人在人文世界中所制作的器物是根据物性而来的，圣人制器是有其特别意义指向的。也就是说，人类生活中的礼器含有圣人对于礼仪之中人们的教化，这种含义并非圣人凭空所创立，而是来自自然，来自天理。人文世界与自然世界，人与天，在这里得到了沟通。陆氏说：“爵散之爵出于爵，燕飨之燕出于燕，一则以为法，一则以为戒，先王之禁、劝有在于是，故孔子欲学者之多识也。”②孔子让人读《诗》，多识草木鱼虫之名，意义即在于通过对这些生物的认识，可以了解圣人创制立法所以取象的含义，进而认识天理。③ 陆氏用心撰述《尔雅新义》和《埤雅》，解明物性，其意即在于此。

三、由名物度数以求礼之义

在受命修订《说文》的同时，陆佃也参与到郊庙祭祀礼仪制度的更定之中。④ 陆佃精于礼学，元丰二年为经筵讲官之后⑤，即为神宗主讲《周礼》⑥，神宗甚至有“自王、郑以来，言礼未有如佃者”⑦之赞。元丰时期的郊庙礼仪更定中，采用了很多陆佃的意见，他还曾与张璪一起对详定礼文所中各人的意见进行编类整理，考其得失。其生平著述甚丰，《东都事略》记其“著书二百四十二卷，多礼家名数之说”⑧。今考诸家所著录，其礼学类著作至少超过三分之一，计有《礼记解》四十卷、《礼象》十五卷、《述礼新说》四卷、《仪礼义》十七卷、《大裘议》

---

① 这是陆佃的观察，实际是否如此则未必。

② 陆佃：《埤雅》卷九《释鸟》，“雀”条，320 页。

③ 又《尔雅新义》卷十八载：“孔子曰，《诗》多识于鸟兽草木之名，盖识其名而义从焉。”(159 页)

④ 《续长编》卷二百九十六，元丰二年正月丙子条，7195 页。

⑤ 《续长编》卷二百九十九，元丰二年八月丁巳条，7287 页。

⑥ 《宋史》卷三百四十三《陆佃传》，10918 页。

⑦ 《宋史》卷三百四十三《陆佃传》，10918 页。

⑧ 《东都事略》卷九十七《陆佃传》，景印文渊阁四库全书本，第 382 册，631 页。

一卷①，又有《礼记新义》，似与《礼记解》不同。② 可惜诸书几皆佚，完整者唯《大裘议》载《陶山集》卷五。其他陆氏论礼之说尚可考见者，除文集而外，《埤雅》中随物解礼之处甚多，又有卫湜《礼记集说》中引及《礼记解》《礼说》达数百条，以及《续资治通鉴续长编》《宋会要辑稿》中所引陆佃于朝廷议礼时的一些意见。

陆佃精于考订礼器形制，其所著《礼象》即在排比文献记载异同的基础之上，参考当时公卿之家、秘府所收藏的古代器物，详细绘制而成，颇纠正聂崇义《三礼图》之失。③ 上文引述陆佃对于爵底作雀形的考证即是一例。陆氏不拘于先儒成说，每出新见，如认为"珽非大圭。大圭长三尺，此长六寸。大圭杼上终葵首，让于天也，让于先王也；珽，珽而已，无所诎焉"④，后世亦有赞同其意见者。因此朱熹以为陆佃所考虽多杜撰，不及陈祥道之《礼书》，但亦颇有好处。⑤

陆氏对于礼学的考证，并不是一种停留在文本上面的"纯学术"，而是希望能贯彻到现实的礼仪实践之中。他详细阐述祭祀等各项礼仪制度所用的礼器、其仪式的过程，如对于宗庙九献之礼的次第、节目⑥，对于宗庙结构、昭穆次序的考订⑦，都是想要在宋代的礼制运

---

① 《宋史》卷二百二《艺文志一》，5049～5050页。

② 陆氏著述，考诸家著录，除上引诸礼类之外，尚有《二典义》一卷、《诗物性门类》八卷、《春秋后传》二十卷(补遗一卷乃其子所作)、《尔雅新义》二十卷、《埤雅》二十卷、校《鬻子》一卷、《鹖冠子》三卷、《老子注》二卷、《阴符经注》一卷(从高似孙《子略》，郑樵《通志》作三卷)、《国子监敕令格式》十九卷、《陶山集》三十卷(从成书最早之《通志》，《直斋书录解题》作二十卷)，合计为二百二卷。若《礼记新义》卷数同于《礼记解》为四十卷，则恰符二百四十二卷之总数，一也；《文献通考》卷一八一引《中兴艺文志》、《玉海》卷三十九皆有陆氏作《礼记新义》之记载，二也。如若二者为一书，其名亦当以《礼记新义》为近是，乃承《三经新义》之后也。姑置于此，仍俟详考。

③ 陈振孙：《直斋书录解题》卷二，50页；王应麟：《玉海》卷五十六，扬州：广陵书社，2007，1065页。

④ 卫湜：《礼记集说》卷七十四，1540页。

⑤ 《朱子语类》卷八十五，2197页；卷八十七，2226页。

⑥ 卫湜：《礼记集说》卷六十二，1296～1299页。

⑦ 陆佃：《陶山集》卷六《庙制议》《昭穆议》，65～73页。

作中得到确实的施行。由于他对礼学的精通，神宗时期很多礼仪的制定和施行都是参考或是完全按照陆佃的意见来进行的。例如，元丰三年正月，当慈圣光献太后崩将百日，故事当卒哭之时，陆佃上言以为不可，认为应当在九虞礼毕方卒哭，后来礼制施行即尽如其议①；元丰四年所上《大裘议》，认为冬至祀天应当服裘被衮，也得到神宗的认同。②

考订礼仪之名物度数只是陆佃研治礼学的第一步，更重要的是通过对于名物度数的理解以认识天理。人世间的礼仪制度，乃至其命名均有其特殊的义理内涵。比如，“大学”之名，五帝时谓之“成均”，三王时谓之“辟廱”，其所以实同名异者，“盖以天道设教者，五帝也，故大学曰成均；以人道设教者，三王也，故大学曰辟廱。天任道，故于学言成；人任法，故于学言辟。天任理，故于学言均；人任情，故于学言廱也”③。陆佃以天道、人道区分五帝与三王之教：天道根乎道，根乎理，教人任天道，就是要以天道、天理同一天下，故名成均；人道任法、任情，即是要本于人之性情，以法度为之节，所以言辟以明法，言廱以和情，故名“辟廱”。通过对五帝、三王时大学异名的解释，陆佃阐明了天道、人道的不同。又如，解《郊特牲》“割刀之用，鸾刀之贵”，认为鸾刀乃是刀有鸾者，即刻有鸾形纹之刀，鸾“鸣中五音”，其声与音调和谐，故用鸾刀意味着切割祭祀用的牺牲之时要“中节而和”④，割牲之礼所蕴含的深意于此显现。在陆佃看来，天理正蕴含于这些名物度数之中。“今狸脊间有黑理一道如界，或曰字从理省以此，与鲤之制字同义。龙八十一鳞，能变者也；鲤三十六鳞，虽无变而有理焉。理者，里也，可以数度者也。”⑤狸之有此名，是因为其背脊间有一条黑色的纹理，这道纹理是自然所生，是天之所命，也正是天理

① 陆游：《家世旧闻》卷上，185页。

② 陆佃：《陶山集》卷五《元丰大裘议》，53～54页。

③ 卫湜：《礼记集说》卷二十九，616页。

④ 陆佃：《埤雅》卷八《释鸟》，“鸾”条，315页。

⑤ 陆佃：《埤雅》卷四《释兽》，“狸”条，285页。

在一物上的显现。通过对自然事物之性质的阐释即可认识天理。同样，通过对礼仪制度中各种器物形状、先后次序等的诠解，陆氏揭示出礼之根本之义在于其背后的天理。

朱熹曾批评陆佃“大抵说礼都要先求其义”，不知考礼之仪①，其因一则陆佃重视《礼记》，而朱熹则以《仪礼》为正经，二则朱熹不满王安石废罢《仪礼》导致士人不讲礼制，连带及对其弟子之态度。其说并非全无道理。朱氏所谓“古人所以讲明其义者，盖缘其仪皆在，其具并存，耳闻目见，无非是礼，所谓‘三千三百’者，较然可知，故于此论说其义，皆有据依”，若能于礼之节文度数一一着实，“错综得实，其义亦不待说而自明矣”②，是要先讲明礼文，求一个确实无疑的存在，而并不直接在礼制上讲一个道理出来。而陆佃之学，既由度数求礼之义，同时也在根据天理来说明礼文之所以如此的原因，即据理以言制，有礼仪与礼义参互讲明的意味。

但另一方面，陆佃却正是通过究明礼之仪制以求礼之义的。对于陆佃来说，礼义虽然是根本，但却要由礼之仪来体现。“小礼之不谨，大礼之所自亡也。”③所谓小礼，即是指礼仪的节目，虽然细微，看似不足道，但礼之义正是在这些细节之处展现的。如果不能在礼仪的施行过程中完全按照规定去做，那么就属于不合礼，也失去了礼仪施行的意义，礼之根本精神也将不复存在。更进一步，不能遵循礼仪，将导致社会各阶层不安其分，乱亡也将随之而见，“盖乱生于衣服车马之间而已”④。因此，所谓“曲礼三千”，“自其大者观之，虽若末务，然而循循唯谨，杜灭僭窃之萌远矣。后世法亡道散，始以细谨为不足顾也，于是礼义大坏，而八佾舞于庭，三家者以雍彻，天子至下堂而见诸侯矣。由是言之，夫礼之曲，岂可废哉！”⑤既要有礼之义为根本，

① 《朱子语类》卷八十四，2178页。

② 《朱子语类》卷八十四，2178页。

③ 卫湜：《礼记集说》卷一，19页。

④ 陆佃：《埤雅》卷十二《释马》，“𩣡”条，339页。

⑤ 陆佃：《埤雅》卷十三《释木》，“柚”条，349页。

也要有礼之曲为节制，“如竹箭之有筠，如松柏之有心，养其内不养其外，非礼也；养其外不养其内，亦非礼也”①。内外相养，本末并重，礼法之社会效应才能真正得到实现。

陆佃之重视礼，在于他视礼为天理人情在社会政治层面的反映。一方面，他认为，“礼出于自然，非作之也”②，名物仪节度数都是自然所命，符合天理即自然如此。礼之随时变化，即所谓“礼运者，是礼乐之运，非道德之运。盖运祚推移而礼行焉，虽圣人不能违也。然则大同小康，时而已矣”③。即使是圣人也并不能凭空造作或以一己私意为之，其所谓创制只能是本乎天理，无为之为。另一方面，他在解《礼论》所云“礼起于人”时又说，“人生而有欲，欲而不得则不能不争，争则乱。先王患其乱也，使欲必不穷乎物，物必不屈于欲，两者相持而长，是礼之所以起也。故礼者，养也。‘其降曰命其官于天也’，言人之生于礼如此。‘其居人也曰养，其行之以货力、辞让、饮食、冠昏、丧祭、射御、朝聘’，言人之养于礼如此”④，指出礼起源于人间世人与人的交往之中，人在参与各种礼仪之时也使自身得到教化和养育，即礼使人的自然性情得到合适的抒发。因此，他在求礼经之旨时“本之性情，稽之度数”⑤，也指出在创法立制时要“必先本之性情，稽之度数”⑥，即意味着礼之制作要使天理人情协和一致。虽然如上文所引，陆佃也分天道与人道为二，但他明显对于人道表现出相当的重视。如卢国龙在区分陆佃与王雱思想倾向的差别时所指出，陆佃“代表了现实感较强的思想倾向，审度人情，关注礼法制度的可行性”，“更多地表现出儒家的人文情怀”。⑦ 尽管陆佃也要使人道符合天道，但他赋予人

① 卫湜：《礼记集说》卷五十九，1216 页。

② 卫湜：《礼记集说》卷六十一，1269 页。

③ 卫湜：《礼记集说》卷五十四，1075 页。

④ 卫湜：《礼记集说》卷五十八，1186 页。

⑤ 章如愚：《群书考索》前集卷二十三，景印文渊阁四库全书本，第 936 册，302 页。

⑥ 陆佃：《陶山集》卷六《昭穆议》，72 页。

⑦ 卢国龙：《宋儒微言》，第三章，188、140 页。

道更多的空间，对人本身的性情也给予了充分的考虑。

四、合乎性命之情

天理人情，既为陆佃所并重，而其由名物度数以明理，行礼法仪则以治世，殆体用兼该。学者之事，亦当明体达用。“盖君子之学，有体有用。体不欲迷一方，用不欲滞一体。而古之圣人，本数末度，足以周上下；圆神方智，足以尽往来。而蹈常适变，莫逆于性命之理者，如此而已矣。”①此有体有用之学，就君子而言，即是要明乎道德性命之理。

从性命之学的角度，陆佃乃十分重视道家老庄之书。在陆佃看来，老庄之书主旨在阐发道德性命之义，在其所注《道德经》之序中，陆佃指出秦以来性命之学不明，道德之意已失，而学者皆沉溺于传注章句口耳之学：

> 自秦以来，性命之学不讲于世，而道德之裂久矣。世之学者不幸蔽于不该不遍一曲之书，而日汩于传注之卑，以自失其性命之情，不复知天地之大醇、古人之大体也。予深悲之，以为道德者，关尹之所以诚心而问，老子之所以诚意而言，精微之义、要妙之理多有之，而可以(启)[后]学之蔽，使之复性命之情。不幸乱于传注之卑，千有余年尚昧，故为作传，以发其既昧之意。虽然，圣人之在下多矣，其著书以道德之意，非独老子也。盖约而为《老子》，详而为《列子》，又其详为《庄子》，故予之解，述《列》《庄》之详，合而论之，庶几不失道德之意。②

千余年间传注之学，在陆佃看来都属于背离先圣之道。③ 论说文字，讲论章句，“正荀子所谓口耳之学者也”。④ 若君子之学，则当探本溯源，求其得于心，见于行。“盖君子之深造于道者，欲其自得之。若专

---

① 陆佃：《陶山集》卷十二《答李贲书》，130～131 页。

② 彭耜：《道德真经集注·杂说》卷上，260 页。

③ 陆佃：《陶山集》卷十三《及第谢二府启》，135 页。

④ 陆佃：《陶山集》卷十二《答周之才书》，130 页。

论说，则此口耳之学也。说有知焉，才足以知道之筌蹄而已。”①若明道之精义，则经文亦只是筌蹄而已。自得之，即强调个人内在之得于天理，即合乎性命之情。今天学者之任务，即是要究明道德性命之意，重新认识天地人文之根本。

就每一个人而言，其性命之情是出于自然。“夫物莫能使之然，亦莫能使之不然者，谓之自然。”②顺从自然之则，因其固有之性，便可以做到尽其性命之情。性分自足，不假外求，因此，外在形体、地位的差别，对于其内在的本性并无影响。明了个人性分的不同，而安于自我所得，则可谓尽性，可以逍遥于世。此论殆有得于庄子《逍遥游》之论。陆佃解鲲鹏、斥鷃小大之辩云：“此言大小虽殊，安于至足，则其于逍遥一也。故虽斥鷃之卑，无羡云鹏，而荣愿有余矣。盖周之书，方祛羡欲之累，因言鹏翼弥大而所以笑之者愈小。”③又云：“庄子曰：于蚁弃知，于鱼得计，于羊弃意，言慕人与使人慕之皆不可为也。故至人之计，在于物我兼忘，其藏也不厌，深眇而已矣。又曰：尧非有人，非见有于人也。故曰得时则蚁行，失时则鹊起。蚁行逶迟有序，需而不速，故君子之得时，其廉于进如此。……符子曰鳌之冠山，蚁之戴粒，其于逍遥一也。此即《南华》鹏鷃之义，言大小虽殊，而理各至足，岂容胜负于其间哉？”④达至逍遥之境，即是与道偕同的境界。

对于陆佃来说，自然之性分乃是天理之在我者。换句话说，性命主要是就人而言的。何谓性，何谓命，今所存陆佃之说并无详细阐发，或许可以说其于性命之学尚未能辨析至精微之处。其解“为学日益，为道日损”时视穷理为智者之事，在于增其所无；尽性为仁者之事，在于灭其所有。⑤ 如是，则其所谓穷理之理乃指物理而言，而非天理。穷理主乎日益，即要穷尽天下万事万物之理，目的在于智识的增长。尽

① 卫湜：《礼记集说》卷五十一，1025～1026 页。

② 严灵峰辑校：《老子崇宁五注》，275 页。

③ 陆佃：《埤雅》卷八，“鷃”条，313 页。

④ 陆佃：《埤雅》卷十，“蚁”条，323 页。

⑤ 严灵峰辑校：《老子崇宁五注》，284 页。

性者在乎“灭其所有”，则意味着要摒弃人生以后所习得之种种而复归于本然之性。“宠之与贵，皆外物者也；外物非吾所有，而有之；此所以为大患、大辱。”①人生之所以有患有辱，产生种种感情，即在于有外在于自身之物为累，使己身随物而动。求尽性则当忘物而得自我之完全。但这仍然只是贤人的境界，若圣人，则无所不有，无所不益，超越穷理、尽性之论，不仅忘物，而且忘我，只是顺性，当益则益，当损则损，其实亦无所谓损益，自然如此而已。静曰复命，归根者性也，而陆氏复引《庄子》“自本自根”之说，以为自根即所谓归根曰静，性即是人所以为人之本，它并无任何存在为之主宰，并不被任何事物左右。所谓天理之在我，则性本即是天理，只是在不同的层面而有异名，不须分性与天理为二。“芸芸者，所谓幻化也；各归其根者，所谓空性也。幻化有灭，而空性无坏。”②幻化、空性之语虽出于释氏，陆氏之意则在说明人之本性不牵累于外在事物，圆满自足，其立论之本则仍在老庄物我兼忘之说。

上文曾提到过，陆佃认为名物度数乃天理自然如此，非人所命。人之性即是天理，则其所行顺性而行，即可全此天理而无所不利。“其周旋动止，于物无忤，与之俱往，故谓之曲。物之变也，而天理之在我，终于完而无缺，故谓之全。”③至于社会政治层面，圣人治世，也只是法天而已。圣人“制五刑，必即天”，所谓“即天，因性循理，善即人心之谓也”。④“剡地而守之，分民而部之”，“此圣人法天之节，循度以断之。故地各有守，民各有部”。⑤圣人治理天下，要在因任万物固有之性，行其自然，而不用自身所谓仁义之理强加于天下，不用个人的智慧去干扰百姓的行为。其解《老子》“天地不仁”章云：“天地之于万物，圣人之于百姓，泊然无系，而不滞于仁；适则用之，过则弃之

---

① 严灵峰辑校：《老子崇宁五注》，271 页。

② 严灵峰辑校：《老子崇宁五注》，273 页。

③ 严灵峰辑校：《老子崇宁五注》，275 页。

④ 卫湜：《礼记集说》卷三十三，717 页。

⑤ 陆佃注：《鹖冠子》卷上《天则第四》，景印文渊阁四库全书本，第 848 册，206 页。

而已。""与世推移，与时运徙，而不拘于已陈之迹，不胶于既践之绪矣。"①当时运之变异，圣人亦只是顺时而为。三代之世有其治世之法，但也只是在三代之时代自然如此。随着时间的运行，事物已然发生变化，三代之法便属于已陈之刍狗，对变化了的时代并无实际意义，关键在于三代之法所以如此者，乃是因其时圣人顺天地之理，因人之性，本其所应然，自然如此。明此义，则与世推移，自可实现其所处时代社会政治的完满。

由于圣贤秉其固有之性命，与时偕行，因此在阐释体用、有无问题时，陆佃指出没有所谓固定不变的体用。他受教于王安石"君子之道，体不欲迷一方，用不欲滞一体"之说②，同样认为体无方而用无常。其解《老子》第一章云："常名，以无方为体；常道，以无体为用。无方者，无乎不在；无体者，无乎不为。"③所谓体，即老子所谓玄，所谓玄牝；所谓用，即老子所谓妙，所谓谷神。由其体之无方，不拘于一限定之域，则其用便可随时而动，往来无穷，绵绵不绝。④

至于所谓有为、无为之问题，无为可谓体，有为可谓用。顺自然之性命，并非圣贤有意安排，此即是无为。然无为亦非无行动，内循性命之理，外而见于行事者即是有为之迹。"有、无相用，不可以一偏；故无无则不足以用有，无有则不足以见无；以有为利，则或至于止；以无为用，则用常至于无穷。"⑤无为之意是本，但不可脱离有为之行事而空谈。性命之理必然要在有为上表现出来，不然即沦于虚空寂灭。由是亦可见陆佃思想体系中的天理、性命之说，虽有融合释老之处，但其终究仍要落实在此岸之人生界，仍是就现实社会政治着眼。其以礼家名数之学为本，意即在此。

陆佃在《答史仲至书》中说："惟君子达于性命之际，故分内之常可

---

① 严灵峰辑校：《老子崇宁五注》，264～265页。

② 陆佃：《陶山集》卷十二《答李赍书》，131页。

③ 严灵峰辑校：《老子崇宁五注》，259页。

④ 严灵峰辑校：《老子崇宁五注》，260、266～267页。

⑤ 严灵峰辑校：《老子崇宁五注》，271页。

以义处，而意外之变可以理遣也。”①性命之学乃是君子安身立命之本，陆佃从学于王安石，正自此处得其一生学问之根柢。究明万物之情性，考论名物度数之理，最终都汇归于天理，汇归于道德性命之意。故此，其终生服膺王安石而不改，在神、哲、徽三朝新旧党轮流执政期间秉持一贯之旨，不阿容徇私，平生所为，自有其道德性命之学为之主宰也。

第二节　郑侠：不忘君父的大庆居士

熙宁七年(1074)四月，执掌朝政五年的王安石首次罢相。历来论者多以为此次王安石之被罢乃由于反对派之攻击，而郑侠之上《上皇帝论新法进流民图》则为直接之导火索。② 由是，郑侠被视作反对变法的健将，其与王安石之间的师弟关系，与王安石政治、学术思想之关系则遭到忽视而显得暧昧不清。但是，郑侠对于王安石所主导施行的新法真的从头到尾表示反对吗？或者说他对新法之不满是整体性的还是局部的，是根本的还是策略性的？作为王安石早期的弟子，他的思想有何特色，他是否可以算作“新学学派”的一员呢？

一、进《流民图》与《上王荆公书》

熙宁六年秋至七年春初北方的大旱，使得百姓流离，河东、河北、陕西的饥民纷纷涌入京城，开封城内外饥民遍地。同时，市易、免行之法不便于民，黎庶哀怨之声不绝。当此天灾人祸之际，忠直敢言的

---

① 陆佃：《陶山集》卷十二《答史仲至书》，131页。

② 历来论者大多以为王安石的第一次罢相为反对派攻击的结果，无论是对变法持赞扬态度的邓广铭、漆侠，还是对变法基本持否定态度的叶坦，甚至包括作为美国宋史学界的综合成果的《剑桥中国宋代史》，都持这一观点。王广林[《试论王安石两次罢相》，载《史学集刊》，1986(3)]则认为神宗与王安石之间君权与相权的冲突才是导致王安石两次罢相的真正原因，可惜此论较少被人接受。但他将神宗与王安石的权力冲突视作始终一贯的存在，只强调神宗与王安石矛盾的一面而忽视了除变法一点之外他们相同的一面，更未注意到各自态度的变化，尤其是王安石从熙宁初的加强君权到熙宁中期的抑制君权的转变。对此问题，第七章有详细讨论。

郑侠再也忍不住了。作为监守安上门①的小官，他将每日所见百姓困苦之状绘成《流民图》，于本门勾马递于通进银台司，冀图上达“天听”，转祸为福，救生民于涂炭。

在三月二十六日所上《上皇帝论新法进流民图》一疏②中，郑侠并没有对各项新法进行全面而彻底的攻击，而集中于讨论君臣之义。一则指出宰辅大臣没有尽到以道佐人主的职责，二则表白自己所以冒死上书之心。而他对现实的不满，主要着眼于朝廷对于财利的过分追求，着眼于百姓的流离失所。全疏之中并无一语直接攻击新法。而根据《西塘集》此疏后所附三月二十六日以后所行事目，立即实行者有放免行钱，开仓粜米，放市利钱，体量市易法、流民之事，又有旨青苗、免役权罢追索，方田、保甲并罢。但《西塘集》此下诸文皆详细叙述前者诸事本末，全不及后半，而青苗等法实际上亦并未废除，由是可以推知，郑侠《流民图》中主要反映的，正是京城免行法、市利钱对于百姓生活的摧残以及外地流入的灾民情况。尽管青苗、免役等法主要实行于村镇，其弊病难以在京师城门附近反映出来，《流民图》不及此点或与此有关，而郑侠对这些法令的态度，下文再述。

至于郑侠对王安石的态度，《续长编》中言郑侠曾上言“天旱由安石所致。若罢安石，天必雨”，其说似本之司马光《涑水记闻》。③ 郑侠之文字于南宋时已散佚泰半，今所存郑侠之《西塘集》无纠弹王安石之上奏，亦难断其必无。但是，郑侠上书中只言“如陛下观图，行臣之言，十日不雨，即乞斩臣宣德门外”，并不曾请求罢免王安石。郑侠进《流民图》在三月二十六日，次日已开始有所更作，四月初一神宗罪己诏下，四日晚天即开始降雨，其间郑侠当无再上书之可能，亦无直接指责王安石之语。所谓“天旱由安石所致”，盖当由郑侠认为现实之窘境“皆由中外之臣辅相陛下不以道，以至于此”转化而来，并非郑侠原文，

---

① 安上门，宋东京外城南三门之西者，后更名戴楼门、滨蔡河，具体位置见周宝珠：《〈清明上河图〉与清明上河学》图 1、图 3，开封：河南大学出版社，2004。

② 郑侠：《西塘集》卷一，369～371 页。

③ 司马光：《涑水记闻》卷十六，邓广铭、张希清点校，北京：中华书局，2006，322 页。

恐亦非郑侠之本意。虽然郑侠对王安石执政后之所为有诸多不满，但更多的是遗憾，他当属于王安石之诤友，未必会决然相攻。

《西塘集》卷六有《上王荆公书》近四千言。是书不记月日。首言“仲冬凝寒”，十一月也。书中言及免行钱事，而熙宁六年五月始令民出免行钱①；又言“今湖北用兵，自去年供运，至今不休”，考熙宁五年章惇查访荆湖北路，讨梅山蛮，则此书作于熙宁六年十一月也。《(景定)建康志》中《郑侠传》载王安石春社还，郑侠依法迎揖道左，安石一见恻然，面加慰劳，此即书中所言“忽前日一得拜尘马首，瞻望光采。伏蒙先生存问抚恤，恻人之诚，达于颜面”也。次日王安石遣王雱见郑侠，欲荐其试法，侠辞之。后置经义局(熙宁六年三月)，安石欲辟其为检讨，复辞之。安石遣侄婿黎东美往来致意，且问所欲言者，侠乃因黎献书，当即此书也。②

在此书中，郑侠详细阐述了他对新法施行过程中种种弊端的意见。比如，他认为免行钱征收面太广，使麻鞋、头发、茶坊、小铺这些本就仅为生计而苦苦经营之家压力倍增。又如，市利钱在实际征收过程中超过了朝廷本来所定的法令，由每纳商税百文收市利钱十文，至于纳税不及十文而附征市利钱十文，加重了小商贩的负担。又如，门司商税院用仓法，以商人旧日交税之半作为吏员俸禄及公使钱，实行之后，胥吏不可以索要财物，便提高税收以增加自己的收入，实际上也造成百端盘剥、内外嗟厌之局面。③ 因此，郑侠的建议是，“府司旧非

---

① 《续长编》卷二百四十五，熙宁六年五月戊辰条，5962页。

② 周应合：《(景定)建康志》卷四十八《直行传·郑侠》，见《宋元方志丛刊》，北京：中华书局，1990。

③ 对市利钱、免行钱、仓法相关内容的评述，可参见梁庚尧：《市易法述》，见《宋代社会经济史论集》(上册)，台北：允晨文化实业股份有限公司，1997，104～260页；[日]宫崎市定：《王安石的吏士合一政策》，见刘俊文主编：《日本学者研究中国史论著选译》(第5卷)，北京：中华书局，1993，451～490页。关于仓法，以往研究皆侧重于从赋给吏禄、自吏治角度着眼，如贾玉英：《试论王安石变法时期的仓法》，载《河南大学学报(哲学社会科学版)》，1990(1)。郑侠此书则涉及仓法实行后具体部门如何扩大吏禄来源问题及其所造成之后果，为我们展现了仓法之另一面，值得重视。

系行而出钱者，一例放免；商税务如有透漏商税，只得一日内断遣，不得非理寄禁。如事有会问交加，亦不得出三日，出三日重其罚。其余诸司，亦有如此可立便断遣者，事如之。而令诸门所饶放税钱，实贫困、非大商贾有势之家，所饶不及五十文以上者，不得于商税院收税钱；收税之限不及一百者，与免市利钱”。熙宁七年郑侠进《流民图》之后神宗所下的一些修正措施，大体皆与此建议相同，而如市利钱，实际等于纳税三百文以上方纳，比郑侠的意见更为宽松了。

对于新法中最为重要的青苗法和免役法，郑侠同样提出了他的意见：青苗法在实行中很多都出于强制，催纳也过于紧迫；免役法则为了增加助役钱，千方百计地对百姓家产作更高的评估，使得贫穷困苦之家也要交纳。那么，救弊之端就应该“取天下贫穷冻馁，实无可出助役钱者，削其籍；与夫稍能自足，而不愿请青苗，而官司强与之者，叱而去之”。由此对策可看出，郑侠之意，只是要取消青苗法和免役法施行中的强制性，减轻甚至取消贫苦之家的负担，并不主张废除它们。在郑侠看来，这些法令本身并无问题。“青苗之法，本以民之穷乏，尝以新陈不接之际，每倍其息以贷于人，故官为出常平钱以贷之，而只取二分之息，所以抑兼并而苏贫乏，莫善于此。”“至于免役一事，比之青苗，又其善者。国家以民之劳于从事，而破坏赀产，以陪备公上，且无分限可准，每岁令出免役钱，比之旧所费，百不及一。官以其所入为雇游手之民以充役，而游惰之民又得食其力于公。谓此法为不美，是天下无良法矣！”甚至“如府司免行钱，是与免役钱不异，其善如此”。实际上他认为这些法令都是良法，都体现着神宗与王安石的利民之心，都体现出他们“与尧舜三代同其仁”。他在新法推行之初时任光州司法参军，曾与光州吏民士大夫共议法之善，甚至可能有协助推行之举。可见他对新法的支持。他的不满乃在于推行过程中不得其人所导致的弊病，他所反对的实际上是“贪缪之人”“贪暴之吏”。那么，只要任用得人，施行得法，新法则仍应该继续推行。由此可见，这与司马光等人对各项新法彻底反对、主张全部废除是截然不同的态度。也就是说，郑侠并不反对新法本身，他的意见基本符合王安石推行新法的本意，实际上可以说是王安石新法的坚定支持者！

既然郑侠支持新法，那为何王安石对自己的这位弟子没有重用？为何郑侠与王安石的关系日渐疏远甚至产生隔膜，最终造成自己以“新法的反对派”面貌出现了呢？

上文曾述及，王安石曾多次派王雱、黎东美与郑侠联系，表示希望郑侠去试法官或协助修《三经新义》，表明王安石有意提拔郑侠成为自己的得力助手。但这发生于熙宁六年，而并非郑侠熙宁五年入京之初。按《（景定）建康志》《宋史》中的说法，郑侠光州任满入京，王安石即曾让郑侠试法官，因为郑侠于光州司法参军任上断狱与王安石之意颇合，但为侠所拒。相反，郑侠乃多言青苗、免役法之不便于民者，这大概招致了王安石的不满与冷漠。对比王安石对陆佃的态度，陆佃也曾言新法推行中有不善处，但王安石任之为学官，复以之修撰经义，而陆佃也都表示接受。这种差别的原因大概有二。其一，陆佃进言时是在熙宁二年新法推行之初，王安石尚未能主导朝论，反对派声势亦盛，而安石本人亦尚能容人；郑侠进言时则在熙宁五、六年，新法稳步推行，变法派基本把持朝政，王安石个人的信心更有所膨胀，容不得异议。而且，王安石周围的人也推波助澜，将郑侠摒弃于自己集团之外，郑侠书中所谓“门局圈系，不许出入，是以先生之耳，无侠之言；先生之庭，无侠之迹”之语即透露出此意。其二，陆佃与王安石的师弟关系较郑侠更为紧密。陆佃是读安石之著作而产生认同，自外地赴金陵从学，终身不改；郑侠则本即居金陵读书，以所业进安石而获称赏①，虽有从学，而自得者亦复不少，故尊师不若陆佃之隆。但总体来说，王安石并未全然排抵郑侠，当神宗出侠之上疏与《流民图》示辅臣，且问王安石是否认识此人时，王安石答曰尝从臣学②，仍然承认了这一份师弟之情。

在郑侠来说，其从学王安石，不在乎“文章辞语、进退举蹈”这些表面的东西，而在于“先生所以异于人者，不过若黍米，大而圆明莹

① 周应合：《（景定）建康志》卷四十八；韦居安：《梅磵诗话》卷上，宛委别藏本。

② 《续长编》卷二百五十二，熙宁七年四月，6154页。

彻，上可以通高天，下可以达厚地，而旁无四方，此人人所不可见而难以合者”，即王安石为人之根本精神和其对古人道学的领悟，涉及为学之根本处。在他的眼中，王安石周围的人大多都是无自主之见，苟同于王安石的势利小人，自己被他们排斥，更不愿与他们为伍。当王安石为群小所欺瞒包围、不容异议之时，自己的嘉言谠论无由得进，那么自己只好退处一旁，安贫自守。对于这种局面，郑侠怏怏不已，深表遗憾，却也无可奈何。其《和荆公何处难忘酒诗》云：“何处难缄口，熙宁政失中。四方三面战，十室九家空。见佞眸如水，闻忠耳似聋。君门深万里，安得此言通？”①便抒发了自己面对王安石自信满满时的叹息之意。

二、君臣父子之道

在进《流民图》之后，郑侠遭到了变法派的激烈攻击。尤其是因为论吕惠卿等诬罔君主，郑侠被贬黜至英州，开始了长达十余年的流放生涯。② 尽管在元祐中因苏轼等人的举荐曾至泉州任教授，但元符时再窜至英州，后辞官不出，终于宣和元年，年七十九。郑侠以言得罪，以忠君获咎，但在其流落南国的三十余年之中，却拳拳于君臣之义，无或暂忘。

《东都事略》中记载了郑侠不忘君父之心，卷一百十七《卓行传》云：“(侠)暇日闻子侄诵《诗·考槃》之义曰：弗谖者，弗忘君之恶；弗过者，弗过君之朝；弗告者，弗告君以善。硕人之于君，有卷卷之不忍也，故永矢以绝之。侠叹曰：是何言与？古之人在畎亩不忘其君，况于贤者，一不用而忿戾若是哉？盖弗谖者，弗忘君也；弗过者，弗以君为过也；弗告者，弗以告他人也。其存心如此。侠虽流落顿挫之余，一话一言未尝忘君云。”《密斋笔记》中亦载此云：“郑介夫侠闻子侄用王氏学讲《考槃》之义，曰非也，忿戾若此，何以为硕人？弗谖者，弗忘君也；弗(告)[过]者，弗以君为过也；弗告者，弗以告他人也。介夫

① 郑侠：《西塘集》卷九《和荆公何处难忘酒诗》，496 页。

② 郑侠：《西塘集》卷一《十一月初一日奏状》，376～377 页。其本末见《续长编》卷二百五十九，熙宁八年正月庚子条注引《郑侠言行录》，6313～6315 页。

上监门图，已感动上意，见于施行。及流落挫折之余，一话一言，未尝不在君父，君臣之伦尽矣。”①

对于《考槃》之义的解释，郑侠不同意王安石所主持修撰的《诗经新义》中的见解。王氏之意实本于毛传郑笺②，单从此解，无法判明王安石对于君臣之义的看法。但就王安石君臣观的整体而言，他一方面认为道高于君，臣子当以义事君；另一方面却也强调君尊臣卑的政治格局，更在变法的实践之中加强君权，主张臣子对君主的绝对服从。③这两方面其实在理论上存在着冲突，只有王安石本人或者如他一样的大人才能根据时势的变化而并行不悖，但对普通士大夫来说则有无所措手足之感。郑侠在不忘君主的心念上，实际将王安石的理论作了进一步发展，至少从表面上消解了两者之间的矛盾。

本于《孝经》“君子事亲孝，故忠可移于君”之论，郑侠反复强调“为人臣者，移所以事父之道事其君云尔”。④ 但与《孝经》孝之心和忠之心相通，治家治国之法如一的看法不同的是，郑侠更进一步将君臣关系等同于父子关系，“以为臣事君即是子事父”⑤。父子与君臣不过是家内家外名称的不同，本质上则是相同的关系，都是天之所命于人者。“夫内则父子，外则君臣，人之大伦。父子君臣，内外之辨名耳。其道不二致，故《经》曰：‘父子之道，天性也，君臣之义也。’”⑥父子关系是自然之天性，则君臣之间同样具有这种关系，君臣不再是进入社会政治层面之后的偶然结合，而成为“天伦”，是天所赋予的人之最根本的关系。人生于世，则自然存在于父子君臣关系之中。既然对待父亲

---

① 谢采伯：《密斋笔记》卷一，景印文渊阁四库全书本，第864册，650页。

② 《毛诗正义》卷三　二，见阮元刻：《十三经注疏》，321～322页。

③ 李祥俊：《王安石学术思想研究》，第一章第五节、第六节，97～128页。又刘子健已经注意到王安石采取加强皇权的方式来压制士大夫的反对浪潮，并认为就此而言，王安石促进了专制主义的增长。参见 James Liu，*Reform in Sung China：Wang An-shih（1021-1086）and His New Policies*，p. 91.

④ 郑侠：《西塘集》卷三《望阙台记》，392页。

⑤ 郑侠：《西塘集》卷九《示女子》，486页。

⑥ 郑侠：《西塘集》卷三《望阙台记》，392页。

应当孝，则对待君主也应当孝，异其名则为忠是也。孝与忠亦本来相同，不过是内外之异名而已。

在《三杜兄弟字序》中，郑侠解释杜忱其名时先说“父者资始，有天道焉”，随后径言“欲伯氏思所以名忱者，事君不敢不忠”①，即直接由父道论君臣之义。这里面更为突出的是，郑侠以为父道有“资始”之功，人由父始生，当父道与君道不二之时，人也依赖君主而生，也就是说，父亲和君主共同赋予了人生存于世的基础。更由于父道“资始”之意与天道生生之意相同，父道即天道，则君道亦为天道。孝父忠君由是成为践履天道的现实表现。反过来说，士大夫遵循天道，动不违则，就必须以忠事君上。他自谓“有忧君亲，无心回、丑；有乐君亲，无心夔、契。穷则回、丑，达则夔、契”②，又言“为人臣者，无以职之高下，地之远近，率思所以亮天功，而弼于帝为心，则抱关击柝，皆有尊主庇民之地”③，就是在表白自己无论穷达、无论身居何位皆无所忘的忧君乐君之心。

就君臣之天道而观，君在上，臣在下，上下各有其分，“上之于下，其所则也，非则下者也”④，隐约有臣子以从上为职之意，唯此意不甚显。郑侠更为强调的，是君臣当皆本道而行。“称天下之物，而无以大乎道也。古之为君臣者体此，是故体此而君临其下者，有道之君也，谓之大君；体此而臣事其上者，有道之臣也，谓之大臣。”⑤道贯乎宇宙，君臣概莫能外。在体悟、践行道的层面上，臣子并不具有相对于君主的优越性，君臣都同样是道的承担者。因此，大臣之“以道事君，不可则止而已”⑥，乃是臣子的本分。所谓不可则止，并不意味着以道与人主相抗衡，而意在非事君之道则不行。在君主可能产生过失

---

① 郑侠：《西塘集》卷二《三杜兄弟字序》，382 页。

② 郑侠：《西塘集》卷三《望阙台记》，392 页。

③ 郑侠：《西塘集》卷二《王供奉字亮弼序》，386 页。

④ 郑侠：《西塘集》卷二《潮州吴致之字序》，383 页。

⑤ 郑侠：《上漕车书》，见《全宋文》卷二一七四，第 49 册，333 页。

⑥ 郑侠：《西塘集》卷一《十一月初一日奏状》，377 页。

之时，“务引之以当道而已”①。

由以上讨论可见，相对于讨论君主的责任，郑侠无疑更为重视臣子对君主的义务。这种义务，既本于内在之诚心，也要见于外在之行事。由于君臣之义乃出于天道，臣子对于君主之情也如子对父一般出于人心内在之诚。而现实社会中的君臣上下秩序、礼仪典章制度，即是臣子诚心之所用处。郑侠阐述内外、人文之道云：

> 父子之于亲也，君臣之于敬也，夫妇之于义也，兄弟之于爱也，朋友之于信也，是皆人所不能以与我，我亦不能以与人者，自尽其诚而已矣，此之谓天资之善也。故诚，内也；文，外也。恃夫所以诚于内者以往，而无其外，此野人之道也；恃夫所以文于外者以往，而无其内，此胥史之道也。故曰：“质胜文则野，文胜质则史。”然则人之初，至善而已矣。微君臣上下，典章物则之设，以经其政，则徒善而不能自治，而万物之所仰以安者，有所不得矣。故君臣上下，典章物则之设，此人之文也。由是观之，天地人所以为文者不同，而所以文之者则一，以文其初而已矣。②

礼乐刑政作为政治秩序，乃是天道之显现于人间世者，即所谓人文。此实就用上言，有体必有此用。人文非人有意为之，而是人道之自然显现。无人文，人道亦不可得而见。所谓文其初，乃求此人道之所以为人道者，求其用之体如何。其体就人生界而言，归宿于人性本然之善，亦即人内心之诚。善尚是就本体而言，诚则合内外之道，尽人伦皆本此诚心，而使君君、臣臣、父父、子子各安其分也。此诚虽主人文界言，然实在是“人所不能以与我，我亦不能以与人”者，所谓“天资之善”，意在人道之本更在于天道。如是，尽父子君臣之道，必于人文界见其实际之用，于此践行之中体悟诚体，知人文之所以成其为人文之理，即知人道，进而乃可以明天道也。君臣父子之关系，乃亦成为

---

① 郑侠：《西塘集》卷二《潮州吴致之字序》，383 页。

② 郑侠：《西塘集》卷二《谭文初字序》，385 页。

天人之道之交汇点。郑侠不忘君父之意，即可于此由人文界以通天道处得其根本之精义。

综合来看，尽管郑侠也不否认道之绝对超越地位，但在君臣关系层面，由于他将君臣关系等同于父子关系，认为二者皆是天道之反映，因此，君主和臣子都应当是道的承担者，在理论层面上也就不存在道高于君的情况。在此天道之秩序之下，臣子奉行君主之命，尽其忠敬之心本即是践行天道之应然行为。尊君与尊道之矛盾乃由之得到消解。

三、融贯释老，会通三教

在流放英州之时，郑侠以所居之山为名，自号大庆居士。在可能作于晚年的《大庆居士序》①中，他对平生立身行己之处作了一番自我告白：

> 居士，福州福清人。郑，其姓也；侠，其名也；介夫，其字也。光州司法参军、监在京安上门，其官也。而英州朱塘之漘，其窜逐所卜居也。居士本儒学，以孔氏为宗，得老氏之说以明，又得释氏，而后大明孔子之道，以三人名号不同耳。三氏之外，百家传记，历代史载，至于医方小说，见必取读。其于民物，有补毫发，无不留意，此其学也。以为父子、君臣、夫妇、长幼、朋友之相与，上下四方俯仰回环，□之直一，蝉之翼合，上下四方通为一，物亦若是，此其识也。以为智生于是非而成于毁誉，与祇鬼祸福，朝廷废黜，相为表里也。故虽对妻孥，莫敢溢人美恶，谓幽暗阒寂，此正祇鬼着眼处。是以莫或自欺于方寸，而上不谀公卿，下不原乡党，水火可蹈，而议论不可回，此其守也。惟君为尧舜，民复太古，一饭一衣，而四方万里同饱暖也；一忧

① 郑侠：《西塘集》卷二，377～378页。《西塘集》卷六《复李君宝知县书》作于年六十六时，其中言于释氏之书百千未及其一，乃初涉释氏之时。《大庆居士序》则于释氏已有甚深了解，且为立身住止矣，知此序当作于年六十六以后。侠元符元年复编管英州，年六十八，而崇宁元年辞官不复出，则此序似当作于此间。若其号大庆居士之年，卷三《来喜园记》作于元丰八年腊日，已自称大庆居士矣，则至迟不晚于元丰八年末。

一乐，四方万里同欣戚也。敻古之上，无穷之下，大之天地，细至鳞介，犹若是也。而功无尸，物无府，此其志也。其视先后古今等，人与我等，我与人等，众生与佛等，佛与众生等。无一物，乃入于无取无舍，非即非离。以大清净圆摄为我住止，是曰居士。而大庆云者，所居之山名也。

在此序中，郑侠认为孔、老、释三氏之说，论其道则同，特名号有异而已。郑侠之学自儒入，而后学道、学佛，而益明孔子之道，是道一而已矣。又其《复李君宝知县书》中自叙云，"其心以为三代而上，无有孔孟、老庄、释氏之教，遇帝而帝，遇王而王。衰周以降，乃有三氏之教，其实忧世之溺，而致所以济之者云耳。故以孔孟之道，救衰世之弊而不可得，于是有老庄之教。以老庄之教，救之而不可得，于是有释氏之教。三者皆矫一时之枉，而救万世之沦溺，然不能无得失于其间。窃不自料，欲于其得失间措一二言，使万世而下，无惑于其说，曰：知夫三者之教，一也"①，以为三教都是救时代之弊端而因缘以生，从根本上都是要使社会复达于三代之境。因此，尽管其具体意见有所差别，但也只是随时运之不同而因时制宜，其"矫枉过正"处乃出于一时之权法以拯偏救弊，其背后作为根源的道则并无不同，三教之旨实际上是一致的。那么，既然三教都是应时而生，其所言所论实植根于其所处时代之特殊问题以求解决之道，其具体的意见则并非历千万世而恒然。施行于此者未必适合于彼，针对彼问题者未必可解决此问题，居今之世，则当求三教所同然之本旨，明辨三教所以异之根据，以求适合于当今时代。

今存郑侠文集中论及释氏之说者不多，然其晚年沉潜佛典，"知释氏之广大精微，高明深远，而寖寖可以会同三者之教，而明其不得无过言过行者之意"②，实于释氏之学深表赞叹，且有深入之体会。若其《大庆居士序》中所云"以大清净圆摄为我住止"，似源于华严之义。唐

① 郑侠：《西塘集》卷六《复李君宝知县书》，439 页。
② 郑侠：《西塘集》卷六《复李君宝知县书》，440 页。

释澄观《华严经疏》云："圆摄始终者，上寄法显异布之前后，据实圆融，一位即一切位，乃至无尽，故所历差别，并一中之多，一多同时，无有障碍……夫圆满教海，摄法无遗，渐顿该罗，本末交映，人法融会，贵在弘通。"①法藏、智顗等即以华严属圆教②，初唐以后华严宗之判教复向教禅一致、诸教融合的方向发展。③ 此"圆摄"似即有诸法圆融无碍，本末体用贯通的意味。王安石曾有《华严经解》一卷，取经中其以为出于佛说者解之，当时有人即据此以为安石于道"可谓至矣"④，王安石亦曾对蔡肇言"内典惟《华严经》最有理"⑤，侠或受其影响而重视《华严》乎？以无明确资料可证，姑存而不论。但至少郑侠如乃师王安石一样，不斥佛老为异端，而每致力于融贯之。其"视先后古今等，人与我等，我与人等，众生与佛等，佛与众生等。无一物，乃入于无取无舍，非即非离。以大清净圆摄为我住止"之意，殆言众生平等，其所以等者在乎众生之性与佛性本同，此性即如来藏自性清净心。性无取无舍，非即非离，即是本然如此，圆满自足，不挂搭于气之上，但也不离乎气。

郑侠说性，乃自自我本来之清净而言。所谓清净者，不染于外物，本来如此之谓也。他以水为譬喻，指出水之性本是清而且明，以有土汩之乱之，则清水变而为浊水。浊且乱是因为有外在的土加于水之中，并非水本来所有。思除去浊乱本性之土，则可使水复还其清明之本性。郑侠又以盗跖、颜回为喻云：

---

① 释澄观：《华严经疏》卷五十五，大正新修大藏经本。

② 丁福保依天台宗解圆教云："就圆体言之，则为圆融圆满之二义。十界三千之诸法，一如一体，谓为圆融。十界三千之诸法，条然具足，谓为圆满，亦曰圆足。……就行位言之，则谓为圆顿。《华严经》说初发心时便成正觉，《涅盘经》说发心究竟无二无别是也。顿者顿极顿足，诸法本圆融，故一法圆满一切法，以一念之开悟，顿疾极足佛果，谓为圆顿。"见丁福保：《佛学大辞典》，上海：上海书店，1991，2335页。

③ [日]木村清孝：《中国华严思想史》，李惠英译，台北：东大图书股份有限公司，1996，51～61、208～211页。

④ 苏轼：《苏轼文集》卷六十六《跋王氏〈华严经解〉》，2060页。

⑤ 佚名：《京口耆旧传》卷四，景印文渊阁四库全书本，第451册，155页。

> 向使跖也收其逐物者，反以狥己，徐而去其惑，盖移跖犹回，如反掌耳。彼非不能，不思而已矣。不思，故逐而忘反，其明卒不复，是故终身为盗，死为万世僇，不亦可悲乎？然则灵识之在人，不惟其最均也，且为回不加益，而为跖不加损。自回而为跖，则向也明，今也乱；自跖而为回，则向也乱，今也明，亦犹水之清浊也欤？①

就盗跖与颜回之性而论，并无根本不同，只不过盗跖逐物忘反，失却本性之清明。若能复己之性，则盗跖可以为颜回；而若失性而逐物，颜回也可以变为盗跖。二者之间没有隔断，在乎能不能复性而已。

可另一方面，郑侠认为水之为土所汩乱，以其性本出于土；人之识明，亦因其本出于物。则本性之遭到浊乱，乃是人之所自取。“天地之间以气生，以血成。气与血至，而欲与竞生。”②人物生于天地之间，便自然会有外物的侵扰。但是，由于可以浊乱水之土乃属于外物，则此浊乱实际并非水本身。尽管外在表现为浊乱，但却无害于水之本质之清明之性。“知夫清且明自我性，而浊且乱者亦自我之有以来之也。去其汩且惑者，而清明在躬，然后扬波掘泥，与之偕，而莫吾能化也。”也就是说，若能保持自我本性的清净，那么即使不断有外物的侵扰，也不会变化我之性。此即是超越染垢、不离本然之自性清净心。

本于自我本然之性，在行事之时则随物流转，一任之自然，此即是顺道而行。所谓道，在郑侠以为，无论自然界还是人生界，其所以然之理是为道。一方面，就人生界而言，道即是君臣父子之仁义之道，孔子之功即在明此尧舜禹汤文武周公之道。③ 另一方面，此道亦通贯

---

① 郑侠：《西塘集》卷三《清怀阁记》，401～402 页。作于元丰元年二月初六，侠年三十八。

② 郑侠：《西塘集》卷三《连州灵禧真君记》，396 页。作于元丰二年九月十六，侠年三十九。

③ 郑侠：《西塘集》卷三《李天与五经轩记》，卷五《代林丈到任谒宣圣文》《代释奠文》《代林丈再任谒宣圣文》。

于自然界，可使“日月星辰得其行，昆虫草木得其情”①。人生界者谓之人道，究其极言则为天道。但是，这个道却很难被视作宇宙存在之根本依据。郑侠虽不曾讨论是先有道还是先有自然即气的问题，但他不认为有此道之后天地人文始得以成立，而是天地人文自然如此，而后强名其所以然之理为道。“盖道本无名，而谓之道者，强名也。”②从对道的描摹来看，郑侠的道论基本建立于道家自然天道论的基础之上。“道之为物，未尝可以声音听，谓若无物焉，而应用无方，以终始天地。”③“夫惟无形也，而能形形；无声也，而能声声，其惟道乎！故无有高下美丑、是非荣辱，皆其自取。万物役役察察，而我独钝钝闷闷。泊兮其未兆，如婴儿之未孩也。则我之所游者，盖未始有夫未始有有者也。夫有有有者④，有未始有有者，有未始有夫未始有有者。吾与我相遇于此，而后有有者。形而未始有，有者不形，若未始有夫未始有有者，此可以神会而已。”⑤道无形体，无可名状，在理论上似乎应该是存在于未有形器之先，即所谓“未始有夫未始有有者”。但他并不言道生一而后化生万物，而言“吾与我相遇于此，而后有有者”，则万物乃自然化生，道虽先具，却不生万物，乃于万物之自然化生中见其“应用无方”。借用牟宗三的讲法，郑侠眼中的道并非存有性的天命实体，而是活动之中“於穆不已”之即体即用之道体。

由于道是活动的，因此，尽管郑侠受到《老子》影响以无、寂、弱、卑下言乎道，但其指向性却在于有、在于动、在于用。“夫寂者，道之动也；弱者，道之用也。万物之来也，从于无；其生也，常卑下柔弱。执道者如此，故夫无思也，无为也，寂然不动，感而遂通天下之故。古之人，其未用也，则静而养之。方其静而养，固已知其不得不动。盖不出户庭，而天地万物之情，可以图回于掌上矣。物无常静，会其

① 郑侠：《西塘集》卷五《代林丈到任谒宣圣文》，419页。

② 郑侠：《西塘集》卷三《连州灵禧真君记》，395页。

③ 郑侠：《西塘集》卷二《三杜兄弟字序》，381页。

④ 疑衍一“有”字。

⑤ 郑侠：《西塘集》卷三《邓子山家游初轩记》，398页。

静时，则不得以不静；物无常动，会其动时，则不得以不动。故废兴有命，动静有时。会逢其适，而莫之固必，惟有道者能之。”①此处他又将《易传》与《老子》相贯通，指出当无思无为之时，乃是于静中存养其道体，此乃自然当静之时。然此静之中蕴含动之理，且必然在动中发用。动静各随其时，无常静，亦无常动，但既然郑侠以活动言说道，则动更显出其道论之中心意义。“夫道，患在于不为。”②无论如何，道都要在有为之中得以显现。在其人生经历之中，尽管贬黜南国荒蛮之地，但郑侠仍心系君王，不失忠君爱国之念，在修其自性的同时，以图有朝一日出而有为。新学学派绾有为于无为之中，知道体之无为而不忘现实之有为，于此亦得到鲜明之体现。

第三节　耿南仲及其《易》学思想

北宋神宗熙丰时期，王安石作新经义以教训多士。其《三经新义》，不仅于九经或十二经或十三经未得全解，即使其贡举改制中所考之《易》《周礼》《书》《礼记》《诗》五经亦未能备。于是，新学学者起而纂述，以补王安石所未尽。于《礼记》，有方悫《礼记解》、马晞孟《礼记解》、陆佃《礼记解》、陈旸《礼记解义》、陈祥道《礼记讲义》。于《易》，王安石门人及后学所注甚多，据《经义考》，有顾棠《周易义类》、沈季长《周易新义》、王逢《易传》、何执中《周易解》、黄裳《周易澶州讲义》、周秩《易说》、徐铎《易谈》、林自等《太学十先生易解》等。③ 而在绍圣以后，以龚原和耿南仲的《易》解在科举学校之中最为盛行。近年来，对于龚原之作已开始有人进行研究，但对耿南仲及其《周易新讲义》，至今尚无专门论述。作为北宋后期王学一派的重要著作，其鲜明地反映了王学的治学特色，值得作深入探讨。本节即希望在此一问题上作一点探索性研究。

---

① 郑侠：《西塘集》卷三《豫顺堂记》，407页。

② 郑侠：《西塘集》卷三《韶石轩记》，400页。

③ 朱彝尊：《经义考新校》卷十九至卷二十二。

一、耿南仲其人与《周易新讲义》之成书

耿南仲，字晞道，或作希道，开封人。元丰五年(1082)进士。历提举两浙常平，徙河北西路，改转运判官、提点广南东路及夔州路刑狱、荆湖江西两路转运副使，入为户部员外郎、辟雍司业，坐事罢知衢州。① 后似复为辟雍司业，据《靖康要录》，耿南仲于政和元年(1111)三月以辟雍司业为定王(嘉)[资]善堂侍讲。定王即是后来的钦宗，自此始，耿南仲开始了十余年为钦宗讲解经史的讲官生涯。及政和五年(1115)钦宗被立为太子，耿南仲又升为徽猷阁待制右庶子兼侍讲。政和八年，为太子詹事。大概耿南仲以经学名闻当时，曾长期在国子监任职。元符元年，蒋之奇荐其堪为台阁之选，时为国子监主簿。② 又前后两度为辟雍司业，掌管辟雍即外学。于政和三年，且为省试参详官。③ 正因其经学深湛，因此被徽宗选中，教授钦宗读书。在十余年的资善堂及东宫讲读官生涯里，耿南仲和另一讲官李诗为钦宗讲过《论语》《御注道德经》《孟子》《汉书》《后汉书》④，以及《诗经》⑤《周易》《尚书》⑥等经典。

因为是东宫旧臣，耿南仲在钦宗即位之后迅速进入高级官员的行列。实际上，钦宗之即位，耿南仲亦有力焉。徽宗在女真南侵的压力之下突然提出内禅，这使钦宗仓皇不敢接受。最后在耿南仲的劝说之下才肯接受。钦宗之重用耿南仲，即具有了赏功酬劳与任用私人的双重意味。靖康元年正月，耿南仲同知枢密院事⑦；二月庚戌，进尚书

---

① 《宋史》卷三百五十二《耿南仲传》，11130～11131页。

② 徐松辑：《宋会要辑稿》选举二八之二七，复制重印前北平图书馆影印本，北京：中华书局，1987。

③ 《宋会要辑稿》选举一九之二二。

④ 《宋会要辑稿》职官七之二五至二六。

⑤ 陈模：《东宫备览》卷二，景印文渊阁四库全书本，第709册，301页。宣和元年读《孟子》毕，始讲大经，自《诗》始。

⑥ 《长编纪事本末》卷一百四十六《内禅》，2455页。

⑦ 陈均：《皇朝编年纲目备要》卷三十，773页。

左丞①；四月癸卯，进门下侍郎②。

在担任执政期间，耿南仲上辅钦宗，下与李纲等争权，而其尤为突出之事迹有三。第一，在女真南侵的压力之下，徽宗不得已内禅，自己逃往南方。随后女真退兵，徽宗即将返回汴京。外在的军事威胁解除之后，皇位的归属却产生了一定的动摇。在此情势之下，耿南仲建议在徽宗返朝之时将其左右尽行摒斥，李纲《靖康传信录》中对此有较为详细的记录：

> （三月）二十七日，宰执奏事延和殿，进呈车驾出郊诣资福寺迎奉道君仪注。耿南仲建议，欲尽屏道君左右内侍，出牓行宫门，敢留者斩。先遣人搜索，然后车驾进见。余以谓不若止依常法，不必如此示之以疑。必欲过为之防，恐却有不可防者。南仲曰："《易》曰或之者，疑之也。古人于疑有所不免。"余曰："古人虽不免于疑，然贵于有所决断，故《书》有稽疑，《易》曰以断天下之疑。傥疑情不解，如所谓窃鈇者，则为患不细。"南仲纷纷不已。余奏曰："天下之理，诚与疑，明与暗而已。诚则明，明则愈诚。自诚与明推之，可以至于尧舜。疑则暗，暗则愈疑，自疑与暗推之，其患至于有不可胜言者。耿南仲当以尧舜之道辅陛下，而其人暗而多疑，所言不足深采。"③

出于稳固钦宗皇位、防止复辟或变乱发生的目的，耿南仲主张限制太上皇的随从人员，力图让徽宗孤身接受钦宗的迎接。从父子之道而言，此举实有怀疑为父者不父的意味，可耿南仲却从《易》中"或之"出发，指出不能不有所防备，这是他认为在时局动荡之中所不能不采取的措施。

---

① 《东都事略》卷十二《钦宗本纪》，96 页。

② 《东都事略》卷十二《钦宗本纪》，97 页。

③ 李纲：《梁溪集》卷一百七十三，景印文渊阁四库全书本，第 1126 册，791 页。

第二，阻止了杨时废除王氏新学的建议。靖康元年五月三日，杨时上书请罢王安石配享，并废王学。随后诏王安石由配享改为从祀，同时似亦有禁止王安石学术之旨。《朱子语类》中记载，耿南仲上言："或者以王氏学不可用。陛下观祖宗时道德之学，人才兵力财用，能如熙丰时乎？陛下安可轻信一人之言以变之？"钦宗闻其说，其作为师傅之臣的地位和对钦宗的影响力，使得钦宗批答云："顷以言者如何如何，今闻师傅之臣言之如此，若不尔，几误也！前日指挥，更不施行。"①王学之地位得以保存。此事他书未见，但朱熹恐必非凭空而言，其真实性还是相当高的。由此中可见耿南仲在钦宗朝的政治变化之中充当了王学护法的角色。

第三，是广为后人所诟病的力主割三镇与金人。女真首次入侵提出的退兵条件之一是割让中山、太原、河间三镇。耿南仲属于力主割三镇以纾祸的主要人物。时为门下侍郎的耿南仲从宋金双方实际力量对比的角度指出："中国势弱，夷狄方强，用兵无益，宜割三镇以赂之。"②尽管李纲等人坚持不可，但在争议数月之后，钦宗终于在十一月听从吴敏、耿南仲等人的意见，决定舍弃三镇。随后双方要议定边界，耿南仲被强迫出使粘罕军，割让河东。行至卫州时，卫人欲杀与其同行的金人王汭，汭逃去，南仲乃至相州见康王赵构。二圣北狩，乃劝进高宗。高宗薄其人，于建炎元年罢之，安置南雄州以卒。

《四库全书总目》在耿氏《周易新讲义》之提要中认为耿南仲在面临女真的军事压力之时力主和议，与其《易》学中求无咎、无拂天道之说是相符的，"经术之偏祸延国事"在此有了鲜明的体现。而胡玉缙《四库全书总目提要补正》引吴氏《绣谷亭熏习录》云："考《三朝北盟会编》，靖康元年十一月八日集百官议三镇于延英殿，是日各给笔札，分列廊庑。范宗尹乞予之以纾祸，至伏地流涕以请。谓不可割者惟梅执礼等三十六人，余皆从宗尹议，孙觌亦有乞弃三镇之疏。则主割三镇者，似未可专罪吴幵及南仲也。然南仲为东宫旧臣，素所亲信。因李纲首

---

① 《朱子语类》卷一百一《程子门人》，2572～2573 页。

② 陈均：《皇朝编年纲目备要》卷三十，789 页。

见柄用，遂力沮战守之说，以私憾而债公议，其论《易》所谓‘吉凶悔吝不可知，要在无咎’之旨何在乎?”胡氏以为《提要》之说似求深而反失之迂，不如此之直截了当。① 胡氏赞同吴氏提出的耿南仲“以私憾而偾公议”之说，证以耿氏于靖康元年在政府的表现，其因李纲、吴敏居其上而每为异议，似不为无理。但《总目》之说亦未可尽以“迂”视之。在同时代人的眼中，耿南仲实有迂腐之名。欧阳澈言其“特能作章句儒，贯综坟典，为书痴经醉而已”②；侍御史胡舜陟上书弹劾政府，也以耿南仲为腐儒③；南宋初汪藻所作耿南仲贬官制中亦言其“迂儒无断，循默苟容”④。可见耿南仲之行事确有受其学术思想影响的一面，人与学恐难截然两分。

耿南仲之著述可考见者唯《周易新讲义》，《厚斋易学》附录一引《中兴书目》作《周易解义》十卷，称“国子祭酒耿南仲撰”，又称建本《郡斋读书志》题“进周易解义”。而《郡斋读书志》卷一上作耿南仲注《易》二十卷。《宋史》卷二百二《艺文志一》作“《易解义》十卷”。《经义考》卷二十二作《易解义》，而引董一桂曰“《周易讲义》十卷”。其书名为《周易新讲义》，似始于清代。《续文献通考》卷一百四十二《经籍考》乃作“《周易新讲义》十卷”，尔后之《续通志》从之，《四库全书》所收为浙江巡抚采进本，《总目》中标为十卷，实际仅存六卷。由是而观，则其书本名当为《周易解义》。其撰著时间，建本之题有“进”字，而耿南仲为钦宗讲读

---

① 胡玉缙撰，王欣夫辑：《四库全书总目提要补正》，上海：上海书店出版社，1998，27页。

② 欧阳澈：《欧阳修撰集》卷二《上皇帝第二书》，景印文渊阁四库全书本，第1136册，358页。

③ 陈均：《皇朝编年纲目备要》卷三十，805页。

④ 汪藻《浮溪集》卷十二《耿南仲散官南雄州安置制》(丛书集成初编本，北京：中华书局，1985)载：“梁信侯景之奸，而台城不守；唐养禄山之乱，而灵武仅存。惟议者失于毫厘之间，斯敌人玩于股掌之上。尔迂儒无断，循默苟容。道君疑萧傅之贤，选参储禁；渊圣用甘盘之旧，擢预政机。方强寇之冯陵，举中原而震扰，克绥多难，所恃老谋。方凭款敌之言，坚主弭兵之议，积其愦眊，成此艰危。朕念夫当垂白之年，宁为尔受失刑之谤，而讼言洊至，重比难私。姑黜置于散官，用窜投于荒服。汝虽知免，吾悔可追。”(144页)

官十余年，此书似当为其为钦宗讲《周易》所作之讲义。至于《中兴书目》中所谓“国子祭酒”，未曾见耿南仲任此职，或以其曾为辟雍司业而讹，或以国子监主簿而讹。后来耿南仲入两府为执政，而此署衔作“国子祭酒”，则其书必成于靖康以前。

《皇宋资治通鉴纪事本末》载宣和六年(1124)八月庚午，皇太子奏耿南仲讲《周易》迄，乞讲《尚书》。① 其始讲年月不可考。《东宫备览》云宣和元年读《孟子》毕，始讲大经，自《诗》始。② 讲《易》则在此之后，或于宣和四、五年之间。如是，则《周易新讲义》殆作于宣和四年至六年之际乎？

耿氏《周易新讲义》今仅存六卷，而其中亦颇有脱落。若其解说完备者，宋以降解《易》家所引之中亦有与四库本不同者。今首将各家所引条列于下，以资对照：

南宋冯椅《厚斋易学》卷四十三：“耿南仲曰：‘精神魂魄意，五者聚而为物，散而为变。其聚也，精为先，故于物言精气；其散也，魂为先，故于变言游魂而已。不直曰精，而曰精气者，有曰精气，有曰神气，气以神，主以精，凝有精则气从之矣。夫聚而为物，散而为变，同此五者而已。则鬼神之情状，何以异乎人之情状哉！鬼神特其散者而已。以其聚，可以知其散也。’又曰：‘祝可以通，则鬼神之情无以异乎人之情；尸可以象，则鬼神之状无以异乎人之状。’”③

明代姜宝《周易传义补疑》卷一：“耿南仲云：统天之统，如身之统四体；御天之御，如心之御五官。”卷四《离》：“耿南仲云：重明者，上下明也；继明者，前后明也。《象》言二五君臣，故以重明言之；《象》言明两作，皆君也，故以继明言之。”④

明代叶良佩《周易义丛》卷一：“乾道所以变化者，阴阳而已。各正

---

① 《长编纪事本末》卷一百四十六，2455 页。

② 陈模：《东宫备览》卷二，301 页。

③ 冯椅：《厚斋易学》卷四十三，景印文渊阁四库全书本，第 10 册，695～696 页。

④ 姜宝：《周易传义补疑》，明万历十四年刻本。此二条叶良佩《周易义丛》卷一、卷六亦引之。

性命者，阴阳之定分；保合太和者，阴阳之冲气。”卷六《无妄·六二》：“六二不劳已而得利，此无妄之福；六三无与已而得祸，此无妄之灾。”卷六《大畜·上九》：“下体，受畜者也；上体，畜下者也。受畜者至于九三，则良马逐矣，无复如初、二也；畜下者至于上九，则天衢亨矣，无复如四、五也。”卷六《颐·象》：“不观其养心之大，而观其自求口实，何也？人之所以忘其大体者，以从事于口体之养也。口体之养求不失义，则养其大体可知矣。是以观其自求口实，足以知其自养矣。”卷九《困·九五》：“享祀，人臣所以祀宗庙；祭祀，天子所以礼正神。”卷十《渐·九五》：“刚上柔下，是以物终莫之胜。”卷十四《系辞下》：“有菽粟者，或不足于禽鱼；有禽鱼者，或不足于菽粟。罄者无所取，积者无所散，则利不布，养不均矣。于是日中为市焉。日中者，万物相见之时也。当万物相见之时，而致天下之民，聚天下之货，使贸迁其有无，则得其所矣。”①

又《朱子语类》卷七十：“耿氏解《易》‘女子贞不字’作嫁笄而字。‘贞不字’者，谓未许嫁也，却与婚媾之义相通，亦说得有理。伊川作字育之‘字’。”②

以上诸家所引，有与四库本略有差异者，也有四库本所不载者。而四库本所存部分文义完足，似非有漏略者。证以上引诸家著录名称有异，在此作一大胆猜测：耿氏解《易》有二书，一为《周易讲义》，一为《周易解义》；一为为钦宗讲解之本，一为其居太学学官所作之本。

吕祖谦《丽泽论说集录》卷十有云：“初学欲求义理，且看上蔡《语》、《阃范》、伊川《易》，研究推索，自有所见。若荆公《新说》，张纲《书》，刘君举《诗》，耿南仲《易》，方、马二氏《礼记》，陈晋之《孟子》，张子韶《论语》，吕吉甫《庄子》，皆不当看也。”③从正统儒学的角度出发，吕祖谦对王氏之学颇不以为然，至对王学一派之著作主张全

① 叶良佩：《周易义丛》，明嘉靖刻本。

② 《朱子语类》卷七十，1744页。

③ 吕祖谦：《丽泽论说集录》卷十，见《吕祖谦全集》第2册，杭州：浙江古籍出版社，2008，254页。

部抛弃，此实非持平之论。新学自有其学术特色，自有不容抹杀之处。下文则以《周易新讲义》为讨论对象，探讨王门后学耿南仲的《易》学与其主要思想。

二、天道自然，与时偕行

《四库全书总目》以为耿南仲解《易》主要在发挥无咎和无拂天道之旨，其说有近于黄老，且祸延国事。后者不论，而耿氏《易》学思想之立脚点的确落实在道家思想的基础之上。我们首先究明耿氏“无咎”之旨，进而说明其对于天道的认识，以见其《易》学思想之根基。

在《周易新讲义》的序中，耿南仲称“《易》之道有要，在无咎而已；要在无咎者何？善补过之谓也”，通过对易道的领悟和遵循，可以免受灾祸。所谓“无咎”，乃是落实于人事上而言的。那么如何才能无咎呢？耿南仲指点的途径是“补过”。过者，“拂乎人情，犹为小过；拂乎天理，是谓大过”。违背人情是小的过失，违背天理便是大过。补过即意味着要符合人情，符合天理，而后者尤其是根本。无大过之说出自孔子所言“假我数年，五十以学《易》，可以无大过矣”，孔子亦言“五十而知天命”。那么，学《易》而明乎《易》之道，即可以无拂天理、知天命，即可以达至无大过的境界，即可以在现实之中实现“无咎”了。可以说，无咎只是遵循易道的自然结果，而并非易道的根本。

其实，耿南仲在《序》中也已经明言他所认为的《易》的根本：“易之为言变也，盖道之变名也”，“一言而尽《易》之义者，易无体是也”。意思是说易即是道，就道之变的特性而名之曰易。道体为一而变化无端，因此易也没有一定之体而时刻处于变化之中。此体并非指本体，而是指形而下之形体。就作为本体意义之“道体”而言，虽然“变”之特性在万事万物上显现，但这种显现本身即是道的表现。当明了道之后，《易》中的象乃至卦爻都只不过是“筌蹄之寄”，都只是我们借以认识天道的形器。

那么，何为天道？何为天理？① 耿南仲认为易无体，也就是道无

① 天道、天理乃至天命，在耿南仲这里似乎并没有严格的区分，基本上可以互相通用。

体，即道并无具体的形象，不可名状，需要在象中显现。而天地就是易道显现的象，乾坤则被耿南仲视作“精神”。乾坤并不是本体，而是一种“能”或者“能力”，通过乾坤的作用，气流形、成质而复还。“万物之为元也，资气而已；其于亨，则流形焉；至于利，则质成焉；气、形、质，其终复归根者，贞也。”①也就是说，乾坤是道在显现过程中的主宰，使气能够氤氲变化而产生形体，形成物质世界。“在天而为盈虚消息，在人而为兴衰治乱，不离一气陶运之间而已。”②气之流转生成天地人之种种变化，其主宰为乾坤，乾坤作用之根本则为天道、为天理。

在耿南仲的天道观中，乾坤变化都是自然而然即发生的。“阴阳之运，积息而成盈，盈则反消，积消而成虚，虚则反息，此自然之机，而天且不违。”③消息盈虚，日月更替，其循环往复都是自然的变化，也即是出自天道。耿氏云：“乾道之变化异乎人事之云为。人事之云为则以言谕力致所以正物，非物自正也。乾道变化则无言谕力致之事，宜运于自然而万物之性命各正矣。”④万物各正性命并不是借助于外在的力量，并不是靠外力“扰而正之”，而是要任其自然之分。当万物都自然地符合天道所赋予之分，处所当处，味所当味，大小长短各随其所宜，这就是“各正性命”。每一事物都有天所赋予之“性命”，出于天之自然谓之命，各有其所命谓之性，因此事物也显示出不同的禀赋、不同的样态。所谓“物殊禀”，就意味着每一事物之内所蕴含的性命是不同的，但却“一陶乎太和之中，无外是者焉”。“通于天地是谓太和”，即每一事物都可以上通天地，上通于道。但这只是就物而言，就人来说，则要保“盛德”才能通于天地。天道之在人者谓之德，元亨利贞之在人者乃是仁义礼智，人能够保其仁义礼智之德则可以与天地同流，才能够进一步在现实中成“利贞”之功。

但是，耿南仲在这里其实将天道与人事分而为二。在人事上，君

① 耿南仲：《周易新讲义》卷一《乾》，579 页。

② 耿南仲：《周易新讲义》卷二《泰》，616 页。

③ 耿南仲：《周易新讲义》卷一《乾·上九》，581 页。

④ 耿南仲：《周易新讲义》卷一《乾·象》，582 页。

子可以通过自身的德行，用智谋和才力达至具体事务的功业。尽人事是第二义，并不是在根本上符合天道，而且君子所能够以人力实现的功业都只不过在天道所“许可”的范围之内。若当天道倾否之时，人是起不到任何作用的，只能等待天道自然变化成泰。他在解《否·九五》之时说：

> 休如休王之休。休否则复王而为泰矣，非以其道御者也，孰能使人之休王系乎我哉！故曰：“休否，大人吉。”虽然，休王之理，相为倚伏，岂可遇其存以为亡哉？惟不忘亡，乃所以存而不亡，故曰：“其亡其亡，系于苞桑。”《象》曰“位正当也”，以谓虽有大人之才，非得大中至正之位，则亦不能有为而休否矣。①

所谓“休王”，盖起于汉儒阴阳五行之说。隋萧吉《五行大义》论其义有三，曰五行体休王，曰支干休王，曰八卦休王。休者消伏，王者兴旺称王，其义盖言春夏秋冬四时之中，五行、干支、八卦各有当王者，各有当休者，休王随时变化不已。休王之意近乎盛衰、盈虚、消息、代谢也。② 耿氏此处之义，即以为当《否》之九五之时，否道休而泰道王，其变化乃随时之自然更替而变化，并非人力在其间起作用的结果。“经曰：天地变化草木蕃，天地闭，贤人隐，然则贤人之隐见，犹草木之盛衰，随流于天地而已。由是观之，天下之否，贤人何预焉，天实为之耳，故曰‘否之匪人’也。”③人事之变化乃是随天道运转而发生，贤人君子并不能对天下大势的更替产生任何影响。

既然天道变化不与于人事，那么，想要符合天道，就必须认清天道所处的态势，随天时而决定如何行事。其解《大有·象》曰：“遏恶扬善，岂圣人作好恶于其间哉！顺天休命而已。天之休命，遏恶而扬善；

---

① 耿南仲：《周易新讲义》卷二《否·九五》，619～620页。

② 萧吉：《五行大义》卷二，清佚存丛书本。

③ 耿南仲：《周易新讲义》卷二《否》，618页。

人之大情，好善而恶恶。顺乎天之休命，则顺乎人之大情也。”①合乎天道即能顺乎人情，“进退合乎天时，故无咎”②。

“时”在耿南仲的天道观与《易》学中居于比较核心的地位。天地变化都是“时”之不同所产生的自然结果。“坤之静也翕，动也辟，其翕辟惟时而已。”③天道亦即在时变中显现，时变也正是易道之本旨，是天命之所在。“圣人之制礼兴事，必随乎时，以时者天命之所在，而不可违故也。”④圣人之所以为圣人，即在于他能够“随时”。在解《随》卦时，耿南仲详细阐发此旨：

> 圣人之道，至于兼忘，又使天下兼忘我，则民交放于道术之中，行不知所之矣。则使天下随之，若子之从父，弟之从兄，岂无勉为仁以要人，扬行以悦众乎？以刚柔言之，刚上而柔下，则刚柔尊卑之常也。刚自外而为主于内，则刚柔屈伸之宜也。今刚不处上而来，又来而不为主，取下柔而已，则是反尊卑之常，反屈伸之宜矣。自二体言之，止而说者，圣人所以感物之道也；动而健者，天所以命物之道也。今不止而动，而健取说而已，则是不感物于自然，不应天之无妄矣。是以不免为仁以要人，扬行以说众者也，是以不能无咎矣。以大亨贞而后可以无咎。天下之所随者圣人，圣人之所随者时也。圣人之所随时，则莫非时也。失所随之序者不足而义甚微，非与日月合其临照之明，与四时合其消息之序者，不足以与此。⑤

“兼忘”之说出自《庄子·天运》。有意于行仁义，实际上是“为仁以要人”，即存仁义之心以胁迫天下。耿氏则主张圣人兼忘天下，心中不存

---

① 耿南仲：《周易新讲义》卷三，624页。
② 耿南仲：《周易新讲义》卷一《乾·九四》，580页。
③ 耿南仲：《周易新讲义》卷一《坤·六四》，595页。
④ 耿南仲：《周易新讲义》卷六《萃》，691页。
⑤ 耿南仲：《周易新讲义》卷三《随》，629～630页。

一物，也不存一丝形迹，使天下之人不知有圣人在行事，一切随顺自然之时。表面行事上的有为抑或是无为都不是自主决定的，而是根据时势而动。“天下之势，有可以为，有不可以为者，君子亦末如之何矣。”①从本质上说，圣人实际上是无为的，只是顺乎自然，顺乎天时，根据时的变化而行其所当然之事。天道自然流转，圣人与时偕行，这就是耿南仲对于天道与所以符合天道的认识。

三、分位之宜与君臣之分

上文提及，耿南仲论乾道变化宜运于自然而万物各正性命，这是一种符合天理的完美状态，具体而言则是万事万物都符合其“至足之分”与“自然之宜”。这种“至足之分”与“自然之宜”是天理所赋予的，只能遵循，不能违背，违背了即拂乎天理，也就会导致灾咎的发生。因此，守其所固有的分位，乃是践行天理的必然要求。

事物之分位在《易》中是以时位来体现的。时，即每一卦所处的态势，即天时，上文已经讨论过耿氏对于时的重视与态度。所谓位，则体现于阴爻阳爻所处的位置。在《周易新讲义》中，分位主要就刚柔得位而言。

解《易》往往需要许多的例来贯通解释，在《周易新讲义》之中，耿南仲所用之例主要有得位、得中、比应等，但最重要的则是以刚柔得位为主。所谓刚柔得位，一方面指二体而言，主张上体刚而下体柔；另一方面指爻位而言，阳爻为刚，阴爻为柔，阳爻当居于阴爻之上。综合言之，即所谓“刚上而柔下，刚柔之分也”②。刚柔之间的这种地位关系，乃是耿南仲所认为的不可改变的规则。如果不符合这条规则，那么必须要有相应的解决之道，不然就必然获致灾咎。

举几个例子来看。耿南仲解《谦·六二》之“鸣谦”，虽言“鸣者，感以来应者也”，但这种感应并非指二与五之相感，五为阴，与二同，二

---

① 耿南仲：《周易新讲义》卷四《大过·初六》，655 页。

② 耿南仲：《周易新讲义》卷六《升》，692 页。

者并不相应。一般论此爻，皆以阴爻居中得位为言①，但耿南仲则以九三与六二“刚上柔下，于分为正”为言，论感应，亦言九三以刚下感而有应②，是从刚柔得位的角度来立说的。同卦之六四，耿南仲亦言其居九三之上，以柔居刚上，有违于刚上柔下之分，因此需要“㧑谦”，即“㧑去三之乘己”，也就是要挥去九三上升对于六四的逼迫，使六四和九三不具有上下柔刚相比的关系，这样才能不违背刚上柔下这种上下有常之天则，也才能“无不利”。③ 又如《比》之六四，虽然与初六皆为阴爻，不合上下相应之例，但是六四之上为九五，刚居柔上，因此属于“刚柔正而位当”，所以爻辞中言“贞吉”。④

“立地之道柔与刚”，刚柔乃是就地道而言，天道则言阴阳，人道则言仁义，为何耿南仲以刚柔为主来讨论天地人之道呢？《系辞下》云，“刚柔者，立本者也，变通者，趣时者也”；《系辞上》云，“刚柔相推而生变化”，“爻者，言乎变者也”。耿南仲将变视作《易》之本旨，而变体现于爻的变化之中，体现于刚柔的变化之中，因此，爻位的刚柔变化即耿氏论《易》的核心。而且，论刚柔也可以包含天文与人文。其解《贲》之所以以刚柔为言者曰：“今贲之成卦独以刚柔为言者，刚柔地道，而坤介于西南，于色为章而文。《说卦》曰‘坤为文’。然则道，其文之著者乎？所以贲有取于刚柔也。虽称地之刚柔，则与天之文与人之文举矣。”⑤著者，明也，道为文之明者，即文明乃是道的显现。文以坤言，即以地道言，则言地之刚柔即可于显现层面论道矣。耿氏之特重言刚柔，其以此乎？

万物的分位之宜落实到现实的人间世，耿南仲重点阐发的是政治秩序，而君臣关系又是其中的核心。在《周易新讲义》中，耿氏建构了一种理想的君臣秩序，换句话说，就是对如何处理君臣关系、君臣各

---

① 如孔颖达《周易正义》卷二、胡瑗《周易口义》卷三、程颐《伊川易传》卷二等。龚原之说殆与耿南仲略同，而苏轼之说则颇有融会二者之义。

② 耿南仲：《周易新讲义》卷三《谦·六二》，626页。

③ 耿南仲：《周易新讲义》卷三《谦·六四》，627页。

④ 耿南仲：《周易新讲义》卷二《比·六四》，611页。

⑤ 耿南仲：《周易新讲义》卷三《贲》，640页。

自履行何种职责进行解说与辨析。耿南仲认为君与臣都应该具有相当的道德才能，“君与臣同德者也，其所异者分位耳”①。在分有道或得道，即个体对于道的体悟的层面上，两者并无显著的差别，君臣职责的不同，君臣之间的主从关系，乃至君臣所体现的不同的“德性”，就是由这种分位的差异所决定的。

耿南仲对于刚柔的看法是刚上而柔下。刚主动，柔主静；刚主健行，柔主顺从，实质是以刚为主。在君臣关系上，耿南仲认为君属刚，臣属柔，因此君之德在健以动，臣之德在巽以顺，也就要以君为主。“夫君唱而臣和，君行而臣随，君臣之义也。”②“君造始，臣代终，君臣之大分故也。”③君主负责创制立法，主导国家的大政方针，在根本上对国家负责。臣子负责执行君主所订立的法度，推行君主确立的措施，在具体实践上贯彻君主的意图。君主负责道的层面，臣子负责实践法的层面，二者各有分职，不能逾越。因为君主是唯一的主导性力量，是政治的核心，耿南仲非常强调君主的绝对权威。“天之德惟九五为能备也。且天之德高明溥博，变化不测，岂人臣而能体哉!”④臣子相对于君主是有差距的，而且这种差距不会在修养上得到缩小，而是天命之分自然如此。

从守分的角度来说，耿南仲更重视臣子之恪守臣道。“坤之为道，妻道也，臣道也，贤人之分也。妻道不出于阃，臣道不出于位，贤人之分亦有宫庭坛宇以守之而不敢踰也。……臣之道不欲健胜顺，故利在牝马，健不胜其顺者也。”⑤即使君主有不合于道的举动，臣子虽然应当引导君主复归于道，但也必须小心翼翼，不着形迹，不能使自己的行为彰君之恶、隐君之明，不能有意突出自己的功劳而导致臣胜于君的局面出现，故耿氏解《小畜・初九》曰：

---

① 耿南仲：《周易新讲义》卷五《晋》，668 页。

② 耿南仲：《周易新讲义》卷二《小畜・初九》，612 页。

③ 耿南仲：《周易新讲义》卷一《坤・六四》，595 页。

④ 耿南仲：《周易新讲义》卷一《乾》，589 页。

⑤ 耿南仲：《周易新讲义》卷一《坤》，592 页。

引其君当于道者，臣之职。然而彰其引之之迹，则有掠美之嫌，不如勿彰之为义也。今曰吉，引君之迹不彰故也。夫君唱而臣和，君行而臣随，君臣之义也。今引其君使复，则君臣之义不为无伤；惟不见所以引之迹，是以于君臣之义无伤而吉也。①

既然君动臣随，那么最佳的局面就是所有臣子都直接顺承君主，直接听命于君主的领导。“为臣则欲致一，故涣其群则吉；欲承上，故比之无首则凶。君则异于是，见群龙无首则吉矣。”②从臣的角度而言，群龙无首意味着有臣而无君，没有领导自然是凶；从君主的角度来说，群龙无首乃是自上视下，是群臣平等，彼此不服从，而没有人成为群臣的领袖，从而与君主对抗，这是对君主有利的局面，君主的地位也可以得到巩固。此可见耿氏乃是自君主的角度立论，其主导方针在为君主提供指导，而在统治术中，不乏重权谋之倾向。

君臣之间尽管存在种种职责上的差异，但在治世之中，二者都是必需的。“惟君非臣不治，惟臣非君不伸，然则二五至相利见，其势然也。”③君臣互相依赖，彼此不可分离。但君毕竟是主动的一方，因此君主的重要职责就是举用贤臣，然后在群臣的辅佐之下达致天下太平的盛世。“圣人必待众贤之辅，然后成化养之功焉。”④耿氏解《困·九二》曰：“臣得君然后能保宗庙，故九二朱绂方来，则利用享祀也。君得臣然后能事百神，故九五困于朱绂，乃徐有说，则利用祭祀也。”⑤解《困·九五》曰：“有说则九二来应而得臣矣。得臣故利用祭祀，何则？尊上帝在乎吁俊故也。吁俊乃可以尊上帝，况百神乎？宜其祭祀而受福也。”⑥此处乃是结合《尚书》立说。《尚书·立政》曰：“古之人迪

① 耿南仲：《周易新讲义》卷二，612页。
② 耿南仲：《周易新讲义》卷一《乾》，581页。
③ 耿南仲：《周易新讲义》卷一《乾·九五》，581页。
④ 耿南仲：《周易新讲义》卷六《鼎》，701页。
⑤ 耿南仲：《周易新讲义》卷六，695页。
⑥ 耿南仲：《周易新讲义》卷六，696页。

惟有夏，乃有室大竞，吁俊尊上帝。”郑注云：“招呼贤俊，与共尊事上天。”①宋代皇帝与上天的联系更为紧密②，但耿氏尤其强调皇帝之所以可以与上天沟通，尊事上帝，从而得到上天的赐福，乃在于能够招延贤俊与自己一同面对上帝。皇帝与上天于是不再是一对一的联系，臣子的作用由是得到凸显。也就是说，在耿南仲的君臣架构之下，虽然君主居于核心主导地位，但他同样为臣下保有其地位，甚至在其所设定的君臣分职之下，臣子的地位更得到了一定程度的提高。或许也可以说，政治权力在君臣之间并不是此消彼长的关系，而是有共同膨胀的可能与趋势。③

四、治世之才：大人与君子

在耿南仲的政治秩序中，存在着圣人、大人、君子、小人和民这几类群体。民没有自主性，服从上命而已；小人在道德、才智上都不够完善，也不能担当治理国家的职责。圣人是最理想的人格，从耿南仲的解说来看，圣人基本都是指皇帝，或者反过来说，只有居于皇帝之位才可以是圣人。虽然未曾明言，但耿南仲似乎以为圣人只存在于治世，是理想政治秩序中的存在。在现实之中，只有实现过至治的上古才有圣人，而后世并没有产生圣人。如果有圣人，那么社会就一定可以实现完美的秩序。既然三代以降的社会都是不完美的，那么实际存在的，能够合理而有效治理天下的，就只有大人和君子了。

耿南仲笔下的“大人”，有指君主而言，如《颐》“养贤以及万民而致

---

① 《尚书正义》卷十七，见阮元刻：《十三经注疏》，230 页。

② 刘子健：《封禅文化与宋代明堂祭天》，见《两宋史研究汇编》，3～9 页。

③ 刘子健《中国转向内在》(赵冬梅译，南京：江苏人民出版社，2001)、姚大力《论蒙元王朝的皇权》(见王元化主编：《学术集林》第 15 卷，上海：上海远东出版社，1999，282～341 页)在讨论君相关系时均注意到君相权力的同时膨胀，这个见解是十分深刻的。可以进一步指出的是，这种局面是神宗与王安石共同主持变法时期遗留下来的政治遗产，王氏新学对于君臣关系的看法也对此作了理论上的说明。因此，自神宗以降，至少到南宋初年秦桧当政时期，君臣关系的格局大体而言长时期笼罩在此之中。

天下之肥，非大人不足以与此"①；有指大臣而言，如《否·六二》"乃若大人，则足以格君心之非，而否亨焉，以其上应休否之君，足以有为故也"②，但这并不是普通的臣子，而是居于辅相之位的臣子。所以说，就其"位"而言，大人必然是得位的——或是君位，或是三公或者说相位，其实质即论道经邦之位。

耿南仲解《易》有一个非常鲜明的特色，即《易》中所有的"大矣哉"，无论是"时"之"大矣哉"，还是"时用大矣哉"，抑或是"时义大矣哉"，耿南仲大多以"大人"来进行解说。耿南仲的解释，并非针对当"大矣哉"的卦本身，而是要指出，处于"大矣哉"之时的卦，一定要有具其德其位的"大人"才能解除该卦所处的不利态势或者是完全实现该卦所蕴含的德行。个别以圣人或君子而言的，究其德与其实，仍与大人相一致。也就是说，耿氏的落脚点在于强调"大人"在现实社会秩序中的地位与作用。如当《坎》之时，上下皆为坎，是有重险，自然之中，天险、地险常存，险难之势往往不可避免。在此之际，需要以道守险，方能转危为安，险中而求得亨通之利。但这并非人人都能做到，"善用险而兴者，其为大人乎！"③只有大人才能善用险象而取得成功。又如当《睽》之时，万物睽离而不合，属于应当大有所为之时。在这种情势之下，"若夫有为于天下，使交通而咸和，协比而为一，非大人曷能为此哉！"④其他尚有如《大过》万物覆灭之时，如《蹇》难之时，如《需》解天下之难时等。可以看出，在天下遭遇危机险难之时，在天道虽然倾否但人力尚有可为之时，一定需要大人振起大有为之事，从而解脱困境。和平之时易治，危乱之世不易有成，大人之地位与作用由是可见。

从德行上来讲，大人与君子是相同的，所不同的只是程度上的差别。《革》卦九五言"大人虎变"，上六言"君子豹变"，直接涉及二者的不同，耿氏对此解说道："上六豹者，其文之蔚然而茂密者也。君子通

---

① 耿南仲：《周易新讲义》卷四《颐》，653页。

② 耿南仲：《周易新讲义》卷二《否·六二》，619页。

③ 耿南仲：《周易新讲义》卷四《坎》，657页。

④ 耿南仲：《周易新讲义》卷五《睽》，675页。

变而成制作之文，其蔚密矣，而不若大人之文明盛如虎也。”①此处乃是就所成的功业而论，言君子、大人都可以随时的变化而相应调整自己的行为，从而实现天下文明，只不过君子由于才力所限，其功不如大人那样光辉盛大而已。

既然大人、君子只是程度上的差别，而治理天下依赖于他们的德行，那么，他们具有怎样共同的道德与能力特点呢？

大概是出于对社会现实进行有效治理的考虑，耿南仲对于大人与君子的德行更多的是从实际能力的层面进行讨论。而人内在德性修养方面如仁义乃是大人君子成其为大人君子之前提条件，不具备这些则已经属于小人，不在耿氏论治世之才的范围之内了。那么，仁义便不是耿氏关怀的重点，在同样具有仁义这些内在德性的基础之上，耿氏乃尤其强调“智”。

所谓智，乃是人之四德之一。但《乾·文言》言元亨利贞，对应仁礼义智四德，却只言体仁、合礼、和义而不言智，对此，耿氏解释说，“智于五行为水，水性隐伏，故人之用智，常于沉潜不测之间”②，即说用智就如水一样，往往隐伏在事物的背后或底层，在不知不觉之中产生效力。《老子》言，“天下莫柔弱于水，而攻坚强者莫之能胜”，以为水性柔却能克刚而无往不利，表明柔之能胜刚。而耿南仲亦云，“柔有常胜之道也，及以驰骋天下之至坚，无往而不利，此谦之所以亨也”③，同样表明柔的特性。智如水，即具有柔弱的特点，能够以无入有间，不着痕迹之中即可取得成功。值得指出的是，此处言柔胜刚，与上文言刚柔之分位略有不同。上文乃是就刚柔之性分而言，此乃是就其功用处言。而且，耿氏所认为的柔也并非完全的柔弱顺从，其中亦蕴含健动之德，亦即柔中有刚之性，刚仍为之主。

在耿南仲看来，人之所以异于禽兽的一个重要特点即人能用智。“虎豹便捷，熊罴多力，然而人食其肉而席其革，以不能通其智而一其

---

① 耿南仲：《周易新讲义》卷六《革·上六》，701页。

② 耿南仲：《周易新讲义》卷一，585页。

③ 耿南仲：《周易新讲义》卷三《谦》，625页。

力故也。”①因为有智，人便可以战胜在速度、力量等自然体力上胜于自己的虎豹熊罴，使其为我所有，为我所用。面对自然世界时如此，在人类世界中也同样如此，智是大人君子所以能实现天下安定的必要条件。耿南仲解《泰·初九》云：“君子以类进，则协众力以御神器，合众智以经国体，而天下安乎泰矣。”②如果在某种可以有所作为的形势下却不去作为，那么就要归因于智之不足了。其解《蒙》云，“蒙之为卦，险在下，可以动矣，而犹止，非其势不可，智不足也”③，即是此意。

更具体来说，智首先要能明时，这是从“知”出发而言的。“传曰：投隙抵时属乎知，所贵乎知者，谓其善抵时也。”④耿南仲既认为天道变化有其自然不可违逆之时，那么大人君子之智就要对其所处之时有清楚的认识，这样才能随时而行，趋吉避凶。当势不可为之时，就要选择退处。“若险在前而不可平，又不可犯，虽有智亦末如之何而止，是乃所以蹇也。然则所贵乎智者，为其远险而止也，非迫险而止之谓也。如迫险而止，则是愚而不知去耳，曷足以言智哉？”⑤这意味着在事物变动之几，大人君子之智已足以知之，并随之制订相应的处理之方，此即含有谋划、谋略之意。如果等遇到了危险才去靠智谋解脱，这实际上并不是真有智慧，因为真有智就不会使自己陷于险境，已经提前采取措施了。

智是就思维谋划方面而言，而能否贯彻其智则依赖于才。大人君子能够建功立业，智与才都是必不可少的。“所谓大人者，非止有知险之智，而又有平险之才焉。”⑥才是大人君子在应对事务之时的能力，所谓才干、才具是也。具有突出的才干，在上位者所要推行的政策才能很好地予以实施。政事处理的妥当和完善程度，实际便是由处理者

① 耿南仲：《周易新讲义》卷二《师·六三》，609页。
② 耿南仲：《周易新讲义》卷二《泰·初九》，617页。
③ 耿南仲：《周易新讲义》卷二，602页。
④ 耿南仲：《周易新讲义》卷三《临·六五》，635页。
⑤ 耿南仲：《周易新讲义》卷五《蹇》，676～677页。
⑥ 耿南仲：《周易新讲义》卷五《蹇》，677页。

的才能所决定的。“才有馀则虽天理之难致者可以为，其才否则虽人事之易拯者犹无补也。”①才之作用由此可见一斑。

这种对智与才的重视，显示着耿南仲对于如何才能有效治理国家，如何才是合格的治国人才的认识。耿南仲并不认为纯任德教就可以实现天下安定，他以为在现实的社会之中，充满了各种各样的危机与困难，世间无处不存在各种各样复杂的事务，这些都不是靠人有仁义之心就能迎刃而解的。事情要靠人去做，那么人就必须要有超凡的智慧，有过人的能力。才智是一个合格的君子必须要具备的品德。不然，治世是无法实现的。

① 耿南仲：《周易新讲义》卷四《大过・九二》，655 页。

第三章　反对派的声音

当新学盛行之际，有学者靡然从风，但也有学者在表达不同的意见。政治上所谓新党、旧党之分，在学术上也表现出与新学对立的各个学派。本章选取杨时(1053—1135)、苏轼(1037—1101)和晁说之(1059—1129)作为反对派抨击新学的例子，既因为他们分属于反对派中洛、蜀、朔三“党”——理学、蜀学和北方之朔学，也因为他们都有专门的学术著作与新学立异或是直接为批判新学而作，可以比较鲜明地反映出他们与新学之间的学术差异。

本章特别选择反对派的声音进行论述，一方面由于这些人对于新学的批评、反对出自各自的学术和政治立场，可以展现出北宋中后期学术的多元化样貌；另一方面，反对派的声音也可以让我们看到当时人眼中的新学，从反面映射出新学的一些学术特色，也有利于我们更深入地了解新学。

第一节　理学家中反新学的急先锋：杨时

北宋钦宗靖康元年(1126)五月，已经配享孔子庙庭二十余年的王安石①失去了坐在大殿之上与颜回、孟子分庭抗礼的地位，被降为从

① 徽宗崇宁三年(1104)六月癸卯以王安石配飨孔庙，参见李埴：《皇宋十朝纲要》卷十六，台北：文海出版社，1980，362～363页；《宋史》卷十九《徽宗纪一》369页作“癸卯”，卷一百五《礼志八》记“位邹国公之次”；《长编纪事本末》卷一百三十《尊王安石》2186页作“戊申”。后王安石位居孟子之上，与颜回相对而(转下页)

祀，退居庙庑。其因固在于钦宗继位后政治局势的转变，而其导火索则出于杨时的上书论列。尽管在太学生的抗议之下，不久杨时就被罢免出朝，但此举却奠定了杨时作为新学反对者的声望与地位。①

关于杨时对新学的批判，以往已经有了不少研究成果，如土田健次郎《杨时的立场》一文指出杨时反王学和祖述二程的两大立场，就其反王学而言，杨时的批判极为片段化，勉强可分为三项：(1)从义利之辨出发的批判；(2)关系到对天人性命之理解的批判；(3)关于接受佛教影响的批判。他认为更为关键的是，杨时沿着二程批判王学的路线来展开其议论，有利于确立程学作为反王学代表的地位。②夏长朴《"安石力学而不知道"——杨时评王安石新学》一文则从安石力学而不知道、支离、心迹常判而为二、不知事君道理、论圣人救世之弊不妥五个方面较为全面地分析了杨时对王安石的批评。同时，他也认为杨时的批判大体不超出程颐的范围。③这些成果给笔者以很大的启发。本节不拟全面评述杨时的思想，也不会涉及其批判新学的所有方面，而试图努力从杨时自身的学术理路出发，来分析杨时之学及理学与新学的异同。

(接上页)坐，参见王明清：《挥麈录》卷三，上海：上海书店出版社，2001，19页；岳珂：《桯史》卷十一，吴企明点校，北京：中华书局，2005，129～130页；黄震：《黄氏日钞》卷三十二，景印文渊阁四库全书本，第707册，887～888页；陶宗仪：《南村辍耕录》卷二十七，王雪玲校点，沈阳：辽宁教育出版社，1998，315页。

① 关于此事以及南宋初期反王安石的活动，可参见[日]近藤一成：《南宋初期の王安石評價について》，载《東洋史研究》，第38卷，第3期，1979；程元敏：《王安石雱父子享祀庙庭考》，见《三经新义辑考汇评(一)——尚书》下编，377～414页；蒋义斌：《宋代儒释调和论及排佛论之演进——王安石之融通儒释及程朱学派之排佛反王》，第四章，96～117页。对于杨时生平较为详细的研究，参见申绪璐：《两宋之际道学思想研究》，第一章第一节"杨龟山生平"，复旦大学中国哲学博士论文，2011年6月，20～36页。

② [日]土田健次郎：《杨时的立场》，原载《日本中国学会报》，第33集，1981年10月(中译本见《日本学者论中国哲学史》，王启发译，上海：华东师范大学出版社，2010，124～140页)，后略有改动，收入《道学之形成》，第七章第二节，426～456页。

③ 夏长朴：《"安石力学而不知道"——杨时评王安石新学》，见《中国学术思想论丛——何佑森先生纪念论文集》，台北：大安出版社，2009，121～152页。

首先要说明的是，尽管土田健次郎、夏长朴等人认为，相对于二程，杨时表现出了更为激烈的反王学立场——伊川尚教学者读荆公《易解》①，杨时则对王安石的著作进行了全面的批判，但是，杨时与新学仍有许多思路是相同的。如蒋义斌即已指出虽然杨时将反新学与排佛结合起来，但他自身却长期漂泊于儒释道之间，一生斥佛言论绝少。②而且，杨时攻击新学流于异端主要见于其《与吴国华别纸》《答吴国华》③二书之中，其中认为王安石尊佛老为圣人，从夷狄之学，属于“将适越而北其辕”，“指吴为越”，不是未能对圣人之道有深入领悟，而是根本走上了与大道相悖的道路。但此二书作于元祐元年④，乃是杨时早年的意见；至其晚年在《上钦宗书》中斥王安石，则言其“挟管、商之术，饰六艺以文奸言，变乱祖宗法度”⑤，并不言其杂于释老。而所作《字说辨》中指王安石解“空”字出于佛氏，虽然也否定王安石丧失儒家立场，更深一层则在说明王安石实际并未能得释氏之真意，属于儒佛两失⑥，似并不完全反对王安石之引用佛说。也就是说，杨时并没有完全恪守正统儒者的立场来攻击异端，他攻击王安石也主要不在流于释老这方面。实际上，他与王安石一样对佛老之学颇有吸收，也在相当程度上要融会释老，只不过不像王安石那样大声宣扬而已。

又比如，在对《尚书》的解释方面，林之奇多次指出杨时虽辨《尚书新义》之非，而常流于安石之说而不自知。如解日月星辰等之象绣于衣服之上，《尚书新义》云，“日月星辰山龙华虫，凡此，德之属夫阳者，故在衣而作绘。宗彝藻火粉米，凡此，德之属夫阴者，故絺绣在裳”⑦，

① 程颢、程颐：《河南程氏遗书》卷十九《伊川先生语五》，见《二程集》，北京：中华书局，2004，248页。

② 蒋义斌：《宋代儒释调和论及排佛论之演进——王安石之融通儒释及程朱学派之排佛反王》，96～100、118～122页。

③ 杨时：《杨龟山先生全集》卷十七，影印光绪九年张国正重刊本，台北：台湾学生书局，1974，760～768页。

④ 杨时：《杨龟山先生全集》卷首《年谱》，148页。

⑤ 杨时：《杨龟山先生全集》卷一，204页。

⑥ 杨时：《杨龟山先生全集》卷七，363～364页。

⑦ 程元敏：《三经新义辑考汇评(一)——尚书》，42页。

以阴阳分众物之象，别其上下。而杨时之说则曰，“日月星辰，天象也；山，地之属也，服之所以体天地也。龙华虫，天产也，故作绘而在上。宗彝，形而在下者；藻火粉米，地产也；黼黻，人为也，故絺绣在下”①，是将各种事物就天、地、人分类，而以天居上，地、人居下。虽然杨时认为《新义》解释穿凿，但他自己的解说在思路上与《新义》并无二致。还有如解《大禹谟》“水火金木土谷”，《新义》曰：“以土治水，以水治火，然后水、火为用；以火治金，以金治木，然后金、木为器；以木治土，以土治谷，然后土、谷为利。”②《尚书全解》云：“龟山曰：不然。神农氏斲木为耒，揉木为耜，耒耜之利，以教天下，盖以木治土，然后有耒耜之利，非土能治谷矣。《洪范》曰‘土爰稼穑’，与‘水之润下、火之炎上、木之曲直、金之从革’一也。谓土能治谷者，非也。此说为是。然龟山既知土能治谷之为非，而又曰：五行相生以相继，相尅以相治。相生为四时之序，相尅为六府之序也。夫既以相尅为六府之序，则自水治火而推之，亦将以土治谷矣，此则流入于王氏之说而不自知也。”③这些都表现出，在许多解经的思路与具体见解上，杨时与新学有一致的方面。

即使对于新法来说，杨时与其师亦并不全然否定。伊川曾言，“新政之改，亦是吾党争之有太过”④，自动承担了新法造成祸患的一半罪责。朱熹后来评述说，“新法之行，诸公实共谋之，虽明道先生不以为不是，盖那时也是合变时节”，“自是王氏行得来有害。若使明道为之，必不至恁地狼狈”⑤，认为以程颢之德之才行新法，则自然无害而得成功。冯友兰认为，二程在三点上与王安石是相同的：“第一点是，当时

---

① 林之奇：《尚书全解》卷六，景印文渊阁四库全书本，第55册，77～78页；又可参见程元敏：《三经新义辑考汇评(一)——尚书》，42页。

② 程元敏：《三经新义辑考汇评(一)——尚书》，31页。

③ 林之奇：《尚书全解》卷四；又可参见程元敏：《三经新义辑考汇评(一)——尚书》，31页。

④ 程颢、程颐：《河南程氏遗书》卷二上《二先生语二上》，见《二程集》，28页。

⑤ 《朱子语类》卷一百三十，3097页。

的中国，表面上是太平无事，实际上危机四伏，一触即发，一发就不可收拾。第二点是，要挽救危机，必须‘行先王之道’，在中国实现‘三代之治’。第三点是，要实行‘王道’，必须皇帝主张坚决，不为世俗所惑。就三点说，他们三个人的基调是相同的。”①也就是说，在对待变法的态度上他们是一致的。就杨时来说，他认为应当追法三代，究心《周官》经世之务，不同意熙丰君子唯谈秦汉以下之事②；认为应法先王之时，同一天下道德之归③；对熙宁贡举改革以经术革雕篆之习，他也多次表示赞同④。王安石变法的最终理想是要恢复尧舜三代的王道政治，其核心原则为变风俗、立法度，而要在改造士大夫学术。就这些方面来说，二程以及杨时与王安石是一致的。他们都在追求以道德性命之理为核心的圣人之意，即在深层的思维方式上，他们显然并无不同。⑤

可是另一方面，理学与新学又是在根本上不同的。程颢曾与王安石云：“公之谈道，正如说十三级塔上相轮，对望而谈曰，相轮者如此如此，极是分明。如某则戆直，不能如此，直入塔中，上寻相轮，辛勤登攀，逦迤而上，直至十三级时，虽犹未见相轮，能如公之言，然某却实在塔中，去相轮渐近，要之须可以至也。至相轮中坐时，依旧见公对塔谈说此相轮如此如此。”⑥程颐亦言：“介甫自不识道字。道未始有天人之别，但在天则为天道，在地则为地道，在人则为人道。”⑦

---

① 冯友兰：《中国哲学史新编(下)》，北京：人民出版社，2003，109页。对此，卢国龙《宋儒微言》第五章第一节也有讨论。

② 杨时：《杨龟山先生全集》卷十《语录一》，515页。

③ 杨时：《杨龟山先生全集》卷二十五《复古编后序》，1022页；卷十三《语录四》，649页。

④ 杨时：《杨龟山先生全集》卷十五《策问》，715、724页；卷二十五《孙先生春秋传序》，1035页。

⑤ 关长龙也认为王安石之新法在法意上与道学思想相一致，尤其是在体道以应物上，参见关长龙：《两宋道学命运的历史考察》，第二章。对于理学与新学处于同一政治文化脉络之中这一观点，余英时《朱熹的历史世界》阐释尤精。

⑥ 程颢、程颐：《河南程氏遗书》卷一《二先生语一》，见《二程集》，5～6页。

⑦ 程颢、程颐：《河南程氏遗书》卷二十二上《伊川先生语八上》，见《二程集》，282页。

二程都是在本原处谈二者之异，以为新学实未能真入吾儒道学之域。若杨时，早从新学，程颐言其“于新学极精，今日一有所问，能尽知其短而持之”①，是二程兄弟尚与其参订新学得失，故能入室操戈，本二程以辨新学之失。

牟宗三认为伊川、朱子一系以《中庸》《易传》与《大学》合，而以《大学》为主②，乃在指出此一系以《大学》为根柢以融会其他，最后落实在格物致知上。杨时传道南一脉，三传而朱子出，其学亦是以《大学》沟通《孟子》《中庸》，唯少言《易传》。③ 他以《大学》为学者入道之门，其言曰：

> 学始于致知，终于知止而止焉。致知在格物，物固不可胜穷也，反身而诚，则举天下之物在我矣。《诗》曰：“天生蒸民，有物有则。”凡形色之具于吾身，无非物也，而各有则焉。目之于色，耳之于声，口鼻之于臭味，接乎外而不得遁焉者，其必有以也。知其体物而不可遗，则天下之理得矣。天下之理得，则物与吾一也，无有能乱吾之知思，而意其有不诚乎？由是而通天下之志，类万物之情，赞天地之化，其则不远矣，则其知可不谓之至矣乎？知至矣，则宜有止也。譬之四方万里之远，苟无止焉，则将焉归乎？故见其进未见其止，孔子之所惜也。古之圣人，自诚意、正心至于平天下，其理一而已，所以合内外之道也。世儒之论，以高明处己，中庸处人，离内外，判心迹，其失是矣。故余窃谓《大学》者，其学者之门乎！不由其门而欲望其堂奥，非余所知也。④

又曰：

---

① 程颢、程颐：《河南程氏遗书》卷二上，见《二程集》，28页。

② 牟宗三：《心体与性体》，第一部第一章第四节，上海：上海古籍出版社，2007，36～52页。

③ 詹石窗、李育富《杨时易学思想考论》认为杨时主要继承二程义理释《易》的思路，但也指出杨时推崇先天学，不废象数，且其旨趣在于用易，而少谈易之理，参见詹石窗、李育富：《杨时易学思想考论》，载《周易研究》，2011(1)。

④ 杨时：《杨龟山先生全集》卷二十六《题萧欲仁大学篇后》，1057～1058页。

《大学》一篇，圣学之门户，其取道至径，故二程多令初学者读之。盖《大学》自正心、诚意至治国家天下，只一理，此《中庸》所谓合内外之道也。若内外之道不合，则所守与所行自判而为二矣。①

杨时认为，《大学》言格物致知，是指点学者入道的门径。天下之物，皆有其理在，得此理，则知物我为一，天人同道，而可以施之于外，成就治平之事业。内以格致诚正为体，外以修齐治平为用，有其内则必有其外，失其内则外亦不可得成，所以合内外之道，所守与所行为一，心迹相符。

尽管杨时也将为学下手处落实到格物上，在物格之后推之至于诚正治平，但如蔡仁厚所论，他的格物实近于明道而远于伊川，其学实承明道为多。② 他说"格物之多，至于万物，则物盖有不可胜穷者，反身而诚，则举天下之物在我矣"③，又曰，"《孟子》曰：'万物皆备于我，反身而诚，乐莫大焉。'知万物皆备于我，则数虽多，反而求之于吾身可也。故曰'尽己之性则能尽人之性，尽人之性则能尽物之性'，以己与人、物性无二故也"④，则并非如伊川般即物穷理，以究明物理求得豁然贯通，而是要"反身而诚"，求尽吾之性而尽物之性，推以至天下万事万物。那么，杨时之重视《大学》，并不只是为了以格物穷理作为入学之门，乃在于指明自格致诚正至修齐治平的一体贯通，内而修身，外而治平，合内外之道。

对杨时来说，合内外之道，最关键的是"诚"。杨时的思想结构乃是融合孟子"万物皆备于我，反身而诚，乐莫大焉"与《中庸》"唯天下之至诚，为能尽其性；能尽其性，则能尽人之性；能尽人之性，则能尽

---

① 杨时：《杨龟山先生全集》卷十一《语录二》，561～562页。

② 蔡仁厚：《宋明理学·北宋篇》，长春：吉林出版集团有限责任公司，2009，341～342页。劳思光则认为杨时重思辨，近于伊川理路，其实非也，参见劳思光：《新编中国哲学史》(第3卷上)，桂林：广西师范大学出版社，2005，202页。

③ 杨时：《杨龟山先生全集》卷十八《答李杭》，799页。

④ 杨时：《杨龟山先生全集》卷二十一《答练质夫》，916～917页。

物之性；能尽物之性，则可以赞天地之化育；可以赞天地之化育，则可以与天地参矣”之义。首先，杨时本明道《识仁篇》之旨，强调与物同体。虽然其在程颐的指示下明《西铭》理一分殊之旨，但其仍是言理一处较多。由于他认物我为一，故指“荆公自谓能不以外物累其心，故其言每以是为至，盖以其未尝知天道故也”①。天道只是一理，外物必归本于吾心，若谓不应以外物累心者，则是以外物与己心相对待而为二，未明一体之旨，故此杨时言荆公本不识道。又其指“《字说》所谓大同于物者，离人焉。曰扬子言和同天人之际，使之无间，不知是同是不同。若以为同，未尝离人。又所谓性觉真空者离人焉，若离人而之天，正所谓顽空”②，也在指明不应别天人为二，阐天人合一之旨。

其实，杨时比较少谈及天理、天道或天人合一，他更多是讲物我同体、物性与己性无二。换句话说，虽然杨时不否认天理说，但他更强调自我内在的主体性。在伊川那里，其言天理，乃是一种存有之理、静态之理，且有形构之理混淆而极成他律道德的倾向。③ 若杨时则本于明道，重视反求诸己，其理乃即存有即活动之理，如是方能合内外之道。他重视孟子所谓“万物皆备于我”，以我之心收摄万物之性，立足点在自我之尽心知性。

其次，杨时认为，“夫诚者，天之道，性之德也”④，诚意乃是合内外之道的核心所在。既然“万物皆备于我”，那么，从自我的心性上下功夫即可以成己而成物，修身如是，治世亦如是。就学而言，自当以格物致知为始，终于治国平天下，而诚意则可以沟通上下内外。

> 致知必先格物，物格而后知至，知至斯知止矣，此其序也。盖格物所以致知，格物而至于物格，则知之者至矣。所谓止者，乃其至处也。自修身推而至于平天下，莫不有道焉，而皆以诚意

① 杨时：《杨龟山先生全集》卷六《辨一》，316页。
② 杨时：《杨龟山先生全集》卷十三《语录四》，669～670页。
③ 牟宗三：《心体与性体》，第一部第二章，66～97页。
④ 杨时：《杨龟山先生全集》卷二十一《答吕秀才》，906页。

为主。苟无诚意，虽有其道，不能行也。故《中庸》论天下国家有九经，而卒曰所以行之者一。一者何？诚而已。盖天下国家之大，未有不诚而能动者也。然而非格物致知，乌足以知其道哉？《大学》所论诚意、正心、修身、治天下国家之道，其原乃在乎物格，推之而已。若谓意诚便足以平天下，则先王之典章文物皆虚器也。故明道先生尝谓，有《关雎》《麟趾》之意，然后可以行《周官》之法度，正谓此耳。①

在杨时看来，古圣先贤治理天下，虽以格物为起点，而皆本于诚意。如《诗》中"《天保》以上治内，《采薇》以下治外，先王经纶之迹也。其效博矣。然观其作处，岂尝费力？本之诚意而已"②。本之诚意，自可内安百姓，外抚夷狄，易行而效著。又《易》"观，盥而不荐，有孚颙若，诚意所寓故也。古人修身、齐家、治国、平天下，本于诚吾意而已"③。大观之盛，如祭祀盥而不荐之时，必有信、敬存于心中，下观之而自化，天下归服。④ 此"有孚颙若"，杨时认为即所谓诚意是也。圣人即以此诚意而观民设教，平治天下。

那么，何以诚意即可平治天下呢？在杨时看来，能诚其意，本此诚而行，自然在行事中可若合符节。"夫尽其诚心，而无伪焉，所谓直也。若施之于事，则厚薄隆杀一定而不可易，为有方矣。敬与义本无二，所主者敬，而义则自此出焉，故有内外之辨；其实义亦敬也，故孟子之言义曰：'行吾敬而已。'"⑤"义以方外"乃是本于吾心之敬，实际上敬、义只是一事，不过一为内心之所守，一为表现于外在之所行而已，其本皆在"诚"。进一步，杨时认为，所谓能诚意，即于喜怒哀乐未发之际能得其中，于喜怒哀乐已发之后能中节而得其和。能达至

① 杨时：《杨龟山先生全集》卷二十一《答学者书一》，900～901页。

② 杨时：《杨龟山先生全集》卷十一《语录二》，568页。

③ 杨时：《杨龟山先生全集》卷十一《语录二》，566页。

④ 对观卦的解说，参见邓秉元师：《周易义疏》，上海：上海古籍出版社，2011，141～143页。

⑤ 杨时：《杨龟山先生全集》卷十一《语录二》，547～548页。

中和，则可以位天地，育万物，平天下自不足道。①

既然“王道本于诚意”，那么孟子所言五霸假之也，即在言其不以诚为之，如管仲辈亦不足为法。在杨时眼中，“近世儒者如荆公虽知卑管仲，其实亦识他未尽”②，乃指王安石等实未能认此诚字。在解《诗·泽陂》时，《诗经新义》言“苟以至诚为之，则未必无应；苟无其应，则诚之未至尔”。李樗认为，“此不知道者之言也。人之为善，有安而行之，有利而行之。人之至诚，则能为善，为恶则安得谓之诚不诚？人固有诈善者也，不闻有诈恶者也”，又引杨龟山曰：“惟天下至诚为能化，非圣人不足以与此，未有至诚而为恶者；为恶者则失性矣，尚何至诚之有？”③《诗经新义》认为《东门之枌》是《宛丘》之应，《泽陂》是《株林》之应，意为幽公游荡无度而国中男女弃旧业而会于道路，灵公淫于夏姬而国人效之，男女递相悦爱。二者皆属恶行，而《新义》乃就至诚、感应而言，在杨时看来，则是不知诚乃圣人至德，其行有善而无恶，即是未明诚意之旨。

在尽己、诚己之后，杨时主张必须能推之于外，即见之于行事。“六经之义，验之于心而然，施之于行事而顺，然后为得。”④学者研读经典，不能只是析章别句，玩索文字，而是既要使己心同于古人之心，求圣贤立言之本旨，也要在现实行事中得到验证，然后才能真正明了经义。“说经义至不可践履处，便非经义。若圣人之言，岂有人做不得处？”⑤对于是否得圣人之意，自当自其行迹处来看。所谓禹、稷、颜回同道，异地而皆然，即在于他们意诚心正，处则可淡泊自守，出则可平治天下。“知合内外之道，则颜子、禹、稷之所同可见。盖自诚意、正心推之至于可以平天下，此内外之道所以合也。故观其意诚心正，则知天下由是而平；观其天下平，则知非意诚心正不能也。兹乃

---

① 杨时：《杨龟山先生全集》卷十二《语录三》，599页。

② 杨时：《杨龟山先生全集》卷十二《语录三》，590～591页。

③ 程元敏：《三经新义辑考汇评(二)——诗经》，103页。

④ 杨时：《杨龟山先生全集》卷十《语录一》，514页。

⑤ 杨时：《杨龟山先生全集》卷十一《语录二》，551页。

禹、稷、颜回之所以同也。”①无论是淡泊自守还是平治天下，都是古圣先贤在其所处时势之下，本之诚意而行，“盖救世修身，本无二道故也”②。

王安石不能诚意，其见于行事者则自然不合乎道，其谈道与政事分而为二，不能本己心以风化天下。在杨时看来，乃是任私用智，“以政刑治天下，道之以德，齐之以礼之事全无”③。如对于《诗经·桃夭》的看法，《新义》认为“礼义明，则上下不乱，故男女以正；政事治，则财用不乏，故昏姻以时”，内而礼义，外而政事，二者不可偏废，皆有其用。对此，杨时以为不然，他认为：“盖男女以正，昏姻以时，此乃是不妒忌之所致，非缘政事之治也。后妃能躬行于上，则周南之国皆闻风而化。故《周官》媒氏会男女之无夫家者，此乃政事然也。越王之时，女十五而嫁，男二十而娶者，此亦政事然也。惟其出于风化，故有不待政令而人乐从之矣。”④对于家中之道，杨时主张后妃能躬行于上，即所谓能“正己”，则下自然望风而化。此本出于内心之诚，以诚心推行于天下，因上下本是一理，国人便可以在上位者的诚意感召之下，心性相通，而能齐其家。《新义》的看法是要依赖政事对于百姓的治理，杨时则强调“正己而物自正”，以诚意风化天下。

对于孟子“正己而物正”此语，杨时专门辨明王安石理解之误。其言曰：“孟子言大人正己而物正，荆公却云正己而不期于正物则无义，正己而必期于正物则无命。若如所论，孟子自当言正己以正物，不应言正己而物正矣。物正，物自正也。大人只知正己而已，若物之正，何可必乎？惟能正己，物自然正，此乃笃恭而天下平之意。荆公之学本不知此。”⑤王安石认为，正己而不期于正物，是否定了人对于正物的责任，流为老庄无为之论；正己而必期于正物，则是不顾时势变异，

① 杨时：《杨龟山先生全集》卷十《语录一》，527页。
② 杨时：《杨龟山先生全集》卷十九《与刘器之》，830页。
③ 杨时：《杨龟山先生全集》卷十三《语录四》，638页。
④ 程元敏：《三经新义辑考汇评(二)——诗经》，15页。
⑤ 杨时：《杨龟山先生全集》卷十三《语录四》，668～669页。

不顺天道，是为不知天命。大人应当先正己，然后使天下取正于我，即是依赖我使之正。① 此有“强迫”天下从己之意。在杨时看来，物之正不是我必期望达到或物从我就必然可正的，而只能自我之内心流出，先在自家身上下功夫。物我乃是一体，人己本来一性，则正己自可以使物正，所谓“笃恭而天下平”是也。像王安石那样，乃是“尚权智，不把正己为先，纵得好时节，终是做不彻”②。

新学所重视的礼乐刑政之法度，杨时并不是视为无用的，如上引文中所云，“若谓意诚便足以平天下，则先王之典章文物皆虚器也”；但关键在于必须以诚意为本，出此诚心以行事方为合乎道，故引明道所谓“‘有《关雎》《麟趾》之意，然后可以行《周官》之法度’，正谓此耳”。③ 王安石由于不明一体之旨，不能真正使意诚心正，从正己做起，则自不能贯彻《周官》善政，而必有所偏。“世之君子，其平居谈道甚明，论议可听，至其出立朝廷之上，则其行事多与所言相戾，至有图王而实霸，行义而规利者，盖以其学得之文字之中，而未尝以心验之故也。若心之所得，则曰吾所以为己而已，是故心迹常判而为二。心迹既判而为二，故事事违其所学。”④此即针对王安石而发，指出其行事与早年谈道相违，终不能有所成就之故。

综合来看，杨时乃是本其物我一体、以诚合内外之道之旨，批判王安石及新学将天人、物我对立，不能诚其意而导致行事不正，“离内外”，“心迹常判而为二”，可见理学与新学对于道的根本认识之差异。朱熹“尝历考一时诸贤之论，以求至当，则唯龟山杨氏指其离内外、判心迹，使道常无用于天下，而经世之务皆私智之凿者，最为近之”⑤。即朱熹本于理学的立场，认为杨时批判新学最能得其肯綮。在杨时的批判与影响之下，其弟子陈渊、王居正等在他所开辟的道路上继续攻

---

① 王安石：《临川先生文集》卷七十二《答王深甫书一》，1297～1298页。

② 杨时：《杨龟山先生全集》卷十二《语录三》，583页。

③ 杨时：《杨龟山先生全集》卷二十一《答学者书一》，900～901页。

④ 杨时：《杨龟山先生全集》卷十《语录一》，507～508页。

⑤ 朱熹：《晦庵先生朱文公文集》卷七十《读两陈谏议遗墨》，见《朱子全书》，3384页。

击新学，从靖康到南宋初年，终于使得王安石罢配享孔庙、罢配享神宗、免王爵，新学的官学地位也被取缔。在此一过程中，理学的正统立场逐渐开始形成，也奠定了后世对于新学的普遍意见。

第二节　蜀学的立场：以《东坡书传》与《尚书新义》的对比为中心

北宋后期，在社会上具有广泛的影响力，甚至可以与新学进行一定抗衡的学派并不是理学，而是以苏轼父子兄弟为代表的蜀学。蜀学长于史事议论，主张融合三教，而直接导源于韩愈、欧阳修"以文载道""文与道俱"的传统。他们强调道与文的统一，认为"'道'的理性内核在'文'的承载下逐步地展开"①。虽然南宋有所谓"周程、欧苏之裂"的说法，以苏氏之文章与道学对立开来，但如土田健次郎和朱刚等所论，在北宋时期，他们实际上具有相通的精神内涵。也就是说，在思想史层面，他们面对时代共有的问题意识，道、性命、礼乐、佛老等问题，都是他们关心的焦点。②

作为"唐宋古文运动"的集大成者，今天被视作文学家的苏轼，长期以来其学术为其文名所掩。尽管在其生前，时人亦视之为古文大家、诗坛巨擘，但就苏轼自身而言，其一生所用心之处仍在于经学。在与苏坚之书中，苏轼自言："但抚视《易》、《书》、《论语》三书，即觉此生不虚过。如来书所谕，其他何足道？"③而其弟苏辙(1039—1112)所作

---

① 朱刚：《唐宋四大家的道论与文学》，北京：东方出版社，1997，164页。又可参见[美]包弼德：《斯文：唐宋思想的转型》，第八章，刘宁译，南京：江苏人民出版社，2001。

② [日]土田健次郎：《道学之形成》，第六章第二节，353～398页；朱刚：《从"周程、欧苏之裂"说起——宋代思想史视野下的文学家研究》，见朱刚、刘宁主编：《欧阳修与宋代士大夫》(《思想史研究》第4辑)，上海：上海人民出版社，2007，200～217页。又胡昭曦、刘复生、粟品孝在所著《宋代蜀学研究》一书中简要辨析了苏氏蜀学与二程洛学在对佛老态度、思想结构等方面的异同点，参见胡昭曦、刘复生、粟品孝：《宋代蜀学研究》，43～56页。

③ 苏轼：《苏轼文集》卷五十七《答苏伯固书三》，1741页。

《亡兄子瞻端明墓志铭》中云："先君晚岁读《易》，玩其爻象，得其刚柔远近喜怒逆顺之情，以观其词，皆迎刃而解。作《易传》，未完，疾革，命公述其志。公泣受命，卒以成书，然后千载之微言，焕然可知也。复作《论语说》，时发孔氏之秘。最后居海南，作《书传》，推明上古之绝学，多先儒所未达。既成三书，抚之叹曰：'今世要未能信，后有君子，当知我矣。'"①是知苏轼所最用意者，乃在其所作《易传》《论语说》与《书传》。此有关于经学之三书，是其自视为发先圣之大义而可以正人心、传后世之作，则其学术即首当于此三书中求之。

三书之中，《易传》是苏轼秉承父意而作，且有苏辙所解，实为父子三人合力完成。②《论语说》今已不传。唯《东坡书传》作于其贬官海南之时，是他经学三书中最后完成的一部③，大体可以代表他的主要学术精神。南宋以后该书颇受学者重视。朱熹屡言此书解得好，"文义得处较多"④，命蔡沈所撰之《书集传》中亦颇引用其说。至清四库馆臣也赞许苏轼此书"究心经世之学，明于事势，又长于议论，于治乱兴亡披抉明畅，较他经独为擅长"⑤。三苏以史论见长，笔势纵横，善言治乱成败之要⑥，《书传》中亦颇具此特色。

晁公武《郡斋读书志》卷一"东坡书传"条云："熙宁以后，专用王氏之说，进退多士，此书驳异其说为多。"⑦知苏轼此书亦属有为而作。四库馆臣未见《尚书新义》，无资比较。今则据程元敏所辑之本，尚可

---

① 苏辙：《栾城后集》卷二十二，见曾枣庄、马德富校点：《栾城集》，上海：上海古籍出版社，2009，1422页。

② 《四库全书总目》卷二，6页。

③ 孔凡礼：《三苏年谱》，北京：北京古籍出版社，2004，2876～2877页。关于此书的成书过程、刊刻流传与版本情况，可参见舒大刚：《苏轼〈东坡书传〉叙录》，载《西南民族学院学报(哲学社会科学版)》，2001(4)。

④ 《朱子语类》卷七十八，1986～1987页。

⑤ 《四库全书总目》卷十一，90页。

⑥ 粟品孝：《宋代三苏的史论》，载《西华大学学报(哲学社会科学版)》，2010(1)。

⑦ 晁公武撰，孙猛校证：《郡斋读书志校证》卷一，58页。

窥二书异同，而见苏轼驳正王氏新说之所在也。①

《东坡书传》中有"不可不辨""不可不论"者数处，皆针对近世儒者而发，其实皆指王安石一派也。他认为王安石等人借其荒谬不正之学指导其施政处事，若置而不理，不论不议，将导致社会政治为新学所汩乱，造成大祸大患，因此他必须与之辩论，使正学复明而新学不能为害。比如，在解《胤征》篇"威克厥爱，允济；爱克厥威，允罔功"时，《尚书新义》云："威严胜于慈爱，人则畏而勉力，故诚有成；若慈爱胜于威严，则人无所畏而懈怠，故诚无功。尔众士当勉戒之，以期于有功也。"②此处指出，如果以威严为主，那么人就会在畏惧之心的勉励下使尽全力，从而能够成就大功业。如果慈爱之心胜于威严，那么人就容易产生懈怠之心，不能勇往直前，也就无法建立功绩。新义乃是就其实际所可以产生之功效而言，强调威严胜于慈爱，因此主张应当以威严为主。苏轼对此进行反驳说："先王之用威爱，称事当理而已，不惟不使威胜爱，若曰'与其杀不辜，宁失不经'，又曰'不幸而过，宁僭无滥'，是尧舜已来，常务使爱胜威也。今乃谓威胜爱则事济，爱胜威则无功，是为尧、舜不如申、商也，而可乎？此胤侯之党，临敌誓师一切之言，当与申、商之言同弃不齿。而近世儒者欲行猛政，辄以此借口，予不可以不辨。"③从理论上来说，应该以威严为主还是应该以慈爱为主，需要根据实际情况来决定。但在苏轼看来，实际上，先王所更强调的是慈爱之心。如果强调威胜爱，则与申商法家之言无异。

---

① 包弼德《斯文》第八章曾讨论《书传》的三个主题：抨击借解释《尚书》来为强制的政府找经典的支持，展示一个仁爱的政府，以及揭示在此仁爱政府的典范背后有通向这一理想的道路。他指出前两个主题是对新法王朝的种种批评，但不曾比较二者具体解经的差异。他结合苏轼《易传》进行讨论，主要目的是揭示苏轼对道的整体看法，而这并非本章的任务。又舒大刚的《苏轼〈东坡书传〉述略》[载《四川大学学报(哲学社会科学版)》，2000(5)]亦涉及抨击新学的内容，但颇笼统，该文其他部分则在指出此书的学术成就。二文与本章立意有别，侧重自有不同。

② 程元敏：《三经新义辑考汇评(一)——尚书》，71页。

③ 苏轼：《东坡书传》卷六《胤征》，丛书集成初编本，北京：中华书局，1991，186～187页。

或有论者认为，王安石此处所解乃是出征前强调军令威严，有其特殊之场合、地点，故有其合理性；而王氏之强调刑罚乃是为了减少新法推行的阻力，出于迫不得已。① 若就经文本身而言，《胤征》此处确实是为战争作准备的誓师之言，王氏之说有其道理。② 但若就其心术隐微处而论，则新学实有重法、以法制人的一面。这里还需要先行说明的是，《尚书新义》实为王雱所作。③《东都事略》称，"雱论议刻深，常称商君以为豪杰之士，言不诛异议者法不行。尝劝安石诛不用命大臣"④，《宋史》亦载雱"常称商鞅为豪杰之士，言不诛异议者法不行。安石与程颢语，雱囚首跣足，携妇人冠以出，问父所言何事。曰：'以新法数为人所阻，故与程君议。'雱大言曰：'枭韩琦、富弼之头于市，则法行矣'"⑤。此殆本于邵伯温《闻见录》⑥，其说虽不实，未必实有是事，然可见当时之人对于王雱的认识。而就王雱的学术理路来说，其"任理而不任情"的政治哲学，也确实有导向道法刑名之学的倾向。⑦ 又《尚书新义》虽为王雱所撰，但一则其乃"述其父之学"，二则此书也经过了王安石的审核，即意味着此书也代表了王安石对于刑法的意见。

在对《康诰》《梓材》诸篇的解说之中，《尚书新义》皆表达了以刑罚惩民，使之有所畏而从己之意。《酒诰》中有"厥或诰曰：群饮，汝勿

① 方笑一：《北宋新学与文学：以王安石为中心》，100～101 页。

② 参考蔡沈：《书集传》卷二，影印宋元人注《四书五经》本，北京：中国书店，2007，42 页。该书释此曰："威者，严明之谓；爱者，姑息之谓。《记》曰：'军旅主威。'盖军法不可以不严，严明胜则信其事之必济，姑息胜则信其功之无成。誓师之末，而复嗟叹以是深警之，欲其勉力戒惧而用命也。"就强调军旅之事当以严胜爱来说，此与《尚书新义》意见是大体一致的。

③ 晁公武撰、孙猛校证：《郡斋读书志校证》卷一，57 页；陈振孙：《直斋书录解题》卷二，29 页。

④ 《东都事略》卷七十九《王雱传》，515 页。

⑤ 《宋史》卷三百二十七《王雱传》，10551 页。

⑥ 邵伯温：《邵氏闻见录》卷十一，李剑雄、刘德权点校，北京：中华书局，2008，121 页。

⑦ 卢国龙：《宋儒微言》，第三章第四节，180～192 页。

佚。尽拘执以归于周，予其杀”之辞，王安石在其《上仁宗皇帝言事书》中已有所解说，其言，“加小罪以大刑，先王所以忍而不疑者，以为不如是，不足以一天下之俗而成吾治”，倡言为了达成“吾治”，使天下风俗纯一，应当“加小罪以大刑”。也就是说，群饮之罪虽然很小，但在处以重罚之后，人民及左右之臣畏上之威严，就会“顺上之欲而服行之”①，那么“吾治”就可以顺利地按照自己的意愿而达成了。在王安石看来，先王为成其治，是可以忍心对小罪处以极刑的。王雱《尚书新义》之解不传，但其下两句之解云，“康叔不用教辞，则同于见杀”，“汝司民有湎于酒，则以政治之，勿为之辩释，以为无罪也”②，也是在主张人沉湎于酒之罪，主张必须用杀伐之刑。如果说王安石一派为了顺利推行新法就可以施行严刑峻法，那么推其极将是为达目的不择手段，可以无所不为了。孟子云：“行一不义，杀一不辜，而得天下，皆不为也。”③则王氏之学实已背离孔孟之传统，而颇流入刑名法术之论。在所谓“高尚”的目的之下，行不善之政，实非善政，有害于世道人心甚大。

对《尚书》此经的解释，前此孔安国传、孔颖达正义均不主张尽杀，而唯择其罪重者而杀之。④ 新学之主于杀，前无所承，实其自主之新见。《东坡书传》中对于此经的解释说：

> 予其杀者，未必杀也。犹今法曰当斩者，皆具狱以待命，不必死也。然必立死法者，欲人畏而不敢犯也。群饮盖亦当时之法，有群聚饮酒谋为大奸者，其详不可得而闻矣。如今之法有曰夜聚晓散者皆死罪，盖聚而为妖逆者也。使后世不知其详，而徒闻其名，凡民夜相过者辄杀之，可乎？旧说以为群饮者周人则杀之，

---

① 王安石：《临川先生文集》卷三十九，753～754 页。

② 程元敏：《三经新义辑考汇评(一)——尚书》，165 页。

③ 焦循：《孟子正义》卷三《公孙丑上》，影印 1935 年世界书局诸子集成本，上海：上海书店，1986，128 页。

④ 《尚书正义》卷十四，见阮元刻：《十三经注疏》，207～208 页。

> 殷人则勿杀也。民同犯一罪，而杀其一，不杀其一，周人其肯服乎？民群饮则死，公卿大夫群饮可不诛乎？不诛吏则无以禁民，吏民皆诛则桀纣之虐不至于此矣，皆事之必不然者。予不可以不论。①

苏轼认为，经文之意本有其特殊所指，虽然今已不可得其详，但他举北宋当时的法令作为例子，指出所谓当杀之群饮大概是指群饮以谋为大奸大恶之事者，并非指所有的群饮都要杀。也就是说，法令之规定乃是针对确实犯有大罪之人，而非加小罪以大刑。若其中所谓“旧说”与《正义》有异，不知是否为《尚书新义》之说，此姑置之，然苏轼之意则在指出如果按照群饮皆杀的政令行事，那么无论是官员还是百姓都将无所幸免，那将是超过桀纣的暴行恶政，《书》之本意必不如此。又其解《康诰》时，驳近时学者以为人有小罪非过眚当杀之论，认为：“法当死，原情以生之可也；法不当死，而原情以杀之，可乎?”②这亦是针对新学而发也。在苏轼看来，“殄灭杀戮，桀纣之事”③，圣人作经，则以杀伐为戒，“兵固不可弭也，而佳兵者必乱；刑固不可废也，而恃刑者必亡”④，因此，《大诰》《康诰》《酒诰》《梓材》四篇均“反复丁宁，以杀为戒，以不杀为德”⑤，并不如新学的解释那样主张加小罪以大刑，主张果于殄戮而无疑。对于刑罚，苏轼终生都认为应当存忠厚爱人之心，宽以责人，“与其杀不辜，宁失不经”，这从他早年省试时所作的《刑赏忠厚之至论》即已可见。⑥ 他不能容忍新学对于经典如此这般之“曲解”——无论是有意作为其特殊的政治行为的理论根据或者说是辩护；抑或其学术本身即有如此认识，而这反而是更可能的，危害当然也更大。因此，他反复强调圣人戒杀戒刑，强调圣人好生之仁，

---

① 苏轼：《东坡书传》卷十二《酒诰》，413～414 页。
② 苏轼：《东坡书传》卷十二《康诰》，386～387 页。
③ 苏轼：《东坡书传》卷十三《召诰》，437 页。
④ 苏轼：《东坡书传》卷十三《召诰》，438 页。
⑤ 苏轼：《东坡书传》卷十三《梓材》，424 页。
⑥ 苏轼：《苏轼文集》卷二《省试刑赏忠厚之至论》，33～34 页。

而着力辨析了这些“曲解”经意的学者的心术隐微之处及其可能造成的危害。

上面王安石所言“先王所以忍而不疑者”，其中的“忍”字意为忍心，引申之则有残酷、残忍之意。在王氏父子看来，在一些特定情形之下，忍心、残忍是符合义的。如《立政》篇“言容则知义之为忍”①，《君陈》篇“忍，所以为义，故能济”②。义者，宜也。也就是说，为了使刚柔得当，为了能够济事成功，在某种情况之下，忍心、残忍是有必要的，那么它就是适宜的。既然如此，在现实政治之中，在上位之圣人即当以万物、百姓为刍狗，任理而无情，“造险肤者，所不待教而诛”③，在必要的时候以杀伐立威，使百姓顺从上意，从而达到其政治目的。④对此，苏轼表示了极大的担忧，并进行了详细的驳正。他从辨析字义入手，指出“有残忍之忍，有容忍之忍。《春秋传》曰‘州吁阻兵而安忍’，此残忍之忍；孔子曰‘小不忍则乱大谋’，此容忍之忍也。古今语皆然，不可乱也。成王指言三细不宥，则其馀皆当宥之。曰‘必有忍，其乃有济’者，正孔子所戒‘小不忍则乱大谋’者也。而近世学者乃谓当断不可以不忍，忍所以为义，是成王教君陈果于刑杀，以残忍为义也。夫不忍人之心，人之本心也。故古者以不忍劝人、以容忍劝人也则有之矣，未有以残忍劝人者也。不仁之祸至六经而止，今乃析言诬经以助发之，予不可以不论”⑤。《君陈》所言，乃是容忍之忍，先王对三者以外之罪皆能容，正体现着先王的仁心。《孟子》云：“人皆有不忍人之心。先王有不忍人之心，斯有不忍人之政矣。”⑥圣人作六经，亦在于阐发先王的不忍人之心与不忍人之政，以仁心仁术教化当世君臣，以求不再产生不惮杀伐的酷政。而新义乃言圣人亦时行残忍之政，使君主集

---

① 程元敏：《三经新义辑考汇评(一)——尚书》，202页。

② 程元敏：《三经新义辑考汇评(一)——尚书》，212页。

③ 程元敏：《三经新义辑考汇评(一)——尚书》，89页。

④ 王安石：《老子注》，见蒙文通：《道书辑校十种》，682页。亦参见卢国龙：《宋儒微言》，第二章，89～93页。

⑤ 苏轼：《东坡书传》卷十六《君陈》，545～546页。

⑥ 焦循：《孟子正义》卷三《公孙丑上》，138页。

权、行酷政有所依据，其祸将有甚于桀纣之时，故苏轼不可不正其失。

在批驳新学忍于用刑罚的同时，苏轼也指出新学之流为申商刑名法术之学。除了敢于用刑之外，新学对于法也格外重视。这个“法”，当然不仅是刑法、法律，更重要的是指整个体制，即“法度”。熙丰时期，王安石等人变更法度，创法立制，以《周礼》作为法典，要在制度层面贯彻三代圣王的政治理想。立法度乃是王安石实行变法、欲复三代之治的两大策略之一。① 执政以前，王安石就十分强调法度的重要性。在嘉祐三年自提点江南东路刑狱改度支判官时所上《上仁宗皇帝言事书》中，他就已经指出当今内外不能无忧患，天下可能会出现不安定的局面，其原因在于“不知法度故也”。在他看来，朝廷的典章制度“多不合乎先王之政”，用孟子的话来衡量，就是“有仁心仁闻，而泽不加于百姓者，为政不法于先王之道故也”。② 孟子举离娄、公输子必以规矩乃能成方圆，师旷必用六律以正五音为例，说明仅仅具有仁心并不能保证天下百姓得到安宁富足，必须要有相应的仁政施行。③ 王安石以孟子此说为基础，强调法度对于社会政治完善的重要性。④ 在王安石看来，“盖君子之为政，立善法于天下，则天下治；立善法于一国，则一国治；如其不能立法，而欲人人悦之，则日亦不足矣”⑤。尽管从

---

① 《长编纪事本末》卷五十九《王安石事迹上》(1045 页)记王安石言“变风俗，立法度，方今所急也”。又《续宋编年资治通鉴》记此在安石为参知政事之时，其言作“变风俗，正法度，最方今急务也”，见《长编拾补》卷四，154 页。对此，后文还有详细讨论。

② 王安石：《临川先生文集》卷三十九《上仁宗皇帝言事书》，750 页。

③ 焦循：《孟子正义》卷七《离娄上》，第一章，279～288 页。对此的解说，参见邓秉元师：《〈孟子·离娄上〉讲疏》，见《新经学》第 1 辑。

④ 小岛毅《新学再考——〈孟子〉的经书化与〈礼〉学》也猜测新学派或许是以此为据，展现推进新政的正当与必要性。但他认为新学派首先将孟子视作阐说礼制的思想家，以与道学家视孟子为阐说仁义的思想家相对立，却将他们对孟子的看法简单化了，原因在于他将新学派和道学家类型化为改革者和哲学家，这并不符合他们在宋代历史中的自我期许与实际位置。关于新学派对孟子的看法，窃以为小岛毅此说来自刘子健，刘说参见 James Liu，*Reform in Sung China：Wang An-shih(1021-1086) and His New Policies*, p. 34.

⑤ 王安石：《临川先生文集》卷六十四《周公》，1164 页。

王安石的本意来说，他本于孟子所云“徒善不足以为政，徒法不能以自行”①，一方面立法度，另一方面也要在施行法令中“变风俗”，改造人才②，但在实际的政治中，新法还是以变法度为主要表现形式的。法令繁密，几使官、民无不被束缚于法制之中。此亦是其过于重法之弊——至少在苏轼看来是如此。

在治国问题上，苏轼认为当以任人为上，而不可全任法治。《书传》云：“《春秋传》曰：郑子产铸刑书，晋叔向讥之，曰：昔先王议事以制，不为刑辟，其言盖取诸此也。先王人法并任，而任人为多，故律设大法而已。其轻重之详，则付之人，临事而议，以制其出入，故刑简而政清。自唐以前，治罪科条止于今律令而已，人之所犯日变无穷，而律令有限，以有限治无穷，不闻其有所阙，岂非人法兼行，吏犹得临事而议乎？今律令之外，科条数万而不足于用，有司请立新法者日益而不已。呜呼，任法之弊，一至于此哉！”③针对法愈烦而用愈不足的情形，苏轼指出，人事变换万端，不可能将所有可能的行为都纳入法令之中。如果完全依赖法治，那么就需要随着人行为的层出不穷而不断建立新法，官民将皆为法令所困扰而不胜其烦，而法令之创建也终无停止之日。那么，比较合理的方式便是法令只规定大纲，具体实行则靠人来随事处置，在不违背大纲大法的原则下可以根据现实情况而损益变革，这样便“刑简政清”，世得以治。在苏轼看来，唐虞三代盛世，都是任人而不任法的，所以才能法简官少而事省。夏商之时已失此意，所以官已倍于唐虞之时。至后世德衰政卑，乃至“一付之法，吏不敢任事，相倚以苟免，故法愈乱，官愈多，而事不举”。为国既在于得人，那么在当今之世要取法三代之政，就当以任人为上。④所谓“刑狱非所恃以为治也，天以是整齐乱民而已。……可恃以终者，

① 焦循：《孟子正义》卷七《离娄上》，284 页。

② 包弼德也指出，在王安石的构想中，政府与社会、政策和道德是统一的，参见[美]包弼德：《政府、社会和国家——关于司马光和王安石的政治观点》，李钟涛、刘建伟译，见[美]田浩编：《宋代思想史论》，111～183 页。

③ 苏轼：《东坡书传》卷十六《周官》，535～536 页。

④ 苏轼：《东坡书传》卷十六《周官》，531 页。

其惟得人乎!”①只要能够选拔合适的人才治理国家，那么政治清明，天下大治便指日可待了。

《东坡书传》批驳《尚书新义》的另一个重要内容是指责王安石“违众自用”。这在《盘庚》篇表现得最为明显。东坡云：“民不悦而犹为之，先王未之有也。祖乙圮于耿，盘庚不得不迁。然使先王处之，则动民而民不惧，劳民而民不怨。盘庚，德之衰也，其所以信于民者未至，故纷纷如此。然民怨诽逆命，而盘庚终不怒，引咎自责，益开众言，反复告谕，以口舌代斧钺，忠厚之至，此殷所以不亡而复兴也。后之君子厉民以自用者，皆以盘庚借口，予不可以不论。”②在上位者欲行某项政令，而民众不从，在此种情形之下，苏轼认为不能一意孤行，置百姓的意见于不顾，而要反复晓谕，使民皆明上之意而后已。“民之弗率，不以政令齐之，而以话言晓之，此盘庚之仁也。”③在这一点上，苏辙也有同样的议论：“惟其天下既安，君民之势阔远而不同，天子有所欲为，而其匹夫匹妇私有异论于天下，以龃龉其上之画策，令之而莫肯听。当此之时，刑驱而势胁之，天下夫谁敢不听从？而其上之人，优游而徐譬之，使之信之而后从。此非王者之心，谁能处而待之而不倦欤?”④这可以说是苏氏蜀学的共同认识。

在《尚书新义》中，尽管王雱也不否认天子应当听从民之视听⑤，可是，在圣人或者说君主与百姓的意见发生冲突之时，他则主张民众应该无条件服从，在上位者可以不顾及百姓的意见。因为在王氏父子看来，在上位者只要能够掌握先王之道，那么自己就已经代表了绝对真理，乃是奉天意行事。“我取正于天，则民取正于我。道之本出于天，其在我为德；皇极，我与庶民所同然也，故我训于帝，则民训于我矣。”⑥天命不可违，百姓自然也不可以违背上意。同样是对于盘庚

① 苏轼：《东坡书传》卷十九《吕刑》，599页。
② 苏轼：《东坡书传》卷八《盘庚下》，260～261页。
③ 苏轼：《东坡书传》卷八《盘庚中》，246页。
④ 苏辙：《栾城应诏集》卷四《书论》，见《栾城集》，1612页。
⑤ 程元敏：《三经新义辑考汇评(一)——尚书》，104页。
⑥ 程元敏：《三经新义辑考汇评(一)——尚书》，116页。

迁都的问题，他们的意见则是盘庚坚持迁都尽管违逆了百姓的意志，但这并不是为了自己的私欲，而是从先王之道，是应当决意行之而不疑的。① 也就是说，只要掌握了先王之道，自任以天下之重，即当“用人惟己，己知可用而后用之”②。欲大有为于天下，又怎么能“取同于污俗之众人”③呢？可在苏轼看来，政事的更革、法令的实施，都应该听从更多人的意见，以集体看法为基础。“有所兴废出纳，皆咨于众以度之，众言同则绎之。”④对于广大不学无知的人民来说，虽然“民至愚，而不可欺，凡其所毁誉，天且以是为聪明，而况人君乎？违道足以致民毁而已，安能求誉哉？”⑤民众的智慧可能是不足的，但政治当以百姓为根本，即使百姓的意见未必正确，也不应强制百姓执行自己的意志。“惟天子无所恃，恃民心而已。民心携则天子为独夫。”⑥君主当以百姓之心为心，以百姓之视听为视听，才能得民心，得民心才有希望达成善治。如果蔑视百姓，自以为得道，一切都孤行己意，则百姓叛离而不附，君主也不成为君主，只是像桀纣一样的独夫罢了，又怎么可能有为于天下呢？对比于新学的意见，苏轼并不认为道、理可以超越百姓而存在，民心才是政治的根本。

新学多穿凿之语，宋人多有论之，而以苏轼为甚。宋人的笔记小说中记载了很多苏轼讥讽王安石及其学术穿凿可笑的故事，如《鹤林玉露》载：“世传东坡问荆公：‘何以谓之波？’曰：‘波者，水之皮。’坡曰：‘然则滑者，水之骨也？’”⑦《高斋漫录》载：“东坡闻荆公《字说》新成，戏曰：‘以竹鞭马为笃，以竹鞭犬，有何可笑？’又曰：‘鸠字从九从鸟，

① 程元敏：《三经新义辑考汇评(一)——尚书》，30页。

② 程元敏：《三经新义辑考汇评(一)——尚书》，75页。

③ 程元敏：《三经新义辑考汇评(一)——尚书》，150～151页。

④ 苏轼：《东坡书传》卷十六《君陈》，543页。

⑤ 苏轼：《东坡书传》卷三《大禹谟》，59页。

⑥ 苏轼：《东坡书传》卷六《五子之歌》，176页。

⑦ 罗大经：《鹤林玉露》甲编卷三，王瑞来点校，北京：中华书局，1983，53页。

亦有证据，《诗》曰“鸣鸠在桑，其子七兮”。和爷和娘，恰是九个。’”①《桯史》亦载苏轼就解犇、麤二字言之，以牛之体壮于鹿，鹿之行速于牛，而积三为字，王安石解其义皆反之。② 诸事虽未必皆实，而世传东坡常讥王安石之穿凿也。其流风亦及于苏门弟子，如《容斋随笔》载：“黄鲁直和张文潜八诗，其二云：‘谈经用燕说，束弃诸儒传。滥觞虽有罪，末派弥九县。’大意指王氏新经学也。燕说出于《韩非子》，曰先王有郢书而后世多燕说。……鲁直以新学多穿凿，故有此句。”③对新学穿凿之风，苏轼自始即大表痛恨之情。其熙宁中通判杭州时，正是新学初行于世之际，他在《答刘道原书》中说：“近见京师经义题：‘国异政，家殊俗，国何以言异？家何以言殊?’又有‘其善丧厥善，其、善不同何也?’又说《易》观卦本是老鹳，《诗》大、小雅本是老鸦，似此类甚众，大可痛骇。”④至晚年作《东坡书传》，苏轼乃矫王氏之失，解经力求平实，不为穿凿附会之论。如对于《尚书·牧释》“王左杖黄钺，右秉白旄以麾”的解释，郑玄云：“钺以黄金饰斧，左手杖钺，示无事于诛。右手把旄，示有事于教。”孔疏进一步解释说：“斧称黄钺，故知以黄金饰斧也。钺以杀戮，杀戮用右手。用左手杖钺，示无事于诛。右手把旄，示有事于教。其意言惟教军人不诛杀也。把旄何以白旄？用白者，取其易见也。”⑤对于左钺、右旄的解释，孔疏已经赋予了特殊的意义，对此，王雱表示赞成。而对于黄钺、白旄，王雱则更进一步阐释颜色所代表的意义，认为：“黄者，信也；白者，义也。诛以信，故黄钺；教以义，故白旄。”⑥在认可钺、旄所代表的诛、教之法的同时，指出诛、教所应当秉承的信、义之德，再联系五德与五色的对应

---

① 曾慥：《高斋漫录》，俞钢、王燕华整理，见朱易安等主编：《全宋笔记》第四编五，郑州：大象出版社，2008，104 页。

② 岳珂：《桯史》卷二，14 页。

③ 洪迈：《容斋续笔》卷三，孔凡礼点校，北京：中华书局，2006，254 页。

④ 邵博：《邵氏闻见后录》卷二十，刘德权、李剑雄点校，北京：中华书局，2006，160 页。

⑤ 《尚书正义》卷十一，见阮元刻：《十三经注疏》，183 页。

⑥ 程元敏：《三经新义辑考汇评(一)——尚书》，105 页。

关系，从而阐明了何以钺用黄而旄用白。在王氏父子看来，经典中一言一辞背后都有义理蕴含其中，因此不断予以深入挖掘。《三经新义》中此类例子甚多。对此，苏轼则力反其说，认为“黄钺，以金饰也；军中指麾，白则见远。王无自用钺之理，以为仪耳，故左杖黄钺；麾非右手不能，故右秉白旄。此事理之常，本无异说。而学者妄相附致，张为议论，皆非其实，凡若此者不取”①，在驳斥《尚书新义》的同时，也一并正《尚书正义》之失。其说虽与先儒不同，但乃是就“事理之常”而言，不过为高论，故林之奇《尚书全解》以为“苏氏此说，可谓尽之矣”②，后蔡沈《书集传》亦承之③。

《东坡书传》中也有一些方面，显然吸收了《老子》等道家思想，亦有权谋之术藏焉，如言“为人君者，不能显诸仁，藏诸用，凡所以治民之具，毕用而常陈，则民狎而玩之矣”④。即本于《老子》“国之利器不可以示人”之义，非尽儒者之言。又苏轼在此书中的解释有明显针对新学的意味，与他自己在王安石变法以前的意见有所不同，朱熹说他乃是“见得荆公狼狈，所以都自改了”⑤，其“议论大率前后不同，如介甫未当国时是一样议论，及后来又是一样议论”⑥。如《鹤林玉露》论曰：“东坡嘉祐间作《思治论》曰：‘所谓从众者，非从众多之口也，从其不言而同然者耳。’其说最好。然厥后荆公行新法，公上书争之，乃曰：‘为国者未论行事之是非，先观众心之向背。’其说却有病，天下岂有悖理伤道之事，可以众心之所向而姑为之乎！宜其不足以服荆公，而指为战国纵横之学也。”⑦总体来说，此书就政事而论政事，能矫新学之弊，如《四库提要》所言，“长于议论，于治乱兴亡披抉明畅”。则观此

① 苏轼：《东坡书传》卷九《牧誓》，301 页。

② 林之奇：《尚书全解》卷二十三，转引自程元敏：《三经新义辑考汇评（一）——尚书》，105 页。

③ 蔡沈：《书集传》卷四，69 页。

④ 苏轼：《东坡书传》卷十六《君陈》，542 页。

⑤ 《朱子语类》卷一百三十，3100 页。

⑥ 《朱子语类》卷一百三十，3112 页。

⑦ 罗大经：《鹤林玉露》甲编卷六，111 页。

书，亦可略窥苏氏蜀学之学术特色，而知钱穆对蜀学的评论，洵为的评："他们会合着庄、老、佛学和战国策士乃及贾谊、陆贽，长于就事论事，而卒无所指归；长于和会融通，而卒无所宗主。他们推崇老、释，但非隐沦；喜言经世，又不尊儒术。他们都长于史学，但只可说是一种策论派的史学吧！"①

第三节 晁说之：北方儒者的"旧"传统

靖康元年(1126)，已经致仕的晁说之被重新召至朝廷，先除秘书少监兼太子左谕德，复除中书舍人兼太子詹事，成为东宫僚属。就职之始，即首以太子读书为言，上疏主张皇太子不读《孟子》，而以《论语》《孝经》《尔雅》三经教导太子。②

晁氏所以主张皇太子不读《孟子》者，乃有惩于数十年来新学流行之弊。他论及北宋末年的学术形势，"今国家五十年来于孔子之道二而不一矣，其义说既归之于老庄，而设科以《孟子》配六经，其视古之黜百家而专明孔氏六经，不亦异乎？前者学官罢斥孔子《春秋》而表章伪杂之《周礼》，以孟子配孔子，而学者发言折中于孟子而略乎《论语》，固可叹矣"。新学造成《孟子》的地位超过《论语》，孟子其人也有凌驾于孔子之上的趋势③，这在主张《春秋》一王之法、尊无二上的晁说之看来是不能接受的。可知晁氏之根本指向在于否定新学，一定程度上清除新学在朝廷尤其是对君主的影响力。

就晁说之个人来说，他对《孟子》的态度有些复杂。一方面，他对孟子尽心养气扩充之说颇取之④，甚至曾认为孔子之道，自曾子、子

---

① 钱穆：《宋明理学概述》，27页。

② 关于晁氏生平及其家族世系，可参见张剑：《晁说之研究》，第一、二章，北京：学苑出版社，2005，1～121页。

③ 关于新学推动孟子升格运动的相关问题，见本书第六、七章。

④ 晁说之：《晁氏客语》，黄纯艳整理，见朱易安、傅璇琮等主编：《全宋笔记》第一编十，郑州：大象出版社，2003，117页。

思传之孟子，孟子以下不得其传①，“学者当以《论语》《孟子》为本，《论语》《孟子》既治，则六经可不治而明矣”②。其说之年代不可知，或可能受到关洛学者之影响。另一方面，大概在靖康二年，晁说之曾有书答勾龙寿南辨《孟子》书，以为不当舍《孝经》《论语》及六经而唯《孟子》是问，且云：“远质孟子于荀卿、王充及韩退之晚年之论，近观温公之《疑孟》、李泰伯之《孟子杂辩》、刘原甫之于瞽叟杀人、刘道原之于舜禹避丹均，则世俗孔孟之称安乎？”③此当晁氏晚年之见，仍为否定孔孟并称，而于孟子之议论多有不满。在晁氏看来，“天下万世之尊师者，孔子一人而止耳，容孰偶之也耶”④！其意见大体似承司马光而来。总体而言，他并非全然否定《孟子》，也能赞同《孟子》的部分学术价值与地位，但是强调“《孟子》不当先诸《论语》”⑤，孔子、《论语》以及六经的优先地位是不可以被质疑与超越的。

晁氏之独尊孔子，乃出于其《春秋》之学。孟子虽亦有其贡献，但“齐晋之功非不盛也，吴楚之王亦崇也，《春秋》不之贵者，尊一王也”⑥，那么孟子便不当与孔子相俪，“《春秋》尊一王之法以正天下之本，与礼之尊无二上，其旨实同。盖国之于君，家之于父，学者之于孔子，皆当一而不可二者也”⑦。“知《春秋》一王之制者，必不使其教有二上也。”⑧从《春秋》尊王的立场出发，不论是政治秩序，还是学术秩序，都只能有唯一的尊崇对象，对学者来说，便是孔子，便是六经。而北宋中后期学术界之流于释老申韩，不复儒者正统，晁说之认为正

① 晁说之：《晁氏客语》，123页。

② 晁说之：《晁氏客语》，117页。

③ 晁说之：《景迂生集》卷十五《答勾龙寿南先辈书》，290页。

④ 晁说之：《景迂生集》卷十四《辩诬》，268页。

⑤ 晁说之：《景迂生集》卷三《奏审覆皇太子所读〈孝经〉〈论语〉〈尔雅〉札子》，66页。

⑥ 晁说之：《景迂生集》卷十四《辩诬》，268页。

⑦ 晁说之：《景迂生集》卷三《奏审覆皇太子所读〈孝经〉〈论语〉〈尔雅〉札子》，66页。

⑧ 晁说之：《景迂生集》卷十三《儒言·孔孟》，256页。

是《春秋》之学废罢不讲、学者不明以孔子六艺为宗的结果。在《儒言》的第一篇中，他开宗明义，阐明了自己所认为的儒者之学的正统："儒者必本诸六艺，而六艺之志在《春秋》。苟舍《春秋》以论六艺，亦以末矣。纷然杂于释老申韩而不知其弊者，实不学《春秋》之过也。"①《儒言》乃是针对新学之弊，有为而作。"间色亦丽乎目，君子必恶焉者，不欲病乎正而失所传也。作《儒言》。"②如果任由新学盛行，将使圣人之道被汩乱以致暗而不彰。《儒言》的目的就在廓清异端，正本清源，使曲学不能为害，而正学复明于世。其所持的理论武器，即是《春秋》。

宋儒《春秋》之学的第一义在于要尊王③，晁说之的以《春秋》为本也主要从尊王、辨人伦上下的角度出发。他在《元符三年应诏封事》中指出王安石废除《春秋》之大误，认为"《春秋》，孔子笔削以惧万世乱臣贼子者也。有国者不知《春秋》，前有谗而弗见，后有贼而不知；为人臣者不知《春秋》，守经事而不知其宜，遭变事而不知其权。《春秋》者，人伦之大教也"④。明乎《春秋》，则乱臣贼子不兴，君臣上下秩序稳固，且能各知其所当行。在晁说之的角度来说，他更侧重于强调君父的地位与作为，如他解《孟子》"'君之视臣如土芥，则臣视君如国人'，此为君而言也，非为臣者所以责君。'父子之间不责善'，此为父而言也，非为子者所以责父"⑤，乃从君、父的角度强调其所以戒慎之意，而弱化臣、子对于君、父的责难，这正是从他本于《春秋》之君臣父子大伦出发的。

晁说之尊《春秋》，亦有与新学之尊《周礼》相抗衡的意味。王安石在变法之中特自撰《周礼新义》，于科举考试中则废除《春秋》，太学中

---

① 晁说之：《景迂生集》卷十三《儒言·春秋》，247 页。

② 晁说之：《景迂生集》卷十三，247 页。

③ 牟润孙：《两宋春秋学之主流》，见《注史斋丛稿》，台北：台湾"商务印书馆"，1990，140～161 页；宋鼎宗：《春秋宋学发微》，第五章"宋儒春秋尊王说"，台北：文史哲出版社，1986，127～166 页。下文第四章对于宋代士大夫加强制度性皇权之"尊君"也有所论述。

④ 晁说之：《景迂生集》卷一《元符三年应诏封事》，20～21 页。

⑤ 晁说之：《晁氏客语》，99 页。

亦不置《春秋》博士。而反对派则多以《春秋》为法。① 晁说之受学于司马光，亦秉承其意，疑《周礼》为刘歆所伪撰者以影射王安石②，且认为"是书大抵烦礼渎仪，靡政僭刑，苛令曲禁，重赋专利，忌讳祈禳，诞迂不切事"③，"敛财、多货、黩祀、烦民、冗碎，可施于文而不可措于事者也"④。更进一步，本孔子修《春秋》之旨，晁氏乃否定一切以成周为法。其作《成周论》云，"周礼孑然无一存者，幸而犹有遗书见于鲁，孔子伤之，《春秋》用是而作，故曰孔子作《春秋》以继周，又曰《春秋》变周，又曰《春秋》变周之文，从先代之质，又曰《春秋》救文以质，又曰《春秋》承周文而反之质，又曰《春秋》上明三王之道，又曰《春秋》乐道尧舜之道，以俟后圣，又曰《春秋》救周之弊，革礼之薄，参用二帝三王之法，以夏为本，不全守周典"⑤，则是《春秋》由孔圣参百王之法，惩周文之弊而作，其法远胜于周制，故治世当以《春秋》为指导原则。以《春秋》为本则必不能从《周礼》，以《周礼》为据则必违背《春秋》之教训。那么王安石及新学学者"不本乎孔子之言，不断以《春秋》之旨，而攘成周之法为今日之治"，必不能行之于今而达至治之世也。

除了废除《春秋》，晁说之对于贡举改革中各专一经的试法⑥也同样表达了不满。《儒言》中有《一经之士》篇曰："五采具而作绘，五藏完而成人，学者于五经，可舍一哉！何独并用五材也邪？昔人斥谈经者

---

① James Liu，*Reform in Sung China*：*Wang An-shih*（*1021-1086*）*and His New Policies*，pp. 30-32.

② 余英时认为司马光可能是《周礼》刘歆伪造说的始作俑者，参见余英时：《〈周礼〉考证和〈周礼〉的现代启示——金春峰〈周官之成书及其反映的文化与时代新考〉序》，见《钱穆与中国文化》，上海：上海远东出版社，1996，149～151页。

③ 晁说之：《景迂生集》卷十四《辩诬》，269页。

④ 晁说之：《景迂生集》卷一《元符三年应诏封事》，21页。

⑤ 晁说之：《景迂生集》卷十四《成周论》，281页。

⑥ 据《续长编》卷二百二十，熙宁四年二月丁巳朔，从中书之言，定贡举新制："进士罢诗赋、帖经、墨义，各占治《诗》、《书》、《易》、《周礼》、《礼记》一经，兼以《论语》、《孟子》。每试四场，初本经，次兼经，并大义十道，务通义理，不须尽用注疏。次论一首，次时务策三道，礼部五道（礼部五道当考），中书撰大义式颁行。"（5334～5336页）

为鄙野之士，良以此欤？汉武帝命司马相如等造为诗赋，多《尔雅》之文，通一经之士不能独知其辞，必会五经家相与共讲习读之，乃能通其意。今日一经之士，又如何哉？盖为师者专一经以授弟子，为弟子者各学群经于其师，古之道也。故曰：'古之学者耕且养，三年而通一艺，三十而五经立。'"①通五经或六经乃是古之道，今日学者师法古人，自当以古道为法。何况后世中"汉儒鄙薄一经之士，魏自一经次第及四经而求人材，何甘沉埋于一经一家偏见独是之说邪"②？汉晋都是法古的典范，今日学者更不应背离古训，此其一。其二，在晁氏看来，一经之士不知五经言各有当，将会沉溺于狭隘的范围之内，免不了有偏见，也不能明先圣立言之大体。必须会通诸经才能真正掌握圣人之意，避免偏颇空虚之弊。此中亦含有博学于文之意，"譬之不艺五谷而非上农，不殖百货则非大贾"③，不能读通五经也算不上博学鸿儒。晁氏自身亦以通五经为志业，"仆年二十有四，偶脱去科举事业，决意为五经之学，不专为一家章句也"④，"年三十而五经立矣"⑤。

作为昭德晁氏家族的一员，晁说之浸润于家学与北方学术之中。北方之学本重经学，至北宋中期仍继承着汉唐经学的传统。晁说之虽然少年以新学得第，但自少年时期起，他已受前辈影响，与新学保持一定的距离。⑥ 其早游司马光之门，因慕其为人，而光晚号"迂叟"，乃自号曰"景迂生"，以表钦仰之意。其重《太玄》，研《中庸》，撰《扬雄别传》，均深受司马光之影响。而其学术归宗之处，亦如司马光一般以汉唐经学为本，宗六艺，重《春秋》，而上求孔子之义，此乃大体守北

---

① 晁说之：《景迂生集》卷十三《儒言·一经之士》，253～254页。

② 晁说之：《景迂生集》卷十五《答李大同先辈书》，300页。

③ 晁说之：《景迂生集》卷十五《答勾龙寿南先辈书》，290页。

④ 晁说之：《景迂生集》卷十七《太极后传序》，330页。

⑤ 晁说之：《景迂生集》卷十五《答勾龙寿南先辈书》，290页。

⑥ 晁说之《景迂生集》卷十五《与刘壮舆书》云："每念十五六时在淮南，吾先君常令立侍先丈（指刘恕）之侧，蒙戒告无从妖学，无读妖言，至今白首奉之不忘。"（299页）

方学术传统之意。① 晁说之曾多次辨别南北学术异同，而对南方之学表其不满。在晁说之看来，“师先儒者，北方之学也；主新说者，南方之学也”②。所谓南方之学，实际指的便是以王安石为核心的新学。晁说之乃是站在北方传统经学相对保守的立场，以斥责南方新学之开新。③

在晁说之看来，南方王安石一派学术之特色在“新”，故有“新学”之名。所谓新，主要指其鄙弃汉唐经学，不守先儒讲说而自为意见。司马光于熙宁二年曾作《论风俗札子》，对当时疑经惑传的风气深表痛恨，云：“窃见近岁公卿大夫，好为高奇之论，喜诵老、庄之言，流及科场，亦相习尚。新进后生，未知臧否，口传耳剽，翕然成风。至有读《易》未识卦爻，已谓《十翼》非孔子之言。读《礼》未知篇数，已谓《周官》为战国之书。读《诗》未尽《周南》《召南》，已谓毛、郑为章句之学。读《春秋》未知十二公，已谓《三传》可束之高阁。循守注疏者谓之腐儒，穿凿臆说者谓之精义。”而其元丰八年重见此文，以为情形亦未变。④ 此风至北宋后期则愈炽。晁说之认为：“今学者知自置于经师而不知有人师，甘心为一经之士，名曰大义，而实以碎义困踬。童子起而语《易》，薄乎《诗》《书》，例诋先贤为腐儒。先贤说虽是，而未新也，颇谓仁义之用不及道德之恍惚，有愧性命之微妙，但未敢明以孔氏下乎老庄耳。然黜《春秋》而尊尚伪《周礼》，弃《孝经》而以《孟子》配《论语》，

---

① 关于唐以来北方的学术，尤其是广义宋学中以朔学为代表的北方学术，学界历来研究不多，即使是司马光，对其思想的探讨也明显不足。而只有将司马光放在北方学术传统的发展脉络之中，才能更好地予以理解，而不是仅仅关注《资治通鉴》而已。对此问题，尚待进一步讨论。

② 晁说之：《景迂生集》卷十三《儒言·南北之学》，254页。

③ 钱穆《国史大纲》第六编第三十三章“新旧党争与南北人才”即指出新党多南方人，反对派多北方人，南方人则有开新风气之气味，参见钱穆：《国史大纲》，581～589页。南北学术之争在官方层面则尤其表现于科举之中，此方面相关论述较多，可参见[美]贾志扬：《宋代科举》，第六章“登科者的地域分布”，台北：东大图书股份有限公司，1995。

④ 司马光：《温国文正司马公文集》卷四十五《论风俗札子》，四部丛刊初编本。其自注称熙宁二年作，而元丰八年重见之，以为与当日风俗亦同。

几何不使文武之道坠地也耶?”①新学之新，有故意求胜之意。此在王安石即“于先儒之善者因而更变以取胜，其不善者忽略不能正之”②。也就是说，在晁说之看来，新学并非出于学术自身的发展而有新的、深入的阐发，也并没有对经典做出合理的新解释，而只是为了凸显自身而有意识地不同意先儒的正确意见，或仅是对前人之说改换门面，使之呈现出一种不同的样貌而已。至其极，则“拘拳以为法，穿踰以为义，务新尚简，而不为笃实”③，“辞必论，句必议，字必辩，最为穿凿傅会之端也”④，失去了古圣先贤的微言大义。

就晁说之的保守立场来说，开新实不如则故。他认为：“圣人之意具载于经，而天地万物之理，管于是矣。后世复有圣人，尚不能加毫发为轻重，况它人乎？譬如日月光明，莫知其终始，宁辨其新故？彼一己之所谓新者，乃六经之所故有也，尚何矜哉！是以昔之人遑遑然惟恐其不得于故焉。卜子夏首作《丧服传》，说者曰传者，传也，传其师说云尔。唐陆淳于《春秋》，每一义必称淳闻于师曰；《诗》则有《鲁故》、有《韩故》、有《齐后氏故》《齐孙氏故》《毛诗故训传》；《书》则有大、小夏侯《解故》。前人惟故之尚如此。”⑤他又有《耻新》之作，其意与此相同⑥，皆是认为圣人之说皆存于六艺之中，由六经以明圣人之意便是明乎天地万物之理。此天地万物之理只有一个，圣人对之的阐发都已经写于六经之中，那么对于经典的解释就不可能超乎圣人之上，又有何“新”之可言呢？因此，求圣人之意，更重要的就在于则故了。“古者六艺之学必谨师授，其称是人经，明有家法。”⑦子夏为孔子弟子，作《丧服传》以传师说，则所谓故，乃是先儒所秉承的师说，是由孔子及其弟子以降不断传承下来的。则故便是本于前人有所传承之言，

① 晁说之：《景迂生集》卷十五《答勾龙寿南先辈书》，290页。
② 晁说之：《景迂生集》卷十五《与张仲明书》，296页。
③ 晁说之：《景迂生集》卷十五《答朱仲髦先辈书》，303页。
④ 晁说之：《景迂生集》卷十五《答钱申伯书》，297页。
⑤ 晁说之：《景迂生集》卷十三《儒言·新》，258页。
⑥ 晁说之：《景迂生集》卷十四《耻新》，272页。
⑦ 晁说之：《景迂生集》卷十六《传易堂记》，312页。

更能接近甚或领悟圣人之意。

在《耻新》中，晁说之也指出，确实有所谓新，但此乃“赘之以释老而凿之以申韩”，实际上已经背离了孔圣之教，流于异端。司马光指出当时学者喜诵老庄之言，晁说之亦言新学取老庄道德之说。《儒言》中《大神》《忘》《有无》《所》《言浮》等篇皆斥老庄之学，以为非儒者所当学。① 晁氏之严守此儒、道之分尤其体现于其《易》学上。晁说之一生在《易》学上倾注了最大之心力，有《易商瞿大传》十卷、《易商瞿小传》十卷、《商瞿易传》及《外传》六卷、《京氏易式》一卷、《易玄星纪谱》三卷。其论《易》以象数为宗，自视为陈抟以下至康节之传人。故于《易》之授受，重传承，重家法，重汉儒商瞿、京房象数之学，而斥王弼之摒弃师法，杂乎老庄恍惚虚无之论。② 虽然晁氏也认为老子得《易》之变通屈伸，但当孔子系《易》之后，《老子》则仅为“一偏之言”③，不可以为万世法。学者自当以孔子为法，而不应杂老庄之说以变乱圣经。

其实对于汉唐先儒之说，晁说之也并非奉为至高无上之权威，主张盲从而不改，但“典籍之存，诂训之传，皆汉儒之力”④，因此在态度上要先存敬重之心，要有谨慎勿失之意。他自述“所尚者不过先儒传注之说，其有甚不得已而必当改易者，低徊顾瞻，宁失之怯而不敢过乎勇，又何敢借申韩以为奇险，而攘释老以增高远哉”⑤，守先儒传注即是秉承儒学传统，遵循古圣先贤之说，出新则或穿凿附会，或流入释老申韩。这也是不肯以异端扰乱儒学正统之意。

晁说之曾作《九学论》，首列其所最推崇的大儒之学，“其大如楩楠豫章而自然，其细若笾豆簠簋而合，学无不通而不可以一艺名，且莫知其所以学，其言则《诗》《书》之英，而动则礼义之绩。用则惠泽九州，不用则声教闾里者”，而以司马光当之。此乃如孔子一般，道行则可为

① 晁说之：《景迂生集》卷十三《儒言》，247～249 页。

② 晁说之：《景迂生集》卷十六《传易堂记》，312～314 页。

③ 晁说之：《景迂生集》卷十八《题写本老子后》，351 页。

④ 晁说之：《景迂生集》卷十三《儒言·汉儒》，250 页。

⑤ 晁说之：《景迂生集》卷十五《答陈秀才书》，293 页。

东周，不行则讲授于洙泗之间而已。此下列廊庙之学、从官之学、讲官之学、史官之学、礼官之学、倚相之学，而以处士之学、子弟之学为不足道。① 晁氏认为所可学者，实皆居朝廷之上，为有用之学，其意以为学术当追求切实有用。至于王安石之新学不本六艺《春秋》，染于老庄异端，“以谓修身治国家帝王之功皆土苴馀事”②，不求现实社会之用，更未得入此九学之中，晁氏实乃摒之于学术范围之外矣。

总之，除去穿凿附会的价值判断不言，晁说之所批判的摒弃先儒、自出新义确实是新学的一个特色，不止王安石本人如此，新学学者皆然。“常秩王回暨姚辟，排斥先儒不少容”③，与先儒之说异义已成为新学的整体特色。这从反面也可见新学之不墨守古训，自抒己意。《困学纪闻》所云“《三经义》行，视汉儒之学若土梗”④，新学之名为“新”，其义亦端在于此。

附：北宋的疑孟思潮——李觏与司马光

在北宋中叶，伴随着孟轲、荀况、扬雄、王通、韩愈地位的高涨，也相应地出现了对他们的质疑。在一个学术转型时期，士大夫学术选择的差异构成了这个时代学术思想的多元化面貌。怀疑与尊信，从不同的侧面交织成一首唐宋经学更新的交响曲。在其中，疑孟思潮则特别为人所注意。尤其是熙丰变法之中，司马光作为反对派的“宗主”，

---

① 晁说之：《景迂生集》卷十四《九学论》，279～281页。

② 晁说之：《景迂生集》卷十五《答袁季皋先辈书》，304页。

③ 晁说之：《景迂生集》卷五《连日与性之王君谈遽来告别因作》，第110页。

④ 王应麟著，翁元圻等注：《困学纪闻》卷八，1094～1095页。该书云：“自汉儒至于庆历间，谈经者守训故而不凿。《七经小传》出而稍尚新奇矣，至《三经义》行，视汉儒之学若土梗。古之讲经者，执卷而口说，未尝有讲义也。元丰间，陆农师在经筵始进讲义。自时厥后，上而经筵，下而学校，皆为支离曼衍之词，说者徒以资口耳，听者不复相问难，道愈散而习愈薄矣！陆务观曰：‘唐及国初，学者不敢议孔安国、郑康成，况圣人乎！自庆历后，诸儒发明经旨，非前人所及，然排《系辞》，毁《周礼》，疑《孟子》，讥《书》之《胤征》、《顾命》，黜《诗》之《序》。不难于议经，况传注乎！’”

特别著《疑孟》一书，与王安石之尊孟形成鲜明的两极化对立，更显示着政治斗争背后的深层思想冲突。

邵博的《邵氏闻见后录》中，保留了北宋时期一些学者的非孟意见，计有司马光、苏轼、李觏、陈次公、傅野、刘敞、张俞、刘恕八家。①当然实际上，在北宋中期质疑孟子的不止这八家，还有其他的意见。②在这股疑孟思潮中，李觏和司马光得到了更多的重视，杨渭生、姚瀛艇、夏长朴、徐洪兴、黄俊杰等人都做了深入的研究。③ 这里，笔者希望在他们研究的基础上，以李觏和司马光为核心，进一步剖析他们疑孟的一些特点及与其整体学术倾向之间的关系，尤其希望能挖掘出这些意见背后他们的思想根源。至于他们疑孟的具体见解，大体针对孟子的不尊周、王霸论、人性论这几点而发，前人讨论已多，兹不赘述。

首先，李觏和司马光在批评孟子之时，大多引孔子或者经典为依据，以孔子的言行和五经中的法言为标准来指责孟子违背圣人。比如，李觏认为孔子讲君君臣臣，赞许齐桓、管仲之尊王，而孟子之道是人皆可以为君，教五霸自为天子，实有背于孔子之教。其作《常语》也是有惩于当时学者尊《孟子》过于六经，曰，“呜呼！今之学者雷同甚矣。是孟子而非六经，乐王道而忘天子。吾以为天下无孟子可也，不可无六经；无王道可也，不可无天子。故作《常语》以正君臣之义，以明孔

---

① 邵博：《邵氏闻见后录》卷十一至十三，81～105页。其中又列有荀子《非十二子》及晁说之《奏审皇太子读孟子》，晁奏上于高宗时，故不列于此。

② 如孙抃之.《辨孟》，见《全宋文》卷四七四，第22册，364～368页。

③ 杨渭生：《从〈疑孟〉看司马光的学术思想》，载《晋阳学刊》，1986(5)；姚瀛艇：《宋儒关于〈孟子〉的争议》，见邓广铭、漆侠主编：《中日宋史研讨会中方论文选编》，保定：河北大学出版社，1991，315～328页；夏长朴：《李觏的非孟思想》，见《李觏与王安石研究》，台北：大安出版社，1989，59～94页；夏长朴：《司马光疑孟及其相关问题》，载《台大中文学报》，1986(9)；徐洪兴：《唐宋间“非孟”思潮》，见《思想的转型——理学发生过程研究》中篇，第二章第二节“附论”，上海：上海人民出版社，1996，123～138页；黄俊杰：《中国孟学诠释史论》，北京：社会科学文献出版社，2004，111～165页。

子之道，以防乱患于后世尔”①，重新强调孔子和六经的至高地位。司马光以孔子的行为来肯定伯夷和柳下惠，从而否定孟子对他们的批评；又比如，引《孝经》和《左传》之语来否定孟子“父子之间不责善”的意见，都是从孔子和经典的角度来批评孟子之言与经典不符。当经与子之间发生龃龉不合之时，无疑应该以子从经，经具有绝对权威的地位。这里反映出李觏和司马光对于汉以来之传统经学的重视。经以及官方钦定的正义(对于他们来说，唐代《九经注疏》及宋初《孝经正义》《论语正义》《尔雅正义》颁行之后，作为官方钦定的疏解，实际上已经具有了“经”的意义)，应该是学者学习的对象和言行的法则，个人的意见应该服从经典和注疏。以一己私意怀疑经典，篡改注疏，教育学生，都是违背圣人之教的行为，必须严令禁止。李觏在《答宋屯田书》中反对当时的博士用自己的私见来教育学生。“一家之学，必由君命而后可行”，在官学之中，也就必须用皇帝钦定的经典及解说作育人才。“历观五经传注及正义，诚有未尽善，志于道者宜其致诘。然但当著为私书，或言于同志，庶几其说不泯绝。后有知我者，则先王之道明，如是足矣。”②也就是说，只有成为官方所认可的经典，才能够进入教育体系以启迪后学。他虽然承认传注正义有不完善的地方，但在官定经典教义不变的情况下，对它们的改易只能作为个人的私下意见保留而已。他自己作《周礼致太平论》，仍然是以注疏为本。③ 司马光于熙宁二年作《论风俗札子》，对当时疑经惑传的风气深表痛恨。④ 李觏和司马光

---

① 李觏：《常语》，见余允文：《尊孟辨》卷中，丛书集成初编本，北京：中华书局，1991，26页。

② 李觏：《李觏集》卷二十八《答宋屯田书》，王国轩校点，北京：中华书局，1981，319～320页。

③ 李觏：《李觏集》卷二十六《寄周礼致太平论上诸公启》，276页。该文载：“世之儒者，以异于注疏为学，以奇其词句为文。而觏此书于注疏则不异，何足谓之学？于词句则不奇，何足谓之文？惟大君子有心于天下国家者，少停左右，观其意义所归，则文学也者，筌蹄而已。”

④ 司马光《温国文正司马公文集》卷四十五《论风俗札子》的自注称熙宁二年作，而元丰八年重见之，以为与当日风俗亦同。

出于这种宗经的态度，对《孟子》中不合经义的地方也就不能不表示怀疑。他们的疑孟首先出于宗经的目的。①

其次，李觏称作《常语》的目的是要以之“正君臣之义”，司马光也屡屡质疑于孟子违君臣大义，论者每称其驳孟子不尊周，尊王贱霸出于尊君的目的。② 置于北宋建立以来加强中央集权的呼声与背景之中，李觏与司马光之疑孟，确实显示了要严明君尊臣卑之政治格局的意图。但揆诸北宋士大夫之议论，加强君权、尊王其实是一共同的要求。宋儒《春秋》之学的第一义就是要尊王③，如尊孟的孙复著《春秋尊王发微》，极力鼓吹尊王、尊天子，这表明尊君本身并不必然构成疑孟的理由，尤其是在北宋中期。李觏和司马光的攻击孟子不尊周，更多是出于维护纲纪秩序的需要，而其本源在于他们以礼来安顿社会政治秩序。李觏有《礼论》七篇，司马光在《资治通鉴》首卷第一个“臣光曰”中即阐述礼与名分之重要，又依礼作《家范》，都在强调礼的重要性。在他们看来，礼是规范天下国家的准则，由三代以来，“圣人之所以治天下国家，修身正心，无他，一于礼而已”④。而后世之僭乱相仍，生民困苦，不能实现至治，都是因为礼教废弛，君臣上下弃先王之礼不行。所谓礼，包含饮食器物等一切名物度数，也包含刑政法制等政治制度，

---

① 杨新勋在《宋代疑经研究》中认为宋人疑经之所以尊经，乃是为了明了经典的真义(参见杨新勋：《宋代疑经研究》，“引言”，北京：中华书局，2007，17～18页；第四章第一节，283～289页)。此论虽不为无理，但是，一方面，他所论实不如叶国良所言“宋人疑经，所以尊经也：疑此经，所以尊他经；疑此经之一部分，所以尊此经之他部分”(叶国良：《宋人疑经改经考》，台湾大学文史丛刊，第六章，台北：台湾大学出版委员会，1980，154～155页)之明晰；另一方面，当经典真义由个人自主之怀疑、删改而确立，实已将个人理解置于既有经典文本之上，就此而论，经亦不具有至高无上权威之意义。在这里，笔者用“宗经”而非“尊经”，即表明李觏和司马光对于经典的态度主要在于宗仰，以经典为本来进行阐发，而非用己意解经。此间差别，请读者辨之。

② 萧公权：《中国政治思想史》，第十五章第一节，见《中国现代学术经典·萧公权卷》，石家庄：河北教育出版社，1999，406～408页。

③ 宋鼎宗：《春秋宋学发微》，第五章“宋儒春秋尊王说”，127～166页。

④ 李觏：《李觏集》卷二《礼论第一》，5页。

而核心在于纲纪名分。司马光曰："天子之职莫大于礼，礼莫大于分，分莫大于名。何谓礼？纪纲是也。何谓分？君、臣是也。何谓名？公、侯、卿、大夫是也。"①从上到下要"如身之使臂，臂之使指"，君臣、父子、夫妇各安其分，各守其职，这才是礼的根本。李觏也同样认为"丰杀有等，疏数有度，贵有常奉，贱有常守，贤者不敢过，不肖者不敢不及，此礼之大本也"②。为了保持社会政治秩序的稳定，就需要维护君臣父子这些已然形成的上下等级次序。除非出现桀纣那样的君主，否则这种秩序就不应该被打破。出于这种对礼之纲纪的重视，李觏和司马光都严厉地批评孟子不以名分来区分王霸，又将使后世以臣乱君、以下逆上之人有所借口。孟子之义，每从人心之根本处着眼，故以能否以仁义之心行王道作为君主在位合理性之基础与王霸所以分别之原因，从他的角度而言，礼或者说政治纲纪并没有那么重要，他所强调的是君主的仁义之心。以他身处的战国乱世出发，如果有君主能够行王道，那么原有的已经紊乱的政治纲纪就可以被打破。而在李觏和司马光看来，在这种情况之下，更需要臣子去扶持，去使政治纲纪重新得到恢复与巩固。君君臣臣的政治框架是天地之间本然的一种秩序，不可以破坏。更进一步，司马光对于孟子超越于君臣秩序之上的以师道自任也提出了批评。在司马光看来，即使是师，也仍然无逃于君臣之分，仍然处于他所认为的政治秩序之中。这种秩序是无法超越的。

最后，杨渭生、徐洪兴已经注意到司马光的疑孟，与他自身学术选择倾向于扬雄有关。司马光推崇扬雄，认为扬雄在孟荀二子之后，能进一步折中于圣人，潜心以求道之极致，后来者不能及③，实际上以为扬雄是孔子以后的第一人。他又作《潜虚》以拟《太玄》，其个人的学术认同归宿于扬雄。这点在李觏身上也有所反映。李觏《删定易图序论》中本《太玄》以论《易》之卦气说，从而否定刘牧之论，是认《太玄》与

---

① 《资治通鉴》卷一，北京：中华书局，2005，2页。

② 李觏：《李觏集》卷二《礼论第一》，6页。

③ 司马光：《注扬子法言序》，见《法言集注》卷首，景印文渊阁四库全书本，第696册，273页。

《易》相合。① 他又有《吊扬子》一文，表达了对扬雄的推崇之情，直将之视作圣人：

岁阴在戌兮，其月季春。望前三日兮，是惟壬辰。面书林以斋慄兮，敢行吊于子云。

呜呼哀哉！高庙不神兮，借人以权。新都大盗兮，舂国之咽。凶邪得志兮，明哲偷安。天炉炽炭兮，璞玉不燃。敛佐王之刀尺兮，回智巧乎简篇。何诸儒之丧明兮，复培塿乎泰山。夫圣者通之谓兮，可名而名之，岂有常人？昔成汤号伊尹曰元圣兮，固《商书》之所不删。夷之清而惠之和兮，孟氏亦以为圣焉。谓子云之非圣兮，何啻乎胶柱而操弦。韩退之云大醇而小疵兮，所论止于《法言》。兹对问之细碎兮，如入宫始见其堧垣。伊太庙明堂之巨丽兮，则尽在于《太玄》。兼三材而用五行兮，取度数于浑天。日如蚁而右转兮，斗揭柄而左旋。阴阳昼夜之会合兮，非弄笔之所磨镌。其指在于三纲兮，尤切切于君臣。君道光而臣道灭兮，尊卑之分以陈。消与息而相乘兮，无盛满之不疾颠。言行祸福同出于罔兮，贵思虑乎未然。必称孝而称忠兮，异乎剧秦而美新。既广且深兮，浩浩东溟之潴百川。

自哲人之萎于鲁兮，独子云之书谁得而及肩？惟视之八曰翡翠于飞离其翼，狐貂之毛躬之贼。盖小才之足以杀其身兮，俾愚心之愬愬。奉新语以周旋兮，庶全归于窀穸。彼叔明之为注兮，间或失而或得。矧科指之不甚明兮，匪后生之能识。今之从事于此书兮，其说溺乎数术。隐怪之士借以为己有兮，学者欲求而弗获。

繄小子之不敏兮，将大为之解释。下以行诸讲学兮，上以及夫邦国。计其业之勤劳兮，岂一朝而一夕。困于内者疾病兮，迫于外者衣食。念一家之言兮，终成之于何日？天有意于此书兮，使我寿考而强力。不然子云之道兮，或几乎息。我思古人兮，泪

---

① 李觏：《李觏集》卷四《删定易图序论》，63～64页。

涟涟而沾臆。①

可以说，在李觏和司马光的眼中，自孔子而下，扬雄可以跻身圣人之列。

可是，扬雄是秦汉以来较早重视孟子、提升孟子地位的大儒，既宣称“窃自比于孟子”②，又以为孟子之知高于诸子而与孔子不异③，表现出了对孟子的尊崇与认同，何以司马光、李觏等人宗扬就会疑孟呢？实际上，虽然扬雄重视孟子，但这并不表示他全然认同孟子，比如，他就质疑孟子所言五百年必有王者兴。④扬雄以历合《太玄》，说明他对当时的太初历甚至稍早的四分历都有深刻的了解，也自然通晓五百年必有王者兴的天文学根据⑤，可是仍然反对孟子此说，即表明了他和孟子之间的一些差异。王安石《杨孟》篇中说，“今学者是孟子则非杨子，是杨子则非孟子”⑥，从性论的角度对孟、扬的对立作了分析，可见在北宋中期，宗孟或宗扬，至少在人性论这一问题上，属于对立的两派。孟子认为人皆可以为善，而扬雄主张“人之性也，善恶混”，如徐复观所指出的，扬雄在心性的根源之地，更多地本于《荀子》而远于《孟子》。其重视外在的师、典籍对人的改造，多出于《荀子》。⑦由此出发，扬雄以孔子为矩镬，以五经枢机⑧，圣人和经典成为他论

① 李觏：《李觏集》卷二十九，329～330页。

② 汪荣宝：《法言义疏》卷四《吾子》，北京：中华书局，1987，81页。

③ 汪荣宝《法言义疏》卷十八《君子》曰：“诸子者，以其知异于孔子也。孟子异乎？不异。”(498页)

④ 汪荣宝：《法言义疏》卷十一《五百》，247页。

⑤ 对此，可参见朱维铮师：《司马迁传》，见《帝制中国初期的儒术》，杭州：浙江大学出版社，2019，197～198页。

⑥ 王安石：《临川先生文集》卷六十四，1168页。

⑦ 徐复观：《扬雄论究》，见《两汉思想史》(第2卷)，上海：华东师范大学出版社，2004，315～318页。

⑧ 扬雄尊孔、宗经的意见，蓝秀隆《扬子法言研究》第三章第一、二节有较详细的罗列，参见蓝秀隆：《扬子法言研究》，台北：文津出版社，1989，124～134页。

学的最高根据。这与孟子强调自得之学有相当的差异。在社会政治观念上，扬雄强调礼法的重要性。他之所谓礼法，乃是礼乐法度、政治纲纪。在他看来，君臣父子夫妇之道亘古不变，“阴以知臣，阳以知辟，君臣之道，万世不易”①，“三纲之永，其道长也”②。这种稳定的上下秩序，是至治之世得以实现的基础，也是扬雄所认为的“道”。他作《太玄》，即用严整的符号体系来仿真他心中最高的道，“夫玄也者，天道也，地道也，人道也，兼三道而天名之，君臣父子夫妇之道”③。李觏《吊扬子》中称《太玄》“其指在于三纲兮，尤切切于君臣”，可以说于扬雄之意有深切之体味。在肯定纲纪秩序的基础上，扬雄认为治天下尤其需要礼。“礼，体也。人而无礼，焉以为德?”④“允治天下，不待礼文与五教，则吾以皇帝、尧、舜为疣赘。”⑤“圣人之治天下也，碍诸以礼乐。无则禽，异则貉。”⑥而这种对于礼的重视，又恰恰是孟子所较少提及的。通过略述扬雄的思想，我们可以发现，李觏与司马光对于孟子的批评，实在与扬雄和孟子的差异若合符节。即使我们难以断定二人的学术出于扬雄，也至少可以说，他们在自身的学术进路上，更加认同扬雄。这种学术本源上的差异，必然导致李觏和司马光对孟子多持批评和怀疑的态度。

以上简略分析了李觏和司马光的疑孟与其思想倾向的关系。其实就他们的疑孟而论，他们对《孟子》是下过一番功夫，有较深了解的。李觏在作于二十三岁时的《上孙寺丞书》中称自己“鸡鸣而起，诵孔子、孟轲群圣人之言”⑦，表明自己最初对孟子非常看重，也有相当的信服。司马光在英宗之初的《上两宫疏》中称，“《孟子》曰：父子责善，贼恩之大者也。盖言骨肉至亲，止当以恩意相厚，不当较锱铢之是非

① 司马光：《太玄集注》卷四《常·首》，106页。

② 司马光：《太玄集注》卷四《永·次五·测》，111页。

③ 司马光：《太玄集注》卷十《玄图》，212页。

④ 汪荣宝：《法言义疏》卷六《问道》，112页。

⑤ 汪荣宝：《法言义疏》卷六《问道》，117页。

⑥ 汪荣宝：《法言义疏》卷六《问道》，122页。

⑦ 李觏：《李觏集》卷二十七《上孙寺丞书》，296页。

也”，以此来劝太后和英宗保持和睦，不互相指摘。[①] 等到后来元丰中作《非孟》时，司马光反认为“不责善是不谏不教”，与初意已然不同。我们或许可以推测，李觏和司马光在初学之时，对《孟子》有浓厚的兴趣，表现出欣赏或者向往的态度，也深服于孟子之论。但随着学力的增长、个人学术的定型，思想倾向的不同最终使他们转向了疑孟一路。也就是说，这里面似乎有一个从尊孟、学孟到疑孟的转变过程。

尽管李觏、司马光等人最终走上了疑孟的道路，但实际上却吸收了很多孟子的思想融入自己的学说之中。所谓疑孟并不是全盘否定孟子，而是不以孟子为最终依归，他们在个人学术根本上，有与孟子不一致的地方。可是这不妨碍他们吸收他们认为《孟子》之中好的地方。在新学术风潮之下，他们虽然坚持注重唐代以来的注疏，但在建立自己的学术体系之时，他们也没有全然以注疏为不可置疑，他们同样注重吸收各种学说中的精华。《孟子》仍然是他们学术资源的一部分，孟子的一些精神也为他们所接受。比如，李觏在作《明堂定制图》之时，会合《周礼·考工记》《大戴礼记·盛德篇》和《礼记·乐令》之说，自为折中。他认为郑玄、蔡邕过于拘泥于经典之文，而引《孟子》“不以文害辞，不以辞害意”之语，说明要追求表面文字差异背后的“大同”[②]，在个人的具体学术实践中已经有本《孟子》以超越注疏之学的倾向。又其同意孟子所言“仁政必自经界始”[③]，论井田之法又本于《孟子》以折中[④]，同样吸收了孟子论仁政的精意。再如，司马光在个人内心修养方面对孟子的养气论多有吸收。他在《与范景仁书》中称“治气以和，此孟子所以养浩然者也”[⑤]；在解《太玄》夷之初一时，称“君子能取义而舍利，执坦夷之心，养浩然之气，自得于内，无求于外者也”[⑥]，也正用孟子之义。孟子思想成为司马光所论成就个人德性的重要途径。又

---

① 司马光：《温国文正司马公文集》卷二十六《上两宫疏》。

② 李觏：《李觏集》卷二十七《上苏祠部书》，298 页。

③ 李觏：《李觏集》卷六《周礼致太平论·国用第四》，78 页。

④ 李觏：《李觏集》卷十九《平土书》，201 页。

⑤ 司马光：《温国文正司马公文集》卷六十二《与范景仁书》。

⑥ 司马光：《太玄集注》卷二，49 页。

如，司马光虽然以孔子得定、哀召，不俟驾而行来批评孟子，但他个人力辞枢密副使，辞知光州之命不肯至京，如或人所说“不能用光言，光必不来”①，随后闲居洛阳十余年，这与孟子所谓以道进退，学然后臣之的思想有相贯通之处。这些都表明，即使是对孟子主要持质疑态度的学者，也同样赞同孟子的一些观念，吸收了孟子的一些思想。在北宋中期社会政治等各方面新风潮的激荡之下，孟子日益受重视有其必然性，一种新的学术风气正在形成。

① 《续长编》卷二百二十，熙宁四年二月辛酉条，5340～5341页。

下　编

政治实践中的新学学派
——以孟子升格运动为中心的考察

第四章　熙宁变法前的政治文化格局

在传统中国，士或士大夫群体占有十分重要的地位。从政治角度而言，有论者认为中国古代政治是一种“士大夫政治”。[①] 就各个具体时代而言，其说虽可再进一步讨论，但不能否认的是，士大夫在传统中国政治中的作用与影响是不容忽视的。而科举出身的士大夫在宋代开始逐渐具有了政治主体意识，在政治上发挥着重要有时甚至是决定性的作用，或者说宋代以士大夫政治为其主要政治表现形态，这在学术界，尤其是宋史学界已经得到广泛的认同，相关研究成果也很多。[②] 在此，笔者无法对这一问题作全面而深入的评述，但这种政治形态影响着宋代各种政治、军事、文化等政策的制定和演进方向。尤其是涉及宋王朝统治学说的变迁问题，士大夫政治不仅是其背景，处于此一政治文化形态下的皇帝与士大夫更是直接的参与者、推动者。孟子升格运动在宋代能够得到成功，与士大夫政治这种特殊的政治形态是密不可分的。因此，本书又无法对此避而不谈。在这里，笔者打算站在士大夫的立场，透视他们如何看待士大夫政治下的皇权与士大夫权力。尽管在现实中士大夫永远不可能是一个固定的统一的群体，但置于某一历史时空下，不同政治学术背景的士大夫有时会有一种共识存在。

---

① 阎步克：《士大夫政治演生史稿》，北京：北京大学出版社，2003。

② 宋代之政治为士大夫政治，民国时学者如柳诒徵《中国文化史》、钱穆《国史大纲》等已有论列，讨论宋代皇权、相权等的文章著作中对此亦多有涉及，如王瑞来《论宋代相权》《论宋代皇权》《宰相故事——士大夫政治下的权力场》(北京：中华书局，2010)等。余英时《朱熹的历史世界》一书的上篇对有宋一代的政治文化作了较为全面的整体观察。

这种共识大概可以算作士大夫的“集体认同”吧。在宋代，士大夫对于政治架构也有一些“集体认同”，这些代表着他们的政治理想。然而现实却是残酷的，上有皇帝的压制，下有士大夫内部的分歧与倾轧。理想与现实的冲突，构成了宋代士大夫政治的基本格局。

第一节　宋代的士大夫政治：理想与现实

一、“君士共治”体制的形成

宋初，有惩于晚唐五代权力分散、政治动荡之弊，太祖、太宗采取各种措施加强中央集权，尤其是要树立起独一无二、高高在上的皇权。一直到真宗时期，士大夫的政治势力仍未得到充分的发展，依旧无法与皇权相抗衡。皇帝对士大夫仍存有工具性的认识，士人的社会地位也并未有显著提高①，所谓“皇帝与士大夫共治天下”的政治体制尚未形成。

但经历了宋初八十年的培育，宋代“士”的形态已然发生变化。孙国栋以对晚唐五代北宋人物出身家世的统计为基础，指出在唐宋之际，政治、社会中坚由名族贵胄转移到由科举上进之寒人。② 虽然贾志扬指出这种对于中国社会流动性的论点“把注意力狭隘地集中在父方直系上，而忽略了世族、婚姻关系、甚至兄弟姊妹和叔伯等重要因素”③，但是，从整体趋势上看，东汉以来的世家大族之衰落是不争的事实。世族衰落的一个重要因素是科举制的兴盛。安史之乱以后，进士科逐

---

① 王林《燕翼诒谋录》卷二(北京：中华书局，1997)记：“旧制，士人与编氓等。大中祥符五年二月，诏贡举人曾与省试，公罪听收赎，而所赎止于公罪徒，其后私罪杖亦许赎论。”(13 页)

② 孙国栋：《唐宋之际社会门第之消融》，原载《新亚学报》，1959(4)，收入《唐宋史论丛(增订版)》，香港：商务印书馆(香港)有限公司，2000，211～308 页。

③ [美]贾志扬：《宋代科举》，14～15 页。当然，他在此处直接针对的是柯睿格(Edward A. Kracke)和何炳棣对于科举加强了中国社会流动性的看法，并未直接提及孙著，但这里同样适用。孙国栋在进行统计时，将本传中未提及家世的人全部列入寒族，仍是以父氏谱系为依据。

渐成为高级官员的主要来源。一方面，进士出身的官僚世家成为政治新贵，另一方面，形成了知贡举/座主—进士/门生的关系纽带。① 这样，科举促使了新的势家的形成，反过来又成为这些新势家维持自身权势利益的工具。尤其是座主—门生关系，不断将新进士凝结在既有权势阶层的周围。虽经晚唐五代的政治动荡，但这种座主—门生关系并未被打破，尤其在晋汉周时期更是得到进一步的延续。② 宋朝建立以后，采取一系列割断知举官与进士之间关系的措施。建隆三年九月，"诏及第举人不得呼知举官为恩门、师门及自称门生"③。乾德元年九月"丙子，诏礼部贡举人，自今朝臣不得更发公荐，违者重置其罪"④。至开宝六年，殿试正式作为一项制度确立了下来。以后，宋初诸帝都在采取"拔孤寒以抑势家"的政策，努力削弱官员在科举中的影响力，更广泛地吸收社会中下层人才进入朝廷⑤，意图打破势家对于入仕途

---

① 吴宗国：《唐代科举制度研究》，第九章"座主门生关系的形成"，北京：北京大学出版社，2010。

② 赵雨乐：《唐宋之际科举恩门的重建》，载《九州学林》，第 6 卷第 1 期，2008 年春季，香港城市大学中国文化中心，70～105 页。

③ 《续长编》卷三，建隆三年九月，71 页。

④ 《续长编》卷四，乾德元年九月丙子条，105 页。

⑤ 实际上，中晚唐时已经出现了奖拔孤寒的现象，但与宋初的情形仍有一些区别。首先，中晚唐的奖拔孤寒出自士人群体自省的风气，属于士人群体内部对公卿子弟朋党浮侈行为的抵斥，是士大夫要改变以公卿子弟为主的朋党政治；而宋初的拔孤寒则出于皇帝的主张，是皇帝要打击政治结构中的势家力量。其次，在中晚唐，与拔孤寒相对的是抑浮华，在选士中强调唯才是举，不运用家族的政治关系，即奖拔孤寒的意义在于树立有操守、有艺实的士人典范；而在宋初，与孤寒对立的是势家，代表着不同的政治社会力量，在其中，个人的学行并不是强调的重点，如太宗于雍熙二年取消确有才学的李宗谔等人的进士资格（《续长编》卷二十六，雍熙二年三月己未条，595 页），表明宋初更重视对于势家政治力量的压制。关于中晚唐奖拔孤寒的问题，参见王德权：《孤寒与子弟：制度与政治结构的探讨》，见黄宽重主编：《基调与变奏：七至二十世纪的中国》第 3 册，台北：政大历史学系，2008，41～84 页。当然，寒门的逐渐兴起可以追溯至南朝甚至更早，但在南北朝的政治结构中，士族与寒门的入仕途径和官位升迁有着截然的区分，寒人掌权，很多时候其权力形态并未被纳入正式的官僚制度之中，参见[日]宫崎市定：《九品官人法研究——科举前史》，韩昇、刘建英译，北京：中华书局，2008。

径进而对于朝政的控制。选拔孤寒，扩大科举的社会基础更是大幅削弱势家在社会政治中的影响力，有利于集中中央皇权。但从另一个角度来看，选拔孤寒的政策造就了相对独立的广泛的士人阶层。座主—门生关系的取消，使得通过科举进入仕途的士人不再依赖和权贵的关系，更多地要靠个人的真才实学，从而使士人获得了身份上和精神上的独立——尽管进士名为“天子门生”，但皇帝在进入仕途的过程中并不具有实际作用，仅仅是一种象征，而这种象征又往往流于表面——进入仕途的士人对个人才学抱有极大的自信，进一步加强了士人的政治责任感和使命感，使得士人希望自身在社会政治中发挥更大的作用。可以说，宋初皇帝“拔孤寒以抑势家”的政策一方面削弱了权贵家族的势力，达成了其最初的目的；可另一方面却也促进了独立而广泛的士人群体力量的形成——这种士人群体成为宋以后抑制皇权的主要力量。①

皇权与士大夫的力量对比在仁宗初年发生了巨大的变化。仁宗以冲龄继位，太后刘氏摄政，实际上掌握着皇权，代表皇帝行使权力。可是，太后摄政毕竟不能等同于皇帝。刘太后摄政的根据在于真宗遗诏——“军国事兼权取皇太后处分”②。“权”字为王曾力争所保留，而这个“权”字，恰恰体现着皇太后摄政的暂时性与代替性。也就是说，太后实际上并不具有与皇帝相等的权力和合法性，在实际处理政务时，也就常常无法像皇帝一样名正言顺地行使皇权，这就使得刘太后需要另外的力量辅助其当政。宦官、外戚势力借此机会急剧膨胀，影响朝政甚至人事任命。③ 他们在权力上附属于暂代皇权的太后，在此情况下和太后共同分享着制度性的皇权。反过来说，皇权遭到了切割，分

① 关于从唐代到北宋到南宋士的转型，可参见[美]包弼德：《斯文：唐宋思想的转型》，第二章“士的转型”，35～81页。

② 《续长编》卷九十八，乾兴元年二月戊午条，2271页。《宋史》卷三百一十《王曾传》作“以明肃皇后辅立皇太子，权听断军国大事”(10183页)。

③ 张邦炜：《宋真宗刘皇后其人其事》，见邓广铭、王云海等主编：《宋史研究论文集(一九九二年年会编刊)》，开封：河南大学出版社，1993，593～597页；刘静贞：《皇帝和他们的权力：北宋前期》，台北：稻乡出版社，1996，172～173页。

散于太后、宦官和外戚之手。同时需要注意的是，太后、宦官和外戚势力的壮大使得他们的合力得到增强，即他们共同拥有的皇权得到增强。只不过这种增强超过了制度本身的限制，体现着私人性皇权的增长，也就必然导致士大夫群体的反对和抗争。

在与以刘太后为首的宫廷权力抗争过程中，士大夫权力也在不断增长，尤其是作为士大夫首领的宰辅。无论是太后还是宦官、外戚专权都是儒家士大夫所极力反对的，只有皇帝才是官员认同的唯一的政治权力核心，任何有损于体制所赋予的皇帝权力的事情都是不正当而应该被否定的。因此，针对刘太后摄政的局面，士大夫有意识地对太后及其私人力量的非正常行为予以遏制。鲁宗道反对太后所乘坐的辇居于皇帝之前①，王曾多次阻止太后御天安殿②，薛奎力争太后不可帝服谒庙③，他们实际上是站在皇帝的立场，维护皇帝的合法权力。这种合法性往往使得太后不得不屈服。而借助维护皇权的名义，士大夫的力量得到进一步增强。

一种政治体制建立之后，作为制度有其自身的惯性与约束力，任何个人都无法将制度完全打破，也很难超越制度的规定任意行事。皇帝，以及代替皇帝的太后同样处于宋代的政治体制之内，也就同样受到体制的制约。天圣六年太后拔擢马季良为龙图阁待制，王曾坚决反对，太后只好趁王曾因病告假之时令中书下达任命。④ 这表明宰相王曾的权力和地位使得太后也要有所顾忌。而最后如果没有经过中书同意发布诏命这一环节，太后无法独自行使其暂代的皇权，必须依赖于跟宰辅等士大夫官员的合作。虽然这种因宰辅坚持意见而使皇帝改变主意的事情之前就多有发生，但处于太后摄政的特殊时期，宰辅的政治影响力无疑提升到了一个新的高度。正是在这种皇帝没有真正掌握

---

① 《续长编》卷一百七，天圣七年二月庚申条，2494 页。

② 《续长编》卷一百二，天圣二年九月甲辰条，2367 页；卷一百八，天圣七年六月甲寅条，2517～2518 页。

③ 《续长编》卷一百十一，明道元年十二月辛丑条，2595 页。

④ 《续长编》卷一百六，天圣六年六月丁亥条，2475 页。

权力而无法有效处理全国政务和控制官员进而导致的皇权异化的情形下，士大夫群体的力量借机侵入宋初由皇帝亲自掌控的部分政务中，攫取了相当大的皇帝的政事处理权，也使得宋初得到空前膨胀的皇权有所减弱。

仁宗亲政之后，首先在朝臣的支持下删除太后遗诰中“皇帝与太后裁处军国大事”之语①，重新树立皇帝作为朝廷独一无二的地位和权力核心，然后马上着手对已经分散的权力进行收回与重组。一方面，“反章献太后之政”，在内廷罢免刘太后时期权势甚盛的宦官罗崇勋、江德明和上御药杨怀志、江德用等，下诏有司不得辄受宫中传命，限制内廷后妃、宦官的权力；在外朝则罢免刘太后任用的宰执吕夷简、张耆、夏竦等人。另一方面，积极提拔臣属于皇帝的势力，召回因要求刘太后还政而被贬谪的林献可、宋绶、范仲淹等人，任命张士逊、李迪为相，王随为参知政事。② 张士逊自仁宗出阁即为其僚属，李迪曾为太子宾客，于真宗晚年病重时力主太子监国，王随曾任太子右庶子③，都是仁宗的藩邸旧僚，也可以说是仁宗的私人势力。这些人事变动反映出仁宗力图清除刘太后的政治势力，削弱刘太后遗留下来的政治影响，将被太后、宦官等攫取的皇权重新收回，并希望形成一个强有力的统一皇权。

与此同时，针对逐渐壮大的外朝——士大夫势力④，仁宗也希望予以遏制。他欲效法太宗，事必躬亲，公开宣称“天下之奏，必亲览之”⑤。亲政不久就罢免宰相李迪任命的侍御史张沔和殿中侍御史韩渎，称“宰相自用台官，则宰相过失无敢言者矣”，下诏台官一定要由

---

① 《续长编》卷一百十二，明道二年三月乙未条，2610页。

② 《续长编》卷一百十二，2611～2613页。

③ 分见《宋史》卷三百一十一《张士逊传》，卷三百一十《李迪传》，卷三百一十一《王随传》。

④ 在这里，我们将士大夫作为一个与皇权相抗衡的群体来看。对于宰相、台谏等士大夫群体内部的分歧及他们与皇权的关系，后文有详细论述。

⑤ 《续长编》卷一百十三，明道二年十二月丙申条，2646页。

中丞、知杂保荐①，实际上是恢复台官对于宰相的制衡，限制宰相权力，也同样意图分化士大夫群体。明道二年十二月仁宗废除刘太后所选的郭皇后，导致权御史中丞孔道辅、右司谏范仲淹等台谏官员的激烈反对，伏阁力争。在此事上，宰相吕夷简因之前被罢相出于郭皇后之言，因此选择支持仁宗废后，即支持皇权，而与士大夫公论之代表的台谏处于对立位置。最后孔道辅等人被贬出京城②，显示了在宰相支持下，皇权对于士大夫群体的胜利。李焘注引《宋史全文大事记》曰，“废后者非仁宗之本心也，而夷简实赞之。谏官伏阁，乃祖宗美意也，而夷简实沮之。此夷简入相之初，而国论为之一变也”③，将责任全部算在吕夷简身上。但是，结合当时仁宗收揽威权的一系列言行，这里或许更能显示仁宗清除刘太后影响，加强皇权并削弱士大夫势力的心态。

就实际效应而论，仁宗的前一个政策无疑取得了成功。刘太后的政治势力基本被清除，皇帝的权力得到恢复。但需要注意的是，这种成功很大程度上得益于士大夫的推动。对于太后摄政，士大夫尽管接受，但并不全然认同。在刘太后摄政时，还政于皇帝的呼声就时有迸发。在士大夫的心目中，皇帝才是政治体制的合法权力核心。在清除太后摄政的政治影响方面，皇帝和士大夫的观念与利益是一致的，因此，仁宗的一系列措施也就容易得到士大夫的支持而获得成功。由是引出第二个政策的结果，就是不可避免地失败。在刘太后摄政时期蓬勃发展壮大起来的士大夫势力，在政治力量上已经可以与皇权相对抗，何况是刚刚亲政、权力和政治势力都未完全稳固的年轻皇帝。仁宗想要削弱士大夫的政治势力，对士大夫群体进行分化和制约，这与士大夫群体自身的诉求背道而驰，自然无法得到士大夫的支持。在这种情况下，皇帝与士大夫之间充满对于权力的拉扯和争夺，皇帝已经失去了对于士大夫的绝对优势地位。而且，年轻的仁宗本身在处理政事上

---

① 《续长编》卷一百十三，明道二年十二月丁未条，2647 页。

② 《续长编》卷一百十三，明道二年十二月，2648～2654 页。

③ 《续长编》卷一百十五，景祐元年十二月癸未条，2710 页。

的能力和经验都还有欠缺，他在罢免吕夷简半年之后因为无法应对天下旱蝗频仍的局面而将其重新召回，奠定了其日后在面对臣子时的弱势地位。实际政治能力的不足导致内心的不自信，使得仁宗自觉地将权力进一步让渡给臣下。后来谢绛曾劝说道："天子之柄，不可下移，事当间出睿断。"但仁宗自言，"朕不惮自有处分，深恐未中于理，有司奉行，则其害已加于人，故每欲先尽大臣之虑而行之"①，可见仁宗内心对于处理政事的不自信，同时他也已在内心认同了皇帝与士大夫共同治理天下的格局。王夫之说，"明道以后，宰执诸公，皆代天工以临群动者也"②，可见仁宗亲政以后宰相已经获得了实际的政治权力，君臣关系与宋初相比发生了严重的逆转。

二、宋代士大夫的皇权观

上文论述了士大夫势力在仁宗初年逐渐成为政治主体的过程，但同时我们可以发现，在与刘太后的斗争中，士大夫以维护皇帝权力为职志。实际上，经历了唐末五代的权力分散，宋代士大夫积极要求保证皇帝权力在制度上的集中，也就是说，加强皇权，即尊王，是北宋的士大夫的共同要求。但需要注意的是，这种中央集权所强调的是出于"公"的制度性皇权。当皇帝个人认真履行作为一种制度的皇帝权力之时，士大夫往往表示支持。而士大夫所极力遏制，要求大幅削弱的，是出于皇帝个人私心的私人性皇权。③ 比如，真宗时期李沆对中使烧毁真宗封妃诏书一事④，一方面是缘于真宗的这项任命出于个人喜好，另一方面内出手诏违背了政治制度对皇权的要求，其背后所反映的恰恰是李沆对作为个人的皇帝权力的压制。当遇及朝廷公事时，尤其涉及朝廷的人事权，士大夫反而强调要加强皇帝的权力，不可使皇权下移。比如，王旦曾巡使山东，返京后请真宗对地方官员进行表彰。有

---

① 邵博：《邵氏闻见后录》卷一，4页。

② 王夫之：《宋论》卷四《仁宗四》，北京：中华书局，2008，83页。

③ 这里所谓"制度性皇权"（或曰"公共性皇权"）与"私人性皇权"的区分，取自邓秉元师：《孟子章句讲疏·梁惠王上》，上海：华东师范大学出版社，2011，19～23页。

④ 《宋史》卷二百八十二《李沆传》，9538页。

人认为他作为宰相出使，却没有提拔地方官员而只是表彰，力度太轻。王旦的回答是，如果那样，则属于君主对臣子的恩典都出于自己，这是作为臣子应极力避免的嫌疑。① 这表明即使王旦作为宰相的权力有所扩张，但宰相和皇帝仍各有职权，任命官员的权力属于皇帝而宰相只负责推荐。再如王旦曾代替真宗下旨行事，而一同参政的陈彭年、王曾、张知白表示不满。② 虽然这出于真宗的主动放权，显示了皇权一定程度的让渡，但反过来看，在士大夫心目中，宰相仍然不可以侵夺皇帝的权力，事情的最终定夺权需要由皇帝掌握。皇帝仍然是整个官僚体系的最终权力来源。士大夫需要保证制度性的皇权不受侵犯，避免再出现晚唐五代之际皇权衰弱而政权分崩离析的局面。于是，加强皇权也就意味着保证秩序的稳定，进而也就保证了士大夫群体在社会中的地位。

在宋代士大夫的理想政治架构中，皇帝确实居于至高无上的地位，但是如孔子所言“居其所而众星拱之”，实际上处于“虚君”的地位，他最大的责任在于择相或者说任人，不负有实际的处理政事的责任，宰相和士大夫才是政治实践的真正主体和责任者。③ “权在人主则国势重，公论在朝廷则国势重，政事在君子则国势重。……天子不必揽权，而权在君上矣。北辰居所，众星拱之，国势其不重乎？然而人主之权不能自重也，所恃公论在朝廷耳。……宰相、台谏主公论，而公论在朝廷矣。”④自宋建立以来，士大夫就一直致力于向皇帝灌输这种观念。

---

① 《续长编》卷八十三，大中祥符七年七月戊申条，1889～1890 页。

② 《续长编》卷八十八，大中祥符九年九月丙午条，2012 页。

③ 对于宋代士大夫“共治天下”的理念与行为，可参见程民生：《论宋代士大夫政治对皇权的限制》，载《河南大学学报(社会科学版)》，1999(3)。但他认为，宋代士大夫的观念，有从“共治天下”向“共天下”即共有天下的转变。对此提法笔者表示怀疑，恐怕宋代士大夫并没有自身可以“有”天下的意识，前述他们要求加强皇权的努力即表明皇帝才是他们心中的天下之主。唯前所引皆北宋之例，对于南宋的情况需要作进一步分析。

④ 林駉：《古今源流至论后集》卷四，“国势”条，景印文渊阁四库全书本，第 942 册，217 页。

田锡即针对太宗宵旰夜食处理政事的做法提出批评，认为君道务简而臣道务勤①，虽然这里面包含着当时弥漫朝野的黄老之风的影响，但已经明确区分君臣各有其职，当各行其道。这种皇帝代表“政统”，而士大夫负责实际的“治统”的观念基本成为宋代士大夫的共识，甚至政治观点对立的司马光和王安石，在对于皇权的塑造上同样都抱有这种认识。司马光向仁、英、神、哲四宗的上书，都提出君主职责是任人、赏善、罚恶，归根结底只在择人而任这一方面。② 王安石在《尚书新义》中解《喜起歌》时也赞同“皋陶以为人君不必下侵臣职以求事功，但委任而责成功尔”③。程颐更是提出“天下治乱系宰相，君德成就责经筵”④，表明天下治理得好坏其责任在宰相。在这种观念下，一方面，皇帝是政治权力的最终端，是权力合法性的来源，需要从根源上保证政治的清明，正本清源；另一方面，皇帝只要完成选择贤人的步骤就足够了，而如何能够选贤，则依赖于皇帝个人的德性。所以从程颐到朱熹，都努力向皇帝讲授正心诚意的“内圣”之学。后来真德秀作《大学衍义》，只讲格物致知、诚意正心、修身、齐家⑤，因为皇帝的责任到此为止，治国平天下则是士大夫的任务了。⑥

就整体而论，宋代士大夫的皇权论具有两面性。一方面，为了防止再现晚唐五代的混乱局面，强有力的中央政权必不可少。在传统的君主制社会，这种集权倾向的内在要求就是要加强皇权。因此，宋代士大夫对于皇权的增强基本无人反对，对于宰相权力过重导致的主弱

---

① 田锡：《咸平集》卷一《上太宗条奏事宜》，15 页。又《续长编》卷二十四第 563 页亦载此疏。

② 司马光：《温国文正司马公文集》卷十八《御臣札子》，卷二十八《二先札子》，卷三十六《作中丞初上殿札子》，卷四十六《进修心治国之要札子》。

③ 程元敏：《三经新义辑考汇评(一)——尚书》，45～46 页。

④ 程颐：《论经筵第三札子》，见《二程集》，540 页；又见《续长编》卷三百七十三，9031 页。

⑤ 真德秀：《西山先生真文忠公文集》卷二十九《大学衍义序》，四部丛刊初编本。

⑥ 这里讨论的是宋代多数士大夫的理想状态，在现实政治中，各皇帝、各时期都会有所不同。

臣强局面也时刻抱有警惕。可另一方面，作为依赖科举而兴盛并逐渐成熟起来的士大夫群体，其主体意识慢慢凸显，基于儒家思想的责任感和使命感使得他们强烈要求在政治上发挥更大的影响力，这就使得他们要侵夺部分原属于皇帝的权力，将皇权限制在一定的范围内。一面要加强皇权，一面要限制皇权，二者似乎矛盾。然而，如上所论，士大夫要求加强的是制度性皇权，即在士大夫的理想制度下，加强皇帝在制度范围许可内的权力，对于超出制度的部分则严格予以遏制。也就是说，不论加强还是限制皇权，首先要有一个制度性框架，要在一定的限度之内，不能随意地无限地进行。这样，宋代士大夫实际上的目的在于建立这样一种理想的制度，而无论加强还是限制皇权，都从属于这种制度建设，从而二者之间看似存在的矛盾得到了消解。

三、宰辅、台谏与公论

自钱穆发表《论宋代相权》一文，宋代的相权及其与君权的关系就广为论者所关注。起初，大多人以为宋代相权衰落，君主专制加强。王瑞来在20世纪80年代发表《论宋代相权》《论宋代皇权》二文，对宋代相权与君权问题作重新检讨，以为宋代相权强化，皇权则走向象征化，从而引发了新一轮的争论。但无论哪种意见，都将皇权与相权视作对立的两种权力结构形态来讨论。但是，在传统的政治结构中，皇帝、宰相只是整个统治系统中虽然重要，但却很小的一部分。仅仅讨论皇权与相权的此消彼长，并不能明了政治结构变动的历史实相。尤其是当我们跳出单纯的“死”的制度层面的研究，进入鲜活的实际历史过程之中来探究政治结构与政治权力运作①，仅仅从皇权与相权斗争

① 邓小南：《走向“活”的制度史——以宋代官僚政治制度史研究为例的点滴思考》，见包伟民主编：《宋代制度史研究百年(1900—2000)》，北京：商务印书馆，2004，10～19页。对于强调从实际政治进程——政治权力斗争、国家意识决策进行之脉络、政治权力根部的矛盾发展过程——考察政治史的研究，可参见寺地遵《南宋初期政治史研究》，尤其是其序章“宋代政治史研究的轨迹与问题意识”的检讨。又可参见[日]平田茂树：《日本宋代政治制度研究述评》《日本宋代政治研究的现状与课题》，见《宋代政治结构研究》，林松涛、朱刚等译，上海：上海古籍出版社，2010。

的角度看待中央政治活动则显得表面与单一，未能透视出整个中央朝廷的权力运转与冲突。因此，我们需要跳出皇权与相权二元对立的框架，尽可能地放宽视野，将研究范围进一步扩大到朝廷的全部官员，从多维度探析历史上的中央政治。

在宋代，“君主与士大夫共治天下”的政治格局已广为论者所认同。在这句话中，君主和士大夫是两个独立的政治主体，也就是说，这二者构成了宋代政治结构的两大部分。上文对仁宗亲政后的权力重组与宋代士大夫的皇权观作了分析，这一部分笔者将对士大夫群体及其在中央朝廷的权力结构略作说明。以往讨论“共治”问题，多从士大夫的主体意识即观念的角度阐发①，对士大夫内部的权力结构与运作则缺乏说明。笔者希望能在这一方面对以往研究作进一步的补充与修正。

宋代台谏势力的兴起早已成为论者的共识，对于台谏制度的研究也取得了丰硕的成果。② 就宋代台谏的制度设计来看，其目的在于平衡权力，尤其是抑制相权。在宋代的实际政治中，台谏官员也确实对宰辅起到非常大的限制作用，屡屡发生宰辅因台谏攻击而去位的情况。但台谏就确实是与宰辅完全对立的一股势力吗？首先，宋代时常发生宰相控制台谏官员任命的情况，使台谏成为宰相的私人势力，与宰相一个鼻孔出气。但这种情况是为广大士大夫所坚决反对而予以否定的。可以说，在理想层面，它代表的是宋代台谏制度的变态而非常态。其次，在常态下，宋代士大夫又如何看待台谏的职能？士大夫是否认为台谏之职责在于限制宰相呢？就前一问题而言，在宋代士大夫眼中，台谏是“公论”的代表，这基本是宋代士大夫的共识。如苏轼对神宗宣称，“臣自幼小所记，及闻长老之谈，皆谓台谏所言，常随天下公议，公议所与，台谏亦与之；公议所击，台谏亦击之”③；林旦言，“公议

---

① 如余英时《朱熹的历史世界》上篇第三章“同治天下——政治主体意识的显现”。又其第四章“君权与相权之间——理想与权力的互动”仍然将君相关系视作同治天下理念在现实政治层面上的反映。

② 可参考虞云国：《宋代台谏制度研究》，上海：上海书店出版社，2009；贾玉英：《宋代监察制度》，开封：河南大学出版社，1996。

③ 苏轼：《苏轼文集》卷二十五《上神宗皇帝书》，740页。

之所在者，天下也。道天下之公议者，谏官、御史也”①；刘安世云，“自昔台谏之论，尝以天下公议为主，因公议之所是而后与之，因公议之所非而后击之”②；高斯得称，“台谏者，所以主持公是者也”③；魏了翁说，“台谏，公论之所系也”④等，都明确地表达了这个意思。所谓“公论”，或者史籍中常见的“公议”“公是”“士论”“物论”“物议”等，实际上就是多数士大夫之论。台谏代表公论，也就是要代表士大夫群体的议论来发出声音。⑤ 关于士大夫是否视台谏职责为限制宰相这一问题，答案恐怕是否定的。台谏确实常常攻击宰相⑥，其理由大致可划分为两类。其一为宰相权力过重，上侵天子之权，下抑士夫之论。而在“虚君”的体制下，这种“权相”实际上成了一种绝对的与皇权相同的权力模式——也代表着相权与皇权合流。其二为宰相非人，不是合格的治理天下的人才，无益于国家的发展甚而可能造成误国误民的局面。而这两个理由背后的指向，则是宰相与士大夫的分离。宰相不再是士大夫的代表，不能代表士大夫群体在朝廷上发挥作用，这才是台谏官员攻击宰相的真正原因。如刘挚在弹奏蔡确时称：“祖宗以来，执政臣僚苟犯公议，一有台谏论列，则未有得安其位而不去者。……盖去留大臣，一切付之公议，虽人主不得以私意加也。”⑦王岩叟弹奏蔡

① 《续长编》卷三百七十五，元祐元年四月乙巳条，9101页。

② 刘安世：《尽言集》卷三《论胡宗愈除右丞不当(第二)》，丛书集成初编本，北京：中华书局，1985，30页；《续长编》卷四百十一，元祐三年五月甲戌条，10012页。

③ 高斯得：《耻堂存稿》卷一《应诏上封事》，武英殿聚珍版丛书本。

④ 魏了翁：《鹤山先生大全文集》卷二十一《答馆职策一道》，四部丛刊初编本。

⑤ 日本小林义广的《欧阳修的谏诤观和舆论观》(朱刚译)指出欧阳修之谏诤观在于以舆论为背景来陈述意见，所谓舆论就是公论。但他以为这种以舆论为背景的思想体现了对人类常识的信赖是笔者所不能同意的。窃以为，尊重舆论或公论体现着士大夫势力在政治上影响力的增强。他在文中又提到这种舆论与国家意志的决定相联结是在仁宗时期，这与前文提及仁宗朝的政治转向相一致。参见朱刚、刘宁主编：《欧阳修与宋代士大夫》，3～28页。

⑥ 据贾玉英统计，仁宗朝二十三名宰相，有十三名因台谏弹奏而罢，占56%。参见贾玉英：《宋代监察制度》，164～166页。

⑦ 《续长编》卷三百六十四，元祐元年正月，8720页。

确、章惇时称：“盖臣之所据，是朝廷公器，臣之所陈，是天下公议。虚公器而不言则负朝廷，弃公议而不恤则负天下。”①这都表明台谏在以天下公议来衡量宰相称职与否。而当宰相体现了士大夫群体的意愿，宰相与台谏的意见和利益一致时，台谏官员则会表示支持。

我们可以看一个非常有典型性的例子。英宗治平二年，仁宗昭陵复土，宰相韩琦引故事求退。侍御史知杂事吕诲上疏英宗，谓“元宰韩琦，辅翼圣躬，诚有勋效”，从正面对韩琦予以肯定，请英宗降旨敦谕，以安其心，使君臣同心以求达于治道。② 他在表达对韩琦的支持的同时，更希望英宗也对韩琦倾心任用，不存行迹之私。可是，仅仅在数月之后，濮园之议起，吕诲对韩琦于台谏交章论列之时恍如不闻，实际上是站在英宗一边而反对台谏之举动深为不满，于是在多次表达意见遭到漠视之后奋起弹劾韩琦“自恃勋劳，日益专恣，广布朋党，隳紊法度”，坚请英宗将韩琦罢相，以免误国。③ 这种面对同一宰相时的不同态度，显示着台谏官员对于宰相权力认知的差异。前者宰相与皇帝相对，是士大夫的代表，作为士大夫的领袖来行使权力，因此台谏希望他在朝廷中发挥更重要的作用。后者宰相则成为皇帝的代言人，或者说至少站在皇帝一边而与士大夫群体为敌，在这种情况下，台谏的意见则是反对宰相。也就是说，宰相一旦与士大夫分离，他所代表或支持的就是皇权，成为与士大夫相对立的势力，也就被士大夫排除在其群体势力之外而遭到否定与谴责。

回过头再论及宰相控制台谏的情形。一方面，宰相出于维持权力的考虑，通过控制台谏堵塞士大夫在朝廷上对自己的攻击，从而保证自己的权力能够顺利行使。另一方面，宰相也需要台谏发出声音，借以表明自己确实是士大夫的代表，确实得到了士大夫的支持。尽管其中体现了士大夫的分裂，但作为一部分士大夫议论的代表，仍然具有“公论”的性质。宰相需要“公论”的依附与支持才能有效地在朝廷中行

---

① 《续长编》卷三百六十四，元祐元年正月，8727 页。

② 《续长编》卷二百四，治平二年三月，4956 页。

③ 《续长编》卷二百六，治平二年十二月，5010～5013 页。

使权力。台谏所代表的“公论”是宰相作为士大夫势力代表的合法性来源。归根结底，宋代士大夫还是希望其群体势力能够主宰朝政。

黄履翁说：“以天下之责任大臣，以天下之平委台谏，以天下之论付士夫，则人主之权重者，此也。”①也就是说，人主以士大夫的议论来治理天下，士大夫的代表则是宰相和台谏。宰相是士大夫的领袖，代表士大夫在朝廷中处理政务；台谏则是士大夫群体意见与利益的代表，士大夫通过台谏表达他们的意见，传递给宰相以至皇帝。二者共同构成士大夫在中央朝廷的权力核心，如欧阳修所说，“宰相、谏官系天下之事，亦任天下之责”②。而宰相一旦不能体现士大夫议论，与士大夫分离，则“失在庙堂，救在台谏，亦不过维持公议而已”③。这种权力结构强调的是士大夫权力的增强及其有效行使，相对的则是对于皇权的压制。

第二节　神宗变法前的政治格局

一、正统性危机下的皇权再建：英宗、神宗加强皇权的努力

宋代士大夫所要建立的这种“君士共治”体制，无疑是建立在儒家士大夫思想的基础之上的，其基本出发点在于保证士大夫的权益。但皇帝是否认同则影响到“共治”能否有效实行。事实上，皇帝从来没有心甘情愿地将权力拱手让出，总是希望能将下移到士大夫的权力收回或者部分收回。于是，在宋代的政治舞台上，皇帝与士大夫之间这种对于权力争夺的拉锯战始终在上演。

上文提及，“共治”体制形成于宋仁宗时期。但紧随其后的宋英宗、神宗时期，即已开始出现要重振皇权的要求。首先这是与英宗以旁支

① 黄履翁：《古今源流至论别集》卷二，“君权”条，景印文渊阁四库全书本，第942册，535页。

② 欧阳修：《居士外集》卷十六《上范司谏书》，见《欧阳修全集》，479页。虞云国先生指出此文之意可扩及全体台谏，见虞云国：《宋代台谏制度研究》，113页。

③ 林駉：《古今源流至论后集》卷二，“宰相台谏”条，181页。

入继大统密切相关的。仁宗是两宋在位时间最长的君主，但一直没有成年的儿子，皇位继承问题始终悬而未决。至和以后，由于仁宗多病，甚至屡次出现不省人事的状况，立储问题被许多朝臣视为国之安危所系，成为皇帝与大臣共同的心病。欧阳修、司马光、范镇等人屡屡上疏，请求选择宗室之子立为皇子。但仁宗始终下不了这个决心，总是寄希望于自己能有亲生之子。① 即使在病重时应允大臣的建议，在病好后旋又搁置不理。等到仁宗最终决定选立英宗为皇子，时已在嘉祐七年八月。

其实英宗从四岁到八岁(景祐二年至宝元二年)时曾经被仁宗养于宫中，作为可能的皇位继承人。但是随着仁宗亲子的诞生，英宗就回到了藩邸，直到嘉祐末年，再未与皇位继承产生直接的关联。这几年在宫中的经历，因其年纪甚小，未必如后来的孝宗那样在长期的皇位竞争中严格约束自己的言行，并在心理上形成长期的焦虑。② 但是，当正在服丧中的英宗接到起复知宗正寺的任命，当他意识到自己可能被视作潜在的皇位继承人之后，即开始长期处于忧虑、惶恐之中。其可能的原因大概有二。第一，英宗之被立为皇子乃至最终继位为帝，在当时并非得到所有人的支持。在最初决定选立宗室为皇子时，英宗就不是唯一的人选，另一个候选人大概是燕王元俨之子允初。③ 而英

---

① 据《续长编》卷一百八十四嘉祐元年十一月辛巳条记载，仁宗对范镇泣曰："卿言是也，当更俟三二年。"(4454 页)又卷一百九十五中，仁宗对韩琦曰："后宫一二将就馆，卿且待之。"(4728 页)

② 从心理学角度分析孝宗的心路历程和心理状态，可参见余英时：《朱熹的历史世界》下篇，第十二章。又可参见柳立言：《南宋政治初探——高宗阴影下的孝宗》，见《台湾学者中国史研究论丛·政治与权力》，北京：中国大百科全书出版社，2005，337～368 页。

③ 强至《韩忠献公遗事》云"时有二宗子尝育宫中"。《续长编》卷一百九十五嘉祐六年十月壬辰条载仁宗曰："宫中尝养子二人，小者甚纯，然不慧，大者可也。"(4727 页)另一人史不记其名。司马光《涑水记闻》卷八载："宗实既坚辞宗正之命，诸中贵人乃荐燕王元俨之子允初。上召入宫，命坐，赐茶。允初顾左右曰：'不用茶，得熟水可也。'左右皆笑。既罢，上曰：'允初痴騃，岂足任大事乎?'"见司马光：《涑水记闻》，163 页。由此可知曾有立允初之议，而《宋史》卷二百四十五《宗室传二》记允初"人以为不慧"(8707 页)，则另一宗子似即为允初。

宗之被立乃是出于仁宗独断①，宫中后妃宦官以非出于己意而多有不乐者②，宫中的阻碍相当大。哪怕是在确定了其为皇位继承人甚至继位之后，英宗的地位也未得到公认，被废的危险仍然存在。据《韩忠献公遗事》，元偓之子允弼自以属望最尊，对于英宗被立颇为不满，甚至在仁宗驾崩后想要接手皇位，赖韩琦之阻止而未成功。其事虽未必有，但宗室、后宫乃至外廷对于英宗的继立存有疑议似属实情。③

第二，从五代到宋初的历史经验看，皇位继承总是伴随着相当的政治危机。历史上有些惨痛的"故事"，使得英宗视皇位继承人为烫手的山芋，避之唯恐不及。在接到知宗正寺的任命以后，他"夙夜恐惧，闭门不敢见人"④，辞让之表凡十八上。及被立为皇子，犹称疾固辞不已。他对记室周孟阳表达了自己的心曲——"非敢邀福，以避祸也"⑤，表明在英宗看来，自己以宗室为皇子，是祸而非福。他坚持不肯听命，乃是为了保平安而已。后来仁宗驾崩，英宗犹大呼："某不敢为！某不敢为!"这种强烈的怀疑、恐惧、紧张情绪使得英宗精神出现了问题，险些因精神病发作而不能进行登基大典。他在成为皇帝之后也仍旧担心有人会加害自己。《三朝名臣言行录》引王岩叟《韩魏王别录》中记载："英宗初以惊疑得疾，虽平而疑未解，潜晦自居，犹若疾者，面壁坚

---

① 据《续长编》卷一百九十五嘉祐六年十月壬辰条记载，时韩琦请仁宗从内批出，仁宗曰："此岂可使妇人知之，只中书行可也。"(4727 页)

② 朱熹《三朝名臣言行录》卷一载"以英宗判宗正寺。英宗力辞，宦官宫妾势未便，中外皆为危之"，见《朱子全书》第 12 册，350 页。苏辙《龙川别志》卷下载，"仁宗勉从众议，立为皇子，然左右近习多不乐者。帝(指英宗)忧惧，辞避者久之"(90 页)。

③ 苏辙《龙川别志》卷下载英宗与太后不睦时，"大臣有不预立皇子者，阴进废立之计"，而太后有"皇亲辈皆笑太后欲于旧涡寻兔儿"之语。(90 页)又《三朝名臣言行录》卷一引《魏王别录》，载"英宗初立，外六班有谋变者"，见《朱子全书》第 12 册，356 页。而《续长编》卷一百九十八嘉祐八年四月癸酉条载"时禁卫或相告，乾兴故事，内给食物中有金。既而宫中果赐食，众视食中无有，纷纷以为言"(4794 页)，所谓"外六班有谋变者"，或与此有关乎？

④ 《续长编》卷一百九十七，嘉祐七年七月，4770 页。

⑤ 《续长编》卷一百九十七，嘉祐七年八月辛丑条，4777 页。

卧，莫受药饵。公(韩琦)日率同僚，自捧药以进。公俯而恳告，则或熟视公而不言，或取药覆公之衣而不顾。……及大王劝之，尤不顾也，然须公强之而后服。”①可见英宗的疑心病有多重。

尽管纵向来看，宋代的皇位继承较之汉唐及随后的元明，整体而言比较平稳地过渡，没有出现大的争立、篡夺之事。但这不代表宋代的皇位继承都是一帆风顺的。如果仔细阅读传世的宋代文献，我们可以发现，从赵宋立国后的第一次皇位传承开始，几乎每一次的皇位嬗递都有着不那么平静的故事。斧声烛影自不必论，以后太宗到真宗之间，先有廷美、德昭、德芳的先后早逝，后有元佐的被废。直到真宗被立为皇太子，看似储位已定，可最初因其得到东京百姓的欢呼已引起太宗的不快②，在太宗驾崩后还出现过复立楚王元佐的“阴谋”③。真宗晚年，周怀政曾有谋传位太子，尊真宗为太上皇之事，由此而有罪及太子之论④，真宗驾崩时甚至也有过太宗第八子元俨觊觎神器的传言⑤。英宗疾剧，韩琦请时为颍王的神宗朝夕侍于英宗左右以防不测，英宗随后为大臣所劝决定立太子时却又泫然泪下。⑥ 以上种种，一方面可见皇位传承过程中，继承人的合法性并不稳固，常常伴随着异议甚至激烈的政治斗争；另一方面也可见在位皇帝的权力欲极强，连立太子都觉得可能会危及自身作为王朝最高统治者的权威性和唯一性。这也从一个侧面证明皇帝对于权力的渴望，使得他们不会甘心于将权力让渡给士大夫。在宋朝这样一种“代代相传”的政治背景下，以

---

① 朱熹：《三朝名臣言行录》卷一，见《朱子全书》第12册，352～353页。

② 《续长编》卷三十八，至道元年八月壬辰条，818页。

③ 《续长编》卷四十一，至道三年三月壬辰条，862页。

④ 《续长编》卷九十六，天禧四年七月甲戌条，2208～2210页。

⑤ 《续长编》卷九十八，乾兴元年二月甲寅条注，2270～2271页。元俨留宫中不肯出，至李迪以墨笔搅水中以疑之方出，此事李焘已辨其误。又《道山清话》(景印文渊阁四库全书本，第1037册，653页)载仁宗即位后，御药李从吉使其徒言此以间元俨，而仁宗自称八大王乃是娘娘(即刘太后)留住，则当时元俨实曾留居宫中。刘后之意未可知，但难免启人疑窦，故后有此种流言。

⑥ 《续长编》卷二百八，治平三年十二月，5068～5069页。

旁支入继大统的英宗及随后的神宗，对于证明皇位合法性的需求，对于独揽大权的渴望也就更加强烈。于是，英宗和神宗时期皇帝与士大夫对于政治主导权的争夺也显得格外突出。由于熙丰变法时期的政治文化生态与变革大都处于此一历史脉络之中，以下将对英宗和神宗在即位初期努力重振皇权的状况作一分析。

由于仁宗晚年多病，实际权力多在宰辅手中。当时的宰辅如韩琦、曾公亮、富弼、欧阳修等人大多已在位数年，长期执掌朝政。英宗能被立为皇子并最终登上皇帝宝座，也主要靠这些人的支持。在英宗继位之初，一面延续了前朝之制，由太后一同听政；一面由宰辅专权，继续仁宗晚年的局面。这样，作为皇帝的英宗似乎再现了仁宗初年的情形。即使在太后还政以后，宰辅权力依旧，并非仁宗亲子的英宗也缺乏自身的政治基础。但既然已经做了皇帝，他无疑希望做名副其实的皇帝，也就希望能够加强自己的权力，收回部分已经失落到官员手中的皇权。有这样一件事情值得我们注意。治平元年十二月，英宗任命王畴为枢密副使。知制诰钱公辅封还词头。对于自己首次任命两府官员就遭到反对，英宗显得非常恼火，马上将钱公辅贬为滁州团练副使，不签书本州事。对钱公辅的严重处理激起了广泛的反对，但英宗一概不理，坚持不从，甚至还要责罚为钱公辅说情的祖无择，赖中书救护才以罚铜三十斤作罢。① 英宗首次任命两府官员并执意坚持，很难说他没有深刻的考虑。一方面，他坚持皇帝命令必须执行，重新强调了超越于官员之上的绝对权威地位。另一方面，他何以任用王畴需要加以考察。我们可以发现，在英宗疾愈后，王畴首先上疏请英宗御正殿听政。当英宗虽听政而拱默无为之时，他又率先请英宗忧勤政事，他支持以仁宗配享明堂而使得仁宗为英宗之“严父”，他也请英宗外出祈雨以向臣民宣示其稳固的正统地位。② 尽管他并没有明确提出加强

① 《续长编》卷二百三，治平元年十二月丙午条，4924 页。

② 《宋史》卷二百九十一《王畴传》，9746～9749 页。《续长编》卷一百九十八，4816 页；卷一百九十九，4827～4828 页；卷二百，4848～4849 页；卷二百一，4862 页。

皇权，但这些上疏却会使得英宗将王畴看作可以依赖的重振皇权的力量。上文述及英宗继位过程的波折和他的心理状态，表明以外藩入继大统的英宗存有许多担忧，他继位的合法性，他能否成为真正的皇帝抑或只是被操纵的傀儡，都足以让他忧心忡忡，因此他亟需天命的证明，亟需朝臣的支持，继位之后马上作受命宝①说明了他这种急切而焦虑的心态。在这种情况下，并非直接拥立他继位而又总站在他的立场上的王畴被任以大用就不足为奇了。可惜的是，王畴第二年二月就去世了，执政只有五十五天，英宗不由慨叹这乃“国之不幸”。在这一事件上，我们可以看到英宗加强皇权的愿望与努力。只是由于长期处于疾病之中，他没有太多进一步争取权力的举措，而只能无奈地“万事只由中书”。

神宗继位以后，执掌朝政的仍然是韩琦、曾公亮、欧阳修等人。作为拥立两朝天子的大臣，并因濮议一事将意见不合者多罢免出朝，他们的权力一时达到顶点。面对这一切的神宗，是刚刚二十岁、血气方刚、充满干劲的年轻皇帝。想要有所作为的他，必然希望削弱宰辅之权，将权力集中在自己手中以成就一番大事业。当时的士大夫群体，因为对濮议的态度不同，已经大体分裂为两大阵营。除去其背后的理论根据暂且不论，韩琦、欧阳修支持英宗对濮王称皇考，与英宗内心的意愿相合而在表面上支持皇帝，显示了相权与皇权意见一致。而将反对的台谏官员悉皆贬黜又显示出了对公论的压制。这样，在更广泛的士大夫群体中，韩、欧已不是士大夫的代表，而成为皇权的支持者，对他们的攻击也就接踵而至。第一个对象是欧阳修，借口则为帏簿之诬谤。虽然未能证实，弹劾者彭思永等也被罢黜，但言者不已，欧阳修还是在不久之后离朝出守。② 接下来就轮到了韩琦，借口则为宰相不押班。杨仲良《皇宋通鉴长编纪事本末》于神宗朝首列“宰相不押班”条③，

① 《续长编》卷一百九十八，嘉祐八年四月乙酉条，4802 页；六月丁亥条，4813 页。

② 《续长编》卷二百九，治平四年二月，5078～5082 页。

③ 《长编纪事本末》卷五十七，1003～1015 页。以下讨论此事见于其中者不另加注。

可见此事为神宗继位以后的第一件大事。所谓“押班”，指皇帝不御正殿时，宰相在内殿与皇帝奏事结束之后，回到文德殿，由一员宰相带领常参官向皇帝御座行朝拜礼。[①] 此礼之行，表明天子每日上朝，以宰相为首的群臣每天都要向皇帝表达恭敬之意——即使皇帝并没有真正坐在宝座上。治平四年四月，王陶弹劾韩琦、曾公亮不押班是有不臣之心，斥责韩琦“骄主之色过于霍光”，这无疑是要置韩琦于死地的指控。而按韩琦的说法，宰相不押班在他任相之前已然存在，可见押班一事只不过是王陶攻击韩琦的借口，其背后的真意在于扭转君弱臣强的局面——当然也有为自身谋求执政位置的意味。王陶本是神宗在东宫时的僚属，神宗甫继位，就任命他为权御史中丞，并引《咸有一德》谕之曰，“朕与卿一心，不可转也”[②]，表明对王陶的信任。王陶“阴知上不悦执政之专”，就任之后就屡言韩琦自嘉祐末专执国柄，君弱臣强，乞行罢退。可以说，王陶对韩琦等的攻击，即使不是出于神宗的直接授意，也体现了神宗内心的意愿。虽然后来在大臣的强硬态度下，神宗不得不屈服，将王陶罢免出朝，但是，押班一事却在主张恢复祖制、扭转君弱臣强局面的司马光的坚持下重新作为制度规定了下来，要求宰相除了奏事超过一定时间以外，其他时候都要照常押班。而韩琦也由是不安于位，于九月罢相出守。在此事中又牵涉吴奎的任免问题。欧阳修罢参知政事后，神宗以吴奎代之，理由在于吴奎辅立先帝，而拒绝了宰相提出的人选陈升之[③]，一方面遏制宰相干预人事任免，另一方面也越次提拔拥护英宗的官员作为加强自身势力的基础。可是吴奎却未能体会上意，在宰相押班一事中不仅站在了宰相一边，更将神宗任命王陶为翰林学士的手诏视作内批，坚决不肯行下。后一点尤其惹恼了神宗，他不能容忍的是大臣对于皇帝权力的限制和对皇帝权威的藐视，因此极力要将吴奎罢免。而在满朝大臣的反对下，神宗又未能马上如愿，但最终在罢免韩琦的同时也贬黜了吴奎，并将两

---

① 龚延明：《宋代官制词典》，北京：中华书局，2007，617页。

② 《续长编》卷二百九，治平四年三月，5078页。

③ 《续长编》卷二百九，治平四年三月癸酉条，5082页。

府官员作了一番大调整。① 这一系列事件，处处显示着神宗想要重新抓牢权力的意图。他利用这一时期士大夫群体间因意见不同造成分裂之特殊局势，加强了皇权，重新控制了朝政，显示了皇帝对于权力的独占欲望。如冀小斌所指出的，“这种权力再分配明确了神宗时期所有政治改革的方向。获得对政府的强力控制以后，神宗可以更自由地随意改变。而欧阳修和韩琦的离开朝廷也创造了新的才智之士进入政府最高层的需求”②。这一点是我们在讨论神宗时期政治文化时需要注意的。

以上对英宗、神宗初年对于权力的争夺略作分析。我们可以发现，在仁宗时期形成君士共治局面以后，在士大夫势力增长并对皇权造成压制的情形下，皇帝并没有一直安于现状，并没有满足于垂拱而治的象征地位，而是积极地采取措施，意图夺回失去的权力，加强皇权，重新塑造出以皇帝为核心的君主专制局面。另一方面，士大夫群体在已经获得扩大的权力的情况下，也不会心甘情愿地拱手让出，而是相应地采取抵制的态度和行动以抑制皇权的膨胀。因应形势的不同，皇帝与士大夫会处于不同的优劣位置。但这种君主和士大夫之间的冲突和斗争，则始终贯穿于有宋一代的政治之中。

二、士大夫集团的分化：以濮议为中心

在“士大夫政治”下，士大夫群体以政治主体自居，“以天下为己任”。但是，在现实政治中，士大夫从来就没有形成一个统一的整体。由于权力的争夺、政见的分歧、南北的对立等种种原因，宋代士大夫从宋初开始已陷入党争之中。③ 内部的种种纷争，使士大夫分化成各个政治集团，引起一次次的政治冲突，更干预着政治决策的产生与政

---

① 《宋史》卷二百一十一《宰辅表二》，5483～5484页；徐自明撰，王瑞来校补：《宋宰辅编年录校补》卷七，北京：中华书局，1986，360～373页。

② Xiao-bin Ji, *Politics and Conservatism in Northern Song China: The Career and Thought of Sima Guang (A.D. 1019-1086)*, Hong Kong: The Chinese University Press, 2005, p. 130.

③ 罗家祥：《北宋党争研究》，台北：文津出版社，1993；又参见何冠环：《宋初朋党与太平兴国三年进士》，北京：中华书局，1994。

治文化的走向。在神宗即位之初，在王安石变法以前，站在朝堂上的就是这样一个已然分裂的士大夫群体。

英宗继位后，礼制问题先后引起多次争论，以濮议为核心的礼制争论，实际上构成了英宗时期政治的主干。在这些争论之中，首先是仁宗祔庙问题。宋代立七庙之制，七庙者，太祖及三昭三穆。在仁宗以前，太庙中自僖祖而下凡七君，虽然也有太宗当居于何位的争论，但因为没有超过七庙之数，祧迁问题尚未触发。至仁宗当入庙，已经是太庙中的第八位君主，那么僖祖当迁与否，在朝堂上即引起争论。孙抃认为由于太祖、太宗同居昭位，自僖祖以下至真宗为六世，增仁宗为七世，正合天子事七世之礼。而卢士宗、司马光则认为所谓天子七庙，太祖为始祖，万世不祧；其余三昭三穆乃是六世，超过六世，亲尽则祧于夹室，因此僖祖当迁。双方对天子七庙的解释不同是引起争议的主因。但同时，这场争论中也透露出宋代太庙太祖问题已经引起部分官员的注意。司马光视太祖为始祖，而孙抃虽未否认太祖为始祖，但认为周以上所谓太祖乃是始封之君，宋之僖祖虽非始封之君，却是立庙之始祖，此即启后来尊僖祖为始祖之议。争论的结果是僖祖不迁，太庙增一室，是为七世八室。① 在此还要说明的是，卢士宗为潍州人、司马光为陕州人，均为北方人；孙抃为眉州眉山人，可以算作南方人。

其次是明堂配享问题，具体地说就是是否要以仁宗配享明堂。当时大概有四种意见，就本质上可以归结为两派：一派以翰林学士王珪，御史中丞王畴，观文殿学士、翰林侍读学士孙抃为代表，主张明堂之祭当守严父之道，英宗继体，以仁宗为父，则当以仁宗配享；另一派以知制诰钱公辅，知谏院司马光、吕诲为代表，主张郊祀与明堂作为朝廷最重要的祭祀典礼，当以创业垂统、继体有德之帝配享，否定明堂有所谓严父之道。其中略有区别是钱公辅认为郊祀当以太祖，明堂当以太宗，不但否定仁宗配享明堂的资格，同时连仁宗时采取的以真宗配享也一并否决；而司马光、吕诲认为礼有定制，当从国朝之制继

① 《续长编》卷一百九十八，嘉祐八年六月，4809～4811 页。

续以真宗配享明堂。其结果是诏以仁宗配享明堂。① 附带说明，前一派的王珪（成都华阳）和孙抃（眉州）为南人，王畴（曹州）为北人；后一派中吕诲（开封）和司马光为北人，钱公辅（常州）为南人。

这两次礼仪之争有几个特点值得注意。第一，这两次争论都是由关于仁宗的典礼问题衍生的，也便涉及英宗如何对待仁宗和以往政治传统的问题。就其结果看，加强了英宗对于既有皇位嬗递的认同，强调了其作为仁宗之子对于“严父”的尊崇，也就进一步巩固了英宗自身皇位继承的合法性。第二，参与争论的都属于两制、台谏官员，没有出现宰辅的身影。也就是说两制、台谏内部就已存在着分歧，只不过没有演变成激烈的“党争”而已。第三，两次争论都体现出一种重视礼之制与重视礼之义、强调既有德业与强调内心人情之争的味道。比如，司马光就从肯定太祖创业垂统之功的角度坚持太祖为太庙中之太祖；而王珪、孙抃都注意到仁宗与英宗之间的父子关系，强调子对于父的孝道。还需要强调的是，这两次争论都是在皇太后垂帘摄政的时期之内完成的。

更大的争论和冲突爆发于所谓“濮议”。治平元年五月二十八日癸亥，宰辅韩琦、欧阳修等提出尊崇濮王之议。其时正当太后刚刚撤帘，英宗正式亲政之后半个月，也在确定太后仪制，加封太后之兄曹佾之后。② 从时间上来说，一则确立了英宗皇权的唯一合法地位，就制度而言，太后已经与朝廷政事无关，英宗的皇位危机也随之消泯；二则对太后及其外家予以尊崇，即表明对太后地位的认可与巩固，也对太后的家人之情有所安抚，从而为英宗以后推尊濮王奠定基础。但英宗此时选择推迟这一提议，决定在为仁宗服丧期满之后再进行讨论。或许此时英宗对自身的地位仍存有担忧。因为尽管太后已经还政，但象

---

① 《续长编》卷二百，治平元年正月辛酉条，4846～4851页。

② 五月十三日戊申，太后撤帘；十五日庚戌，英宗亲政；十七日壬子，定皇太后仪制；二十一日丙辰，上皇太后宫殿名，加曹佾平章事。曹佾之加使相，实乃出于太后之意。

征皇帝权威的玉玺仍然保留在太后手中①，那么诏令的颁布就仍须经过太后，英宗尚无法单独对政令进行最终裁定。由于长期未能亲政，在朝廷上，英宗的权力也还有限，作为皇帝的尊严也尚未建立。英宗选择先为仁宗服丧，既表明了自己对仁宗的孝敬之心，也是在慰抚仁宗朝遗留下来的大臣，加强与他们之间情感上的联系，进而获得他们的支持。

其实英宗在即位之后，也在不断培养自己的势力。内廷里面，在旧制之外，提拔与自己有较密切关系的管勾皇子位、昭宣使、瑞州刺史、右班副都知石全育领原州团练使，充入内副都知，并任守忠、邓保吉、甘昭吉、李允恭而为五②；超迁在自己即位时有翊卫之功的甘昭吉为供备库使、康州刺史③；随后将仁宗后期权势最盛的入内都知任守忠贬出朝廷④。在外廷，英宗在保有旧臣的政治地位，以名位、赏赐加以笼络的同时⑤，大力提拔与自己有较密切关系的“私人”。一是所谓“从龙之臣”，即旧日曾任职于睦亲宅、皇子位的。如嘉祐八年五月癸卯，皇子位伴读李受、皇子位说书王猎并充天章阁待制⑥；王广渊直集贤院，又加直龙图阁⑦；曾救过濮王宫火的杨遂为步军都虞候⑧；等等。在命蔡抗兼起居舍人、同知谏院之时，英宗明言“卿朕故人，朕望于卿者厚，勿以常礼自疏也”⑨，显示出他对于建立私人政治

① 《续长编》卷二百一，治平元年五月，4877页。李焘注称闰五月初符宝犹未至上前，姑将龚鼎臣疏附于五月末。

② 《续长编》卷一百九十八，嘉祐八年五月癸卯条，4806页。

③ 《续长编》卷一百九十八，嘉祐半年六月戊戌条，4816页。

④ 《续长编》卷二百二，治平元年八月丙辰条，4897～4901页。

⑤ 嘉祐八年四月癸未，以仁宗遗留物赐两府、宗室、近臣、主兵官，司马光以为太多，参见《续长编》卷一白九十八，4797～4799页。同月，宰执除富弼服丧外并加官；至治平元年闰五月英宗亲政以后，宰执八人又迁官，而富弼以不预定策恳辞，参见《续长编》卷二百一，4878页。

⑥ 《续长编》卷一百九十八，嘉祐八年五月癸卯条，4806页。

⑦ 《宋史》卷三百二十九《王广渊传》，10608页。

⑧ 《续长编》卷二百五，治平二年六月癸巳条，4968页。

⑨ 《续长编》卷二百五，治平二年五月癸亥条，4964页。

班底的渴求。二是对英宗继承皇位有过帮助，或者在仁宗时期有过建储之议，或者在太后垂帘时要求英宗亲政的臣子，如张瓌以曾密议建储而升为左谏议大夫①，王畴以多次请太后还政而成为英宗任命的首位两府官员。相应地，对那些无定策之功，甚至对英宗皇位有异议之人则予以贬斥。典型的如蔡襄，英宗认为他对自己即位有异议，即使韩琦、欧阳修等人劝说传言不可信，仍坚持将蔡襄罢免出朝。② 又如富弼，英宗继位时他正服丧，他即以此为由不肯接受英宗对他的迁擢。在英宗和太后的两宫矛盾之中，富弼更多地对太后表示亲近，也不曾参与逼迫太后撤帘的行动，于是，从嘉祐八年冬开始他即长期病假在家，又多次要求辞职，最终得到英宗同意，从而成为英宗时期首位退职出朝的两府官员。在这些人事变动中，英宗也在不断试图巩固自己的皇权，削弱仁宗遗留的影响和太后的势力。

到治平二年三月二十九日大祥，英宗服除，关于尊崇濮王典礼的提议再次被提出。四月十一日戊戌，乃诏礼官及待制以上议尊崇濮安懿王典礼。③ 面对如此大事，翰林学士王珪等人不敢轻易发表意见，天章阁待制、知谏院司马光乃毅然率先写下自己的意见，主张按期亲尊属的规格对濮王进行封赠。为免遭英宗的疑忌，王珪将司马光此议的手稿上呈。尽管如此，它也还是作为两制、台谏的集体意见而出现在英宗和中书面前，是在尚书省进行集议之后的结果。韩琦、欧阳修以此议没有明确提出该如何称呼濮王为由要求进一步讨论。当时群臣的意见大多主张应称濮王为皇伯。也有个别人主张称为皇伯考，但吕公著马上进行反驳，认为这是真宗对太祖的称呼，于是此议几乎没有得到太多反响，集议即以称皇伯上奏。身处中书的韩琦、曾公亮、欧阳修等人则主张应当称濮王为皇考，并利用其政治地位，反复向群臣施加压力，要求他们进一步考经据典，于尚书省集议，并期待有“迎合执政”之人为他们呐喊。正当上下议论汹汹之际，已经还政一年的皇太

---

① 《续长编》卷一百九十九，嘉祐八年十月癸未条，4829页。

② 《续长编》卷二百四，治平二年二月辛丑条，4946～4947页。

③ 《续长编》卷二百四，治平二年四月戊戌条，4957页。

后突然下手书至中书，指责韩琦等人不应当建议称皇考，且有欲面见群臣讨论此事之意。① 对这番变故，英宗大感“惊骇”，马上降手诏罢尊崇濮王之议。但所谓罢议，只是“权罢”，暂时不在朝廷上公开讨论而已，背后的举动始终没有停止。英宗与中书一直在寻求更多的支持。由于北宋以后大多以韩琦、欧阳修称皇考之说不当，而主张当时两制礼官之议，因此除欧阳修外，主张称皇考或称亲的奏疏大多没有保存下来，但这并不表示英宗和中书就没有支持者。诸王府侍讲孙固，太常博士蒋之奇、刘庠，金部员外郎、直龙图阁傅卞，屯田员外郎吴申都与执政意合。然而，就当时的政治势力来说，这些人大多官微言轻，力量远不及持反对意见的两制、台谏官员。而在英宗初年所拔擢的所谓“私人”，他们进入朝廷之后，却又并没有像英宗希望的那样坚定地站在自己身边。蔡抗、王猎实际上都否定英宗称濮安懿王为皇考。对此，英宗颇有抱怨，他对王猎说：“王相待素厚，亦当尔邪?”虽然是在从濮王的角度发问，但实际上是以恩义为名，责备王猎不能顺从己意。面对英宗的不满，王猎并没有以顺从作为响应，而是回答道：“臣被王厚恩，故不敢以非礼名号加于王，所以为报也。”②蔡抗也在指陈中书之议不当后被罢免谏职。③ 这样，英宗自己的政治班底没有成形，不得不依赖于中书的支持。当英宗与中书在濮议中遭到群臣的普遍抵制之后，他们又不得不求助于太后的政治影响。曹太后虽然已经退居宫中，但在朝廷上的影响力依然存在。冀小斌已经注意到，与韩琦和欧阳修不同，司马光在尊崇皇权的同时仍然保持对曹太后的尊敬④，同样的还有富弼、吕诲等人。尽管我们无法将他们视作代表皇太后的政治势力，但至少可以说，他们属于英宗与太后两宫斗争中的平衡势力，

---

① 欧阳修：《濮议》卷三《奏慈寿宫札子》，见《欧阳修全集》，988 页。

② 《续长编》卷二百八，治平三年四月，5048 页。

③ 《续长编》卷二百六，治平二年八月庚戌条，4992 页。虽然《续长编》记作执政以为不便乃罢之，但作为英宗亲自进用的皇帝故人，没有英宗的同意，这项人事变动是不可能发生的。

④ Xiao-bin Ji，*Politics and Conservatism in Northern Song China：The Career and Thought of Sima Guang*（*A. D. 1019-1086*），p. 93.

既支持英宗亲政，加强制度性皇权，也主张英宗要对皇太后遵守孝养之道，相应地，皇太后的意见也对他们有相当的影响力。从此着手，英宗和中书力图通过皇太后的旨意达成他们的目标，这种方式一则可以压制反对浪潮，二则表明尊崇之意不出于英宗，三则通过“变国为家”的方式将朝廷政治问题化约为皇室内部的家族问题。在他们的共同运作下，到治平三年正月二十一日丙子，太后遣中使持手书付与中书①，“令皇帝称亲，仍尊濮安懿王为濮安懿皇，谯国、襄国、仙游并称后”，次日，英宗乃降手诏，称遵太后之训称濮安懿王为亲，至于尊为皇为后则避不敢当。② 虽然与他们最初的本意有相当的距离，反映了对群臣抗议的部分妥协，但称亲与称考并无本质不同，同时又能为濮安懿王立园立庙，也算基本实现了英宗推尊自己本生父母的愿望。③

---

① 关于太后降手书一事，其是否出自太后之意难以确知，但其中疑点重重。首先，治平二年六月时太后曾坚决反对称皇考，半年之后却同意尊濮王为皇，前后态度迥异。其次，对于太后手书如何降下的记载差异甚大。《续长编》记作二十一日丙子中书与英宗商议退后，欧阳修草二诏，日中时太后遣中使持文书至中书，执政相视而笑。欧阳修《濮议》则称中书进议已得英宗首肯，英宗表示向太后禀明后即下诏施行，不料当晚太后遣高居简至曾公亮宅降太后手书。而据《三朝名臣言行录》记载：“是月二十间，天章阁赏小桃，因以劝太后，太后有酒所，卧阁中，内臣高居简入褰太后寝帏，太后惊起坐，居简与御药苏利涉从上至太后榻前拜，以书一封进太后，求一押字。太后酒未解，不知书所言何事，遂从之……既而书出，乃太后命中书尊濮王为皇等事。明日遂奉行，太后始知。京师喧然，下至闾巷，亦以为不可。太后力争不已，二十二日，乃下诏罢濮王称皇等事。”见《朱子全书》第12册，509～510页。又吕诲弹劾韩琦札子中称：“中外之论，皆以为韩琦密与中官苏利涉、高居简往来交结，上惑母后，有此指挥。”《三朝名臣言行录》的记载颇近于小说，其他记载亦多暧昧之处。但结合到一起来看，英宗与中书暗中运作的痕迹十分明显。

② 以上根据欧阳修《濮议》《续长编》《长编纪事本末》。

③ 据赵汝愚编《宋朝诸臣奏议》卷九十彭思永《上英宗乞罢濮王称亲》(北京大学中国中古史研究中心校点整理，上海：上海古籍出版社，1999)注“按追崇濮王事，至治平四年正月，以王子宗朴为节度观察留后，改封濮国公，以奉正祀。以茔为园，立庙，制用品。称考、称亲之议，后卒之不行”及同卷苏颂《上神宗论前代帝王追尊本亲及嗣王公袭封故事》中“初议称亲，后亦寝罢”之语，则称亲之议并未正式施行。也就是说，英宗决定称亲立庙，以宗朴袭封，主祀事。但(转下页)

从濮议的结果来看，支持皇帝意见的一派占了上风。宰执站在了英宗所代表的皇权一边，两制、台谏则从所谓士大夫公论的立场对之进行攻击。从形式上看，争论双方含有明显的政治企图，即宰执和皇帝合流所体现的皇权与士大夫公论所体现的士大夫势力对于政治权力的争夺。故此，对于濮议之争的成因，近代以来多从政治斗争的角度予以解释。梁启超即认为濮议是朋党之争的反映①，程光裕又视之为宋代台谏势力兴起的结果②。刘子健则注意到皇太后曹氏的影响，认为濮议之争"表面上是仪礼之辩，实际上是官僚群利用两宫不和，借题发挥，作政治斗争"，其背后"实在是曹太后垂帘撤帘，与英宗始终不和"。③林天蔚也认为濮议是英宗与太后不和的结果，而视之为意气之争。④近来冀小斌从政治权力分配着眼，认为濮议是台谏官要求遏制、削弱宰辅权力的结果。⑤各种说法并不能说没有道理，彼此侧重点的不

(接上页)当时宗朴正服丧，虽有诏以本宫诸弟摄事，礼院撰祝文之体式为"皇帝某谨遣官恭告于亲濮安懿王"，但计其间讨论往还之时日，或当时迁延未能遽行，至宗朴服除之后才正式付诸实施乎？而当宗朴服除时，已是治平四年英宗驾崩之后。恐怕神宗在即位之初，为避免再因此事引起群臣的争论导致朝政不稳，就采取搁置争议的方式，只命即茔为园、立庙，以宗朴袭爵奉祭祀而已，即未曾真正称亲。如果从这个结果来看，濮议最终是以英宗和中书的失败而告终的。

① 梁启超：《王荆公》，见《饮冰室合集》第五册专集之二十七，北京：中华书局，1989，16～22页。

② 程光裕：《宋代台谏之争与濮议》，原载《大陆杂志》，第23卷，第8期，收入宋史座谈会编：《宋史研究集》第2辑，台北：台北编译馆，1964，213～234页。

③ 刘子健：《欧阳修的治学与从政》，台北：新文丰出版公司，1984，234～238页。江天健《北宋英宗濮议之剖析》从后妃的角度入手，指出英宗与曹太后两宫失和是造成濮议风波的主因，其源可追溯至仁宗立英宗为皇子之际，最后的解决方案是曹太后企图继续干政所致的结果，其说实本于刘子健，且并未超越其说。参见江天健：《北宋英宗濮议之剖析》，载《中兴大学文史学报》，第19期，1989年3月，见宋史座谈会编：《宋史研究集》第28辑，台北：台北编译馆，1998，29～63页。

④ 林天蔚：《宋史试析》，第一章第一节，台北：台湾"商务印书馆"，1985，7～10页。

⑤ Xiao-bin Ji, *Politics and Conservatism in Northern Song China: The Career and Thought of Sima Guang* (*A. D. 1019-1086*), pp. 94-109.

同更反映出濮议之争的复杂性，但就根本上说，濮议首先是由议礼引起的，对于尊崇濮王礼制的不同意见才是引发冲突的首要原因。南宋吕中论濮议时说："至治平濮邸之事，不过议制礼耳。台谏、执政交相争辨，欧阳修又以称亲为礼而不改，是皆不为苟同，而为君子之争也。然台谏争之不得，气激词愤，遂诋为小人；而修不堪其忿，亦以群邪诋之，即一时之礼议而遂诬其终身之大节，使人主从修言而逐台谏，是逐君子也；使人主从台谏言而恶修，是亦逐君子也。故政府、台谏之相攻，自治平始，而熙宁其流弊也。"①也就是说，后来的宰辅台谏之争或者朋党、君子小人的说法，乃是议礼不合之后的衍生品。平田茂树也指出，濮议中的宰执与台谏之争，实际是濮议的第二阶段，是由台谏自身的权限、义务决定的。② 那么，在承认政治斗争影响的基础上，我们首先应当将濮议视作议礼双方观念、学术理念的不同，进一步说便是意识形态之争。

韩琦等人在最初提出尊崇濮王的上疏中，就表达了他们对于礼制的态度："臣闻出于天性之谓亲，缘于人情之谓礼。虽以义制事，因时适宜，而亲必主于恩，礼不忘其本。此古今不易之常也。"③这是他们后来坚决主张称皇考或称亲的根源所在。欧阳修在后来的奏疏中多次引用《仪礼》等经典和礼典，不过是为了加强自己的说服力而已。而且他认为如果称皇伯，那么从丧服制度上来说，濮王为英宗之从祖父，礼当正服小功五月，濮王夫人为从祖父之妻，礼当为义服小功五月，英宗本生兄弟降服大功七月，会造成丧制的混乱。④ 但这里他将为人

---

① 吕中：《类编皇朝大事记讲义》卷十三，"台谏"条，张其凡、白晓霞整理，上海：上海人民出版社，2014，257～258页。

② 第一阶段为接受集议之命的两制、礼官与宰执的争议，至第二阶段，翰林学士王珪、范镇的名字则未出现，参与论辩的都是担负论驳之任的台谏，参见[日]平田茂树：《宋代政治结构试论——以"对"和"议"为线索》，施爱军译，见《宋代政治结构研究》，163～165页。

③ 《续长编》卷二百一，治平元年五月癸亥条，4872页。

④ 欧阳修：《濮议》卷四《札子一首》，见《欧阳修全集》，991页，题注称不曾进呈。然《续长编》卷二百七全载此札子，以为中书自辩之文，并以见英宗不从台谏之故，则似此札曾经进呈，并从理论上打消英宗的顾虑。欧阳修的主要意见和其他论战文字均见于他所编的《濮议》。

后为本生父母服与为从祖父母之服混淆起来，并不符《仪礼》之义。如果不是有意曲解的话，则表明欧阳修对《仪礼》研究不精。《三朝名臣言行录》引苏象先《苏氏谈训》云："（欧阳）公平生不甚留意礼经，尝与祖父（苏颂）说濮议事，自云修平生何尝读《仪礼》。偶一日至子弟书院中，几间有之，因取读，见'为人后者为其父齐衰杖期'云云，其言与修意合，由是破诸异议，自谓得之多矣。"①可见修本不重视《仪礼》，不过取其与己意合者而已。由是来看，支持欧阳修论点的实际并不是作为经典的礼经，而是他们所认为的礼之本质。在他们看来，礼是根据人的自然情感而生发出来的。父子之间的亲情，是出于天生的不容自已的一种情感，它本于人性，因此在礼仪的实行中要首先尊重这种人性。当这种本于人性的情感与旧有的礼仪或者是基于其他第二义原则的礼制发生冲突时，就应该以尊重人情为第一原则。濮王与英宗是自然产生，亘万世而无法否认的父子关系；而仁宗与英宗是根据宗法制度产生的父子关系，是在不得已的情形下由义——时势之宜决定的。虽然英宗为了继承皇位而被过继给仁宗，但是，他与濮王的父子关系不容否定，也就仍然应当称濮王为父或者亲。如果按照司马光等人的建议，对濮王加封大国，在欧阳修看来就是以子爵父，紊乱了父子间的上下关系。即使英宗贵为天子，对濮王来说也仍然处于人子之位，那么就应该遵守父子之间的伦理准则。也就是说，"尊尊"要让位于"亲亲"。欧阳修不拘泥于汉唐以来的礼仪等级秩序，而从他所认为的礼仪背后的"意义"着眼，重义过于重制。他对于经典的解说也主要是从这一方面进行阐释的。

对于反对称亲者来说，礼制的意义在于别贵贱，明亲疏，礼是一种天地间自然形成的等级秩序。上面韩琦等人最初提出尊崇濮安懿王的札子，收入《温国文正司马公文集》卷三十三和《传家集》卷三十五，但《温国文正司马公文集》本后附以此状进上之后如何处置的安排，两个版本下篇皆接以与王珪等议状，则该文实当为与王珪等议状所引用者，而非司马光代拟之文。司马光在驳议中宣称："为人后者为之子，

① 朱熹：《三朝名臣言行录》卷二，421页。

不敢复顾私亲。圣人制礼，尊无二上。”当英宗过继为仁宗之子后，作为大宗的继承者，他只能将仁宗视作唯一的父亲，对于自己的本生父，实际已经解除了父子关系，而要纳入宗法制度中，建立新的伦理关系。严格的宗法观念、大宗的至尊地位乃是两制、台谏官员立论的基础。[①]在他们看来，如果称濮王为考或亲，等于是英宗有二父，那么就是既继承仁宗也继承了濮王这两个统绪，属于以小宗干犯大宗，削弱了大宗在家族继承中的正统地位。在一家一姓的家族王朝之中，大宗就是皇位传承谱系，需要保证其崇高地位与连续、稳定性。因此，为了维护皇位继承的稳定，明辨上下等级秩序，两制、台谏官员坚决反对英宗和中书称亲的决定。另外，司马光、吕诲等人还认为，“濮安懿王虽于陛下有天性之亲，顾复之恩，然陛下所以负扆端冕，富有四海，子子孙孙，万世相承者，皆先帝之德也”，“陛下鳞跃藩邸，入继大统，南面尊临，皆先帝之德也”，强调了仁宗对于英宗及其子孙能够居于帝王之位的功德。这既表明了皇权的至尊地位，也从政治上揭示英宗皇位的合法性来源，它们的重要性是超越于父子“天性之亲”的。也就是说，“亲亲”首先要服从于“尊尊”，维护宗法制本身要比个人一己的“私恩”更为重要。

除了上述两派观点的截然对立之外，还有一种看法，虽然在当时不曾引起太大的反响，但在后世却因为理学地位的确立而成为评价濮议的基本立场，那就是程颐的意见。他在《代彭思永上英宗皇帝论濮王典礼疏》[②]中说，“臣以为所生之义，至尊至大。虽当专意于正统，岂得尽绝于私恩？故所继主于大义，所生存乎至情。至诚一心，尽父子之道，大义也；不忘本宗，尽其恩义，至情也。先王制礼，本缘人情。既明大义以正统绪，复存至情以尽人心”，既尊重英宗与仁宗之间皇位承续的正统关系，也不否定英宗与濮王之间存在的出于人性的感情。他反对称濮王为皇考或称亲，但又认为加封大国有碍于父子间的天性

---

① 诸人奏议见赵汝愚编：《宋朝诸臣奏议》卷八十九、九十《礼乐门·濮议》，957～979页。

② 程颢、程颐：《河南程氏文集》卷五，见《二程集》，515～518页。

伦常，于是建议称为“濮国太王”，等于另建濮国的统绪，别子为宗，便能做到恩义两全。这实际上是对上面两派意见进行了一定的调和。但这种调和是在肯定礼缘于人情的理论基础上的。他强调礼缘人情，因时制宜，虽不否定宗法之制，但又不可拘泥于其中。因此，从对于礼因人情，重视礼文背后的礼义角度而言，程颐与欧阳修属于同一阵营，代表着宋代学术的新方向。① 顺便说明，后来王安石对于濮议的意见，也基本上是支持欧阳修一派的。②

濮议之争的结果之一是进一步加强了南方人的政治势力，反过来看，则濮议中似乎存在着南北政治文化势力的斗争。治平三年，濮议中持反对意见最激烈的除司马光(陕州)外，自贾黯(邓州)以下的台谏官员中，除范纯仁为苏州人，赵鼎家世不详外，吕诲(开封)、吕大防(京兆)、傅尧俞(郓州)、赵瞻(凤翔)以及强烈要求召回吕诲的吕公著(寿州)均为北人，先后被罢免出朝，台谏为之一空。在随后任命的台谏官员中，大概可分为两类：一类是赞同称亲之议的，有蒋之奇、傅

---

① 王云云：《北宋礼学的转向——以濮议为中心》，载《安徽大学学报(哲学社会科学版)》，2010(2)。该文从思想史的角度将濮议视作礼学问题来讨论，集中分析了司马光、欧阳修、程颐对于礼的不同认识，可参看。但是她认为司马光和欧阳修都以礼仪的宗法内容及精神实质为论争焦点，代表的是传统儒学思维模式，程颐所代表的则是一种新的礼学与理学融合的思维模式，这是笔者不能同意的。笔者以为，在本质上，欧阳修与程颐属于同一阵营，都在强调礼制背后的义理或者说圣人之意；只不过欧阳修认为礼的根本基础在人情(他认为不承认父子关系是“绝人道而灭天理”，也透露出一丝人性即天理的倾向)，程颐则上升到天理的高度。相对地，司马光的观念基本局限于汉唐经学范围内。作为“天理”之反映的礼观，在程颐此文中并无明显反映，但确是程颐及理学家对礼的核心观念，对此，可参见邓克铭：《宋代理概念之开展》，第二章“理概念与礼之关系”，台北：文津出版社，1993，99～166页。

② “王安石曰：‘先帝诏书明言濮安懿王之子，不称濮安懿王为考，此是何理？人有所生父母、所养父母，皆称父母，虽闾巷亦不以为碍，而两制、台谏乃欲令先帝称濮安懿王为皇伯，欧阳修笑其无理，故众怒而攻之，此岂是正论？司马光为奏议，乃言仁宗令陛下被衮服冕，世世子孙南面有天下，岂得复顾其私亲哉，如此言，则是以得天下之故，可以背弃其父母，悖理伤教，孰甚于此！”见《长编纪事本末》卷五十五《濮议》，983页。

卞、刘庠、吴申，其中蒋之奇（常州）和吴申（建州）为南人，刘庠又是吴申门人；另一类态度不明，如李受（潭州）、孙昌龄（常州）、李照（江陵），但全是南人。另有郭源明虽然是北人，但强烈要求召回吕诲，且辞去了监察御史里行之命，实际并未就任。至十月，英宗要求宰相、参知政事举荐可试馆职者各五人，以为将来大用之备。在这二十人中，除夏倚不明外，有十四个是南方人①，占了绝对多数。即使我们无法断定当时南北人士存在针锋相对的冲突，但在历史所展现的事实中，南北的分裂无疑是存在的，濮议对北人政治势力造成了严重的打击，南人势力进一步膨胀并占据了压倒性的优势，这样的现象也是我们无法否认的。②

上文对于濮议等英宗朝礼制争论的描述，展现出政治斗争背后的南北文化冲突、学术理念差异。无论是以欧阳修为代表的南人，还是以司马光为代表的北人，都企图将他们的学术理念施于实际政治，以重建一种新的政治文化秩序。他们之间的种种冲突，恰恰显示出北宋中期意识形态领域的多元化色彩。刘子健在描摹了11世纪宋代学术中文学、史学、经学等各方面的多元化繁荣之后，曾经指出多元化面临三种危险："第一，多元化可能堕落成为派性之争，特别是当它和政治斗争或朋党之争纠缠在一起时更是如此。第二，多元化会引起对抗，而对抗可能升级为压迫。第三，在强大的正统和不断扩张的一致性之下，多元化会衰退。"③虽然他是就宋代的经学研究而言，但是扩大到宋代整个思想学术领域也同样适用。英宗时期的濮议就是典型的学术

---

① 《续长编》卷二百八，治平三年十月甲午条，5065页。

② 司马光和欧阳修关于科举逐路取人的争论，也同样体现着东南与西北之争。东南多进士，西北多经学，既反映了南北学术风气的不同，也同样显示出在重视以进士为主要入仕之途的官员选拔机制上，南方人士相对于北方人士的政治优势。关于司马光和欧阳修的论争以及科举中所反映的地域问题，可参考[美]贾志扬：《宋代科举》，第六章"登科者的地域分布"。又余英时亦指出科举背后的地区整合问题，参见余英时：《试说科举在中国史上的功能与意义》，见《中国文化史通释》。

③ 刘子健：《中国转向内在：两宋之际的文化内向》，31页。

多元化与政治斗争纠缠在一起的产物，其结果导致吕诲等一大批官员被贬出朝，加剧了多元化的对抗性。不同学术背景、不同政治集团之间的相互攻讦已经十分激烈，严重影响了朝廷政事的决策，英宗之世不能有所振作，虽说时间过短，但士大夫的分裂及伴随而起的思想、政治冲突无疑是一个重要原因。面对这样的局面，王安石以强有力的政治手腕和高压的政治权力，自上而下地企图消除多元化造成的冲突，在朝野之中树立起一种独一无二、只准信仰服从不得质疑违抗的正统统治学说；既在思想文化层面"一道德，同风俗"，也努力通过这种途径改造出同心同德的士大夫群体和统一的官僚集团。其成败得失姑且不论，但其基本出发点则有惩于北宋中期士大夫的分裂局面似无可疑。

第五章　变风俗、立法度：王安石的变法理念与《孟子》

第一节　《上仁宗皇帝言事书》与人才问题

宋仁宗嘉祐三年(1058)十月，王安石从提点江南东路刑狱任上被调至京师，改授度支判官。① 面对北宋中期的积弊，王安石上万言书，详细分析了他所认为的当时的社会政治问题所在，并提出了他的改革方针。此书就是有名的《上皇帝万言书》，也叫《上仁宗皇帝言事书》。②

澶渊之盟以后，北宋基本解除了与北边强邻的军事危机，国内可以进入一个较为平稳发展的时期，社会经济也随之日趋繁荣，在真仁之世显示出了一种盛世景象，当时人也多以之为太平之世。但在这种安定的背后，一些社会政治问题如国用匮乏、民生凋敝、武备废弛、吏治腐败、人才不济等开始凸显，尤其是经历了仁宗中期与西夏的军事冲突，而庆历新政旋告失败③，这些问题更进一步加深，循墨守常之风更盛。虽然社会整体仍然十分安定，但一些士大夫已然开始倡言变法改革，希望能够改变积贫积弱的局面。像皇祐二年(1050)程颐的

---

① 《续长编》卷一百八十八，嘉祐三年十月甲子条，4531页。

② 《王文公文集》卷一，唐武标校，上海：上海人民出版社，1974，1～16页；《临川先生文集》卷三十九，749～769页。

③ 朱瑞熙澄清了以往研究中对范仲淹条陈十事如何被推翻问题的误解，指出新政失败后，有一部分措施照常施行，有的还被进一步完善，参见朱瑞熙、程郁：《宋史研究》，107～112页。

《上仁宗皇帝书》①，嘉祐三年(1058)苏洵的《上皇帝书》②，嘉祐七年(1062)司马光的《谨习疏》《论财利疏》③，治平四年(1067)宇文之邵的《上皇帝书》④等，都是为了改变现状而提出各自的变法主张。所以朱熹说，“那时也是合变时节”⑤。变法，可以说是仁宗晚年至神宗初期士大夫的共同吁求。后来在宋神宗的支持下，王安石将他的政治主张落实到政治实践之中去，他的这篇《上皇帝万言书》就更是其中的一篇大文字。王安石后来的变法主张，大多已经在此书中反映出来，后人也多认为王安石的变法大体渊源于此书，如南宋吕中说“安石变法之规模，亦略见于此书矣”⑥。那么，我们首先对王安石的《上皇帝万言书》进行较详细的解读，以透视王安石对北宋中期社会政治现实的看法，以及为解决此种危机所提出的改革方案。

在王安石的眼中，仁宗晚年的北宋社会，无疑不属于“家给人足，天下大治”的盛世，而处于深深的社会政治危机之中，“内则不能无以社稷为忧，外则不能无惧于夷狄，天下之财力日以困穷，而风俗日以衰坏”，也就是说，很有可能有亡国覆家的危险。从皇帝的角度而言，王安石认为仁宗有恭俭之德，有聪明睿智之才，有仁民爱物之意，而又能明辨君子小人，无论是在个人的道德修养上还是在治国用人的才能上，仁宗都算得上是一个合格的皇帝，甚至与二帝、三王的用心并无不同，可以说符合上古圣王的标准。既然皇帝没有任何的不当之处，那为什么北宋社会没能建立一个完美的秩序呢？王安石认为，问题的关键，“患在不知法度”！

每一朝代都有各自的法令制度，宋朝继承唐制，礼乐刑政等各方

① 程颢、程颐：《河南程氏文集》卷五《伊川先生文一》，见《二程集》，510～518页。

② 苏洵著，曾枣庄、金成礼笺注：《嘉祐集笺注》卷十，上海：上海古籍出版社，2001，281～300页。

③ 司马光：《温国文正司马公文集》卷二十二、二十三。

④ 吕祖谦编：《宋文鉴》卷五十三，景印文渊阁四库全书本。

⑤ 《朱子语类》卷一百三十《本朝四》，3097页。

⑥ 吕中：《类编皇朝大事记讲义》卷九，199页。

面的制度也相当完备。但王安石仍然认为当时无法度，其指向在于这些法度不符合先王之政，未本于先王之意。但是接下来王安石并未一一指出宋代的政治制度究竟如何不符先王之政，而是引向了人才的问题，从教之、养之、取之、任之之道四个方面，以先王之道为准则指出当今之所以无人才的症结所在。可以说，人才问题才是《万言书》的核心所在。

所谓教之之道，在体制上要建立学校，使士人都在学校中得到教育；在教育内容上要以“天下国家之用”为本。就北宋的现实而言，从中央到地方也有很多学校，但学校并没有起到教育人才的作用，没有实效而仅仅具有一个空架子。学校教育的内容，无论是经典的章句注疏，还是为了应对科考的制艺文章，王安石认为都与实际的政事无关。即使经典背诵得再熟，文章写得再华丽，也不能将这些内容应用在治国治民上。教育如果不以有用之学为本，相当于没有起到教育的作用。何为有用之学？王安石认为主要是“先王法言德行治天下之意”，就是能够指导现实的礼乐刑政之事的先王之道。就此角度而言，李祥俊认为王安石之重视《周礼》《尚书》《诗经》是因为其中记载着圣王之政的观点是有道理的。① 因为在王安石看来，经术正所以经世务，学习经典的目的也正在于将其中的道理原则施于政事。他后来主持编撰《三经新义》，也是以阐明义理、通经以致用为宗旨的。②

对于养之之道，王安石提出了三点原则：“饶之以财，约之以礼，裁之以法。”这出于他对当时士大夫整体表现的认识。首先，他认为宋朝给官吏的俸禄之资太少，不足以养其廉耻。除了身居侍从之列，官员所得的俸禄根本不够养家。当时的官员往往根据俸禄的厚薄去择官，

---

① 李祥俊：《王安石学术思想研究》，30～35 页。宋人已经有这种认识。政和元年李彦章言：“夫《诗》、《书》、《周礼》，三代之故……学乎《诗》、《书》、《礼》者，先王之学也。”这就指出了三经与王安石所提倡的先王之政的关系，参见吴曾：《能改斋漫录》卷十二，上海：上海古籍出版社，1979，371 页。

② 邓广铭《略谈宋学》《王安石在北宋儒家学派中的地位》二文对此都有说明，他且用这两点来概括宋学的特点，见《邓广铭治史丛稿》，163～176、177～192 页。

甚至有官员从事商业贩鬻之事。王安石自己也曾以不足养家为由辞馆阁之职而选择担任俸禄较为优厚的地方官。就大多数官员来说，“无恒产者无恒心”，当他们汲汲追求营资产、厚廪食之时，仁义道德就退居次要的地位，也常常顾不上廉耻了。这是王安石认为当时士风不佳的一个重要原因。其次，王安石指出当时士大夫在婚丧、奉养、服食、器用之物等生活的各个方面都没有建立起与身份相符的制度，于是天下都在追求奢华，而以俭素为耻。士大夫为这种风尚所累，为了能够有财力支撑这些生活标准，也就不能以礼自守，造成廉耻之心日益毁丧。最后，对于这些丧失了廉耻的士大夫，王安石认为当时并没有严厉的措施对他们进行惩罚。在王安石看来，在教之以道艺、约之以制度、任之以职事之后，士大夫就应该听从朝廷的指挥。如有不从，就要施之以流、杀等重刑。王安石说：“臣又观朝廷异时欲有所施为变革，其始计利害未尝熟也，顾一有流俗侥幸之人不悦而非之，则遂止而不敢为。”这实际是为庆历新政而发。在范仲淹、富弼等人领导庆历革新时，异议之人纷纷而起，新政诸般政策也大多先后遭到废止。王安石认为如果任由流俗的偏见曲学大肆攻击，那么政事永远无法得以完善，因此，要不恤征诛。有了加小罪以大刑的保证，士大夫就会听从在上者的命令，朝廷的法令也就可以顺利推行了。

在取之之道方面，王安石对当时的贡举制度进行了全盘否定。不管是以雕虫篆刻为主的进士科，还是所谓茂才异等、贤良方正的制科，以至于刚刚在嘉祐二年改革中加试大义的诸科和新设立的明经科，都遭到了王安石的批评。问题在于这种选拔方式不能选拔出真正有治国本领的人才。王安石认为先王之时，士皆出于乡党庠序之中，也就是说，在王安石的理想下，士人的教育和选拔是一体的，都应该在学校中进行。士人所学既为礼乐刑政之事，被选拔出来之后也就能直接从事具体的政治事务。而现在，没有能够按照先王时的制度取人，所选拔出的人从公卿到百司庶府，都属于不肖之人，也就担负不起治国平天下的重任。另外，王安石认为当时对官员子弟的任用太轻率，区分流内流外将胥吏直接排斥于廉耻之外①，这些都不利于士风的醇厚，不利于人才的培养。

对于任之之道，王安石批评当时一方面没有使具有不同才能的人担任不同官职，造成以文学进身的官员可能去管理财政，随后又去管理刑狱，但一人不能兼具各种才能，所学又非所用，那么就会导致任何一项工作最后都无法做好。另一方面官员都按资序不停迁转，不能久于其任，“故上不能狃习而知其事，下不肯服驯而安其教，贤者则其功不可以及于成，不肖者则其罪不可以至于著”。官员要能够完全施展出他的才能，产生政治实效出来，就要在他适合的职位上长期任职，尽行其所学。这一点可以说是王安石对官僚机构运转方面的看法，也是他人才论的最后一步。

那么，为什么王安石要集中讨论人才问题？在他看来，法度的建立与推行，都需要人。即使在立法度方面，主要依赖于皇帝和二三论道经邦的大臣，但要将这些法度施行贯彻下去，还是要依靠各级官员。但是，“今以一路数千里之间，能推行朝廷之法令，知其所缓急，而一切能使民以修其职事者甚少，而不才苟简贪鄙之人，至不可胜数。其能讲先王之意以合当时之变者，盖阖郡之间，往往而绝也。朝廷每一令下，其意虽善，在位者犹不能推行，使膏泽加于民，而吏辄缘之为奸，以扰百姓”。全天下都没有能够在学术和政术上具有较高水平的官员，即使在中央建立了先王之法度，却没有人才去推行，仍然不能使良法美意加之于民，也就不能实现法度的作用。尤其是，王安石主张的法先王之政，不是要在具体的每一项制度上都复古，与上古之制完全一致，而是要根据具体形势的不同，建立本于先王之意的法度。“夫二帝三王，相去盖千有余载，一治一乱，其盛衰之时具矣。其所遭之变，所遇之势，亦各不同，其施设之方亦皆殊，而其为天下国家之意，

---

① 后来王安石也确实采取措施改善胥吏的待遇，希望能够使吏士合一，参见[日]宫崎市定：《王安石的吏士合一政策》，见刘俊文主编：《日本学者研究中国史论著选译》(第5卷)，451～490页。

本末先后，未尝不同也。”社会在发展，局势在变化，二帝三王也处于不同的时代之中。作为完善的社会，它们的典章法制未必一致，但在其背后，建立法度的根本精神在王安石看来是一致的，甚至可以说是从古至今都应该遵守的。他所谓法先王，也就是要“法其意”，得到并遵守上古圣王治理天下的真精神。他认为，只要法先王之意，那么“吾所改易更革，不至乎倾骇天下之耳目，嚣天下之口，而固已合乎先王之政矣”；不仅可以减少异议，使天下之人乐于顺从，更可以在不知不觉中，从根本上实现先王之政在当代的复兴。为了实现此一目标，在政治上去推行的人才就要首先明了先王之意，把握圣人在经典中所阐发的道德性命之理，尤其要探讨在文字、制度背后的根本意义，而不能墨守章句注疏，随人短长。而这样的人才，出于在上位者的陶冶塑造，朝廷采用什么样的统治学说，也就会造就相应的人才。因此，《万言书》所讨论的人才问题，同时也就是王安石在讨论该以怎样的统治学说造就人才。这也就是王安石重视科举教育改革，编撰《三经新义》，并且提高《孟子》地位的根本原因所在。

研究王安石变法的大家邓广铭和漆侠都曾详细分析过王安石的《万言书》。邓广铭认为，王安石这篇《万言书》所涉及的问题、所涵盖的一些层面还比较狭窄，与之后他的变法革新相差甚远。① 这与他对王安石变法的整体看法相关。他认为王安石变法的终极目标是富民、富国和强兵②，从此出发，他也就将王安石对经济、军事方面的改革视作变法的核心内容。那么，以作育人才，变风俗、立法度为主要精神的《万言书》也就无法成为邓广铭眼中王安石变法的纲领或者蓝图。漆侠认为王安石的全部改革路线——“依靠皇帝的权力，整顿现有的官僚机构，制定一些能够适应和对付当前局势的法度，从而和缓各方面的矛

① 邓广铭：《北宋政治改革家王安石》，第一章第四节，北京：生活·读书·新知三联书店，2007，27～37页。

② 邓广铭：《北宋政治改革家王安石》，第二章第二节，71～75页。相对于20世纪70年代出版的《王安石——中国十一世纪时的改革家》(北京：人民出版社，1975)，邓广铭在他对王安石变法之目的的最终意见中加入了“富民”一条。

盾，以巩固宋封建统治”，在《万言书》中都已经显示出来。[①] 对于王安石变法的最终目的与核心原则，笔者并不赞同两位先生的意见。但是《万言书》所提出的问题，在王安石的变法之中确实处于核心的位置。南宋的吕中说：“安石变法之规模，亦略见于此书矣。其大意则以立法度、变风俗为急。然安石谓先王之政法其意而已，而安石所立之法，则一一牵合于《周礼》，而略《关雎》《麟趾》之意，则其意果合先王乎？安石谓今之人才教之、养之、取之、任之皆非其道，而安石乃以《新经》《字说》坏未用之人才，以检正习学坏已用之人才，其果能得其道乎？至谓朝廷有所施为变革，一有流俗侥幸之人不悦则止而不能为，此后日勇于去君子，勇于塞人言，勇于任民怨，而为行新法之根本也！”[②]虽然这是在批评王安石未能用正道达成他的变法意见，却也认为王安石变法大体出于此书。清代陆世仪也认为：“荆公《万言书》，一生学问尽见于此。其书几万余言，大约以立法、任人为主，而归重于陶冶人才，大意俱本《孟子》。”[③]王安石的这种变法观，一方面出于他对北宋社会政治现状的认识，另一方面则出于他对理想中的完美秩序的认知。刘子健认为王安石属于理念型官员——有政治上的理论、主张和信念，有操守，不肯轻易放弃他们的理想；尽管会有一定的现实倾向，但仍然有比较高远的理想。[④] 本节已经分析了王安石对现实的看法，下一节将主要从王安石的政治理想着眼，去考察他整体的变法规划，及其与《孟子》的相关度。[⑤]

---

① 漆侠：《王安石变法(增订本)》，石家庄：河北人民出版社，2001，85～89页。

② 吕中：《类编皇朝大事记讲义》卷九，199页。

③ 陆世仪：《思辨录辑要》卷三十四，景印文渊阁四库全书本，第724册，328页。

④ 刘子健：《王安石、曾布与北宋晚期官僚的类型》，见《两宋史研究汇编》，117～142页。

⑤ 有关王安石对孟子精神方面的接契，参见拙文《王安石与孟子》，见《新宋学(第九辑)》，上海：复旦大学出版社，2020，302～314页。

第二节　王安石的变法理想与《孟子》

一、尧舜三代之治与王霸异道

熙宁元年四月初四日乙巳，神宗终于见到了歆慕已久的王安石。一见面，神宗就迫不及待地询问治国方略。当神宗问王安石“唐太宗如何”，想要以唐太宗为楷模，希望王安石辅佐他成为唐太宗那样的英主时，王安石给了神宗当头一喝：“陛下每事当以尧舜为法，唐太宗所知不远，所为不尽合法度。”他态度鲜明地指出治国要以尧舜三代为法，汉唐不足称道，更不足师法。神宗以为王安石“责难于君”，但这一高远的理想无疑打动了神宗，也就希望王安石能帮助他实现此宏伟目标。① 同年十月，讲筵讲毕之后，神宗与王安石讲论治道，神宗表达了如“唐太宗必得魏郑公，刘备必得诸葛亮”那样的期望，企盼能够得到魏徵、诸葛亮那样的“不世出之人”，对此，王安石又加以教谕：“陛下诚能为尧舜，则必有咎、夔、稷、卨；陛下诚能为高宗，则必有傅说。魏郑公、诸葛亮，皆有道者所羞，何足道哉！”②他再次向神宗表明尧舜三代才是治国的典范。于是，在王安石的强力推动之下，复兴尧舜三代之道成为此后变法的终极指向。

所谓复兴尧舜三代之道，并非王安石首先提出。实际上，历代君臣都颇以尧舜之治相期许。但作为一种声势浩大的运动，则兴自北宋中期。余英时指出，宋代的“回向三代”呼声在仁宗朝蔚为风气，并以尹洙、石介、欧阳修、李觏为例显示了这种意识的兴盛。但需要注意的是，在仁宗时期，“回向三代”与“比隆汉唐”基本居于同等地位③，由回向三代所推动的改革运动在庆历时期也是以由汉唐而上追尧舜三代为方向。比如，范仲淹虽否定欧静为滕宗谅所编唐制诰之文命名为

---

①　《长编纪事本末》卷五十九《王安石事迹上》，1042页。

②　《长编记事本末》卷五十九《王安石事迹上》，1045页。

③　邓小南：《祖宗之法——北宋前期政治述略》，北京：生活·读书·新知三联书店，2006，43～57、405～408页。

《唐典》，认为典者百代常行，只有尧舜可以称典，夏商尚未可以典名，何况唐代①，但这表明范仲淹视尧舜为最高标准，并不因此否定唐代的功烈。他以为唐之盛时制科得人为多，因此希望再仿唐制设此科②；建议复三代汉唐之制，命两府兼判③，都是要恢复唐代的制度。欧阳修认为“自三代之后，有天下莫盛汉唐”，“自秦以来，治世之主几乎三代者，唐太宗而已”④，更是对汉唐时代以及唐太宗这样的君主推崇备至。他们对于汉唐所达到的成就极为赞许，也将汉唐制度视作可以效法的治国典范。甚至王安石在嘉祐中所上《上仁宗皇帝言事书》中也以贞观之际为三王以来最盛之时。可以说，王安石主持变法之前的时代，在绝大多数士大夫眼中，汉唐与三代并非截然对立，不可调和。反之，由于唐代距离当今时代不远，典章法制历历可考，正应该首先以汉唐故事为法，然后才能进而逐渐恢复尧舜之道。尹洙的《进正[贞]观十二事表》可以说十分鲜明地表达了这一观点：“臣闻圣人鉴治乱莫如前代，然于世易考，于事易通，则莫若世数之相近者……臣以为方今宪法前古，宜在有唐。唐治之盛者，在于太宗。旧史具存，烂然可述。……窃惟圣心所慕，当追三代之盛，而诸儒称颂，亦谓比隆唐虞。贱臣区区，独以为政教威赏，未臻乎正观之治，辄取唐史官吴兢所录正观时事切于今者，得十二事以献。伏望陛下留神览观，详而思之，勤而行之，则正观之治不难企及。由正观以复三代，繇三代以至唐虞，岂远乎哉！”⑤

---

① 范仲淹：《范文正公文集》卷十《与欧静书》《与周骙推官书》，见《范仲淹全集》，薛正兴校点，南京：凤凰出版社，2004，210～214页。

② 范仲淹：《范文正公文集》卷九《上执政书》，见《范仲淹全集》，191页。

③ 范仲淹：《范文正公政府奏议集》卷上《奏乞两府兼判》《再奏乞两府兼判》，见《范仲淹全集》，501～510页。

④ 欧阳修：《冬居士集》卷四十八《问进士策四首》，见《欧阳修全集》，329、330页。

⑤ 尹洙：《河南先生文集》卷十八《进正观十二事表》。对于宋人以唐代为鉴戒而撰修唐代史事，可参见宋馥香：《论北宋的唐史编纂和政治诉求》，载《史学理论研究》，2006(3)。

方震华曾以“贞观之政”为线索，讨论了唐宋政治中治国典范的论辩。他认为，自唐中叶以来，唐太宗及其“贞观之治”成为统治者的治国典范，到仁宗朝之后则发生了较为明显的变化。一方面，儒者从礼乐、风俗等文化秩序的问题上对唐太宗提出了批评，如欧阳修、司马光；另一方面，因为与具体的政治形势相勾连，对贞观之政的评价和看法常常与党派之争纠结在一起，“贞观之政”与“尧舜三代”被形塑为两种相异的政治传统。① 当王安石以汉唐不足法，而期望神宗为尧舜时，对于政治典范的争议才真正被引入政治实践。尽管王安石在一些具体措施上也未能避免引用“汉唐故事”，但是，他所提出的，如桑弘羊、刘晏等的政策，一则表明自己所推行的新法并非有意立异，而是确实在历史上出现过②；二则如桑弘羊等人所施行之均输法，在王安石看来属于粗合《周官·泉府》之意③，提到他们不是为了说汉唐可法，而是要表明先王之法可以在现实中推行，其本质仍是在师法三代。

以尧舜三代为法，以上古至治为目标，在熙丰变法时期基本上是贯彻始终的。神宗时期的进士、诸科殿试策题可见一斑。包弼德对这些试题进行了分析，虽然他主要从制度下对皇帝的定位着眼，但他已经指出神宗、哲宗和徽宗都在追慕上古圣王(sage-king)。④ 唐虞三代

---

① 方震华：《唐宋政治论述中的贞观之政——治国典范的论辩》，载《台大历史学报》，2007(40)，19～55页。

② 之前如范仲淹、欧阳修都对桑弘羊、刘晏之理财能力表示过欣赏，而由于王安石的称扬，此后对他们的评价开始出现否定性声音，如陈襄《古灵集》卷八《论三司条例乞行均输法札子》(景印文渊阁四库全书本)即指出桑弘羊之政策为“榷利之术”，非“仁术”，故不足取。言财利不为士大夫所认可，针对的是王安石，其原则恰恰又是《孟子》的义利之辨。范纯仁即指责王安石“言财利则背孟轲”，见《续资治通鉴长编拾补》卷五，222页。

③ 《皇朝编年纲目备要》卷十八，416页。

④ Peter K. Bol, “Emperors Can Claim Antiquity Too: Emperorship and Autocracy under the New Policies,” in *Emperor Huizong and Late Northen Song China: The Politics of Culture and the Culture of Politics*, edited by Patricia Buckley Ebrey and Maggie Bickford, Cambridge: Harvard University Press, 2006, pp. 173-205.

之治如何能够实现是神宗向举人所反复询问的问题，也是神宗萦绕于心的理想所在。王安石对于汉唐的贬斥，对于三代的仰慕，都为神宗所接受，并直接体现在政治追求上。王安石退位以后元丰五年的进士策题称“秦汉以来，无足称者”①，就显示了三代之治作为变法的核心目标，已经深入神宗时的整体政治理念之中。再看反变法派掌权时元祐六年的进士殿试策题：“尝闻汉兴四十余年，孝文专用德化，遂能移风易俗，兴于礼义，断狱数百，几至刑措。章帝继建武、永平之政，事从宽厚，人赖其庆，郡国所上符瑞，合于图书者数百千所，呜呼盛哉！”②政治典范的差异截然可见。那么，高扬恢复尧舜三代之治，不以汉唐为可法的政治理念，就不能不说是由王安石引入变法，并强化在政治实践中的。

对于尧舜三代与汉唐所以不同者何在，王安石并没有详细说明。他不过称唐太宗“所知不远，所为不尽合法度”，魏徵、诸葛亮为“有道者所羞”，要之以汉唐之君臣为不知道，不能建立法度，也就没有建立尧舜三代那样完美的社会政治秩序。所谓尧舜三代之道，实际上就是王道。王安石以理财为先，指出此为孟子所言“王道之始”，批评程颢未达“王道之权”③，曾布对神宗称“臣自立朝以来，每闻德音，未尝不欲以王道治天下”④，都显示出变法之意在兴王道。唐中叶以来，对于皇帝王霸之道分别的讨论开始热烈起来，至北宋中期，尤其在王安石执政前后则集中于王道与霸道的争辩。所谓王霸之辨亦由王安石开始成为学者中一个重要的讨论问题。⑤

王安石有《王霸》一文，撰作时间不详。该文从用心的角度指出王

① 《宋会要辑稿》选举七之二四。

② 《宋会要辑稿》选举七之二六。

③ 《长编拾补》卷五，254、236页。

④ 《续长编》卷二百五十二，熙宁七年四月甲申条，6159页。

⑤ 宋代关于王霸之辨的大体情形，可参见周淑萍：《两宋孟学研究》，第七章第一节“王霸之辨”，北京：人民出版社，2007，322～343页。田浩则借对“霸”概念的分析来呈现宋代儒者内部的不同倾向，参见[美]田浩：《功利主义儒家——陈亮对朱熹的挑战》，姜长苏译，南京：江苏人民出版社，1997，34～39页。

道与霸道在本质上的不同。[1] 王者之心并不是有目的地去行仁义礼信之事，以求得天下人的归化，而是自然而然去做，是发自内心的自然流露。仁义礼信首先是王者个人内在的德行，表现在政事上就是仁义礼信之政。霸者则是出于求利之心，知道行仁义礼信之事可以得到民众的拥戴，所以有意识地去使自己的行为合乎仁义礼信之道。仁义礼信对于霸者来说是外在的规定，而非内心的本然。要言之，出于仁义之心者为王道，出于利心者为霸道。因为这种心的差别，表现在行事上就会有差异。他举齐桓、晋文为例，指出霸者囿于信之虚名，实际上并没能按照心之所发而行事。齐桓之归地，晋文之退兵，都只是为了向人显示自己的信用，为了使自己拥有讲信的名声。王安石认为如果出于王道，那么就可以不归地、不退兵。就此而言，只要出于仁义之心，那么就可以“言不必信，行不必果”，关键在于心上。因此，王安石主张法先王要法其意，而不是在迹上求同，这也与王安石“权时之变，惟义所在”的思想是一致的。由这种心异，事异，最终的结果就是功异。王者可以使天下之民各遂其性，各安其生，各得其治；而霸者则不能广惠于天下。

关于王霸之辨的一个重要主题是对管仲的评价。庆历士人中，范仲淹曾称赞管仲“能攘戎狄，保华夏，功高当时，赐及来代”[2]；欧阳修从君主专任的角度赞许齐桓公之用管仲，刘备之用诸葛亮，认为他们可以令出而民愿行[3]。对于管仲的功业，王安石并不否定，反倒是持积极赞许的态度。但同时，他也赞同孔子对管仲“小器”的评价，根据是孟子所论说的“不能正己而正物”，算不上大人，也就是说，在“正己”即个人德行的修养与完善上是有欠缺的。己身不正，也就无法“正物”[4]，

---

① 王安石：《临川先生文集》卷六十七，1216～1217页。对于王安石“王霸论”的讨论，可参见王明荪：《王安石》，第六章一“王霸论”，台北：东大图书股份有限公司，1994，120～139页；夏长朴：《王安石思想与孟子的关系》，载《江西文献》，1986(125)。

② 范仲淹：《范文正公文集》卷九《上执政书》，见《范仲淹全集》，193页。

③ 欧阳修：《居士集》卷十七《为君难论上》，见《欧阳修全集》，127页。

④ 王安石：《临川先生文集》卷七十二《答韩求仁书》，1291～1292页；《答王深父书》，1297页。

王道也就无由实现了。

以心来判别王霸，王安石的思路无疑来自孟子所言“尧舜，性之也；汤武，身之也；五霸，假之也”①。孟子劝人君行王道，言必称尧舜，而对齐桓、晋文持强烈的抨击态度，就是要从根本的人心处入手，希望君主抛弃争霸的企图，以实现王道为目标，以安天下为职志。王安石贬抑汉唐，劝神宗行尧舜之道，正与孟子相同。而且，他也如孟子一样从君心处着手。王安石入朝之初即告诫神宗以讲学为先，之后也多次以道理“教导”神宗。熙宁二年年初为参知政事后，王安石上《进戒疏》，希望神宗能远离声色玩好，“精于用志”，“明于见理”，从而能够辨别君子小人，然后便可以很容易地使法度行而风俗成。② 顾栋高以为“公此疏，俨然以周公、召公自处”③，意思是说王安石如同周公、召公教导周成王一般，在以师保的身份教导宋神宗。从王安石所以自处者来看，说他似周、召并不为过。作为师而言，关键在于使君主知“道”，并对君主的过失有所规正。孟子云：“惟大人为能格君心之非。”王安石的进戒也是力图在君主的心术上着手。王霸之辨在于用心的不同，而实现王道的关键在于君主扩充自己的仁心。王安石请神宗以讲学为先，在执政后又将自己的学生和儿子送进经筵为神宗讲解道德性命之理，都是要使神宗通过对王安石的学术的学习和领悟，在个人的德性上达到古代圣王的境界。先修身，然后就可以向外表现于治国平天下上。内在的德性得到完善，仁义礼信成为君主在内心本源处认同的价值，那么出于此心就可以实现王道。由是，王安石乃将“心术政术绾合到一起，修身正心与治国平天下一以贯之，这一说，遂为以后学者所遵循”④。

总之，王安石之变法，是以恢复尧舜三代之治为最高目标，同时以为汉唐不足师法，体现了孟子的尊王贱霸之说。而以用心之异辨别王霸，使王安石重视在宋神宗的心术上打磨用功，希望神宗能够自觉

---

① 焦循：《孟子正义》卷十三《尽心上》，544 页。

② 王安石：《临川先生文集》卷三十九，771～772 页。

③ 顾栋高：《王荆国文公年谱》卷中，见《王安石年谱三种》，77 页。

④ 钱穆：《宋明理学概述》，18 页。

地认同王安石所代表的先王之道，修养出能够实现王道的“仁心”。在此基础之上，王道也就有了实现的可能。

二、变风俗，立法度：“徒善不足以为政，徒法不能以自行”

在北宋中叶的现实环境之中，究竟如何才能复兴尧舜三代的宏伟理想，要采取怎样的策略或者指导原则？王安石给出的答案是“变风俗，立法度”。

熙宁二年王安石为参知政事以前，王安石与宋神宗多次在经筵之后单独讨论治国方略。对于现状，王安石指出当前的核心问题是“天下风俗法度一切颓坏”。宋神宗急切地想要扭转这种局面，他询问王安石：“不知卿所施设，以何为先?”王安石对曰：“变风俗，立法度，方今所急也。”①熙宁三年二月在《答手诏封还乞罢政事表札子》②中王安石说，“陛下初访臣以事，臣即以变风俗、立法度为先。今待罪期年，而法度未能一有所立，风俗未能一有所变，朝廷内外，诐行邪说乃更多于乡时，此臣不能启迪圣心以信所言之明效也”③，也明白地显示出王安石之变法以“变风俗、立法度”为核心。可以说，这两者是王安石主持变法期间，始终贯彻的核心要义。各种具体政策都在这两项原则的指导下展开，而各项政策也大体都可以归结到这两项上来。④

---

① 《长编纪事本末》卷五十九《王安石事迹上》，1045页。《续宋编年资治通鉴》记此在安石为参知政事之时，其言作“变风俗，正法度，最方今急务也”，见《长编拾补》卷四，154页。

② 是年二月，因推行青苗法遭朝臣反对，神宗有从人言之意，安石乃家居请罢政事。此文沈钦韩言作于为参政时（沈钦韩：《王荆公诗文沈氏注》，香港：中华书局香港分局，1977，170页），蔡《谱》系于熙宁三年，是也。文中言“待罪期年”，正当在熙宁三年。

③ 王安石：《临川先生文集》卷四十四《答手诏封还乞罢政事表札子》，831～832页。

④ 帅鸿勋《王安石新法研述》（台北：正中书局，1982）中亦以变风俗、立法度为统摄整个新法之原则，然其以为新法之中心目标为富国强兵，笔者不能赞同。在笔者看来，恢复尧舜三代时的理想政治才是王安石变法的根本目标，富国强兵只是在具体形势之下的应对举措，它仅可以说是实现三代之治的一个侧面。三代之治的核心精神在于以道德性命之理平治天下。或者可以说，富国强兵是手段，而非目的。

何谓“风俗”？何谓“法度”？

王安石文集中有《风俗》一文，讨论的是民众生活中间的奢侈或者俭朴问题①，但在王安石的其他论述中，风俗并不是指类似于所谓民风的含义，而是士风，即主要在于士大夫之间的风气。这里面又可分为两个层次。一是要使士大夫有行义，也就是今天所说的个人的道德节操。王安石向宋神宗阐述变风俗时称：“凡欲美风俗，在长君子，消小人，以礼义廉耻由君子出故也。《易》以泰者通而治也，否者闭而乱也。闭而乱者，以小人道长；通而治者，以小人道消。小人道消，则礼义廉耻之俗成，而中人以下变为君子者多矣。礼义廉耻之俗坏，则中人以下变为小人者亦多矣。”②这就是要神宗通过进君子、退小人的方式，改变当时士大夫的奔竞浮薄之风，使士大夫能够知礼义廉耻，明出处进退之义，从而提高士大夫的道德水平，塑造出一个在道德上为全社会表率而可以较好治理国家社会的阶层或群体。二是要使士大夫能够明了圣人的真义，所针对的对象乃是他所谓“流俗”。由于王安石对于自身学术的自信，他将反对派一概斥作流俗，而与自己和先王之典对立起来。他认为他所说的先王之道就属于“流俗之所不讲”，而常“为流俗小人所毁”。③ 在王安石的眼中，流俗随顺了普遍的社会风气，没有领悟先王之道，不知道如何才是正确的言行——一言以蔽之就是学术不正。正因为不明白先王的道德性命之理，流俗才会对王安石的所作所为及其所推行的政策呶呶不休。作为社会核心力量，作为政治主体的士大夫，行义不修，学术不明，就无法担负起治理国家的重任，更无法推动社会政治变革以实现尧舜三代之道。尤其在变法的过程中，反对声此起彼伏，王安石认为士大夫不理解他的用意所在，很多官员也就不能将他的法令付诸实践。法度本身是由人去实行的，王安石所建立的法度，更需要由明了他这些法度精神的士大夫去推行。

---

① 王安石：《临川先生文集》卷六十九《风俗》，1250～1251页。

② 《长编纪事本末》卷五十九《王安石事迹上》，1045～1046页。

③ 王安石：《临川先生文集》卷三十九《上仁宗皇帝言事书》，768页；卷四十四七《答手诏封还乞罢政事表札子》，831～832页。

“自官属至于官刑，皆法而已，徒法不能以自行，必得人焉为上行法，然后治成；听官府之六计，则所以进群吏，使各致其行能为上行法也。”①没有明于先王之道的人才，法令就无法贯彻下去，治道也就无由实现。于是，为了推行变法，王安石就把改造士大夫学术——变风俗放在了首要的位置。改革贡举，建立三舍法，撰写颁行《三经新义》，其目的都是要在朝廷之上统一思想，使士大夫群体都能够与王安石处于同一道德风俗之中，这样就可以消泯反对的声音，法度就能够顺利推行，尧舜三代之治也可由此而实现。

“法度”，乃是指朝廷的礼乐刑政、典章制度，既要在制度上体现先王之道，也要在施行上贯彻先王之意。王安石在《上仁宗皇宗言事书》中就批评当时朝廷“不知法度”，典章制度“多不合乎先王之政”，从而导致内忧外患不断。用孟子的话来衡量，就是“有仁心仁闻，而泽不加于百姓者，为政不法于先王之道故也”②。法度对于安定、完善社会政治秩序来说，无疑具有重要意义。反过来说，所谓讲求法度，就是要使现实的典章制度合乎先王之政。要强调的是，一方面，王安石的法先王之政，重点在于“法其意”，即在根本上师法先王之道，然后根据时势的不同，采取相应的法度，这样也就是法先王之政了。另一方面，从现实来说，先王之意并不容易领悟，作为一种抽象的形而上的道，它本身很难为人所了解，而要通过实际的法度显现出来。“是故先王之道可以传诸言、效诸行者，皆其法度刑政，而非神明之用也。”③在核心原则一致的情况下，当今之法度与先王之法度也就具有同等的效用，尽管在形式上可能有所不同，但也仍然属于先王之法度。当在法度上恢复古道，并贯彻下去，也就可以实现尧舜三代之治。《材论》中说：“天下法度未立之先，必先索天下之材而用之，如能用天下之材，则能复先王之法度。能复先王之法度，则天下之小事无不如先王

① 程元敏：《三经新义辑考汇评(三)——周礼》，20页。

② 王安石：《临川先生文集》卷三十九《上皇帝万言书》，750页。

③ 王安石：《临川先生文集》卷六十六《礼乐论》，1201页。

时矣，况教育成就人材之大者乎?”①可见在王安石看来，恢复施行先王的法度，不仅在大纲大业上能复兴先王之治，甚至在各种小事、细节方面也能如三代一般完美。于是，法度也就被王安石提高到非常核心的位置。“盖君子之为政，立善法于天下，则天下治；立善法于一国，则一国治；如其不能立法，而欲人人悦之，则日亦不足矣。”②没有好的法度，就完全无法实现好的社会政治。他在《周礼新义》中将“大宰”一职“掌建邦之六典”“以八法治官府”“以八则治都鄙”的典、则、法连在一起进行解释，将这三者都视作大宰辅佐王治国的法度，其义云：

> 典之字从册从丌，从册，则载大事故也；从丌，则尊而丌之也。则之字从贝从刀，从贝者，利也；从刀者，制也。法(灋)之字从水从廌从去，从水，则水之为物，因地而为曲直，因器而为方圆，其变无常，而常可以为平；从廌，则廌之为物，去不直者；从去，则法将以有所取也。然则典则法，详略可知矣。王之治邦国，则班常而已，故以典；典言其大常也。治都鄙，则使有所揆焉，不特班常而已，故以则，使有所揆焉者也。治官府，则悉矣，故以法；法则事为之制，曲为之防，非特使有所揆而已。③

典、则、法虽然在内外轻重上略有分别，但都是治国的法度，也是大宰最重要的职责。“夫圣人为政于天下也，初若无为于天下，而天下卒以无所不治者，其法诚修也。”在周代，周公这位大圣人能辅佐成王实现至治，是因为他建立了完善的法度。王安石自己主导朝政，也是在以周制为法，以立法度为指导原则。在主持朝政之后，他陆续颁布推行了均输法、青苗法、农田水利法、保甲法、贡举新制、募役法、太

① 王安石：《临川先生文集》卷六十四《材论》，1171页。
② 王安石：《临川先生文集》卷六十四《周公》，1164页。
③ 程元敏：《三经新义辑考汇评(三)——周礼》，17页。

学三舍法、市易法、保马法、方田均税法等各项法令①，都在国家层面订立了稳固的制度，即都属于“立法度”之事。在王安石看来，这些都是在君主的仁心之下推行的仁政，是尧舜三代之治得以复兴的保证。

王安石变法之名为“变法”，自然是以变革法度为主要内容。王安石自己说要改变那些不合先王法度的祖宗旧制，反对派也指责王安石坏了祖宗的良法美意。就王安石而言，法度并不仅仅是刑政律令，作为它所要恢复的先王之法度，它也同样体现着先王之道。也就是说，王安石所建立的法度是先王之道在当代政治上的反映。陈寅恪称：“晋以后，法律与礼经并称，儒家周官之学说悉采入法典。夫政治社会一切公私行动，莫不与法典相关，而法典为儒家学说具体之实现。故二千年来华夏民族所受儒家学说之影响，最深最巨者，实在制度法律公私生活之方面。”②就王安石之变法理想而言，即是要以《周礼》作为法典，在制度层面贯彻三代圣王的政治理想。他对于现实政治制度，包括处理政事的律法，都保持着高度的重视。他不仅重视制度本身的设置，更注意制度的内涵，以一套义理系统贯穿制度的各个层面，使制度不单单是应对现实需要的设计，也是天道人道的具体显现。这种倾向在《三经新义》中颇有反映，上引王安石对典、则、法的解释就是，下面再略举数例：

解《周礼·天官》云：“设官分职，内以治国，外以治野，建置在上，如屋之极，使民于是取中而芘焉，故曰‘以为民极’。极之字从木从亟，木之亟者，屋极是也。”③极好像房子最高的横梁一样，既是最高之处，又是房子稳固中正与否的标准。现实政治也与此一样，由君主作为(皇)极，民众则向君主看齐，取则于君主订下的标准。

解《周礼·天官·内司服》王后之六服云：“素质，义也；青质，仁

① 简明的新法颁布次序，可参见侯外庐主编：《中国思想通史》(第 4 卷上)，431～433 页。

② 陈寅恪：《冯友兰中国哲学史下册审查报告》，见《金明馆丛稿二编》，283 页。

③ 程元敏：《三经新义辑考汇评(三)——周礼》，4 页。

也；五色皆备成章，礼也；地道尚义，故后服袆衣为上，揄狄次之。”①章服的仪制、颜色都有仁义之理蕴含于其中，选择不同的颜色意味着它所应当表现出不同的德行。

解《周礼·春官·内史》云：“夫上下之分，有道揆，有法守；大宰有八柄诏王驭群臣者，明道揆于上，而所掌者，非特法守而已。内史掌王八枋之法，以诏王治者，谨法守，而下而道揆有不与也。谓之八枋之法，则其所掌者法而已，谓之王之八枋之法，则法当自王出故也。枋亦柄也。大宰言八柄，则以道揆者操之，而惟我所为，阳之正也。丙之阳，有时也，有方也；其执为有方，其释为有时矣。内史言八枋，则以法守者，其执为有方矣，非若阳之正、能执而能释也。大宰言诏王驭群臣，则疾徐进止制于上，而大宰有同于君道故也。内史言诏王治，而不言群臣，则以内史者，有司之事，而治则在王；于驭群臣，非所宜矣。”“上以道制之，下守以为法；上以命使下，下禀以为令。”②

在这里，王安石构筑了一个完美的社会政治秩序：君主是整个社会的核心，明于天人之道，并以之制定法度。大宰以道辅佐君主，同于君道。其他臣子则以奉行君主和大宰所建立的法度为职事，以这些体现着天人之道的法度治理国家和民众，使民众上同于君主之德，然后天下就可以实现至治。《周礼》的制度就是这种秩序的反映，王安石推行的法令制度，以《周礼》为基本的依据，其原因也正在于此。③

之前范仲淹、欧阳修的改革，重点在于官僚制度的合理运转，司马光实际上也是在这一脉络下强调改进现有的政治秩序。而王安石的

---

① 程元敏：《三经新义辑考汇评(三)——周礼》，172页。

② 程元敏：《三经新义辑考汇评(三)——周礼》，381～382页。

③ 土田健次郎认为，王安石对《周礼》的重视，在于《周礼》本身的体系性正好反映了王安石所重视的制度在本质上所具有的体系性。他指出王安石的制度论包含了一种伦理性的主张：把握整体，而恪尽一部分职守。窃以为土田健次郎过于强调了王安石对于体系性的关注，在笔者看来，王安石对制度背后所反映的天人之道更为重视。他确实重视《周礼》对制度的完整设计，因为这种设计是天人之道在实际政治制度上的反映，他衡量的标准不在体系性，而在“道”和“理”。土田健次郎之说，参见[日]土田健次郎：《道学之形成》，第六章第一节，318～352页。

理想，在于以体现着道德性命之理的法度贯穿整个社会。因为制度有了“道”和“理”上的依据，出于不得不然，而非外在的约束与强制，那么，制度中的官员就是在守“道”、按“理”行事。贯彻制度、施行法令本身也就成为一种“变风俗”的过程。变风俗和立法度并没有何者为先、何者为后的次序问题，而是相辅相成，同时并立的。在建立推行法度中改造士风，并用一种制度上的保证来维持；而使士大夫风俗淳厚，明于先王之道又是为了能够建立和更好地推行法度。变风俗与立法度是紧密相连、绾合在一起的。从王安石变法的核心原则来看，包弼德认为，在王安石的构想中，政府与社会、政策和道德是统一的①，也正是这个意思。

总之，王安石一方面要建立本于仁义之心、先王之道的法令制度，另一方面要改造推行法度的士大夫的学术，培养人才。此即其所构造的自己变法的核心原则——变风俗，立法度。

第三节　理财问题与王安石对《周礼》《孟子》的利用

上文已经表明，王安石认为本于先王之道而可考见的法度在《周礼》中有集中的体现，那么，在具体的变法过程中，王安石也主要地根据《周礼》中的记载来建立推行法令。可是，他之本于《周礼》推行的法令，却大多集中在财政政策方面，甚至说“一部《周礼》，理财居其半”②。蒙文通视王安石变法偏重理财③，梁庚尧通过对市易法的深入分析指出，新法中的青苗、免役、市易诸项“是以社会政策而兼收财政政策的效果”，但“由于新法具有财政政策的特色，所以在施行的过程中，便不免以财政的考虑为先，使得实行的结果与原初立法的理想颇

---

① ［美］包弼德：《政府、社会和国家——关于司马光和王安石的政治观点》，李钟涛、刘建伟译，见［美］田浩编：《宋代思想史论》，111～183页。

② 王安石：《临川先生文集》卷七十三《答曾公立书》，1306页。

③ 蒙文通：《北宋变法论稿》，见《蒙文通文集》第五卷《古史甄微》，402～473页。

有差距”。[①] 也就是说，理财成了王安石所行新法的主要问题和直接目的。

理财在王安石的《上仁宗皇帝言事书》中并不是主要的问题，只是在讨论对于人才的养之之道方面批评了当时的治财无道。可是到了他主持变法之时，理财又似乎变成了一个核心问题，那么事实是否真的如此呢？假如是的话，原因何在？

宋代的赋税负担远较唐朝为重，但支出更为庞大。真宗以后，随着三冗的日益加剧，国用不足成为困扰皇帝的一件大事，皇帝常常要从内藏库拿钱出来缓解朝廷的财政压力。[②] 神宗继位之初，即每以理财之事挂怀于心。熙宁元年(1068)三月癸酉朔，谓文彦博曰：“当今理财最为急务，养兵备边，府库不可不丰，大臣共宜留意节用。”[③]六月丙寅，命司马光、滕甫同看详裁减国用制度。[④] 九月丁酉，诏三司裁定宗室月料、嫁娶、生日、郊礼给赐。[⑤] 十月丙午，问讲读官富民之术。[⑥] 可见宋神宗对于财用问题的关注。

在这种情形之下，王安石想要贯彻他的变法主张，首先就需要对

---

① 梁庚尧：《市易法述》，见《宋代社会经济史论集》(上册)，104页。

② 程民生早已指出，北宋之“积贫”在于各部门流通不灵造成的局部短缺，毋宁说是“积弊”，而非真正的财用不足，参见程民生：《论北宋财政的特点与积贫的假象》，载《中国史研究》，1984(3)。冀小斌进一步指出，王安石变法之前，一则皇帝内藏库可补三司用度不足；二则北宋君臣为某种政治目的会夸大资金不足的严重性，所谓“国用不足”问题实际上只是在制度上三司财用不足，而非整体的财政紧张。参见冀小斌：《北宋积贫新解——试论“国用不足”与王安石新法之争》，见周质平、Willard J. Peterson 主编：《国史浮海开新录——余英时教授荣退论文集》，台北：联经出版事业股份有限公司，2002，283～300页。如此说成立，那么，神宗之重理财，实际上更在于保证皇帝内藏库的储蓄以为收复西、北之用，并有加强皇权之意。后来神宗于内廷积内帑五十余库，益可见神宗之意矣。又冀氏之文亦已同时指出反对王安石开利源者何以没有解决“国用不足”问题之紧张感。

③ 《宋史全文》卷十一，李之亮校点，哈尔滨：黑龙江人民出版社，2004，550页。

④ 《长编拾补》卷三上，104页。《宋史全文》卷十一，552页。

⑤ 《长编拾补》卷三下，132页。

⑥ 《长编拾补》卷三下，134页。《宋史全文》卷十一，556页。

于神宗所关切的理财问题有解决之道。熙宁元年，宰相等请求在南郊礼毕之后免受赐予，由此引发司马光与王安石对于理财的争论。司马光认为理财当以节流为主，可以先减半赐予，然后借此机会开始减损浮费。王安石则认为支出不是问题，关键在于得理财之人以开源。最终的结果是神宗虽然赞同司马光节流之说，却采用了王安石的意见，不许宰辅罢赐银绢的请求。对宰辅的批答为王安石所作，其中说："方今生齿既繁，而赋入又为不少，理财之义，殆有可思，此不之图而务自损，祇伤国体，未协朕心。"①从最终的选择可以看出，在神宗看来，节流并不能解决财用匮乏的问题，尤其是他所萦怀的对契丹的复仇之战，更需要大量经费，这些不是单靠节约开支就能省出来的，而是要广开利源，为日后的军费提供强有力的支持。当时只有王安石迎合了这种主张，指出只要有善于理财的官员，国用不足的问题很容易解决，并不是什么大问题。在这次论争之后，宋神宗接连在经筵讲读结束之后单独留下王安石②，虽不知具体讨论什么内容，但很有可能是被王安石的这种理财观念打动，而主动向王安石寻求解决之方。王安石对理财问题的意见，与他在《上仁宗皇帝言事书》中的提法并无不同，但在《万言书》所反映的变革观念中，它只是无关大局的细枝末节。但现在，迫于神宗的现实需求，王安石却不得不将理财首先提上了变法日程。

在被任命为参知政事的二十四天之后，以理财为核心任务的制置三司条例司宣告成立，王安石当仁不让地主管其事。③ 在《乞制置三司条例》中，王安石指出："盖聚天下之人，不可以无财；理天下之财，不可以无义。"④理财是为了能够"聚天下之人"，也就是为了有足够的

---

① 《长编拾补》卷三下，123～127 页。

② 《长编拾补》卷三下，127 页。王安石作不允之批答在八月十三日癸丑，十四日甲寅、二十三日癸亥，神宗皆独留安石与语。

③ 《长编拾补》卷三下，熙宁二年二月甲子条，155 页。其授参知政事在三日庚子。

④ 王安石：《临川先生文集》卷七十，1261 页；《王文公文集》卷三十一作《乞制置三司条制》，364 页。

财力以支撑对天下士人的优惠待遇，这与他在养士之道中谈理财是一致的。熙宁四年，王安石曾对神宗说，“今所以未举事者，凡以财不足，故臣以理财为方今先急。未暇理财，而先举事，则事难济”①，也在强调理财为先是因为没有足够的财力支撑，事情就办不成。从根本上来说，王安石的目标在后面的“举事”，理财是为“举事”即实现他的变法理想提供经济基础。这样，王安石就为他迎合神宗对于财用的关注找到了借口。

接下来让我们考察一下以理财为目标的诸项新法的发起人或者来源：

青苗法，依陕西青苗法施行，盖出于仁宗时陕西转运使李参，王安石知鄞县时亦曾施行，而最后之得以推行则赖于河北转运司干当公事王广廉。②

免役法，仁宗景祐中，已有募人充役，及令民输钱免役之法在地方施行。③ 司马光也曾提出衙前之役当募人为之。④ 王安石此法亦非创见。

市易法，初始于王韶建议行缘边市易，又经魏继宗上言，而其根源实在于汉代的平准法。之前施行的均输法与市易法用意相同，梁启超疑后来均输法之废罢因其效已蕴于市易法之中。他并指出其法始于桑弘羊，至刘晏而完密，王安石实际上师法其制。⑤

这三项最主要的理财政策几乎都不是出于王安石个人的规划与独

---

① 《续长编》卷二百二十，熙宁四年二月庚午条，5351 页。

② 帅鸿勋：《王安石新法研述》，88～91 页。

③ 帅鸿勋：《王安石新法研述》，151～152 页。

④ 司马光：《温国文正司马公文集》卷二十三《论财利疏》。

⑤ 梁启超：《王荆公》，见《饮冰室合集》第五册专集之二十七；梁庚尧：《市易法述》，见《宋代社会经济史论集》（上册）。梁氏怀疑魏继宗乃秉承安石之意上书，窃以为一则并无直接证据，二则以王安石一往无前的态度，恐怕未必需要假手于人而不自发其议。后来因为免行钱等问题，魏继宗与王安石支持的吕嘉问、吕惠卿发生争执，虽主要出于政治斗争，亦未始不有市易之行违背其最初设计之意。（《长编纪事本末》卷七十二，1268～1278 页）故此仍将魏继宗视作市易法的主要创始人。

创。这里当然不是说王安石主持变法就要使每一项都出于他的创造而脱离他所处的时代背景与其个人的学术思想结构，但是，就理财政策而论，仍可以看出它们并非王安石所关注的核心问题。他之推行这些政策，更可能在神宗的迫切需求之下，而这些政策又恰好符合他的理财观念。后来哲宗初苏辙攻击吕惠卿时曾说："安石山野之人，强狠傲诞，其于吏事冥无所知。惠卿指擿教导，以济其恶。青苗、助役，议出其手。"①又称："自熙宁以来所为青苗、助役、市易、保甲、簿法，皆出于惠卿之手。"②其后《东都事略》也称："方是时，建青苗、助役、水利、均输之政，置提举官，行其法于天下谓之新法。一时奏请，皆惠卿发之。"③"青苗、助役，皆布与吕惠卿建议。"④虽然这些都是从攻击吕惠卿、反对新法的角度发论，却也可见各项政策多非王安石所创立。因此顾栋高说："公创行新法十八事，就其中出公独见者，只进士罢诗赋而创立经义，武举黜墨义而专尚勇力，此皆儒者正论。至保甲、保马，亦先王寓兵于农之意。其余皆小人迎合附会而成，如青苗钱沮于苏子由而成于王广渊(当为王广廉)，均输由于薛向，市易起于王韶。"⑤笔者以为，至少就理财诸政策而论，王安石并非始作俑者。而在朝廷围绕理财发号施令之时，王安石也不忘强调人才、风俗的重要性。制置三司条例司成立不久，当神宗问起情形如何之时，王安石就宣称，"然今欲理财，则须使能，天下但见朝廷以使能为先，而不以任贤为急；但见朝廷以理财为务，而于礼义教化之际，有所未及，恐风俗坏，不胜其弊。陛下当先验国体，有先后缓急"⑥，明确表明选任贤

---

① 苏辙：《栾城集》卷三十八《乞诛窜吕惠卿状》，844 页。

② 苏辙：《栾城集》卷三十九《再乞罪吕惠卿状》，853 页。

③ 《东都事略》卷八十三《吕惠卿传》，535 页。

④ 《东都事略》卷九十五《曾布传》，621 页。

⑤ 顾栋高：《王荆国文公年谱》卷中，见《王安石年谱三种》，94 页。

⑥ 《长编拾补》卷四，171 页。注称《纪事本末》系于熙宁二年三月二十一日戊子，《宋史全文资治通鉴》系于二十五日壬辰，要皆在制置三司条例司成立不足一月之际。陈瓘《四明尊尧集》卷五《理财门》对王安石《日录》中不赞同只言理财，而注重讲学、变风俗等的言论颇有撷取。

才、教化士风乃是在理财之上的要务。那么，综合来看，理财只是王安石在神宗要求下的权宜之策，并非其变法主旨。

既然要应对神宗富国的强烈需求，而王安石又不以理财为其变法的核心要义，那么二者之间的冲突就需要弥合。他就不得不寻求理财的合理性，要在历史、经典中寻求理论依据。这既是为神宗提供理论支持，以增强其继续变法的信心，也可以借此堵异议者之口。

在《乞制置三司条例》中，王安石就首先强调了理财问题在先王之法中的地位："窃观先王之法，自畿之内，赋入精粗，以百里为之差，而畿外邦国，各以所有为贡，又为经用通财之法以懋迁之。其治市之货财，则亡者使有，害者使除；市之不售、货之滞于民用，则吏为敛之，以待不时而买者。凡此非专利也。"①其意在表明理财也是恢复尧舜三代之治的一个方面。在此他所提出的所谓"治市"之法，与《周礼·地官·泉府》几乎如出一辙。《泉府》云："泉府掌以市之征布，敛市之不售。货之滞于民用者，以其贾买之物楬而书之，以待不时而买者。买者各从其抵，都鄙从其主，国人、郊人从其有司，然后予之。"②王安石的根据正在于此。既然周代之时已经实行过这种政策，那么它即是符合先王之意的。当前去恢复这种制度无疑也是在具体的法度上复古。对于他主持施行的诸般法令，王安石都尽量在经典或历史上找到依据。"若三法(免役、保甲、市易)者，可谓师古矣。然而知古之道，然后能行古之法，此臣所谓大利害者也。盖免役之法，出于《周官》所谓府、史、胥、徒，《王制》所谓'庶人在官'者也。……保甲之法，起于三代丘甲，管仲用之齐，子产用之郑，商君用之秦，仲长统言之汉。……市易之法，起于周之司市，汉之平准。"③各项政策在《周礼》中都已出现或萌芽，而不是王安石自我作古。

在变法期间，面对着纷扰的反对攻击之声，新法与《周礼》相符是王安石与之抗衡的重要资本。施行青苗法后，朝野士大夫异议纷然，

① 王安石：《临川先生文集》卷七十，1261页。

② 《周礼注疏》卷十五，见阮元刻：《十三经注疏》，738页。

③ 王安石：《临川先生文集》卷四十一《上五事札子》，795页。

如范镇以之为盗跖之法，说这是皇帝在开课场以与民争利。对此，王安石言："镇所言天子开课场，若非陛下明见《周礼》有此，则岂得不以为愧耻？前代人主几人能以《周礼》决事？所以流俗之言常胜也！"①《周礼》中的记载避免了皇帝的尴尬，而能够根据《周礼》行事，甚至成为神宗超越前代君主以追迹尧舜三王的圣明所在。随后，作为三朝老臣的韩琦也上书反对，这引起了神宗的重视。当此之际，王安石再次对神宗宣称："陛下修常平法，所以助民。至于收息，亦周公遗法也。且如桑弘羊，笼天下货财以奉人主私欲，游幸郡国，赏赐至数百万，皆出均输，此乃所谓兴利之臣也。今陛下广常平储蓄，抑兼并，振贫弱，置官为天下理财，非以佐私欲，则安可谓之兴利之臣乎？"上曰善②，表明神宗确实为王安石这种借经义以指导政事的统治术所打动。因此，虽然有所动摇，但神宗最终不许安石离朝，继续任用他主持变法。《实录》中的《王荆公安石传》中说："至议变法，上未尝不疑，在廷臣交执不可，安石傅经义，出己意，辨论辄数百言，众人不能诎。"③王安石通过他对经典的诠释以与异议者辩难，从而保证了新法的继续推行。

在他亲自撰写的《周礼新义》中，王安石常常将他的变法观念贯通其中以"为新法之地"。④"一部《周礼》，理财居其半"，王安石也需要在《周礼新义》中阐发这种理财思想与政策的合理性。其实，就《周礼》本身而言，其中确实有相当多与理财相关的官职。徐复观认为《周官》有三大支柱：组织体、赋役制度和刑法制度。⑤有关赋役制度方面的内容就恰恰可以为王安石所用，成为他理财理论的依据。比如，《天

① 《宋会要辑稿》食货四之　八至　九。

② 《宋会要辑稿》食货四之二〇。

③ 杜大珪：《名臣碑传琬琰集》卷十四辑自《实录》，见《王安石年谱三种》附录，750页。

④ 刘坤太：《王安石〈周官新义〉浅识》，载《河南大学学报(社会科学版)》，1985(4)。另方笑一《北宋新学与文学——以王安石为中心》一书对《三经新义》为新法服务的方面亦有论述。

⑤ 徐复观：《〈周官〉成立之时代及其思想性格》，见《徐复观论经学史二种》，上海：上海书店出版社，2002，275页。

官·冢宰》“以九赋敛财贿”，“以九式均节财用”，“以九贡致邦国之用”，即都与理财的内容相关。在训释经义之中，王安石称，“上则诏王以其职，下则任民以其职；任民以其职，然后民富；民富，然后财贿可得而敛；敛则得民财矣；得而不能理，则非所以为[义]；均节财用，则所以为义也；治其国有义，然后邦国服而其财可致也；能致邦国之财，然后为王者之富；富然后邦国之民可聚，聚而无以系之则散，系而无以治之则乱”①，就指出了理财与国家治乱之间的关系，从而支持了他在变法中以理财为先的做法。在一些具体的官职、语句的解说中，王安石也明显地使新法在经典上有所依据。比如，他在解《旅师》“平颁其兴积”之时说，“无问其欲否，概与之也，故谓之平”②，这就使青苗法在施行中强制俵散、多有抑配的现象获得了理论支持。尽管就现存的《周礼新义》来看，这方面内容并没有占据最主要的位置，却不能否认王安石在注释经典时确实可能有使经义为新法服务的企图。

虽然王安石总是在强调自己的政策出自《周礼》，但实际上却往往与《周礼》的制度不合。比如，他所特别重视的“泉府”之法，《周礼·地官·泉府》曰：“凡民之贷者，与其有司辨而授之，以国服为之息。凡国之财用取具焉。”在此，并没有规定息数为多少。郑玄在注中一方面引王莽时之政策，另一方面引《载师》的规定③，云：“‘以国服为之息’，以其于国服事之税为息也。于国事受园廛之田，而贷万泉者，则期出息五百。王莽时民贷以治产业者，但计赢所得受息，无过岁什一。”贾公彦之疏即本《载师》进一步详细分别郊甸之差异，以为国中二十而一，故万泉息五百；近郊什一，万泉息一千；远郊二十而三，万泉息一千五百；甸稍县都之民，万泉息二千。④ 从这些说法来看，《周礼》中最重的息钱不过是漆林之征的二分五，此外均不超过二分。而王

① 程元敏：《三经新义辑考汇评(三)——周礼》，49页。

② 程元敏：《三经新义辑考汇评(三)——周礼》，252页。

③ 《周礼·地官·载师》云：“凡任地，国宅无征，园廛二十而一，近郊十一，远郊二十而三，甸稍县都，皆无过十二。唯其漆林之征，二十而五。”(《周礼注疏》卷十三，见阮元刻：《十三经注疏》，726页。)

④ 《周礼注疏》卷十五，见阮元刻：《十三经注疏》，738页。

安石在实行青苗法时，规定每年正月、五月以前完成两次放款，各随夏秋两税上交，即正月贷钱与夏税一同上交，五月贷钱与秋税一同上交①，利息为二分，纳现钱者不超过三分。② 也就是说，要在大约半年内交二分或三分利息，那么实际的利息则为一年四分或六分，远高于《周礼》中的制度。对此，当时人即已指出其与《周礼》不合。③ 而王安石仍然说青苗取息较《周礼》为轻，实为曲说。可见王安石并非全据《周礼》定制。当他的政策与《周礼》所载发生矛盾之时，尚以《周礼》所载为说，难以说王安石完全没有利用《周礼》，援引以为借口之处，或至少可以说其"解《周礼》"有曲解，非"己学"。

王安石假借《周礼》以施行他的理财政策，宋人早有此论。如晁公武称："至于介甫，以其书理财者居半，爱之，如行青苗之类，皆稽焉，所以自释其义者，盖以其所创新法尽傅著之，务塞异议者之口。"④朱熹也说："彼安石之所谓《周礼》，乃姑取其附于己意者，而借其名高以服众口耳，岂真有意于古者哉！"⑤他们都认为王安石不过是附会《周礼》，并非真正有意恢复《周礼》中的制度。至《四库总目》说："安石以《周礼》乱宋，学者类能言之。然《周礼》之不可行于后世，微特人人知之，安石亦未尝不知也。安石之意，本以宋当积弱之后，欲济以富强，而恐富强之说必为儒者所排击，于是附会经义以钳其口，实非真信《周礼》为可行。迨其后，用之不得其人，行之不得其道，百弊丛生，而宋以大坏，其弊亦非真缘《周礼》以致误。"⑥近代以来，学者

---

① 两税缴纳时间各地略有不同，就河北、河东而言，因多输边而延迟一月之后，夏税五月十五日始至九月五日之前，秋税九月一日始至次年正月十五日之前纳完，参见《宋史》卷一百七十四《食货志上二》，4204 页。

② 帅鸿勋：《王安石新法研述》，87～88 页。

③ 程元敏：《三经新义辑考汇评(三)——周礼》，218～242 页，该书于泉府职下所列诸家评论甚多。

④ 晁公武撰，孙猛校证：《郡斋读书志校证》卷二，82 页。

⑤ 朱熹：《晦庵先生朱文公文集》卷七十《读两陈谏议遗墨》，见《朱子全书》，3382 页。

⑥ 《钦定四库全书总目》卷十九《周礼新义十六卷附考工记解二卷》，236 页。

大多接受此种观点，似乎王安石对《周礼》全出于利用，而没有真实之理想蕴含其中。对此，笔者不敢赞同。皮锡瑞对这一问题曾评论说："王安石创新法，非必原本《周礼》。赊贷市易，特其一端，实因宋人耻言富强，不得不上引周公，以钳服异议。后人谓安石以《周礼》乱天下，是为安石所欺。安石尝云，法先王之政者，法其意而已。此言极其通达，故知其所行法，非事事摹周也。"①前半实继承《四库总目》的说法，而后半则赞许王安石之取《周礼》，有法先王之意的意味。他实际上已经指出王安石对《周礼》态度有两个方面：一则作缘饰政术之用，以钳反对者之口；一则《周礼》有先王之政存焉，可借以考见先王之意，从而师之。前文笔者也曾讨论过《周礼》在王安石立法度中的地位。可以说，虽然王安石或许对《周礼》不乏利用之处，但更主要的是他对《周礼》中所记载的周代法度及其背后所体现的先王之意确有所认同与接受。尽管这两个倾向含有内在的冲突之处，却不妨共存于安石一人之身。

借由《周礼》及对它的诠释，王安石为他的理财政策寻找到了一定的经典依据，但是，强调理财，往往就会被认为与追逐利益联系在一起。新法施行之后，反对者的重要理由之一即是新法为掊克聚敛之事，侈言财利背儒者之训。② 对此，王安石借《孟子》的义利之辨强调自己并非逐利。他在《答曾公立书》中说，"孟子所言利者，为利吾国(如曲防遏籴)、利吾身耳。至狗彘食人食则检之，野有饿莩则发之，是所谓政事。政事所以理财，理财乃所谓义也"③，表明其所施行之青苗法乃政事，意在于理财，此是义而非利。所谓曲防遏籴，出自《孟子·告子下》。其载齐桓公葵丘之会诸侯盟誓，第五命曰"无曲防，无遏籴，无有封而不告"，赵岐解作"无敢违王法，而以己曲意设防禁也。无遏止

---

① 皮锡瑞：《经学通论》三，"论周礼在周时初未举行亦难行于后世"条，北京：中华书局，2008。

② 关于新法的各种批评，《宋朝诸臣奏议》卷一百九至一百十九诸卷有集中反映。

③ 王安石：《临川先生文集》卷七十三《答曾公立书》，1306 页。

谷籴，不通邻国也”。① 对后句历来注释皆无异辞，而对于“曲防”，焦循引《管子》证“防”当指“堤”，题孙奭之《孟子注疏》、朱熹《孟子章句集注》均解无曲防为不曲为堤防其水以专利。② 王安石将“曲防”与“遏籴”一起作为利吾国的例子，已经是摆脱赵岐之注，解“防”为“堤”了。要之，王安石认为孟子所说的“利”是指为了一国或者一己之身那样的私利，于此，王安石也同样反对言利。相对应地，使狗彘不能食人之食，野无饿莩，至少有饿莩之时要能够予以赈济，这些都是要使百姓能遂其生，是君主养民的职责，这些则属于政事。理财是为了政事得以完成，是为了使民众能够有养生送死之道。这种出于对百姓的重视、出于政事需要的理财也就属于孟子所说的义。因为在王安石看来，他是出于仁义之心来行事的。对于作为国家理财手段的征税财贿，他解释说：“下以职供谓之贡，上以（取政）[政取]谓之赋。”③“以正行之则曰征，以悦取之则曰税。征者，贡赋税敛之总名，为其以正行之，故谓之征也。”④这即在说明民众缴纳各种赋税都是合理的，在上位者从民众那里得到财贿是“以正行之”，是遵从了正道的，符合孟子之义，那么也就不能说王安石是在逐利。至少在王安石看来，他的所作所为都是出于义而不是出于利。

但在实际的施政过程中，王安石并非不言利。相反，国家或者在上位者对于利享有专属的权利反而是王安石所着重强调的。《长编拾补》卷四注引《续宋编年资治通鉴》安石云：“学者不能推明先王法意，更以为人主不当与民争利。今欲理财，则当修泉府之法，以收利权。”⑤所谓“收利权”者，就是要将获利的主导权收归皇帝和朝廷。皇帝和朝廷虽然有养民的职责，但相应地，民众就有向上贡献赋税的义务，府库的充盈、君主的用度，都由民众来提供。“凡万民之贡，以充

① 焦循：《孟子正义》卷十二《告子下》，497 页。

② 《孟子注疏》卷十二下，见阮元刻：《十三经注疏》，2759 页；朱熹：《孟子章句集注》卷十二，影印宋元人注四书五经本，北京：中国书店，2007，97 页。

③ 程元敏：《三经新义辑考汇评（三）——周礼》，32 页。

④ 《王安石〈字说〉辑》卷二，66 页。

⑤ 《长编拾补》卷四，156 页。

府库者，王以治民为施，民以养王为报，则充府库宜以万民之贡也。”①财利本就是属于君主的，民众进行贡奉是他们对于王者治民的回报。他的新法之中，原来不需要负担劳役的单丁、女户、僧道户要缴纳助役钱，市场中担浆卖果之流也要交免行钱，扩大了交税的群体，意图使所有民众都对皇帝负有缴税的义务，而皇帝也从民间的各项财贿活动中分割到一部分利益。在经义中，他也表达过类似的意思，如解《周礼・秋官・雍氏》中“禁山之为苑，泽之沈者”这一句，王安石说，“禁山之为苑，不使民专利”②，即表明利不是普通民众所专有的，而首先应该由在上位者获取，保证皇帝和朝廷的需求。这样看来，王安石实际是在大讲财利之事，并且是从在上位者对于利的需求出发，而并非本于孟子所说的“仁义”。那么王安石所说理财乃所谓义恰恰堕入孟子所批评的“上下交征利”之中，一味追求财利，而违背了孟子的“义”。

但对王安石来说，他并不认为自己有违孟子之训。一方面，他将利与义统一起来。熙宁四年，诏鬻天下广惠仓田为常平本钱，曾公亮表示反对，称“利不百，不变法”。“上曰：‘但义理可行则行之，自无不利。’安石曰：‘利者义之和，义固所为利也。’公亮曰：‘亦有利于公家不利百姓者，不可谓之义。’安石曰：‘若然，亦非人主所谓利也。’”③这里，王安石采用了《周易》之说，认为行义正是为了利。曾公亮的观点是义要利于百姓，而新法只有利于朝廷，对百姓则有损害。那么新法就不属于义而单单是在追求利。王安石反驳说君主所谈的利，不仅仅有利于在上者，同时也能使在下者获利。百姓为在上者所养，当朝廷财富充足，也就有足够的资财使百姓能够富足，保证人民安居乐业。他的新法正是从此着眼的。就此而言，王安石认为新法之求利正是义的表现。另一方面，王安石认为自己的理财政策是符合先王之意的，尽管从表面看起来是在追逐财利，但因为在根本上有义理为基

---

① 程元敏：《三经新义辑考汇评（三）——周礼》，145 页。

② 程元敏：《三经新义辑考汇评（三）——周礼》，525 页。

③ 《续长编》卷二百十九，熙宁四年正月壬辰条，5321 页。

础，也就具有了义的性质。在新法实施过程中，对于神宗担心压制台谏反对之论而失人心，王安石宣称："所谓得人心者以为理义。理义者，乃人心之所悦，非独人心，至于天地鬼神亦然。先王能使山川鬼神亦莫不宁者，以行事有理义故也。苟有理义，即周公致四国皆叛不为失人心；苟无理义，即王莽有数十万人诣阙颂功德不为得人心。"① 也就是说，对于反对派攻击他言财利，王安石以理义为原则，指出外在的攻击或者称颂都不值得在意。这与他"权时之变，惟义所在"的内在观念是一致的。他坚信自己掌握了孟子所说的义，也就不在乎"言不必信，行不必果"，追求财利自然也无妨了。

近代学者多将王安石视作功利主义，并与理学家相对立。② 在笔者看来，这种区分并未抓住二者之间的本质差别。但如果就对于孟子义利之辨的理解和诠释来看，王安石确实有关注财利、强调现实利益的倾向。这种解释与《孟子》的原意颇有距离，新法的反对派尤其是理学家多表示反对，认为王安石违背了孟子的传统。③ 双方对于"义利"的解说大异其趣，并引发后来学者相当多的讨论，至南宋而有朱熹陈亮之争，"义利之辨"也成为北宋以后儒学的一个关键问题。而义利之辨在北宋的兴起，未尝不与王安石在政治实践中提出这一问题并造成相当之流弊相关。

回到本节开始，蒙文通、梁庚尧之说对王安石侧重理财多有批评，尽管理财并非王安石心目中变法的首要目的，可是反映在实际的变法进程之中，理财却成了一个核心问题。理想与现实产生了背离。史华慈在分析儒家思想中的几个"极点"(polarity)时认为王安石变法时期的论争反映出了目标和手段的区别。尽管王安石宣称自己的目标是按照孔子的美好秩序的图像来平天下，但是他所提倡的改革都旨在富强，

---

① 《长编拾补》卷七，338～339页。

② 可参考萧公权：《中国政治思想史》，第十四章"两宋之功利思想"。

③ 熊鸣琴：《"义利之辨"与北宋新旧党的对立》，载《中州学刊》，2010(3)，192～196页。但关履权[《王安石的义理观与儒家思想传统》，载《晋阳学刊》，1986(4)]则认为王安石与理学家对义利的看法并无不同，并从正面肯定了王安石的义利观，对此笔者不敢认同。

他过于偏重法律和制度使得反对者认为他已经投身于法家的目标和手段。① 当王安石走上追逐财利的道路，理想的目标在现实中已然变形，走向了他自己的反面。虽然他采用《周礼》和《孟子》作为他的理财主张的经典依据，可是，他对《周礼》和《孟子》的解说常常并不符合经典的本意，尤其是在理财相关的问题上，批评声更是不绝于耳。他的变法遭到多数人的否定，这也是其中的一个重要原因。

① [美]史华慈：《儒家思想中的几个极点》，吴艳红译，见[美]田浩编：《宋代思想史论》，98～110 页。

第六章　从私学到官学：尊孟思潮的体制化

中国传统学术之中“经汉学”向“经宋学”的转变，就其表现形式而言，最突出的特点为经典转移，由五经转向四书；而代表朝廷学术正统的文庙中的圣人由周孔或孔颜改为孔颜孟。在这两方面里，孟子其书其人的地位都发生了显著的变化。就此而言，孟子地位的提升，实为唐宋间经学更新运动的主要标志与关节点。①

所谓“孟子升格运动”，首先由周予同先生在20世纪30年代揭出。朱维铮先生从“统治学说”的角度，进一步将“孟子升格运动”概括为以孟子“书升为经，人升为圣”为两大标志，并着重点明了王安石在这一转折中的重要作用有似于公孙弘在汉代“儒术独尊”过程中的作用。②近年来，关于北宋孟子升格运动的相关研究成果已经有不少③，但焦点多集中于“孟子学”的兴盛，而孟子如何成为朝廷的统治学说——即一种学说或思潮得到官方的认可、推行——的过程仍暗而不清。本章

---

① 朱维铮师：《中国经学与中国文化》，原载《复旦学报(社会科学版)》，1986(2)；《中国经学史研究五十年》(原为《周予同经学史论著选集》后记，1981)，见朱维铮师：《中国经学史十讲》，21～24、231～239页。

② 朱维铮师：《中国经学与中国文化》，见《中国经学史十讲》，21～24页。

③ 徐洪兴：《思想的转型——理学发生过程研究》，92～138页；施辉煌：《王安石与北宋孟子学》，台湾成功大学中国文学系中国文学研究所硕士论文，1999年12月；周淑萍：《两宋孟学研究》；林裕学：《王安石尊孟思想与北宋孟学》，台湾屏东教育大学中国语文学系硕士论文，2007年1月；程苏东：《〈孟子〉升经考——并论两宋正经与兼经制度》，载《中华文史论丛》，2010(3)；等等。

及下章分别从“书升为经”“人成为圣”两方面试图对这一过程进行历史的梳理，指出王安石及新学在其中的关键作用，同时表明“孟子升格运动”其实是在北宋大多数士人的推动下逐步成功的，进而揭示在此过程中北宋士人自我主体精神的不断增强与对皇权的抗争。

第一节　北宋中期教育体制改革与《孟子》之普及

一、以学校化成风俗：北宋中期官学的兴起

自唐代中叶以后，官学不昌，唐人读书多于山林寺院之中①，经唐末五代之扰攘，官私学校益多凋残。宋朝建立以后，地方教育未暇顾及，中央国子监虽重加修葺，招揽生员，但景况仍十分凄凉。田况《儒林公议》中描述道：

> 国朝以来，京都虽有国子监为讲学之地，然生徒不上三十人，率蒙稚未能成业者。遇秋试诏下，则四方多士竞投牒于学，干试求荐，罢则引去，无肯留者。初，试补监生，虽大芜谬，无不收采，生员得牒以归，则自称广文馆进士。监出一牒，生员输缗二千馀，目为光监，利为公廨之用。直讲置员，但躐为资地，希迁荣耳。②

可见，北宋初年的国子监已经沦为士人谋求入仕的进身之阶，没有负担起实际的教育之责。

宋朝学校教育之兴，首先是由地方教育带动起来的。太宗、真宗之时，白鹿洞、应天、岳麓、石鼓、太室(即后之嵩阳)等书院已多有生徒从学，一些士大夫在主政地方之时，也已开始关注地方的教育，

---

①　严耕望：《唐人习业山林寺院之风尚》，见《严耕望史学论文集》(上)，上海：上海古籍出版社，2009，886～931页。

②　田况：《儒林公议》卷上，张其凡点校，北京：中华书局，2017，29页。

建立学校。[①] 至仁宗亲政之后，地方官学呈逐渐兴盛之势，原有之书院亦多纳入官学体制之中。[②] 景祐(1034—1038)、宝元(1038—1040)之间，新建地方州学及获赐学田者四十余所，虽未能使处处皆有学，但也形成一时之风气，故时人称"自景祐以来，天下州郡渐皆建学，规模立矣"[③]。

配合州学的建立，一些相应的学校制度也随之逐渐确立。其一为赐学田。乾兴元年(1022)十一月，应判国子监孙奭之请，赐兖州学田十顷，李焘记"诸州给学田盖始此"。[④] 此后，多数州学都获赐学田，作为州学的经费。[⑤] 学田最主要的支出是负担学生的廪食，且一般来说可以满足学生每日所需，这构成吸引士子入学的一项有利条件[⑥]，

① 例如：周渭，太平兴国二年为广南转运副使，"兴学校"(《宋史》卷三百四《周渭传》，10056 页)；田锡，太平兴国八年知睦州，"建孔子庙，表请以经籍给诸生，诏赐九经，自是人知向学"(《宋史》卷二百九十三《田锡传》，9790 页)；李维，真宗初以李沆相，出知歙州，"至郡，兴学舍，岁时行乡射之礼"(《宋史》卷二百八十二《李维传》，9541 页)。

② 例如：嵩阳书院，至道三年、景祐二年两赐额，景祐五年(即宝元元年)四月赐学田十顷；岳麓书院，天圣八年以山长孙胄为潭州助教；石鼓书院，景祐二年赐额；应天书院，景祐四年改为应天府学；等等。赐额、赐学田、山长授官虽未使书院明确成为官学，但已可见官方力量的渗透与支持，表明书院已经有"官学化"的倾向。另，对于南宋书院的"官学化"，可参见陈雯怡：《由官学到书院——从制度与理念的互动看宋代教育的演变》，第三章第三节，台北：联经出版事业股份有限公司，2004，155～195 页。其所论虽为南宋晚期的情形，但就其基本形式而论，北宋时亦大体相同。尤其是，就宋代教育之发展来看，北宋时期无疑表现为官学的强势地位。

③ 田况：《儒林公议》卷上，29 页。又苏颂《苏魏公文集》卷十五《议学校法》(王同策、管成学、颜中其等点校，北京：中华书局，2004)载："国朝自景祐以来，天下建学。"(210 页)

④ 《续长编》卷九十九，乾兴元年十一月庚辰条，2303 页。

⑤ 当时似乎并不是所有州学都获得学田，如衡州、并州、绛州等皆不见有赐学田之记载，不知何故，阙以俟考。疑学田制之确立，最初或晚于赐九经。

⑥ 周愚文：《宋代的州县学》，台北：台北编译馆，1996，108、173、208～211 页。其具体数字分析多据徽宗以后之材料，然这种制度无疑始自仁宗初年。又该书 98～99 页有《庆历改革前诸州学田一览表》，意在说明州学经费之来源，故以学田为衡量标准，于未得赐学田者未列入，然景祐以前之兖州、江宁府亦未列入。

也可以保证学校的正常教学活动。其二为赐九经。最初建立官学时，朝廷多赐九经，后虽基本不见于记载，但真宗咸平四年六月丁卯“诏诸路州县有学校聚徒讲诵之所，并赐九经”①，可见学校赐九经乃是惯例，疑史不书之乃不需赘言。所谓九经，指《易》《书》《诗》《周礼》《礼记》《仪礼》《左传》《公羊传》《穀梁传》。在这些州学中，教材即当以此“九经”为主。其他制度，如入学的资格、教师的来源与聘任等并没有详细规定。

关于景祐、宝元之际的兴学，从皇帝的角度而言，允许臣下建立官学的请求，并赐给学田，确实意味着仁宗亲政以后对于儒学的倾向与扶持。但就官学建立本身而论，却大多出自地方官员的请求，并非发自朝廷的主动行为。建立与否，系乎其人。比如，景祐四年“诏自今须藩镇乃许立学，它州勿听”②，但颍州不是藩镇，却在知州蔡齐的请求之下，仍得以建立州学③。又如，景祐四年八月戊戌，从通判谢微之请，许福州立学。但诏下之后，谢微恰好离去。而福州学之建成，则在此五年之后。④ 那么，州学的兴衰基本上系于地方官员对学校的重视与否。一旦关心学校建设的官员离任，而继任者又没有这方面的意识，该地的学校就可能衰落下去了。因此，宋代中期大多数的地方官学恐怕境况颇为凄凉。可是，此风既开，便有相当多的官员重视地方的教育，每到一地，就兴学舍，召生徒，仅就《宋史》列传所载，略举例如下：

谢绛，“所至大兴学舍，尝请诸郡立学。在河南修国子学，教诸

① 《续长编》卷四十九，咸平四年六月丁卯条，1065页。

② 《续长编》卷一百二十，景祐四年十二月壬申条，2840页。

③ 《续长编》卷一百二十一宝元元年三月己卯条(2867页)记：“颍，非藩镇也，于近诏不当立学，知州蔡齐有请，特从之。”

④ 蔡襄：《蔡襄全集》卷二十五《福州修庙学记》，陈庆元、欧明俊、陈贻庭校注，福州：福建人民出版社，1999，557页。对比吉州之学，庆历四年三月诏下而十月学成(参见欧阳修：《吉州学记》，见《欧阳修全集》，274页)，益可见福州建学之迟缓矣。

生，自远而至者数百人”。①

彭乘知普州，“普人鲜知学，乘为兴学，召其子弟为生员教育之”。②

郎简，“徙藤州，兴学养士，一变其俗，藤自是始有举进士者”。③

王沿，“徙成德军。建学校，行乡饮酒礼”。④

滕宗谅，“所莅州喜建学，而湖州最盛，学者倾江、淮间”。⑤

晏殊，仁宗初知应天府，“延范仲淹以教生徒。自五代以来，天下学校废，兴学自殊始”。⑥

张士逊子友直，知越州，禁州人聚财集僧道士女“祭天”，“取所敛财，建学以延诸生”。⑦

胡宿，继滕宗谅知湖州，“其后湖学为东南最，宿之力为多”。⑧

陈襄，知河阳县，“留意教化，进县子弟于学”，“襄莅官所至，必务兴学校”。⑨

王猎，为林虑令，“立孔子庙，择秀民诲之”。⑩

祖无择，知袁州，“自庆历诏天下立学，十年间其敝徒文具，无命教之实。无择首建学官，置生徒，郡国弦诵之风，由此始盛”。⑪

程师孟，知福州，筑子城，建学舍。⑫

赵瞻，为万泉令，“捐圭田修学宫，士自远而至”。⑬

---

① 《宋史》卷二百九十五《谢绛传》，9847 页。

② 《宋史》卷二百九十八《彭乘传》，9899 页。

③ 《宋史》卷二百九十九《郎简传》，9927 页。

④ 《宋史》卷三百《王沿传》，9959 页。

⑤ 《宋史》卷三百三《滕宗谅传》，10038 页。

⑥ 《宋史》卷三百一十一《晏殊传》，10196 页。

⑦ 《宋史》卷三百一十一《张士逊附子友直传》，10219 页。

⑧ 《宋史》卷三百一十八《胡宿传》，10366 页。

⑨ 《宋史》卷三百二十一《陈襄传》，10420、10421 页。

⑩ 《宋史》卷三百二十二《王猎传》，10445 页。

⑪ 《宋史》卷三百三十一《祖无择传》，10659 页。

⑫ 《宋史》卷三百三十一《程师孟传》，10661 页。

⑬ 《宋史》卷三百四十一《赵瞻传》，10877 页。

以上所列，未以景祐、宝元年间为限，而大体皆在神宗之前。①所列亦不完整，此外尚有如范仲淹建苏州州学，韩琦建定州州学、修并州庙学，等等。但仍可看出，仁宗以后，兴办学校成为很多官员在地方施政的重要内容，甚至是首要任务。更进一步，其实我们还可以发现，这些关注学校的士大夫，恰恰大多是庆历新政的主要执行者及其同道。庆历新政中一项重要措施——兴学校，就主要是由他们推动起来的。这里显示出了“庆历士人”②对于学校在政治中地位和作用的认识。其主旨大概有二。其一，庆历士人希望恢复两汉甚至三代的士出于乡党的制度，兴学校意味着使士人回归乡里，安心向学。此一观念有针对当时科举选士制度不能有效选拔人才的批评。其二，古代之所以能够实现至治，根本在于地方有庠序以化民成俗。学校乃是地方教化的关键，可以通过学校教育改善风俗，进而达到三代之治。

就第一点来说，庆历四年，在朝廷中讨论如何改进贡举学校制度之时，宋祁、欧阳修等九人联合上了一道奏疏③，其中称：“夫取士当求其实，用人当尽其才。今教不本于学校，士不察于乡里，则不能核名实；有司束以声病，学者专于记诵，则不足尽人材。此献议者所共以为言也。谨参考众说，择其便于今者，莫若使士皆土著而教之于学

---

① 神宗时欲推行三舍法于地方，诸州学官亦由中央委派，将地方官学纳入整个教育体系之中，地方之建学乃多奉承上令而行。在此之前，虽有庆历诏天下立学，然随着范仲淹等人不久即外放，庆历新政诸措施亦多废止。尽管立学之诏仍在，但地方却未能全遵诏书行事。学之建立与否，仍有赖于“人”。所以此处未将庆历前后作严格之区分。

② 这里所谓“庆历士人”，是以庆历新政的推动者为中心，以及他们周围抱有大体相同的政治、学术理想的士人。其具体见解容有差异，甚至相反之处，但整体上代表了北宋中期学术思想的新风气。将庆历时期学术作一整体来看待，宋人即已有此认识，近代如安井小太郎之所谓“庆历学派”([日]安井小太郎编：《经学史》，附录一“朱子的经学”，连清吉、林庆彰译，台北：万卷楼图书有限公司，1996)，卢国龙所论之“庆历学术”(《宋儒微言》，第一章“庆历学术与庆历新政”)等，皆以“庆历”为名以代表此一时期的学术特色。

③ 另七人为王拱辰、张方平、梅挚、曾公亮、王洙、孙甫、刘湜，其文则出于欧阳修，参见欧阳修：《奏议集》卷九《详定贡举条状》，见《欧阳修全集》，830 页。

校，然后州县察其履行，则学者修饬矣。故为设立学舍，保明举送之法。……如此，养士有本，取才不遗，为治之本也。”①选拔人才——未来的官员，应该根据其人的实际才行，尤其是个人的道德操守。在单纯的科举制之下，无法判别士人的德行。如果使士人在乡里学校中受学读书，其才学行止都能够被乡人所了解。而解送之进士都出于学校，地方官员也就可以较准确地区分士人的善恶优劣，进而保证到中央通过科举之士皆为才德兼备之人。另外，也可以使士人注意个人德性的修养，改变士风奔竞浮薄之弊端。此议实际是将察举与科举结合起来，这只是庆历士人改变选士制度的第一步。其最终目标，大概还是要废除科举，完全实行察举。② 范仲淹即主张在改定科举制后，应该进一步“深思治本，渐隆古道。先于都督之郡，复其学校之制，约《周官》之法，兴阙里之俗。辟文学掾以专其事，敦之以诗书礼乐，辨之以文行忠信，必有良器，蔚为邦材，况州县之用乎？夫庠序之兴，由三代之盛王也，岂小道哉？孟子谓得天下英材而教育之，一乐也，岂偶言哉？行可数年，士风丕变，斯择材之本，致理之基也”③。学校可以教育出国家栋梁，上足以治国安邦，下可以施政地方，进而可由此复兴如三代那样的盛世。这也就引出了上述所言第二点。

中唐以来的儒家复兴运动④中，士大夫就不断宣扬复古。至北宋中期，尤其是仁宗之时，“回向三代”的呼声进一步高扬。⑤ 这种声音不仅仅表现在思想层面，更是当时士大夫所努力追求的政治理想，并确确实实在社会政治领域有所行动。庆历新政虽然是应对当时紧张的

---

① 《续长编》卷一百四十七，庆历四年三月乙亥条，3563页。

② 赵铁寒《宋代的州学（上）》认为庆历兴学是汉以来乡举里选之遗意，目的在使教学与察举合一，与崇宁至宣和间罢科举、人才由学校升贡的办法接近。参见赵铁寒：《宋代的州学（上）》，载《大陆杂志》，1953（10）。

③ 范仲淹：《范文正公文集》卷九《上执政书》（天圣五年上），见《范仲淹全集》，190～191页。

④ 陈弱水认为中唐儒家复兴基本上是士人意识层面的变化，整体而言非常散漫，尤其在初期不是个有核心主旨的思潮，故不称为“儒学复兴”，参见陈弱水：《唐代文士与中国思想的转型》（增订本），3页。

⑤ 余英时：《朱熹的历史世界》上篇，第一章，184～198页。

社会政治局面而发，但其最终指向仍是要“渐隆古道”。在他们看来，三代之所以能建立完美的秩序，其中一个重要的原因即是三代之时，自中央至地方都有学校以礼乐仁义之道化民成俗。“臣闻三代盛王致治天下，必先崇学校，立师资，聚群材，陈正道。使其服礼乐之风，乐名教之地，精治人之术，蕴致君之方”①，甚至“学校，王政之本也。古者致治之盛衰，视其学之兴废。《记》曰：‘国有学，遂有序，党有庠，家有塾。’此三代极盛之时，大备之制也”②。学校不仅是为了培育人才，更重要的是要通过学校中的仁义礼乐之教树立一种风气，不单单针对士人，也劝导全部民众知学向善。学校本身即承担着教化民众、塑造社会风俗的责任。韩琦认为：“三代之兴也，自国家以达乎乡党，必有学以教其民人，导其性使一之于善，以明乎君君臣臣父父子子兄兄弟弟夫夫妇妇之道，然后人安其分而享国永长。大矣哉学之有功于治也！”③欧阳修也说：“予闻教学之法，本于人性，磨揉迁革，使趋于善。其勉于人者勤，其入于人者渐。善教者以不倦之意，须迟久之功。至于礼乐兴行而风俗纯美，然后为学之成。”④尽管其具体教法或有些许差异，但指向无疑在于使民众都成为善人，进而安定社会，国治久安。这种观念不止存在于庆历新政执行者之在位数人，在下层士大夫中也颇有持类似观点者与行动者。如孙复说：“夫太学者，教化之本根，礼义之渊薮，王道之所由兴，人伦之所由正，俊良之所由出，是故舜禹文武之世，莫不先崇大于胶序，而洽至治于天下者焉。”⑤王开祖云：“有民人焉，有社稷焉，未有不先教而后治者也。学者国之大本，教者国之大务。”⑥章望之云：“如皆郡县劝儒，开设学馆，长吏且

---

① 范仲淹：《范文正公文集》卷十九《代人奏乞王洙充南京讲书状》，见《范仲淹全集》，379页。

② 欧阳修：《居士集》卷三十九《吉州学记》，见《欧阳修全集》，274页。

③ 韩琦：《安阳集》卷二十一《定州新建州学记》，景印文渊阁四库全书本，第1089册，326页。

④ 欧阳修：《居士集》卷三十九《吉州学记》，见《欧阳修全集》，274～275页。

⑤ 孙复：《寄范天章书一》，见《孙明复小集》，景印文渊阁四库全书本，第1090册，169页。

⑥ 王开祖：《儒志编》，景印文渊阁四库全书本，第696册，798页。

有意焉，则其民感思自兴，心志开而见闻博矣。异时庸知是邦不由枢言(指首谋建县学之张枢言)，户晓诗书而尚礼义欤?”①可见以学校来化民成俗，实在是庆历士人群体中的共识。

可以进一步说明的一点是，庆历士人这种重视学校化民成俗作用的认识，与孟子施行仁政的思想和步骤相合。孟子教齐宣王、梁惠王行治道之本时，说了一段相同的话，在强调制民之产，使人民无饥寒之苦后，就要“谨庠序之教，申之以孝悌之义，颁白者不负戴于道路矣”②。在教滕文公时，也指出在修民事之后，要“设为庠序学挍以教之。庠者，养也；校者，教也；序者，射也。夏曰校，殷曰序，周曰庠，学则三代共之，皆所以明人伦也”③。也就是说，以学校教于乡里之中，是孟子所认为的行王政、趋于治道的重要一步。④ 尽管庆历士人的思想观念未必直接来自孟子，但至少与孟子之意相通。尤其是上文韩琦、欧阳修都认为学校教育之要在使民达于性善，这也与孟子的性善论一致。

在庆历士人的推动下，学校教育在庆历年间兴盛起来。在中央，庆历二年闰九月，从王洙之请，“诏国子监生自今须听读满五百日，乃得解荐”⑤。庆历三年成立四门学，“以士庶人子弟为生员”⑥。次年，

---

① 章望之：《常州无锡县学记》，见《全宋文》卷一二七五，第58册，352页。

② 焦循：《孟子正义》卷一《梁惠王上》，35页。

③ 焦循：《孟子正义》卷五《滕文公上》，202页。

④ 比如，狄百瑞说胡瑗之“奉献于教育是使古典的原则应用于实践最有效的方式，因为人才的培育是任何改革的前提条件”，即认为胡瑗的教育在于复兴古道。参见 Theodore De Bary，“A Reappraisal of Neo-Confucianism,” in Authur F. Wright ed.，*Studies in Chinese Thought*，Chicago & London：The University of Chicago Press，1967，p. 91.

⑤ 《续长编》卷一百三十七，庆历二年闰九月甲午条，3303页。

⑥ 《续长编》卷一百三十九，庆历三年二月辛酉条，3355页。然太祖时有四门博士(《续长编》卷十四，307页)，实为国子监内教官；真宗时有国子四门助教(《续长编》卷五十一，1121页；卷九十五，2182页。徐松辑：《宋会要辑稿·崇儒》二《郡县学》，苗书梅等点校，开封：河南大学出版社，2004，80页)，盖为散官。而此特言建四门学，岂前仅有其官而无其学乎?

太学从国子监独立出来，取代四门学。① 因为国子监内地方狭小，在王拱辰、田况、王洙、余靖的请求下，以锡庆院为太学②，扩大了中央官学的规模。在地方，庆历四年三月，“诏诸路州、府、军、监，除旧有学外，馀并各令立学。如学者二百人以上，许更置县学。若州县未能顿备，即且就文宣王庙或系官屋宇。仍委转运司及长吏于幕职州县官内荐教授”③；规定“士须在学习业三百日，乃听预秋赋”，并严格规定士行有亏者不得参加解试④。尽管不久就因执行者被罢免出朝，庆历新政各项措施多遭废止，关系学校者，如听读日限废除，太学重归于国子监，但其风气已然传播开来。尤其是庆历士人在主政地方时，更是积极推动学校的建设与完善，使得学校在北宋中期以降的学术和社会政治领域发挥着越来越重要的作用。

二、国子监与学校对《孟子》普及的影响

宋代的国子监，其地位、作用及演变过程颇为繁复，李弘祺曾作过比较详细的分疏⑤，此不赘述。此处首先将国子监视作一个教育管理与协调机构，其教育功能则将在下文与学校一起进行讨论。

宋代国子监的职责之一是刻印书籍。印刷术出现以后，在唐代大多局限在寺院和民间，并没有出现官方刻书。后唐明宗长兴三年(932)，经冯道、李愚之请，国子监开始雕版印刷九经，是为官方刻书

---

① 李弘祺：《宋代官学教育与科举》，台北：联经出版事业公司，1994，67页；龚延明：《宋代官制辞典》，357页。然二人皆以为四门学成立于庆历二年，殆据李淑所请为说。盖庆历二年李淑有请，而三年王洙复请，乃正式建立。《宋会要辑稿·崇儒》一《太学》记绍兴礼部检讨故事，亦以庆历三年立四门学(43页)。

② 《续长编》卷一百四十八，庆历四年四月壬子条，3589页。

③ 《宋会要辑稿·崇儒》二《郡县学》，82页。又见《续长编》卷一百四十七，庆历四年三月乙亥条，3564页。

④ 《续长编》卷一百四十七，庆历四年三月乙亥条，3564～3565页。其所禁者，“曰隐忧匿服；曰尝犯刑责；曰行亏孝弟，有状可指；曰明触宪法，两经赎罚，或不经赎罚，而为害乡党；曰籍非本土，假户冒名；曰父祖干十恶四等以上罪；曰工商杂类，或尝为僧道。皆不得预”。

⑤ 李弘祺：《宋代官学教育与科举》，62～66页。又第75～83页，他分析了国子学与太学的区别。

之始。至宋代，大部分时间里国子监都设有刻书机构，国子监的刻书事业已经形成独立的体系①，其雕印的各类书籍都公开发售。作为官方的刻书机构，国子监的刻本质量较高，尤其是在北宋前中期，地方及私人刻书事业尚未蓬勃发展，监本就广受欢迎，流传十分广泛。②另外，国子监作为最高国家教育管理机构，刻书的范围就具有相当大的指示作用。哪些书被刻印、翻印或不再刻印，都代表着朝廷对其所代表的某种学术的态度。宝元元年，曾应翰林侍读学士李淑之请，“诏自今试举人，非国子监见行经书，毋得出题”③。这就向天下士人指示了为学的内容与方向。因此，监本图书对于天下士子的进德修业，对于他们想要通过棘闱走上仕途，发挥着重要的作用，也就受到士人的特别重视。如李觏记虔州进士温某，“凡书在国子监者，皆市取，且为楼以藏之”④，就是鲜明的一例。就此而论，“国子监在宣传官方所认可的儒经方面却发挥了重要的作用”⑤。

国子监校勘并刊印书籍，最重要者无疑为经部之书。从后唐至后周年间雕版“九经”之后，宋代又进行了多次校勘订正。至天禧中又重新刻板，且不增价，便于士人购买。以上为经书本文，至于唐代官方钦定的正义，端拱中校定《五经正义》刊行，咸平中又校定《周礼》《仪礼》《公羊》《穀梁》及复为《尔雅》《孝经》《论语》诸正义并镂版⑥，使唐代以来的经典注疏及宋代新撰正义全部有了官方印本。其次则为史部、

---

① 宋国子监有书库官，“掌印经史群书，以备朝廷宣索赐予之用，及出鬻而收其值以上于官”，见《文献通考》卷五十七《职官十一》，影印十通本，北京：中华书局，2003，517页。

② 张树栋等：《中华印刷通史》，第八章“雕版印刷的应用和发展”，台北：财团法人印刷传播兴才文教基金会，2004，尤其是173～222页。

③ 《续长编》卷一百二十二，宝元元年四月乙未条，2872页。

④ 《李觏集》卷二十三《虔州柏林温氏书楼记》，253页。

⑤ 李弘祺：《宋代官学教育与科举》，66页。

⑥ 以上皆见《玉海》卷四十三《艺文》，“端拱校五经正义”“咸平校七经疏义”“景德群书漆板、刊正四经”诸条，813～815页。

《文选》等文章之学及庄老道家著作，尤其是在真宗年间。① 这与当时科举中盛行的词赋之学和真宗之尊崇道教密切相关。此种情况至仁宗时开始有明显变化。天圣三年二月“癸酉，诏国子监见刊印《初学记》、《六帖》、《韵对》等书，皆钞集小说，无益学者，罢之”②。结合在此前后屡次求通经之士，诏戒浮薄③，可见朝廷已有针对词赋靡丽之学的反思和纠正，而有意重振儒学。在此基础上，对于经典之外的子部儒家类著作也开始表示关注。景祐四年，李淑言：“其经典子书之内，有《国语》《荀子》《文中子》，儒学所崇，与六经通贯。先朝以来尝于此出题，只是国序未有印本，欲望取上件三书差官校勘、刻板，撰定《音义》，付国子监施行。”诏可。④ 而在此之前，《孟子》已经首先被雕版刊行。真宗大中祥符五年十月，诏国子监校勘《孟子》，直讲马龟符、冯元，说□[书]吴易直同校勘，判国子监、龙图阁待制(吴)[孙]奭，都虞员外郎王勉覆校，内侍刘崇超领其事。奭等言：“《孟子》旧有张镒、丁公著二家撰录，文理舛互。今采众家之善，削去异端，仍依《经典释文》刊《音义》二卷。是[次]年四月以进。诏两制与丁谓看详，乞送本监镂板。”⑤至大中祥符七年正月，《孟子》及《音义》印成上进⑥，并赐给辅臣。⑦

国子监之刊印《孟子》，首先是景德以来校定书籍中的一部分，不

---

① 《宋会要辑稿·崇儒》四《勘书》，209～217 页；《玉海》卷四十三《艺文》，“淳化校三史嘉祐校七史”“景德校诸子”“祥符校馆阁群书”诸条，813～815 页。

② 《续长编》卷一百三，2378 页。

③ 天圣二年叶清臣首以策优而得高第；天圣四年九月令孙奭、冯元举通经术者，举人有能通三经者甄擢之；天圣五年正月诏举进士以策论兼考；天圣六年九月以陈从易、杨大雅为知制诰以矫文章之弊；天圣七年五月诏戒科场浮薄之文；等等。分见《续长编》卷一百二，2354 页；卷一百四，2422 页；卷一百五，2435 页；卷一百六，2482 页；卷一百八，2512 页。

④ 《宋会要辑稿·崇儒》四《勘书》，219 页。

⑤ 《宋会要辑稿·崇儒》四《勘书》，214 页；《玉海》卷四三《艺文》，“景德校诸子”条，815 页。

⑥ 《玉海》卷四三《艺文》，“景德校诸子”条，815 页。

⑦ 《续长编》卷八十二，大中祥符七年正月庚子条，1862 页。

能孤立地视作推尊《孟子》。在此之前，《老子》《庄子》，甚至《列子》都已先被雕印，且当世大儒孙奭称“诸子之书，老、庄称首”①，虽处于真宗崇道的氛围之中，但孙奭本人曾激烈反对真宗的天书运动，并非一心迎合上意之人，可见孙奭对于诸子高下的认识。② 此亦可折射出宋初士人对于道家之学的普遍态度。③ 在此之后，《荀子》《文中子》等书又被允许雕印，也表明《孟子》不是唯一受到重视的儒家子书。就《孟子》之被雕印来说，它首先是被作为子书来看待的，王应麟《玉海》将之列入“景德校诸子”条就表明了这一点。可是，在儒家子书之中，《孟子》确实受到比其他诸书略高的重视。《荀子》等书雕印的请求较《孟子》晚了近三十年。而且，《荀子》《扬子》等书，实际上至仁宗后期甚至英宗时才正式刊行。皇祐二年，司马光乞印行《荀子》《扬子法言》时称，“国家博采艺文，扶翼圣化，至于《庄》《列》异端，医方细伎，皆命摹刻以广其传。顾兹二书，犹有所阙。虽民间颇畜私本，文字讹误，读不可通，诚恐贤达之言寖成废缺。今欲乞降敕下崇文院，将《荀子》《杨子法言》本精加考校讫，雕板送国子监，依诸书例印卖”④，表明二书至皇祐时尚无官刻之本。而《直斋书录解题》卷九于《法言注》及《音义》下称，“此本历景祐、嘉祐、治平三降诏，更监学、馆阁两制校定，然后颁行”⑤，今四部丛刊所收《法言》即是影印南宋修版重印的治平监本，可见是书自下诏至正式雕印颁行，经历了三十年左右的时间。那么，可以说，《孟子》的监本在儒家子书中，刊刻最早，流传时间最长。随着国子监图书之受重视与广泛传布，《孟子》一书也必然随之散播到天

---

① 《宋会要辑稿·崇儒》四《勘书》，212 页。

② 题孙奭撰之《孟子正义》，自朱熹以后多疑为伪作，其《孟子正义序》亦未必可信为孙奭所作。

③ 宋初社会中黄老思想盛行，可参见张其凡：《吕端与宋初黄老思想》，见邓广铭、郦家驹等主编：《宋史研究论文集(1982 年年会编刊)》，开封：河南人民出版社，1984，385～411 页。

④ 司马光：《温国文正司马公文集》卷十六《皇祐二年九月十四日具官臣光等状奏乞印行荀子、杨子法言状》。

⑤ 陈振孙：《直斋书录解题》卷九，272 页。

下学子的案头，《孟子》思想亦渐渐普及于学者心中。

国子监除了作为教育管理机构，还与作为教学机构的国子学(有时也直接称作国子监)以及后来的太学，统称为中央官学。上文已述，官学在庆历中逐渐兴盛起来。范仲淹等人在进入中枢机构的同时，也荐引自己的同道在中央官学中担任教官。庆历二年六月，石介服除，因杜衍荐，被召为国子监直讲①，十一月甲申，因范仲淹、富弼荐，以孙复为试校书郎、国子监直讲。② 随着庆历新政的失败，他们也被免去学官之职。后来富弼主政，孙复又回到了太学之中。胡瑗虽然没有在庆历时任教中央官学，但庆历四年设立太学时，取法于胡瑗教授的苏州、湖州州学。后来皇祐四年至嘉祐四年他任教国子监时，执政的又恰是富弼、韩琦、欧阳修等庆历新政时的主将。胡瑗、孙复、石介之担任中央官学的学官，与范、韩、富、欧阳诸人执政相终始，可以说是庆历士人在学校教育领域的代表，在作育人才、传播学术方面，发挥了非常大的作用。

庆历中，孙复、石介主讲太学，主要针对时文之弊，力振古道，使士风为之一变。文莹《湘山野录》中记载石介在太学中教授生徒的情形：

> 石守道介康定中主盟上庠，酷愤时文之弊，力振古道。时庠序号为全盛之际，仁宗孟夏銮舆有玉津钹麦之幸，道由上庠。守道前数日于首善堂出题曰《诸生请皇帝幸国学赋》，糊名定优劣。中有一赋云“今国家始建十亲之宅，新封八大之王”。盖是年造十王宫，封八大王元俨为荆王之事也。守道晨兴鸣鼓于堂，集诸(王)[生]谓之曰：“此辈鼓箧游上庠，提笔场屋，稍或出落，尚腾谤有司，悲哉！吾道之衰也如此。是物宜遽去，不尔，则鼓其姓名，挞以惩其谬。”时引退者数十人。③

---

① 对石介任国子监直讲的时间，陈植锷有详细考辨，参见陈植锷：《石介事迹著作编年》，北京：中华书局，2003，110～111页。

② 《续长编》卷一百三十八，庆历二年十一月甲申条，3325页。

③ 释文莹：《湘山野录》卷中，郑世刚、杨立扬点校，北京：中华书局，1997，24页。

孙复、石介以泰山岩岩之气度激扬风气，使士子靡然从风，文章方面形成所谓“太学体”。虽然矫枉过正，太学中之文颇为艰险晦涩，但杨亿、刘筠以来的靡丽之风为之一变。当时四方来学者至多不能容，欧阳修以为太学之兴自石介而始。①

胡瑗气象较孙、石为醇实笃厚，虽亦严师弟子之礼，然“视诸生如其子弟，诸生亦信爱如其父兄，从之游者常数百人”②。在苏、湖时，即立经义、治事两斋，分别教授。至主讲太学，“亦甄别人物，故好尚经术者，好谈兵战者，好文艺者，好尚节义者，使之以类群居讲习”③，能够随人才而成就之，但又能以“明体达用”之学教授学者，其弟子言谈举止，一见即知为安定弟子。④ 故此学生极众，“礼部所得士，瑗弟子十常居四五”，欧阳修在请求仁宗准许胡瑗在担任经筵讲官后仍主管太学时声称，“昨来国学、开封府并锁厅进士得解人中，三百余人是瑗所教”⑤，刘彝以为后来“学者明夫圣人体用，以为政教之本”为安定之功⑥，史臣也以为胡瑗教养诸生过于孙复⑦。后来太学之中竟至有胡瑗祠以祀之⑧，可见其在太学中影响之巨。⑨

胡瑗、孙复、石介这所谓“宋初三先生”，在宋代学术思想史上的地位，首先在于尊严师道，使“学者有师”。三人每以师道自居，使学

---

① 欧阳修：《居士集》卷三十四《徂徕石先生墓志铭并序》，见《欧阳修全集》，239、240 页。

② 《续长编》卷一百八十四，4461 页。

③ 《宋元学案》卷一《安定学案》，28 页。

④ 欧阳修：《居士集》卷二十五《胡先生墓表》，见《欧阳修全集》，178 页。

⑤ 欧阳修：《奏议集》卷十四《举留胡瑗管勾太学状》(嘉祐元年作)，见《欧阳修全集》，869 页。

⑥ 《宋元学案》卷一《安定学案》，第 25 页。

⑦ 《续长编》卷一百八十六，4495 页。

⑧ 《邵氏闻见录》卷八云：“国子监旧有先生(胡瑗)祠，绍圣初，林自为博士闻于朝，(彻)[撤]去。”(80 页)

⑨ 关于三先生之影响，亦可参见徐洪兴：《思想的转型——理学发生过程研究》。

者知师之可贵而道之可尊。[①] 他们所树立的新的师的形象，是韩愈所谓“传道、授业、解惑”之师，而非汉唐解说章句或讲授辞章之师。三先生长期主讲太学，就将这种不同于汉唐之学的新学术风气灌注到教育体系之中。李弘祺曾指出，宋代太学之从国子学中独立出来，一方面反映着教育由贵族向平民扩展，另一方面也带来了相对自由的学术风气，进一步加剧旧经学传统的没落。[②] 而三先生作为这一新风气的代表人物，通过言传身教，打破传统注疏之学和当世辞章之学的束缚，使不拘章句、通经明理以追求圣人之道这种新学术在士人中普遍传播开来，进而形成一种风潮。他们改变了官学的教育模式，使学校教育充当了新学术形成的助推器。

三先生在学校中教授何书，如何讲授，今唯有倪天隐记胡瑗所讲之《周易口义》和《洪范口义》，孙复与石介并无讲义流传。对于《孟子》，所可知者，唯有胡瑗初到太学之时，命弟子孙觉进行讲授。《宋元学案·安定学案》云：“先生在太学，其初人未信服。使其徒之已仕者盛侨、顾临辈分置执事，又令孙觉说《孟子》，中都士人稍稍从游。日升堂讲《易》，音韵高朗，旨意明白，众皆大服。”[③]胡瑗以讲《易》知名，乃得士人之信服。但在此之前令孙觉讲《孟子》，可见《孟子》亦是胡瑗所尝传授之书。通过讲《孟子》而使开封士人从之交往学习，亦见《孟子》于当时之流传。除直接讲授《孟子》外，胡瑗也在讲解其他经典时以《孟子》为折中，尤其是《春秋》。其弟子徐积、孙觉都将《孟子》视作理解《春秋》的关键。徐积《语录》中称：“治《春秋》当以孟子为折衷，盖知《春秋》者独孟子尔。如言‘无义战’者，止讥其战无义者也。”[④]孙觉《春秋经解》中也说：“孟子曰‘春秋无义战’，彼善于此则有之，以此施于

---

① 钱穆即称：“宋学最先姿态，是偏重在教育的一种师道运动。”见钱穆：《宋明理学概述》，2页。

② 李弘祺：《宋代官学教育与科举》，76页。

③ 《宋元学案》卷一《安定学案》，28页。此条当引自吕希哲：《吕氏杂记》卷上，见朱易安、傅璇琮等主编：《全宋笔记》第一编十，郑州：大象出版社，2003，266页。

④ 徐积：《节孝集》卷三十一《语录》，景印文渊阁四库全书本，第1101册，956页。

《春秋》，不独战伐之一事。盖《春秋》之意，孟子以一言尽之，彼善于此则有之，此极至之论也。”①二人虽未明言此为胡瑗所教，但同为胡瑗弟子，又于此有如此一致之看法，恐怕这一观念还是自胡瑗而来。

孙复居泰山书院时即开始以《春秋》教授学者，而石介《泰山书院记》中言泰山先生以其道教授学者，其道者，“上宗周孔，下拟韩孟”，即有以其得于周公、孔子以及周以下贤人孟子、扬雄、王通、韩愈者传授于人。② 就石介自己来说，他曾在答欧阳修论字学的书信中宣称：“介日坐堂上，则以二帝三王之《书》，周公之《礼》，周之《诗》，伏羲、文王、孔子之《易》及孔子之《春秋》，与诸生相讲论。尧、舜、禹、汤、文王、周公、孔子之道，不尝离于口也。三才、九畴、五常之教，不尝违诸身也。教诸生为人臣则以忠，教诸生为人子则以孝，教诸生为人弟则以恭，教诸生为人兄则以友，教诸生与人交则以信。勉勉焉率诸生于道，纳诸生于善，殴诸生以成人。诸生不学乎尧、舜、禹、汤、文、武、周公、孔子之道，不服乎三才、九畴、五常之教，不思乎忠于君、孝于亲、恭于其兄、友于其弟、信于朋友，而拳拳然但吾之书法是习，岂有是哉！”③孙、石二人虽似未在学校中直接教授《孟子》，但却以孟子之道贯穿于其个人学术之中。他们在与同道如士建中，弟子如祖无择、张洞、姜潜等人的来往书信中，常常宣扬他们所认同的孟、扬、王、韩之道。孟子之道也就随着这种师友间的交流而得到散布与发扬，孟子的地位也在此过程中得到进一步提高。

三先生可以直接影响自己的门人弟子，而他们的学生又多有担任各地官私学校教官之人。胡瑗之学生，如孙觉至和初教授高邮④，顾

① 孙觉：《春秋经解》卷三，景印文渊阁四库全书本，第147册，592页。

② 石介：《徂徕石先生文集》卷十九《泰山书院记》，陈植锷点校，北京：中华书局，2009，222～224页。

③ 石介：《徂徕石先生文集》卷十五《答欧阳永叔书》，176～177页。

④ 《王令集》卷十八有《留孙莘老教授书》《纳孙莘老教授拜书》，沈文倬撰《王令年谱》系于至和元年，记是年王令在高邮，并疑孙觉当时任高邮军学官。而次年王令应县令邵必之邀短暂担任高邮学官，而必亦为蒋堂门人，参见王令：《王令集》末附，沈文倬校点，上海：上海古籍出版社，1980，436页。

临皇祐中为国子监直讲，徐积在地方聚徒讲学，孙复、石介弟子如姜潜为国子监直讲，祖无择知袁州时建州学教授生徒。他们教授学生时，又进一步将从其师那里学到、领悟到的学问继续向后辈传播。① 欧阳修称胡瑗“在湖州之学，弟子去来常数百人，各以其经转相传授”②，正可见这种师徒第相传授的方式与广度。

除三先生及其弟子之外，也有其他学者以《孟子》教授生徒。可以明确判定的有王令(1032—1059)。王令，字逢原，在高邮时曾从孙觉游，又与王安石友善。嘉祐二年以后，王令在常州江阴县聚徒讲学。因为有学生向他请教《孟子》，他就特意作《说孟子》一书作为讲义。③ 尽管其书未完成④，但也有五卷之多⑤，可略推测王令讲说之详细。由此也可见当时的士人对于《孟子》学习的需求。在其他地方，虽然没有直接的史料证据表明《孟子》已经普遍成为官私学校的教材或者主要教授内容，但北宋中期的教育赖乎其人，在重视《孟子》的庆历士人的影响下，《孟子》一书通过学校教育日渐为人所重视，孟子的思想与精神也慢慢深入天下士人的心中。

第二节 《孟子》经典地位的确立

一、《孟子》渗入科举考试

《孟子》一书成为官方统治学说之“经”，不在于士人间的重视与研读，而在于朝廷的钦定。自五经、九经、十一经、十二经以来，每部书

---

① 如徐积教门人，多于空中书一“正”字，云是从安定处得来，用之不尽，参见《宋元学案》卷一，42页。

② 欧阳修：《居士集》卷二十五《胡先生墓表》，见《欧阳修全集》，178页。

③ 《王令集》卷十四《说孟子序》，264～266页。王安石《题王逢原讲孟子后》曰：“逢原在常、江阴时，学者有问以《孟子》，而逢原为之论说。”见王安石：《临川先生文集》卷七十一，1272页。又据安石所记，是讲义于王令卒后七年方行。

④ 王安石称其书完成一篇，而《直斋书录解题》卷三称“所讲才尽二篇，第三篇尽二章而止”，疑王以《梁惠王》为一篇，而陈氏分上下为两篇也。

⑤ 陈振孙《直斋书录解题》卷三著录作《孟子解》五卷(74页)。

在国家意识形态层面可被视作经典都是根据官方的法令或相关的规定来确定的。尤其是科举制兴起以后，只有朝廷颁布的作为标准文本的《正义》和明经等科目中所考之书才能被视作经典。反过来说，一部书要成为经典，也必须在官方确立的科举考试科目中占得一席之地。就此而言，《孟子》一书之成为经典，确立于宋神宗熙宁四年的科举改制。但在此之前，《孟子》已经渗透到科举考试之中了。

宋初，科举犹不脱唐代之范围，进士所重在诗赋之华美，虽然也考经典，但与诸科一样所重在经典之记诵。① 王栐《燕翼诒谋录》载吕蒙正的科举试卷："子谓'子产有君子之道四焉'，所谓四者何也?"答曰："对'其行己也恭，其事上也敬，其养民也惠，其使人也义'，谨对。"②由此可见一斑。但到仁宗之世，风气渐渐开始转变。天圣、明道中，进士科开始重视策论。③ 天圣八年，晏殊请于明经科试策一道，"盖欲验其所业本经大义，以参度性识，然后入官政"④。至庆历四年，范仲淹主持庆历新政时，其中一项为"精贡举"，诏次年起实行贡举新制，进士以策论为先，明经诸科可对大义。⑤ 虽然庆历五年三月，在杨察的建议下，重新恢复了庆历改制以前的科举条制⑥，但其风既开，又随着范仲淹、欧阳修等庆历士人的巨大影响，策论、经义都得到天

---

① "凡进士，试诗、赋、论各一首，策五道，帖《论语》十帖，对《春秋》或《礼记》墨义十条。凡《九经》，帖书一百二十帖，对墨义六十条。凡《五经》，帖书八十帖，对墨义五十条。凡《三礼》，对墨义九十条。凡《三传》，一百一十条。凡《开元礼》，凡《三史》，各对三百条。凡学究，《毛诗》对墨义五十条，《论语》十条，《尔雅》《孝经》共十条，《周易》《尚书》各二十五条。"见《宋史》卷一百五十五《选举一》，3604～3605页；《文献通考》卷三十《选举考三》，283页。

② 王栐：《燕翼诒谋录》卷二，11页。

③ 《续长编》卷一百五，天圣五年正月己未条，2435页；卷一百一十三，明道二年十月辛亥条，2639页。

④ 《宋会要辑稿》选举一二之三〇；《续长编》卷一百九，天圣八年八月癸巳条，2542页。按：此策与后来之经义实同。

⑤ 《续长编》卷一百四十七，庆历四年三月乙亥条，3563～3565页。

⑥ 《续长编》卷一百五十五，庆历五年三月己卯条，3761页。

下士人的重视①。皇祐五年，诏诸科终场问大义十道，且要求在注疏的基础上能进一步有所发明方为上。② 至嘉祐二年，新设明经科，试大中小三经，每经试墨义、大义各十道，帖《论》《孝》各十道。诸州进士亦增试策三道。③ 何忠礼指出，嘉祐间的明经科，“是随着宋学的兴起而出现的，它是宋代儒家学者抛弃汉唐学者专事经学笺注的传统，转到以己意解经的学风在科举考试中的反映”④。可以说，嘉祐明经科的设立为熙宁期间王安石的科举改革开拓了道路。

在仁宗朝所发生的一系列科举变化之中，策论和经义的地位日渐提高。这一方面受到了古文运动的影响，既要从文体上复古，也要在内容上纠正浮薄之风；另一方面，也体现着对于理解经典真义、留心治乱兴衰的重视。太宗时，孙何从抬高诗赋贬低策论的角度称“策问之目，不过礼乐刑政、兵戎赋舆、岁时灾祥、吏治得失”⑤，却可见策问大多针对实际问题。而北宋诸家文集中所见策问，又多以经典开篇或由经义引出现实问题，更可见“以经义经世务”的倾向。在这种背景下，儒家典籍自然受到重视，作为探究历代治乱兴亡、解决当世事务的论说资源。《孟子》多言王道、王政，也就自然得到格外的关注，不仅在士人的对策中屡被引用，在策目中更是常常出现。比如，欧阳修曾引

① 需注意的是，重策论并不意味着反诗赋，进士考试最后定夺优劣的实际仍在诗赋。而作为北宋诗文革新运动或者古文运动一个阶段的西昆体（近来相当多研究者持此意见对西昆体予以重新评价，可参见冯志弘：《北宋古文运动的形成》，上海：上海古籍出版社，2009；张兴武：《宋初百年文学复兴的历程》，北京：中华书局，2009），仍然得到了欧阳修等人的称赏，由此可见欧阳修重文采的文士性格，参见何寄澎：《北宋的古文运动》，上海：上海古籍出版社，2011，159～168页。此后王安石在贡举改革中取消诗赋，进一步否定诗赋的价值，比范、欧等人走得更远。

② 《续长编》卷一百七十五，皇祐五年闰七月戊子条，4225页。

③ 《续长编》卷一百八十六，嘉祐二年十二月戊申条，4496页。

④ 何忠礼：《略论宋代的明经科》，见《科举与宋代社会》，北京：商务印书馆，2006，162页。

⑤ 沈作喆：《寓简》卷五，俞钢、萧光伟整理，见朱易安等主编：《全宋笔记》第四编五，郑州：大象出版社，2008年，42页。

《孟子》之说来让举人讨论井田制[1]，蔡襄让举人对孟子之卑管仲、谈王道发表意见[2]，司马光也以孟子非议《尚书》“血流漂杵”之说发问[3]。不管是正面还是反面，《孟子》一书所涉及的问题是当时学者所关心的，它出现在策问之中正可见《孟子》在当时思想学术界发挥着重要影响。而《孟子》也就这样进入了科举考试之中。

士子接受学校教育的目的之一是通过科举，进入仕途，尤其是在北宋官学不断制度化与兴盛的过程之中。那么，学校中教授的内容就不可避免地受到科举中所反映出来的学术取向的影响。在庆历贡举改革之后，策的重要性日益增加，学校中也多出策题来考试学生，为他们将来参加科举进行训练，打好基础。今存北宋人文集中保留下来的一些策题，可能并非科举考试的试题，而是在学校中用来训练学生时所拟的。因为有些人并不曾担任过科举的考官。但是，即使是练习题，也不可能毫无选择地出题，而要尽可能贴近考试内容。这些平时私试的题目，同样有可能出现在正式考试之中。在这些策题中，颇可见孟子其人其书的身影。可以说，策题中涉及了孟子思想的各个方面，孟子论王道、行王政、排异端等思想都已广为士人所接触。让我们略举数例如下，以见《孟子》向科举考试渗透的情况：

> 问：孔子没，能传其道者孟、荀、扬、王、韩五贤而已矣。其著书立言，与六经相左右，执卷者皆知之矣。昌黎氏以谓孟氏醇乎醇者也，荀与扬大醇而小疵。后之学者从而是之。至于王氏，当隋季，作《(六)[元]经》《中说》以拯将坠之教，其门人之高第者，皆为唐辅相。而不能尊大师说，昌黎氏复无一言以称之，其于孔子之道，有所未至者邪？文公去圣最远，卓然奋起，与四贤者并驱而争先，排斥佛老而躬践其言，后世无加焉。五贤之事业，于孔子之道固其先后。子大夫明乎先圣之术，愿次其优劣，著之于

① 欧阳修：《居士集》卷四十八《问进士策四首》，见《欧阳修全集》，329 页。

② 蔡襄：《蔡襄全集》卷三十《策问六》，670 页。

③ 司马光：《温国文正司马公文集》卷七十二《策问十道》。

篇，毋让。①

问：孟子曰："未有仁而遗其亲者也，未有义而后其君者也。"是时天子在上，而孟氏游于诸侯，皆说以王道，汤、文、武所以得天下之说，未闻一言奖周室者，庸非后其君乎？贤人之言必不徒尔，盍各求其意？②

问：孔子没，圣人之道失其传，百氏之说纷然肆邪说以枭乱天下。孟轲、荀卿氏作，相与提仁义之言以辟之。陵迟至于汉唐，道益大坏，扬雄、韩愈氏又从而扶持辨正，然后孔子之道熄而复明。国家承平百年，儒学虽盛，而释、老二氏源流益炽，至于庄、韩、管仲之学亦相继而起，天下荧惑，学者不知非焉。此今日之患也。昔者圣人之徒知其道之在己，一夫不由先王之术则辟而正之，正而不已，又从而笔之于书，以见后世不使其贼于仁义，是乌足为儒者之道哉！曾西有言曰："管仲得君如彼其专也，功烈如彼其卑也，尔何曾比予于是！"扬氏曰："申、韩之术，不仁之至也。有诵庄、韩之书于孔子之门，则麾而去之。"韩子谓释、老之害过于杨、墨，彼之道不行，由此言之，则彼非其道不容于圣人之世，从可知矣。然则今之君子，有进而取之者，其亦有说乎？不识老、庄之所谓道德，释氏之所言理性，非之刑名，仲之政令，其有取于孔子之道者乎？无也。不可以取而取之不仁，可以取而去之不智。如欲取之，又惧夫贼吾之道而遗患于中国，非孟子所谓"生于其心，害于其政"之虑也？然则如何？如欲去之，必将明吾圣人之术，有以胜于彼者，使彼之奸言邪说不得以欺瞽愚众，而学者之无惑。兹有望于君子之言也。③

---

① 韩琦：《安阳集》卷二十三《策问》，340 页。

② 李觏：《李觏集》卷二十九《策问六首》，336 页。

③ 陈襄：《古灵集》卷十三《策题六道》，景印文渊阁四库全书本，第 1093 册，606～607 页。

问：学者治仁义之术皆称孟轲。轲讥宋牼之言利也，曰号则不可，是所慎者莫如号也。然而轲教梁、齐之君，则曰好勇不害，好乐不害，好货不害，好色不害。夫勇之与乐，货之与色，足为号乎？轲之议人甚详，而自任大略，轲不宜至此者也。试相与辨之。①

问：《诗》之序曰：太平之君子能长育人材，则天下喜乐之。而《孟子》亦曰：得天下之英材而教育之，一乐也。今之君子有长育人材之势，而又能有其志者，固少矣。有其志而以士之难知也，进以文辞而不奉于理，则浮华以乱实、险怪以乱正者将有取焉，是不害于道邪？进之以行义而本于理，则繁礼而饰貌、好奇以诡众者将有取焉，是不害于道邪？夫育人材者，固将长育成就人之材，以劝天下而移风俗也。今其害若是，知其溺于浮华之可患，而宁进繁礼饰貌好奇之人，庶乎其有激，而幸乎其有实也，其可乎？抑其犹不可也乎？古之君子长育人材而能本于理者，其要如宜，具书以对。②

问：孟子对齐宣王，以为明堂者王者之堂，欲行王政则勿毁。噫！圣人之君世，其道德仁义，凡可以为治者莫不讲，鳏寡孤独莫不皆有养，虽无是堂，王政可勿行乎？苟偃然自得于九重之上，弗讲其所以独治之具，而施仁弗先夫四者，又可以行王政乎？若是王政之行否，果系一堂之存毁乎？否也。既曰王者之堂矣，于齐焉得有诸？轲之旨安在？诸君试辨之。③

---

① 刘敞：《公是集》卷四十九《策问二首》，丛书集成初编本，北京：中华书局，1985，595～596页。

② 曾巩：《曾巩集·辑佚·策问一十道》，陈杏珍、晁继周点校，北京：中华书局，2004，767页。

③ 强至：《祠部集》卷三十三《试京兆府学生策问八道》，丛书集成初编本，北京：中华书局，1985，504页。

问：夫子曰“吾四十而不惑”，孟子曰“四十不动心”，有以异乎？苟无以异也，是二者圣贤少时何不能，必待四十而后可？孟子以为颜渊具体而微，且渊也短命，是未尝至四十也。苟不至夫子之年已不惑，则过圣人远已，乌在其微也？若犹未也，既未能无惑，其于圣人之道有不足者矣，乌在其能具体也？诸君为辨之。①

问：孔子曰：“如有用我者，三年有成。”孟子曰：“有得百里之地，皆足以朝诸侯，有天下。苟大国不过五年，小国不过七年，必为政天下。”自周、秦而下，汉、唐之间，仕者非经明行修，世通以为不称。而孔子之学，大行于天下，士之挟是道以进者，世常至宰相天官。方是之时，时君世主，皆已统有天下，号令兴废通行于四海，非如百里之小而朝诸侯之难；士之大者出有为，小者出有言，其居朝廷，甚者终身，至浅少矣，犹不啻于七年五年三年，而功效曾不见于天下。不知学古人者，何失之也？诸君子既学孔子，行且进仕于朝廷，尝亦思往者之失而有所得乎？而今愿闻之。②

作为北宋主要文官选拔制度的科举制，对于士人的学术风气具有极大的指导作用。南宋魏文翁称：“科举之取舍，士风所系也。”③因此，科举中的考试内容直接引导着天下读书人的进学方向。科举对于文风以及学术的影响，有一个有趣的例子。《梦溪笔谈》卷九记载：“嘉祐中士人刘幾累为国学第一人，骤为怪崄之语，学者翕然效之，遂成风俗。欧阳公深恶之，会公主文，决意痛惩，凡为新文者一切弃黜，时体为之一变，欧阳之功也。有一举人论曰：‘天地轧，万物茁，圣人发。’公曰：‘此必刘幾也。’戏续之曰：‘秀才剌，试官刷。’乃以大朱笔

① 强至：《祠部集》卷三十三《试京兆府学生策问八道》，504页。

② 王令：《王令集》卷二十一《策问》十八首之《治效》，365～366页。

③ 《宋元学案》卷八十，2677页。

横抹之，自首至尾，谓之‘红勒帛’，判大纰缪字榜之，既而果幾也。复数年，公为御试考官而幾在庭，公曰：‘除恶务力，今必痛斥轻薄子，以除文章之害。’有一士人论曰：‘主上收精藏明于冕旒之下。’公曰：‘吾已得刘幾矣。’既黜，乃吴人萧稷也。是时试《尧舜性仁赋》，有曰：‘故得静而延年，独高五帝之寿；动而有勇，形为四罪之诛。’公大称赏，擢为第一人，及唱名乃刘煇，人有识之者曰：‘此刘幾也，易名矣。’公愕然久之。”①欧阳修知贡举在嘉祐二年，为殿试考官在嘉祐四年，短短两年之间刘煇就成功地完成了文风的转型。杨杰在为刘煇作的墓志铭中称，“议者既推欧阳公有力于斯文，而又服之道能精敏于变也”②，不管是否有溢美或是文饰，但对于刘煇的转变，杨杰甚至当时的人都表示出支持和欣赏。这种前以奇诡险怪被黜而后因平实明畅为状元的转变，正可见士人在面对主考官的喜好时，为了入仕得官所进行的对文风的重新学习。在这一学习过程中，以欧阳修为代表的古文恐怕是主要的学习对象。吴曾以为刘煇《尧舜性仁赋》中的那两句名句“盖本于范[文]正公《尧舜率天下以仁赋》：‘内睦九族，善邻之志咸和；外黜四凶，有勇之风遐振’”③。那么，刘煇可能对范仲淹此文做过一番研读。以范仲淹、欧阳修为首的士大夫的学术与文风就这样成为天下士子效法的对象，从而改变了当时的学术面貌。此前，范仲淹在执掌南京府学之时，“出题使诸生作赋，必先自为之，欲知其难易及所当用意，亦使学者准以为法。由是，四方从学者辐辏”④。这篇《尧舜率天下以仁赋》可能正是范仲淹在教育学者时亲自作的，其本意也恰恰是在通过他自己的这些文字影响士子的治学取向。特别需要注意的是，《尧舜性仁赋》这一题目，出自《孟子·尽心上》。这也是《孟子》首次正式进入进士殿试的试题之中。其后，治平二年进士殿试之赋题为《大舜

---

① 沈括：《梦溪笔谈》卷九，金良年整理，上海：上海书店出版社，2009，78页。

② 杨杰：《无为集》卷十三《故刘之道状元墓志铭》，景印文渊阁四库全书本，第1099册，753页。

③ 吴曾：《能改斋漫录》卷八《沿袭·尧舜性仁赋》，234页。

④ 范仲淹：《言行拾遗事录》卷一，见《范仲淹全集》，791页。

善与人同赋》①，出自《孟子·公孙丑上》，《孟子》再次成了殿试考试的内容。

殿试的试题，很多时候不是皇帝亲自撰写的，一般来说，大概有二三位学士拟定试题，由皇帝点定用哪一道。比如，景德三年御试贤良方正科举人，诏两制并撰策问，真宗择晁迥所撰用之。② 又如，刘挚《忠肃集》中收有他拟定的元祐三年御试进士、特奏名和元祐六年御试进士策题，但最后只有元祐三年进士策题被采用。③ 当时哲宗年幼，必非其自撰，当是采用他人所出之题。这些试题体现着撰题人的政治与学术倾向，而由皇帝最后确定，代表着皇帝或者内廷权力核心的态度。熙宁三年贡举，进士御试策概为王安石所拟，力主变革；而苏轼撰《拟进士御试策》，于新法大加驳斥。此即现实中新党与反变法派在科场中对于士风引导的争夺。④ 于此还有一事值得特别指出，即熙宁三年，司马光于学士院试李清臣等策题，针对王安石之变法，以"天命不足畏，祖宗不足法，流俗不足恤"为问，但次日禁中以纸贴其上，别出策题。⑤ 其中直接提出"无以谓本朝成法已定而不可改"，明确指明要进一步变法。⑥ 此虽为试馆阁人员，但"馆阁之选，皆天下英俊"，同样系天下士子之望，因此其试题与科举试题有相类似的作用。这种政治与思想的冲突直接反映在了试题之中，显示着不同派别士大夫以及皇帝对于引导士风的科举的重视，他们都试图利用科举试题来宣传自身的政策思想，表明朝廷对政治与学术的态度，进而影响天下士人。

---

① 胡榘修，方万里、罗浚纂：《宝庆四明志》卷十，见《宋元方志丛刊》，北京：中华书局，1990，5115 页；马泽修，袁桷纂：《延祐四明志》卷六，见《宋元方志丛刊》，6224 页。

② 《宋会要辑稿》选举一〇之一二。

③ 刘挚：《忠肃集》卷一，裴汝诚、陈晓平点校，北京：中华书局，2002，1～4 页。《宋会要辑稿》选举七之二五至二七。

④ 刘成国：《王安石年谱长编》，北京：中华书局，2018，1039～1040、1042～1043 页。

⑤ 司马光：《温国文正司马公文集》卷七十二《学士院策李清臣等策目》。

⑥ 《宋会要辑稿》选举一一之一二至一三。

作为体现着皇帝意志的殿试试题，在仁宗之前，尤其是庆历以前，进士殿试三题除了针对时事之外，其出处多集中于四类典籍之中：儒家经典、史书、《文选》以及老庄之书（见表1《北宋进士殿试三题试题及出处表（熙宁改制前）》）。而在庆历二年以后，以《老子》和《文选》为题只出现了各一次，儒家经典的比重则大大提高。儒家子书中《孟子》出现了两次，更可见官方学术对于《孟子》的重视。尽管《孟子》并未获得如《论语》等经典在科举考试中的正经或兼经的地位，却已经实实在在地进入了科举考试的视野。一种在野的思潮，逐渐走向官方的体制化。

表1　北宋进士殿试三题试题及出处表（熙宁改制前）①

	赋	诗	论
开宝六年	未明求衣赋	悬爵待士诗	
	《汉书·邹阳传》（本作“不明求衣”）《宋书·孝武帝纪》	**《旧唐书·韦嗣立传》**	
开宝八年	桥梁渡长江赋	龙船习水战诗	
太平兴国二年	训兵练将赋	主圣臣贤诗	
太平兴国三年	不阵而成功赋	二仪合德诗	登讲武台观习战论
		《汉书·扬雄传》颜师古注	
太平兴国五年	春雨如膏赋	明州进白鹦鹉诗	文武何先论
	《左传》襄公十九年		
太平兴国八年	六合为家赋	鹦啭上林诗	文武双兴论
	《史记·秦始皇本纪》《过秦论》	**郑谷《朝谒》、温庭筠《汉皇迎春词》**	
雍熙二年	颍川贡白雉赋	烹小鲜诗	玄女授兵符论

①　本表及下表所列，不另注者均出自《宋会要辑稿》选举。

续表

	赋	诗	论
		《老子》第六十章	**《史记正义》**
雍熙二年(覆试落第举人)	庭燎赋	淡交如水诗	
	《诗经·小雅·庭燎》	**《庄子·山木》**	
端拱元年(覆试礼部落第举人)		暑月颁冰诗	
		《周礼·天官·凌人》	
端拱元年(第三次覆试礼部落第举人)		冰壶诗	
		《文选》鲍照《白头吟》	
端拱元年(第四次覆试)	一叶落知天下秋赋	堂上有奇兵诗	
	《淮南子·说山训》	**《战国策·齐策》、《文选》卷二十九张协(景阳)《杂诗》**	
端拱元年(覆试诸科)		夏雨翻萍诗	
端拱二年	圣人不尚贤赋	五色一何鲜诗	禹拜昌言论
	《老子》第三章	**《文选》卷二十二魏文帝《芙蓉池作》**	**《尚书·皋陶谟》**
淳化三年	卮言日出赋	射不主皮诗	儒行论
	《庄子·寓言》	**《论语·八佾》**	**《礼记·儒行》**
咸平三年	观人文以化成天下赋	崇德报功诗	为政宽猛先后论
	《周易·贲》	**《尚书·武成》**	**《左传》昭公二十年**

续表

	赋	诗	论
咸平三年(河北举人)①	以贤为宝赋	膏泽多丰年诗	
	《盐铁论·崇礼》	**《文选》卷二十四曹植《赠徐幹》**	
咸平三年(特奏名)			礼乐刑政致理何先论
咸平五年	有物混成赋	高明柔克诗	君子黄中通理论
	《老子》第二十五章	**《尚书·洪范》**	**《周易·坤》**
景德二年	天道犹张弓赋	德辅如毛诗	以八则治都鄙论
	《老子》第七十七章	**《诗经·大雅·烝民》**	**《周礼·天官·大宰》**
景德二年(河北举人)	建用皇极赋	昭德塞违诗	汉文宣二帝政理孰优论
	《尚书·洪范》?	**《左传》桓公二年**	**《汉书》**
景德二年(特奏名)		射不主皮诗	文武之道何先论
		《论语·八佾》	
大中祥符元年	清明象天赋	明证定保诗	盛德大业论
	《荀子·乐论篇》《礼记·乐记》	**《左传》襄公二十一年引《书》**	**《周易·系辞上》**
大中祥符二年(祀东封路服勤词学、经明行修举人)	大德曰生赋	神无方诗	升降者礼之末节论

① 因前一年契丹入侵，“诏河北经戎虏侵轶州军举人，除已赴礼部试外，有实曾请解及经礼部试者，委贡院籍名以闻，当议别试”(《宋会要辑稿》选举三之六《贡举杂录》)。

续表

	赋	诗	论
	《周易·系辞下》	**《周易·系辞上》**	**《礼记·乐记》**
大中祥符四年(祀汾阴路举服勤词学、经明行修举人)	礼以承天道赋	神以知来诗	何以为大道之序论
	《礼记·礼运》	**《周易·系辞上》**	**《庄子·天道》**
大中祥符五年	铸鼎象物赋	天险不可升诗	以人占天论
	《左传》宣公三年	**《周易·坎》**	**《法言·五百》**
大中祥符七年(亳州、南京路等经明行修服勤词学举人)	道无常名赋	冲气为和诗	天地何以犹橐籥论
	《老子》第三十二章	**《老子》第四十二章**	**《老子》第五章**
大中祥符八年	置天下如置器赋	君子以恐惧修省诗	顺时慎微其用何先论
	《汉书·贾谊传》	**《周易·震》**	**《尚书·益稷》孔传**
天禧三年	君子以厚德载物赋	君子居易以俟命诗	日宣三德论
	《周易·坤》	**《礼记·中庸》**	**《尚书·皋陶谟》**
天禧四年(下等特奏名)		泽及四海诗	礼乐何以合天地讹论
			《周礼·春官·大宗伯》
天圣五年	圣有谟训赋	南风之薰诗	执政如金石论
	《尚书·胤征》	**《孔子家语·辩乐解》**	**《汉书·贾谊传》**
天圣五年(特奏名)			天地节而四时成论
			《周易·节》
天圣八年	藏珠于渊赋	溥爱无私诗	儒者可与守成论

续表

	赋	诗	论
	《庄子·天地》	**《汉书·董仲舒传》**	**《史记·叔孙通列传》**
景祐元年	房心为明堂赋	和气致祥诗	积善成德论
	《尚书大传》卷三注	**《汉书·刘向传》**	**《荀子·劝学篇》**
景祐元年(特奏名进士、诸科)		群玉山诗	六律为万事本论
		《穆天子传》《山海经》	**《史记·律论》**
宝元元年	富民之要在节俭赋	鲲化为鹏诗	廉吏民之表论
	《史记·平津侯主父列传》	**《庄子·逍遥游》**	**《汉书·文帝纪》**
宝元元年(特奏名)		修词立诚诗	大德曰生论
		《周易·乾·文言》	**《周易·系辞下》**
庆历二年	应天以实不以文赋	吹律听凤鸣诗	顺德者昌论
	《汉书·息夫躬传》	**《汉书·律历志》**	**《汉书·高帝纪上》**
庆历二年(特奏名)		亲将征关外诗	五帝宪老不乞言论
			《礼记·内则》
庆历六年	戎祀国之大事赋	形盐象武诗	两汉循吏孰优论
	《左传》成公十三年	**《左传》僖公三十年郑注**	**《汉书》《后汉书》**
庆历六年(特奏名)		宜木名社诗	安危在出令论
		《周礼·大司徒》	**《史记·楚元王世家》**
皇祐元年	盖轸象天地赋	日昃不暇食诗	天听君人之言论

续表

	赋	诗	论
	《周礼·考工记》	《汉书》卷五十六《董仲舒传》	《论衡·变虚篇》
皇祐五年	圜丘象天赋	吹律听军声诗	乐本人心论
	《孔子家语·郊问》《周礼·大司乐》疏	《周礼·春官·大师》?	《礼记·乐记》
皇祐五年（特奏名）		致美黼冕诗	强兵务富民论
		《论语·泰伯》	《史记·张仪列传》
嘉祐二年	民监赋	鸾刀诗	重巽申命论
	《尚书·酒诰》	《诗经·小雅·信南山》	《周易·巽》
嘉祐二年(特奏名)		斋居决事诗	乾坤示人易简论
		《汉书·刑法志》	《周易·系辞下》
嘉祐四年	尧舜性仁赋	求遗书于天下诗	易简得天下之礼理论
	《孟子·尽心上》	《汉书·艺文志》	《周易·系辞上》
嘉祐四年(特奏名)		云覆丛蓍诗	中者天下之大本论
		《文选》庚信《小园赋》?	《礼记·中庸》
嘉祐六年	王者通天地人赋	天德清明诗	水几于道论
	《春秋繁露·王道通三》	《礼记·乐记》	《老子》第八章
嘉祐六年（特奏名）		作乐荐上帝诗	谨用五事明天道论
		《周易·豫》	《尚书·洪范》?
嘉祐八年	寅畏以飨福赋	乐通神明诗	成败之机在察言论

续表

	赋	诗	论
	《晋书·郭璞传》	**《汉书·礼乐志》**	**《后汉书·陈蕃传》**
嘉祐八年(特奏名)		温洛呈图诗	治天下自五事始论
		《隋书·天文志》	
治平二年①	大舜善与人同赋	春和议振贷诗	君子以成德为行论
	《孟子·公孙丑上》	**《汉书·文帝纪》**	**《周易·乾》**

表2　北宋制科秘阁六论试题及出处表

	赋	诗	论
景德四年贤良方正科②	定四时别九州岛圣功孰大	考定明堂制度	光武二十八将功业先后
	《尚书·尧典》《禹贡》		**《后汉书》**
	九功九法为国何先	舜无为禹勤事功业孰优	曾参何以不列四科
	《周礼·天官·大府》《周礼·夏官·大司马》	**《论语·卫灵公》**	**《论语》**
天圣八年	两仪生四象	刑罚何以任治	治世军礼同
	《周易·系辞上》	**《说苑》**?	
	邦国育材之道如何	九仪之命正邦国	拱璧驷马何以不如进此道
		《周礼·春官·大宗伯》	**《老子》第六十二章**
景祐元年	治民事天莫如啬	九德咸事	天保采薇治内外
	《老子》第五十九章	**《尚书·皋陶谟》**	**《诗经》**

① 此年试题，见《宝庆四明志》卷十，《延祐四明志》卷六。

② 吴处厚：《青箱杂记》卷五，李裕民点校，北京：中华书局，1997，49页。

续表

	赋	诗	论
	道何以万世无弊	六经之道礼乐为急	周秦之士贵贱
	《汉书·董仲舒传》	**《汉书·礼乐志》**	
宝元元年	乐者天地之命	三公为乡老	治地莫善于助
	《礼记·乐记》	**《周礼·地官·乡老》孔疏**	**《孟子·滕文公上》**
	禘尝治国之本	圣王处民于瘠土	治乱刑重轻
	《礼记·祭统》	**《国语·鲁语下》**	**《荀子·正论篇》**
庆历二年	左氏崇君父	孝何以在德上下	王吉贡禹得失孰优
	《后汉书·贾逵传》	**《孝经·开宗明义章第一》**	**《汉书·王吉传》《贡禹传》**
	经正则庶民兴	有常德以立武事	序卦杂卦何以始终不同
	《孟子·尽心下》	**《诗经·常武》小序**	**《周易》**
庆历六年	大有上吉	三王之郊用夏正	史记不记少皞
	《周易·大有·上九·象传》	**《礼记·郊特牲》注、《易纬乾凿度》**	**《史记》**
	道非明民	(大)[内?]史掌叙事之法	乐循理为君子
	《老子》第六十五章	**《周礼·春官·内史》**	**《汉书·董仲舒传》**
皇祐元年	损益弗违之吉孰先	教诗以六德为本	三有俊克即俊
	《周易·损·六五》《周易·益·六二》	**《周礼·春官·大师》**	**《尚书·立政》**
	因神以明道	韩延寿杨阜人不忍欺优劣	圣人文质
	《周易·系辞上》注	**《汉书》**	**《法言·先知》**
皇祐五年	哲人惟刑	贷以国服息	五官为上公
	《尚书·吕刑》	**《周礼·地官·泉府》**	**《左传》昭公二十九年**

续表

	赋	诗	论
	舜明庶物	治天下审所尚	施孟梁(年)[丘]易学如何
	《孟子·离娄下》	**《汉书·匡衡传》**	**《汉书·儒林传》**
嘉祐二年	设卦以尽情伪	德者性之端	作稽中德
	《周易·系辞上》	**《礼记·乐记》**	**《尚书·酒诰》**
	君子知微知显	周寔助法	两汉儒林治经孰深
	《周易·系辞下》	**《孟子·滕文公上》“虽周亦助”?**	**《汉书》《后汉书》**
嘉祐四年	萃致(考)[孝]飨	《鱼丽》废则法度缺	汉制因时之宜
	《周易·萃·彖传》	**《毛诗·大序》**	**《史记·高祖本纪》《汉书·韦玄成传赞》?**
	皋陶叙九德	君子所养	徐有功比(干)[于]张
	《尚书·皋陶谟》	**《礼记·哀公问》注**	**《旧唐书·徐有功传》**
嘉祐六年	王者不治夷狄	礼义信足以成德	刘恺丁鸿孰贤
	《公羊传》隐公二年何休注	**《论语·子路》篇包咸注**	**《后汉书》**
	礼以养人为本	既醉备万福	形势不如德
	《汉书·礼乐志》	**《毛诗·大雅·生民之什》郑笺**	**《史记·吴起传赞》**
治平元年	一为君德	礼以(本)[节]民性	五经简易
	《周易·系辞下》正义	**《礼记·王制》**	**《法言·五百》**
	道体(君德)[常]尽变	五(古)[占]从其多	羊陆非纯臣
	《荀子·解蔽篇》	**《史记·龟策列传》**	**《晋书·苻生载记》、《左传》隐公四年**

续表

	赋	诗	论
熙宁三年	先王上礼	褅郊祖宗不报如何	天刚不失（时）[说？]
	《礼记·乐记》?	**《国语·鲁语上》**?	**《周易·兑·彖传》**
	治道在知邪正	九家皆股肱之材	王肃不好郑学
	《汉书·翼奉传》	**《汉书·艺文志》**	**《三国志·魏书·王肃传》**
元祐六年	因民常而施教	以蒙养正	汉行先王之政
	《周礼·地官·大司徒》	**《周易·蒙·彖传》**	
	大教在通人情	人主权断	二刘学通南北
	《三国志·魏书·和洽传》	**《晋书·刑法志》**	**《隋书·儒林传序》**
绍圣元年(存二，余阙)	舜得万国之欢心	谨事成六德	
	《史记·乐书》	**《毛诗·皇皇者华》毛传郑笺**	

二、以《孟子》为兼经：熙丰贡举改制

熙宁四年二月丁巳朔，从中书之言，定贡举新制："进士罢诗赋、帖经、墨义，各占治《诗》、《书》、《易》、《周礼》、《礼记》一经，兼以《论语》、《孟子》。每试四场，初本经，次兼经并大义十道，务通义理，不须尽用注疏。次论一首，次时务策三道，礼部五道。礼部五道，当考。中书撰大义式颁行。"①由是，熙丰变法中针对贡举制的法令正式颁布，《孟子》一书也由此获得经典的地位。

---

① 《续长编》卷二百二十，熙宁四年二月丁巳朔，5334～5335页。关于王安石的贡举改革，前人已有相当多的研究，较重要者有张希清：《论王安石的贡举改革》，载《北京大学学报(哲学社会科学版)》，1986(4)；[日]近藤一成：《王安石的科举改革》，魏常海、张希清译，见刘俊文主编：《日本中青年学者论中国史(宋元明清卷)》，上海：上海古籍出版社，1995，136～165页。李弘祺《宋代官学教育与科举》、贾志扬《宋代科举》中对北宋的科举教育改革也都有讨论。

熙丰变法首先是由王安石发起和主导的，此番科举改革也主要出于王安石的意见。事实上，王安石早就对此前的贡举条制不满。在仁宗嘉祐三年所上《万言书》中，他主要讨论治天下之人才的问题，批评当时的制科、进士以及诸科所考试的内容都无用于世。① 在王安石看来，当时社会政治的弊端在于未能建立三代那样的法度，而法度未能建立则是因为没有合适的人才来实行。因此，培育人才是王安石进行改革的前提条件和首要目标。在王安石就任参知政事以前，他仍然对神宗宣称当今之所急在“变风俗、立法度”，一方面是制度变革，另一方面则是文化改造。“变风俗”的对象自然是以士子为主的读书人，在这一目标之下，贡举教育改革就成为熙丰变法中首先要考虑的问题。李弘祺也指出，“在宋神宗在位期间(1068—1085)所进行的变法中，主要关心的仍然是如何用考试来实现古代唯德行卓著者是取的理想的问题。这种考虑，在有关教育与考试的争论中是至为突出的一个中心问题”②。因此，在熙宁之初，王安石上《乞改科条制札子》，要求改革科举教育体制。③ 此文为后来科举改制的纲领性文字，原文不长，全录于下：

> 伏以古之取士，皆本于学校，故道德一于上，而习俗成于下，其人材皆足以有为于世。自先王之泽竭，教养之法无所本，士虽有美材而无学校师友以成就之，议者之所患也。今欲追复古制以革其弊，则患于无渐。宜先除去声病对偶之文，使学者得以专意

---

① 王安石：《临川先生文集》卷三十九《上仁宗皇帝言事书》，761～762页。

② 李弘祺：《宋代官学教育与科举》，276页。

③ 原文未注明上奏时间，《续长编》卷二百二十、《宋会要辑稿》选举三之四三、《宋史全文》卷十一以此为熙宁四年二月一日中书门下奏。《文献通考》《宋史》并以为王安石先建议改科举，神宗乃诏两制等议之。《宋史》又记此后中书门下言，与此文前半略同。则此番科举改制之议，先由王安石发之，神宗不能无惑，乃下诏两制等讨论，得苏轼反对意见之后，王安石复上书极论，并详定条制，终使神宗从之。此文收入王安石集中，当出于其手。虽可能作于熙宁四年，但代表了王安石对于科举改革的意见，放在这里讨论，也大体不影响我们对王安石改科举的理解。

经义，以俟朝廷兴建学校，然后讲求三代所以教育选举之法，施于天下，庶几可复古矣。

所对明经科欲行废罢，并诸科元额内解明经人数添解进士，及更俟一次科场，不许新应诸科人投下文字，渐令改习进士。仍于京东、陕西、河东、河北、京西五路先置学官，使之教导。于南省所添进士奏名，仍具别作一项，止取于上件京东等五路应举人并府监诸路曾应诸科改应进士人数。所贵合格者多，可以诱进诸科向习进士科业。如允所奏，乞降敕命施行。①

可以说，熙宁时期的科举改革，基本是由王安石设计的。在王安石看来，士人需要具有经世济民的才能。这种才能的获得，依赖学校的教育。他认为："今士之所宜学者，天下国家之用也。"所谓"天下国家之用"，即是朝廷礼乐刑政之事。② 王安石要从根本上改变取士、养士制度，使士人学通经术，入仕则能治国治民。在此目的下，王安石先从科举制即取士制度改起，要先废除对实际政治无用的诗赋之学，使学者改从有益于用世的经义。

在王安石的促动下，神宗要求臣僚讨论如何变更科举制度。熙宁二年四月，"戊午，诏两制、两省、御史台、三司、三馆臣僚共议贡举法"③。在此一番大讨论之中，具体有多少人曾发表看法已难确知，而

① 《临川先生文集》卷四十二《乞改科条制札子》，808页。

② 《临川先生文集》卷三十九《上仁宗皇帝言事书》，756～757页。

③ 李埴：《皇宋十朝纲要》卷九，226页。诏书内容见《宋会要辑稿》选举三之四一至四二，其文曰："夫欲化民成俗者，必自庠序之教行；进贤兴功者，抑繇贡举之法用。前王致理，何以尚兹。朕博览古今，详求体要。思广得人之路，莫先养士之原。然而三岁设科，四方兴学。执经艺者或专于诵数，趋乡举者徒狃于文词。与夫古所谓三物宾兴之言，九年大成之业，亦已盭矣。朕念夫都邑之广，岂无茂异之伦；党遂之间，必有超绝之士。盖上之所求者既拘于程式，则下之所贡者或诎于阔疏。是则虽有德行道艺之人，何繇自进于有司邪？今兹诏下郡国，招徕隽贤。惟其教育之方，课试之格，若曰但循旧制，则无以一道德而奖进于人材；若将别为新规，则必当图悠久而详延于众论。惟是台阁之列，与夫禁近之联，必有猷为，固尝讲议。俾悉条于利病，思有助于搜扬。宜令两制、两省待(转下页)

留下意见的至少有司马光、苏轼、吕公著、范纯仁、韩维、苏颂、刘攽、陈襄、王珪、程颢、王安石等十余人①，可见当时士大夫对于贡举条制的关注。

对于这十余家意见，近藤一成将之分作三类：(1)主张废止诗赋和采用经义，包括司马光、吕公著、韩维、程颢和孙觉；(2)承认科场弊病，主张改良以彻底贯彻制度，为苏颂；(3)否定改诗赋，包括刘攽和苏轼。②但在这些不同意见的背后，仍有一些共通的地方。第一，都将取士与"有用"联系起来。就是说，不管以何种方式取士，目的都是要选拔能够处理政事、经世济民的人才。即使像刘攽、苏轼认为诗赋、经义都不足以直接有用于世，但二者的关系也仍然纳入他们讨论问题的范围之中。是否具有处理实际政治的能力是他们思考问题的一个重要标准。从中可以看出士大夫对于自身所承担的社会政治责任的重视，即不能独善其身，而要兼善天下。第二，基本都主张取士当以德行为

(接上页)制以上，御史台、三司、三馆臣僚，各限一月内具议状闻奏，仍令御史台牒催。噫！取士择人，兹圣王之先务；立法创制，亦贤者之存心。谅毋惮于讨论，且将观于趋舍。咨尔有位，宜体朕怀。"此诏取士择人和立法创制对举，与王安石"变风俗，立法度"相应，当即秉承安石之意而来。

① 近藤一成以为有七人，且未敢断定皆为应此诏上书，但大体均作为争议熙宁初科举改制的内容来讨论。同时他又以为署为程颢熙宁元年的上书也有可能为应诏之作。参见[日]近藤一成：《王安石的科举改革》，见刘俊文主编：《日本中青年学者论中国史(宋元明清卷)》，139页及注五。另范纯仁《上神宗乞设特举之科分路考校取人》、王珪《议贡举庠序奏状》及王安石《乞改科条制札子》也大概上于此前后。可以说，在熙宁之初，对于贡举制度进行改革的争论相当热烈。作为此一时期的整体动向而论，本章大体将这些奏疏视作同一时期的作品来讨论，不作严格区分。诸人之文主要见赵汝愚编：《宋朝诸臣奏议》卷七十八《学校上》，卷八十《贡举上》；《长编拾补》卷四，183～194页。另参见刘攽：《彭城集》(丛书集成初编本)卷二十四《贡举议》；韩维：《南阳集》(景印文渊阁四库全书本)卷二十五《议贡举状》；苏颂：《苏魏公文集》卷十五《议学校法》和《议贡举法》；王珪：《华阳集》(丛书集成初编本)卷七《议贡举庠序奏状》；陈襄：《古灵集》卷八《议学校贡举札子》。下文涉及诸人议论，出于此中者皆不另行加注。

② [日]近藤一成：《王安石的科举改革》，见刘俊文主编：《日本中青年学者论中国史(宋元明清卷)》，139页。

先。个人的道德节操得到普遍的重视，所谓君子小人之分也正在这里。从根本上说，没有人会公然主张用小人，以君子治世也是士大夫的共同理想。第三，都主张兴建学校作育人才。学校制度是“一道德、同风俗”的根本所在，在理想状态下，治理国家的士大夫都应该出身于学校或者以学校为基础的乡举里选制。而科举制度，甚至被认为是未能恢复三代之制的一种权宜之计，其最终目的则是要使取士和养士合一。总体而言，这些意见大体继承了庆历新政时期范仲淹、欧阳修等人所提出但未能得到完全实现的科举教育改革，在他们开拓的道路上更进了一步。苏颂在《议学校法》中主张学校教育当以经为主，通经在乎能发明圣贤深蕴，虽不主张废诗赋，却同样重视经义。另外，陈襄举荐常秩、陈烈等人，也是以其能讲解经术、有用经济为主。范纯仁乞以各地解额中三分之一设特举，南省只试策、论、经义。王珪建议废诸科，使之改习明经，也是以重经义为主。综合来看，在科举中采用经义在当时的士大夫中成为主流意见。在相当长的时期内，除了苏轼等少数人，我们看不到士大夫对于科举改制的激烈攻击。其原因，除了虽然废除明经、诸科，但设置了新科明法，将北方五路进士奏名作为特别项目而保证了一定的合格者，使得主要应此科的北方士人在入仕途径上得到了一定的保障之外①，更为重要的是对于贴括记诵、雕章琢句的厌恶和对钻研经典真义、关怀时务的重视已经成为北宋中后期大多数士人的共同看法。熙宁间的科举改革，同样有他们的力量在起作用。

熙宁三年三月，殿试试题首次改为试策。“旧制殿试进士以诗赋论，特奏名进士一论，至是进士就席，有司犹给《礼部韵》。及试题出，乃策问也。”②可见殿试改策为临时决定，事先并没有对外公布。龚延明等认为熙宁三年殿试用策问与吕公著密奏有关。③ 实际上宋人已有此看法，林駉称：“熙宁三年以策取士，盖因吕公著之请。所谓制科者

① ［日］近藤一成：《王安石的科举改革》，见刘俊文主编：《日本中青年学者论中国史(宋元明清卷)》，149～154 页。

② 《宋会要辑稿》选举七之一九；《文献通考》卷三十一《选举考四》，293 页。

③ 龚延明、祖慧：《宋代科举概述》，见《宋登科记考》，29 页。

已罢策试耳。”[①]当年吕公著权同知贡举，在贡院密上奏曰：“天子临轩策士而用诗赋，非举贤求治之意，且近世有司考较，已专用策论，今来廷试，欲乞出自宸衷，唯以诏策咨访治道。”[②]若此说属实，那么，对于殿试的改革，吕公著发挥了重要的作用。又熙宁四年，吴安度召试舍人院，以试《绿竹青青诗》时，解“绿竹”与注疏不同而列入五等。富弼言，“窃详安度命意，必谓王刍萹竹柔脆常草，不足兴咏卫武公有德之人，以注说迂曲，非诗人本意也。……故安度直以绿竹茂盛立为题意，于理甚通，未为不识题义”[③]，故特赐其进士出身。富弼的意见，和王旦黜与注疏异说之贾边[④]的做法大相径庭，表明富弼从通经典大义的角度出发，支持不依注疏，自出己意。而富弼赞同吴安度解“绿竹”为所谓“笋竹”，与王安石《诗经新义》中的解释亦相同。[⑤] 也就是说，在解经思路上，在自出机杼以发挥圣人之意上，富弼与王安石有共通之处。而富弼对于吴安度的处理方式，也在实际上贯彻、推动了这一点。

尽管多数士大夫都主张重视经义，但其中仍有分别。最为明显的，就是在经典的选择上出现了分歧。对于科举、学校中主要考试、教授何种经典，虽然多数士大夫都未做出明确说明，但这恰恰证明他们心目中的经典仍沿袭原来朝廷的规定，并没有什么改变。对于兼经，司马光、苏颂仍继承庆历时的建议，试以《论语》和《孝经》。但在王安石这里，所重视的经典有了明显的变化。熙宁四年的新制只有《易》《诗》《书》《周礼》和《礼记》五种正经，废除《春秋》和《仪礼》。兼经方面废《孝

---

① 林駉：《古今源流至论前集》卷三，“策试”条，景印文渊阁四库全书本，第942册，35页。

② 同上；又参见朱熹：《三朝名臣言行录》八之一《丞相中国吕正献公》，614页。

③ 《续长编》卷二百二十二，熙宁四年四月戊寅条，5410～5411页；《宋会要辑稿》选举九之一三。

④ 《续长编》卷五十九，景德二年三月甲寅条，1322页；又参见范镇：《东斋记事》卷一，北京：中华书局，1997，2页。

⑤ 程元敏《三经新义辑考汇评(二)——诗经》载：“绿竹猗猗，为竹之虚节清和。”(53页)吴曾《能改斋漫录》卷四引作“虚而节，直而和”，并证黄朝英以为非笋竹而萹竹之误。(77页)

经》而将《孟子》提了出来。诸桥辙次视熙丰间党争为儒学目的中经纶与正名之分争，其结果则为《周礼》学与《春秋》学之争、存礼与废礼之争、尊孟与刺孟之争。[①] 刘子健以为，变法派(reformers)与保守派(conservatives)政治理论的差别，在经典方面首先体现为《周礼》与《春秋》的对立，其次体现为对于《孟子》态度的分歧和差异。[②] 就整体趋势而论，二人所论之前者大体不错，而对《孟子》的态度则似不能作此区分。这里暂不讨论变法派与反对派(姑且就对王安石变法的整体态度而言作此区分，实际上则复杂得多，难以截然简单地作两派论)各自的理论基础，只就现实政治上的选择与实际进程来讨论。

就《春秋》而言，尽管自清代李绂、蔡上翔以来屡辨王安石并非不重视《春秋》，并无诋之为"断烂朝报"之事[③]，但无法否认的是，王安石确实在科举考试中废除了《春秋》。即使王安石可能有《春秋》难解的意思在，但对比他对《礼记》的态度，《春秋》在他的心目中似仍较受轻视。熙宁之初王安石入侍经筵，在讲《礼记》时，他以为其中错处甚多，不符合或者算不上是圣人法言，而促成了经筵废《礼记》而改讲《尚书》。[④] 就此而言，王安石对于《礼记》的态度恐怕以否定居多，但他仍然将之列为科举考试的经典。如果王安石真的尊信《春秋》，却又不让士人研习，那么二者之间的矛盾很难调和。而北宋后期两派轮流执政，《春秋》一科置废更替，更可见无论是王安石的对手还是继任者，都将《春秋》视作王安石新法所否定的东西。排除纯粹政治斗争的因素，背后的学术思想冲突恐怕也有着很大影响。更为重要的是，从制度层面而言，在王安石的改革之下，《春秋》已经失去了原本的经典地位。而一旦作为律令确立以后，一般士人唯科举是务，考试中不考的内容也

---

① [日]诸桥辙次：《儒学之目的与宋儒庆历至庆元百六十年间之活动》，唐卓群译，第三编第一章第二节"朋党之成因与儒学目的之分化"，南京：国民印务局，1937，561～568页。

② James Liu，*Reform in Sung China*：*Wang An-shih*(*1021-1086*) *and His New Policies*，pp. 30-35.

③ 《王荆公年谱考略》卷十一，见《王安石年谱三种》，388～396页。

④ 《长编纪事本末》卷五十三，937～938页；卷五十九，1044～1045页。

就常常被摒弃于读书人的视野之外。从实际效果看，《春秋》之学在熙丰时期遭到排斥、轻视则是不争的事实。一般士人的学术追求，直接受到了朝廷政治制度的影响。

对于三《礼》，王安石废除了在汉代的真正礼经《仪礼》。这一趋势在唐时已有萌芽，唐初的五经正义所选择的就是《礼记》而非《仪礼》。但《仪礼》本身仍一直作为经典而存在，在科举中包含于三礼科中——尽管在实际上对于《仪礼》的研读已呈弱化之势。王安石废《仪礼》，在制度上进一步降低了它的地位，使得《仪礼》之学愈发衰微。《文献通考》引《中兴艺文志》称“《仪礼》既废，学者不复诵习，或不知有是书”①，《四库总目》也说“宋自熙宁中废罢《仪礼》，学者鲜治是经”②，就强调了这种制度上的影响。《仪礼》的废止，在当时也并未引起多大的反对之声。究其原因，一方面在于《仪礼》不便于讨论义理，《四库总目》称“《仪礼》则全为度数节文，非空辞所可敷演，故讲学家避而不道也”③；另一方面，则在于宋代新型士大夫不同于汉魏以来的世家大族，对于维系家族的礼法观念并不那么重视。宋代以降，士人的礼学观念已然发生重大变化，从礼法之制转向了本于“理”的礼义。到明清之际考据学逐渐兴起之后，以《仪礼》为核心的礼学才又重新得到学者的重视。④

再看兼经，《尔雅》在庆历以后士人的心目中，地位就已经降低，嘉祐二年所设明经科，就是只兼《论语》和《孝经》，不再考试《尔雅》。⑤

---

① 《文献通考》卷一百八十《经籍考七》，1552页。

② 《四库全书总目》卷二十，礼类二宋李如圭《礼仪集释》提要，159页。

③ 《四库全书总目》卷二十，礼类二清李光坡《礼仪述注》提要，163页。

④ 对于宋代礼观念的转变到清儒的礼学重振，可参见邓克铭：《宋代理概念之展开》，第三章“理概念与礼之关系”，台北：文津出版社，1993，99～166页。当然，不同学者对“礼”之义涵的理解及重视程度也颇有不同，而如司马光《家范》、朱子《家礼》之类，仍然强调家族内的礼法，所以这里只是就社会整体趋势而言，并不是说所有士人都已转变。

⑤ 宋初，学究《毛诗》《周易》《尚书》及明法皆兼《论语》《尔雅》《孝经》，参见《文献通考》卷三十《选举考三》。嘉祐二年明经科，参见《续长编》卷一百八十六，嘉祐二年十二月戊申条，4496页；《宋会要辑稿》选举三之三三至三四。

《尔雅》一书，主要是“采诸书训诂名物之同异”①，在轻章句训诂、重发明大义的风气下，《尔雅》的衰落不可避免。至于《孝经》，实与世家之衰落密切相关，有类于《仪礼》。唐以前，由于门第观念而重视族属关系，重视孝友节行，而《孝经》一书亦特受重视。② 王安石废《孝经》，却显示出出身于平民阶层(或者非大族)的士大夫在此一方面关怀的弱化。这并非意味着新型士大夫不重视孝行，也不是说此后这些学问就完全断绝，只是说至少在整体的学术趋向上已有所转变，它们不再是学术思想界讨论的中心。

最后再来看《孟子》。对于《孟子》的重视，不仅限于王安石一人，也不仅仅限于新学一派。在反对派中，实际上只有司马光等少数几个人是疑孟、反孟的。而绝大多数人都对《孟子》抱有好感而表示尊信。后来司马光想要废《孟子》为诸子，就在范纯仁的反对下作罢。此外像韩维、孙觉、二程兄弟等人，更可以说是尊孟的健将。也就是说，置身于王安石领导进行变法的时代，提高《孟子》的地位是绝大多数士大夫的共识。王安石将《孟子》升格为经，除了出于个人精神认同的考虑，也顺应了时代的潮流。王安石在熙宁科举改制中将《孟子》列为兼经，其重要意义在于，他通过强制性的政治手段，将这种在野的、社会性的思潮落实到了国家体制的层面。有了这种制度上的保证，或者说一种自上而下的政治高压，《孟子》作为经典才能够有效贯彻下去。

熙宁三年殿试，考试官在评定等第方面出现严重分歧。《司马光日记》中记载：“韩秉(持)国、吕惠卿初考策，阿时者皆在高等，讦直者多在下列。宋次道、刘贡父覆考反之，吴冲卿、陈述古多从初考。叶祖洽策言：‘祖宗多因循苟简之政，陛下即位，革而新之。’初考为三等上，覆考为五等中，冲卿等奏之，从初考。李才元、苏子瞻编排上官

---

① 《四库全书总目》卷四十，小学类一《尔雅注疏》提要，339 页。

② 钱穆：《略论魏晋南北朝学术文化与当时门第之关系》，见《中国学术思想史论丛(三)》，合肥：安徽教育出版社，2004，153 页。对于《孝经》在六朝时期的流行状况，还可参见[日]吉川忠夫：《六朝精神史研究》，王启发译，第十五章“六朝时代对《孝经》的接受”，南京：江苏人民出版社，2010，419～435 页。

均第一，祖洽第二，陆佃第五。上令陈相面读均、祖洽策，擢祖洽第一。上又问偲卷安在，偲者，佃卷号也，擢为第三。”①从最后的结果来看，主张变法改革，即反变法派口中所谓“阿时者”多列在高等。尤其在第一甲，由神宗亲自评定叶祖洽为状元，陆佃为第三人。② 叶祖洽的对策今已不传，苏轼《参定叶祖洽廷试策状》中引其语云，“祖宗以来至于今，纪纲法度苟简因循而不举者，诚为不少”，又云，“与忠智豪杰之臣合谋而鼎新之”。③ 上文中所引一语盖提炼而成，作为反变法派攻击他附会时政的口实。但在《朱子语类》中，又有一番说法。朱熹称，“此人本无才能，但时方尊尚介甫之学，祖洽多用其说，且因而推尊之，故作第一人”，主要从学术方面指叶祖洽采用王安石的学说，而未从附会时政方面着眼。更值得注意的是此条下注云：“按《编年》，上好读《孟子》，人未知之。时廷试进士，始用策，叶祖洽乡人黄履在禁从，因以告之。祖洽试策皆援引《孟子》，故称旨，擢为第一。”④如果结合朱熹所论，那么，叶祖洽所用王安石之说，可能相当多的是在援引《孟子》这方面。尽管叶祖洽可能确实有意附会时政，但他之援引《孟子》，不仅摸到了当时的风气所在，更为后来的应试者树立了一个榜样。《孟子》之学可以用来得科名、取高第，无疑也将促进士人对于《孟子》的学习热情。后来王安石的“新学”成了官学，而王安石非常重视《孟子》，曾自己为之作解，他的儿子王雱以及门人许允成也都撰有《孟子解》。这些书在崇宁、大观中盛行于场屋，是举子所宗法的对象。⑤现实的先例，与制度上的规定，使得《孟子》成为天下士人的必读书。《孟子》的经典地位，也就越来越牢不可破了。

三、官学教育的进一步发展：三舍法与《三经新义》

如上文所述，王安石的目的，是想要将取士和养士合二为一。在

① 司马光撰，李裕民校注：《司马光日记校注》，123 页。

② 司马光据亲身经历而记，当不误。《宋史》卷三百五十四《叶祖洽传》记吕惠卿以之为第一人，显是为神宗讳。

③ 苏轼：《苏轼文集》卷四，804～805 页。

④ 《朱子语类》卷一百三十《本朝四·自熙宁至靖康用人》，3108 页。

⑤ 晁公武撰，孙猛校证：《郡斋读书志校证》卷十，420 页。

这一方面，学校制度的建立与完善有着更为根本的作用。在《上仁宗皇帝言事书》中，他宣称："古者天子诸侯，自国至于乡党皆有学，博置教导之官而严其选。朝廷礼乐刑政之事，皆在于学。士所观而习者，皆先王之法言德行治天下之意，其材亦可以为天下国家之用。苟不可以为天下国家之用，则不教也；苟可以为天下国家之用者，则无不在于学。此教之之道也。"①士人在学校中学习礼乐刑政之事、先王德行治天下之意，出而为国所用，这是三代理想社会所曾经实现过的，也是当今所要恢复的"三代之道"。因此，在科举制已经按他的意图有所变革之后，王安石进一步在学校制度上进行改革。

在贡举新制颁布后八个月，即熙宁四年十月，在王安石等人的设计和建议之下，对太学体制进行改革：在太学中设上舍、内舍、外舍。上舍百人，内舍二百人，外舍不限人数。通过考试，选拔优秀的学生由外舍逐级升等。上舍生可担任学正、学录、学谕等，优等生可在教官的举奏下经中书考察、取旨授官，即不经过科举而直接步入仕途。在太学中，每人选择一经研习，每经设直讲二员，共十员。② 也就是说，太学生所学习的，是熙宁科举新制中所规定的《易》《诗》《书》《周礼》《礼记》五经。这样，学校与科举——教育制度与候补文官选拔制度就紧密地连接在了一起。

在王安石看来，科举和学校之目的是要培养、选拔出能够治国平天下、复兴三代之治的人才。然而，就当时他所处的局面而言，异议纷纭，群言交构，他的改革推进受阻。王安石自信其所学，就将与他持不同意见的人斥为流俗，以为他们没有能够掌握三代圣人的经术，也就不足以兴复古道。反过来，要想恢复三代之治，就需要使士人反对那些流俗之见，而与王安石抱持相同的观念与学说。当全国的士人都能够像他一样掌握圣人之道，三代之治也就不难实现。那么，科举教育体制与"一道德、同风俗"实际上是密不可分的，学校作为士子习

---

① 王安石：《临川先生文集》卷三十九《上仁宗皇帝言事书》，752～753 页。

② 《续长编》卷二百二十七，熙宁四年十月戊辰条，5529 页。

学之地，更直接关系着道德一于何处，风俗同于何所。为达此目的，王安石也就尤其重视在学校，尤其是京师太学中宣扬自己的学说，希望将自己的学说贯穿到科举学校制度之中，并由此实现"一道德、同风俗"的所谓三代王道。

太学作为"教化之源，首善之地"①，反对派也同样重视。对学校教育主导权的争夺，也迅即展开。就在学校改革前后，反对派曾利用太学考试发表对时政的不满，从而影响士子学风。熙宁四年，国子监直讲颜复等在太学考试中以王莽、后周改法事为策问题目，太学生苏嘉（苏颂之子）在对策中极论时政之失，颜复等大为称赏，置之高等。这引起变法派的不满与重视，直讲苏液希合执政，乃密白曾布，布又告王安石。安石大怒，于是要改组太学教官，重新夺回太学的话语权。首先任命李定、常秩同判国子监，令选用学官，常秩等根据诸直讲前后所出策题及所考试卷评定等第，然后罢免颜复、焦千之、王汝翼、梁师孟、卢侗等与新法意见不合的讲官，留用苏液，又任命王安石一派之人为直讲：陆佃、龚原，并从王安石学；沈季长，安石妹婿；叶涛，安石侄婿；曾肇，曾布弟。于是，太学中的讲官就都为王安石新学一派所占据。林希称："佃等夜在介斋，授口义，旦至学讲之，无一语出己者。其设三舍，皆欲引用其党耳。"②此说虽有夸大之嫌，实际情况未必如此，但却点明王安石之学在太学中已经居于主导地位，成为太学教育的指导学说。

---

① 宋人多有此认识，如杨徽之称"太学首善之地"，见《宋史》卷二百九十六《杨徽之传》，9867页；《二程集》载"太学首善之地，将以流化天下"（567页）；王安石《首善自京师赋》称"王化下究，人文内崇，系京师首善之教，自太学亲民之功"，见吕祖谦编：《宋文鉴》卷十一，景印文渊阁四库全书本，第1350册，110页；刘挚谓"学校为育材首善之地，教化所从出"，见朱熹：《三朝名臣言行录》卷十二，又见《宋史》卷三百四十《刘挚传》，10854～10855页；上官均"夫学者之渊源，四方之观法，实在太学。……何以表率士类，居风化首善之地"，见《续长编》卷三百九十，9501页；等等。

② 《续长编》卷二百二十八，熙宁四年十一月戊申条，5545～5546页；卷二百二十六，熙宁四年八月己卯条注，5509页。

为了扩大新学在士子中的影响与地位，贯彻学校新制，变法派迅速在入仕途径上做出现实的表率。熙宁五年八月，太学生叶适因为累次考试名列优等，特赐进士及第，授试校书郎、睦州推官、郓州州学教授。① 这是学校新制确立后，首位由上舍生直接授官的太学生。但据《续长编》注引林希《野史》称："叶适者，处之巨豪，前此斥于廷试，素以交结陆佃为之引誉，琥、定遂推第一，欲诱动士心，贪利慕己，于是列奏适之文章、行义卓绝，遂赐进士及第、郓州教授，又留为直讲。"也就是说，叶适之被授官，是变法派有意为之，以作为劝诱士人的一种方式。同时，"诸学官公然直取其门下生无复嫌疑，四方寒士，未能习熟新传，而用旧疏义，一切摈黜。自此士人不复安业，日以趋走权门，交结学官为事。……是岁(即熙宁五年)，国子监荐一百五十人，诸家门生占百三十人；开封荐二百六十人，诸家门生占二百余人。诸直讲扬言曰：'自此罢科举，但用太学春秋两试，所占上等如叶适，直除以官。'于是士心惶惧，惟恐不得出诸学官之门也"②。当学术与利禄之途紧密结合在一起，学者为了能够入仕做官，也就群趋于新学。学术本身不是目的，而成为一种手段。具体所学已经不再重要，关键是要能够为学者带来直接的现实利益。汉代夏侯胜说，"士病不明经术，经术苟明，其取青紫如俛拾地芥耳"③，正说明了大多数士人所从学的目的。在官方的科举教育体制下，学术往往沦为士人求官谋利的附庸。通过科举教育之制以影响士人之学，也就容易产生现实的效果。

这种劝诱之计很快就取得了显著的成效。三舍法确立以后，太学迎来了一个高速发展的时期，太学生员数迅速增加。仁宗嘉祐时，在孙复、胡瑗掌教太学之时，"四方学者稍稍臻集。然熙宁之初，犹不上五百人"。④ 就太学生员的定制来说，大概长期以来一直保持在二百

---

① 《续长编》卷二百三十七，熙宁五年八月戊戌条，5773 页。

② 《续长编》卷二百三十七，熙宁五年八月戊戌条注，5774 页。

③ 《汉书》卷七十五《夏侯胜传》，3159 页。

④ 张舜民：《画墁录》，汤勤福整理，见朱易安、傅璇琮等主编：《全宋笔记》第二编一，郑州：大象出版社，2006，201 页。

人，至熙宁元年正月，方增至三百人。[①] 随后在五月，定以九百人为额。[②] 熙宁四年立三舍法后，首先在同年十一月将锡庆院改为太学，扩大了太学生学习、居住的空间。[③] 此后生员益多，至元丰二年颁布《学令》时，已不得不有所限制。本来外舍不限人数，此时则定为二千人，内舍三百人，上舍一百人。[④] 到徽宗崇宁时，更进一步膨胀，上舍二百人，内舍六百人，外舍三千人[⑤]，较熙宁以前，增加至近二十倍。这还只是就定制而言，实际游学人数可能更为庞大。由此，即可看出王安石所改革的学校制度对于士子求学趋向的巨大影响。

尽管王安石之学迅速占据了太学教育的核心，但是，官方印刷、颁布的经典解说仍是代表汉唐章句注疏之学的唐代《九经正义》以及宋初编撰的《论语》《孝经》《尔雅》正义。对于王安石改制后所重新确立的科考中的经典，在当时除了王安石的《易解》以外，王安石及其门弟子尚未有解说问世。太学的讲官只能凭对于王安石学术的理解自行教授，可能有与王安石之意不符甚至暗中压制其学之处。熙宁五年初，王安石即言试中学官黎侁、张谔不合经义。五月神宗与辅臣讨论学校制度时，冯京也曾言及有试官不喜举人盗用王安石父子文字而故意压制。[⑥] 新学的盛行主要还在于王安石当政与其门弟子主讲太学，并没有在制

---

① 《宋史》卷十四《神宗本纪一》，268 页。又参见《长编拾补》卷三上，88 页。《宋会要辑稿》职官二八之四载嘉祐三年监生定额由 450 人增至 600 人，但一方面“监生”包括广文馆生、太学生等，另一方面，“遇科场补试监生如故”表明监生多是在科举之前的一种身份确认，平时未必在学。对于宋代国子学向太学的转变，可参见张邦炜、朱瑞熙：《论宋代国子学向太学的转变》，见邓广铭、郦家驹等主编：《宋史研究论文集(一九八二年年会编刊)》，219～240 页。

② 李埴：《皇宋十朝纲要》卷九，224 页。

③ 《续长编》卷二百二十七，熙宁四年十月己卯条，5534 页。

④ 《文献通考》卷四十二《学校考三》，396 页；《宋史》卷一百五十七《选举志三》，3660 页。

⑤ 《文献通考》卷四十二《学校考三》，397 页；《宋史》卷一百五十七《选举志三》，3663 页。

⑥ 《续长编》卷二百二十九，熙宁五年正月戊戌条，5570 页；卷二百三十三，熙宁五年五月甲午条，5659～5660 页。

度上确立成为官方的统治学说。在旧体系已遭否定而新学说尚未定型之际，科举与教育中所呈现出来的状态是“经”“术”乖异。这种局面不利于或者说无法实现王安石和宋神宗“一道德”的目标。

神宗对于通过新经义来统一天下士人的思想学术非常重视，曾多次提出让王安石等人撰著经义颁行。《三经新义》的置局修撰与颁行，神宗起到了非常大的促进作用。另外，王安石改科举教育体制之后，太学讲官、科举试官多以安石之学为标准去取举人，学者中也有相当多人希望王安石等撰定经义颁行，使学者有所法则。颁行新经义，可以说是当时上至皇帝，下至士子的共同要求。但是，为“一道德”而撰定经义，仍首先出自王安石的意见，甚至王安石很早就已经开始从事这项工作。熙宁五年正月戊戌，“上曰：‘经术，今人人乖异，何以一道德？卿有所著可以颁行，令学者定于一。’安石曰：‘《诗》，已令陆佃、沈季长作义。’上曰：‘恐不能发明。’安石曰：‘臣每与商量’”①。可见王安石已经私下里开始让他的门人修撰经义，即是已经有要通过撰著经义并颁行使之成为官定统治学说的意图，只不过尚未完成而已。那么，《三经新义》的出现，首先是王安石“一道德”目的下的产物，神宗与士子不过是助推器罢了，即使没有他们的推动，王安石恐怕也还是会修撰《三经新义》，并主动向神宗提出颁行的。

对于《三经新义》的修撰过程、修撰人等情况，台湾程元敏先生已有数篇文章详细讨论②，此不赘述。此处主要就其影响进行讨论。在《三经新义》撰成颁行以前，士人对王学的理解尚未深入，但王氏的经义已经有所流传。熙宁六年，朱服就因为以王氏《诗义》答殿试策问，因而被神宗擢为第二。③ 而《三经新义》镂版之后，更是成为天下士子的科举教材。太学升舍，科考中选，都要以《三经新义》为准绳。不用王氏之说，就不能顺利进入仕途。如曾敏行之祖父和父亲坚守古义，

---

① 《续长编》卷二百二十九，熙宁五年正月戊戌条，5570页。

② 《三经新义修撰通考》《三经新义修撰人考》《三经新义版本与流传》，分见程元敏《三经新义辑考汇评》(一)(二)(三)之附录。

③ 方勺：《泊宅编》卷四，24页。

不从新学，故屡试不中。① 此类例子颇为不少。王安石所希望的，正是以《三经新义》所表现出的以己意解经的新学风代替墨守汉唐章句注疏之学的旧学风。

新学一派的撰述，只有《三经新义》是神宗置局修撰颁行的，并明确作为学校的教科书，但这并不意味着士人只学习《三经新义》。它们确实是新学的代表性著作，但并非全部。当新学成为统治学说以后，王安石及其弟子的各种解经著作，实际上都成为士子学习的对象，盛行于场屋学校之中。首先，王安石、王雱的一些著作也是由官方出面印刷颁行的。如绍圣二年(1095)，雕印颁行王安石《洪范传》《字说》，王雱《论语义》《孟子义》。② 政和七年(1117)，将唐耜《字说集解》传示国子监学生。③ 其他盛行于场屋的新学著作还有：

王安石《易义》二十卷、《论语解》十卷、《孟子解》十四卷；

王雱《论语口义》十卷(与上文《论语义》或为一书)；

许允成《孟子解》十四卷；

陈祥道《论语解》十卷；

龚原《易讲义》(《周易新讲义》)十卷；

耿南仲《注易》(《周易新讲义》)二十卷。④

以上诸书，乃是有史料记载曾经在科举考试和学校中盛行的新学著作，实际上可能更多。尽管大多盛行于绍圣之后，但仍是在王安石改制的脉络下流风所及。出于应举、学校考试的需要，士子对于王安石父子及其门人的著书立说有着强烈甚至狂热的渴求心理。王雱《南华真经新传》前有不知何人所作之序，其中称："王元泽待制《庄子》，旧无完解，其见传于世者，止数千言而已。元丰中，始得完本于西蜀陈

① 樊仁远：《浮云居士曾公行状》，见曾敏行：《独醒杂志》附录，朱杰人标校，上海：上海古籍出版社，1986，101页。

② 《宋会要辑稿·崇儒》五，284页；《长编纪事本末》卷一百三十《尊王安石》，2185页。

③ 《宋会要辑稿·崇儒》五，286页。

④ 以上并见晁公武撰，孙猛校证：《郡斋读书志校证》卷一，14页；卷四，136页；卷十，420页。

襄氏之家。其间意义渊深，言辞典约，向之无说者，悉皆全备焉。予是时锐意科举，思欲独善，遂藏箧笥，盖有岁年。”①此人为了能独自研读王雱学术以求获取科举高名，就将王雱之书秘密保藏，不公之于世，也不给他人阅览，防止他人理解王氏新学的奥义更深而影响自己的仕进之路，可见科举需求下对王氏之学的独秘心理。因王安石退隐，王雱早逝，在熙宁之后，学者罕能师之。因此，除了研读王氏父子的著述之外，有非常多的士子以王安石父子的门人为师。邹浩在为龚原《易传》作叙中记之颇详：“神宗皇帝以道莅天下，于是造士以经，表通经者讲于大学，以训迪四方。时陆公佃《诗》、孙公谔《书》、叶公涛《周礼》、周公常《礼记》，而先生专以《易》授，诸公咸推先焉。先生盖王文公门人之高弟也。三圣之所秘，文公既已发之于前，文公之所略，先生又复申之于后。始而详说之，终以反说约。故自熙宁以来，凡学《易》者，靡不以先生为宗师，因以取上科、跻显仕、为从官、为执政，被明天子所眷遇而功名动一时者，踵相蹑而起，至于今不绝也。”②可见新学与功名的联系紧密程度与在士人中的影响。所谓“取上科、跻显仕、为从官、为执政，被明天子所眷遇而功名动一时”，乃是绝大多数士人的人生政治理想。从事新学有助于，甚至可以直接促成这种理想的实现，士人也就自然趋之若鹜了。

王安石通过改革科举教育体制，将教育与候补文官选拔制度结合在一起，并将以《三经新义》《字说》为代表的“新学”贯彻到体制之中，他希望士人能够摆脱章句记诵之学的僵化束缚，通过自身的研精覃思以理解经典中的真义，进而体悟、掌握圣贤之道。明天道，识理义，是王安石所期待成就的士人之道德。但是当他的“新学”成为一种钦定的统治学说，与利禄之途挂钩之后，士人就难免为科考所牵引，以新

---

① 佚名：《王雱〈南华真经新传〉序》，见影印《正统道藏》，第16册，154页。该序后署“丙子岁季冬望日”，卢国龙据此系于元丰七年(1084)，盖不误，参见卢国龙：《宋儒微言》，145页。

② 邹浩：《道乡集》卷二十八《括苍先生易传叙》，景印文渊阁四库全书本，第1121册，415页。

学为敲门砖。学术已经失去了本身的意义与价值，士人眼中的新学也就只能是外在的研读对象，而非发自己心的内在体认。学者不复钻研《易》《诗》《书》等经典，而将新学作为经典来对待。比如，《字说》就获得了类似于经的地位，注解之作纷纷而出。《老学庵笔记》载："《字说》盛行时，有唐博士耜、韩博士兼，皆作《字说解》数十卷，太学诸生作《字说音训》十卷，又有刘全美者，作《字说偏旁音释》一卷，《字说备检》一卷，又以类相从为《字会》二十卷。故相吴元中试辟雍程文，尽用《字说》，特免省。门下侍郎薛肇明作诗奏御，亦用《字说》中语。"①在这种情况下，士人就只是对新学亦步亦趋，以诵新学之说为事，无一语出于自己。当时如黎宗孟、王无咎有所谓"模画手""转般仓"之称②，甚至教坊梨园之中对这种情形也有所讥讽。③ 所以王安石晚年自悔，"欲变学究为秀才，不谓变秀才为学究"，确如陈师道所论："举子专诵王氏章句，而不解义，正如学究诵注疏尔。"④士人精力疲于科场新学之中，并没有像王安石所希望的那样能通经术，经世务，反而回到了唐以来诸科考试贴经、墨义的老路上去——只不过以王安石为代表的新学代替了汉唐注疏。

更进一步，尤其是王安石"一道德"思想中潜在的思想、学术专制倾向，在宋代就有人将之与李斯所谓"天下无异意则安宁之术也"相提并论。如靖康元年六月，崔鶠称："安石著三经之说，用其说者入官，不用其说者斥落，于是天下靡然雷同，不敢可否。陵夷至于今大乱。此无异论之大效也。"⑤马端临也说："介甫之所谓'一道德'者，乃是欲以其学使天下比而同之，以取科第。夫其书纵尽善无可议，然使学者以干利之故，皓首专门，雷同蹈袭，不得尽其博学详说之功，而稍求深造自得之趣，则其拘牵浅陋，去墨义无几矣，况所著未必尽善乎？

① 陆游：《老学庵笔记》卷二，25～26页。
② 陈师道：《后山谈丛》卷一，25页。
③ 陈师道：《后山谈丛》卷一，24页。
④ 陈师道：《后山谈丛》卷一，24页。
⑤ 汪藻撰，王智勇笺注：《靖康要录笺注》卷七，804页。

至所谓学术不一，十人十义，朝廷欲有所为，异论纷然，莫肯承听，此则李斯所以建焚书之议也。是何言欤!"①因为在变法过程中遭到了激烈的抵抗，王安石为了使法令顺利推行，就不得不将自己的变法理论强制贯彻下去，以使天下之人皆支持变法。在科举改制时，曾诏中书撰大义式颁行，太学讲官由中书挑选，所谓中书，无疑是以王安石为核心；首先在河北五路置学官，由中书派陆佃等王门弟子前往担任②，实际上是要以王学改变北方的士风。王安石希望天下的道德风俗都统一在他所宣扬、阐发的圣贤之道上，这样就压制了反对派，消除了异议，防止出现"异论相搅"的局面。就此而言，王安石欲以一家之学同化天下，确实造成了思想专制的局面——尽管这或许并非他本意。绍圣以后元祐党禁的出现，元祐学术之被全面禁止，在激烈残酷的政治斗争之外，也延续了王安石"一道德"的思路。

还要说明的是，《三经新义》不仅仅是学校的教科书，同时也可以说是经筵的讲义，具有教育神宗皇帝的意味。对此，这里略作说明。

据《玉海》记载，经筵讲义于进讲前一日上奏始于元丰元年陆佃③，但此说有误。其说盖本于熊克《通略》，《翰苑新书后集》上卷十四"进讲义"条引《通略》云："元丰元年陆佃兼崇政殿说书。一日讲罢赐坐，上问佃讲说有藁乎？佃以实对，乃诏经筵前一夕进讲义，自佃始。"④但《续长编》卷二百九十九载元丰二年八月丁巳陆佃方授太子中允、崇政

---

① 《文献通考》卷三十一《选举考四》，293 页。

② 科举改制后，废诸科，首先在河北五路置学官，这实际上是针对北方士人而发。科举中的地域之争，以往治宋代科举史者多有注意，如贾志扬《宋代科举》等。而就王安石变法改革之整体而论，南北的冲突始终存在，钱穆《国史大纲》、刘子健 *Reform in Sung China: Wang An-shih (1021-1086) and His New Policies* 等已有所涉及，然此是一大问题，仍有进一步研究分析之空间。

③ 王应麟：《玉海》卷二十六《帝学·经筵进故事》，518 页。又其《困学纪闻》卷八也说："古之讲经者，执卷而口说，未尝有讲义也。元丰间，陆农师在经筵始进讲义。"(1094 页)

④ 佚名：《翰苑新书后集》上卷十四，景印文渊阁四库全书本，第 949 册，589 页。

殿说书①，其何能于元丰元年已上奏经筵讲义？如果确实自陆佃开始进经筵讲义，也当在元丰二年以后。在此之前经筵讲义奏进与否不得而知，但可以肯定的是在此之前讲读官已经撰写讲义。梅尧臣《闻临淄公薨》中说："官为喉舌勋爵一品兮，经筵讲义尊萧匡。"②从辞义来看，应当是指经筵讲义将晏殊比为萧何、匡章，似非指晏殊自作讲义。但至少可以说，在梅尧臣作此诗的至和二年之时，经筵已经有所谓"讲义"了。仁宗时讲《尚书》毕，欲讲《周礼》，仁宗令侍讲以下与贾昌朝先修《节解》以备讲说③，此《节解》亦与讲义相似。又上文《通略》所言也表明陆佃在进讲前确实是有讲稿，也就是有类似于讲义的文字的。就《三经新义》而言，似乎也是在经筵讲义的基础上编撰修成的。王安石《书义序》云，"熙宁二年，臣某以《尚书》入侍，遂与政。而子雱实嗣讲事。有旨为之说以献。八年，下其说太学，班焉"④，似乎暗示《尚书新义》是以王雱经筵讲说为本而修成的。从另一个角度看，修撰《三经新义》诸人中，很多兼任经筵讲读官。如吕惠卿，熙宁二年十月甲午朔，"迁太子中允、崇政殿说书"⑤，后服丧，至熙宁五年十月戊寅复为天章阁侍讲⑥，直至七年四月丙戌擢参知政事方不任讲事；王雱，熙宁四年八月己卯，"前旌德县尉王雱为太子中允、崇政殿说书"⑦，在王安石罢相，雱随之至金陵之前，一直担任此官职；吕升卿、沈季长，熙宁七年五月丙辰，为崇政殿说书⑧。这只是就熙宁六年三月庚

① 《续长编》卷二百九十九，元丰二年八月丁巳条，7287页。

② 梅尧臣著，朱东润编年校注：《梅尧臣集编年校注》卷二十五，上海：上海古籍出版社，2006，776页。

③ 江少虞：《宋朝事实类苑》卷四，上海：上海古籍出版社，1981，40页。

④ 王安石：《临川先生文集》卷八十四《书义序》，1480页。

⑤ 《司马光日记校注》，18页；彭百川：《太平治迹统类》卷十三《神宗任用安石》；《长编纪事本末》卷六十一《吕惠卿奸邪》，1087页；《王荆公年谱考略》卷十四记于九月，见《王安石年谱三种》，437页。

⑥ 《续长编》卷二百三十九，熙宁五年十月戊寅条，5806页。

⑦ 《续长编》卷二百二十六，熙宁四年八月己卯条，5507页。

⑧ 《续长编》卷二百五十三，熙宁七年五月丙辰条，6196页。程元敏将之列入"可能参与经义修撰者"，而据《续长编》二百二十九熙宁五年正月戊戌条（5570页），王安石对神宗称已令陆佃、沈季长作《诗义》，则沈确参与修经义。

戌设经义局①，至熙宁八年六月书成颁行期间来说。那么，可以说，修撰新经义与经筵进讲是有紧密联系的。因为是在王安石的领导下修《三经新义》，修撰者对于王安石的经解，对于他的思想学术都有较旁人为深的了解，当他们入侍经筵对神宗解说经典时，也就能将王安石的学说向神宗进行灌输。从《三经新义》的内容来看，其中也有相当多的地方显示出对于君主的指导与教化。可以说，《三经新义》兼具经筵与学校的双重教科书功能，显示着王安石对于上至皇帝，下至士人的教化。他在解《诗经·郑风·子衿》的小序时说，"世之乱生于上之人不学，莫知反本以救之。顾颠沛于末流以纾目前之患，而以学为不切于世务，此学校所以废也"②，即将学视作治世之"本"，无论在上位者还是在下位者，都应当以讲求学问为根本。

总之，随着三舍法的建立和《三经新义》的颁行，王安石之"新学"正式取得了官学的地位。教育制度与选拔制度的结合，更将他在科举改制中的目标贯彻到学校之中。这样，对于经义的重视，对于新确定的《易》《诗》《书》《周礼》《礼记》和兼经《孟子》的重视，也就有了制度上的保障。北宋中期以来在学术界形成的一股风潮，就在王安石当政时期体制化了。对于王安石的科举教育改革，后来虽有反对之声，相应的政策也经历了反反复复的调整，但是，如朱维铮先生所说，这一系列改革对教育产生了重要影响，"旧的学校体制被搅乱，以特权分等级的学校界限变得模糊。旧的经典教材被冷落，重定原典及其诠释的工作提上日程。旧的教学方法被否定，师生共同辩难经义成为时尚。旧的考试制度仍在继续，但审查文官资格测试结果的决定权日益集中到皇帝手中"③。新的时代风向以及制度像试经义、考《孟子》这些大多被后人所继承，影响此后数百年。钱穆所谓"(朱熹)的《四书集注》，成为元、明、清三代七百年的取士标准，其实还是沿着王安石《新经义》的

① 《续长编》卷二百四十三，熙宁六年三月庚戌条，5917页。

② 程元敏：《三经新义辑考汇评(二)——诗经》，74页。

③ 朱维铮师：《孔子与教育传统》，见《音调未定的传统》，82页。

路子”①。其是非好坏姑且不作评判，但王安石改革留下的政治制度遗产，无疑是巨大的。

四、《孟子》经典地位的进一步巩固：北宋后期

神宗去世以后，在太皇太后高氏的主持之下，反变法派迅速返回朝廷，重掌朝政，对熙丰时期的各项变法措施先后予以废罢，意图恢复先朝成法。但是，在反变法派执政的元祐时期，《孟子》实际上并未失去经典的地位，至少从两点来看，其在制度上反而得到了进一步的巩固。

第一，《孟子》作为兼经并未随着新法的大量废止而完全遭到否定。在反对派中，只有司马光一人明确表示反对将《孟子》视作经典。在元祐元年所上《起请科场札子》中，司马光请“合明经、进士为一科，立《周易》、《尚书》、《诗》、《周礼》、《仪礼》、《礼记》、《春秋》、《孝经》、《论语》为九经，令天下学官依注疏讲说，学士博观诸家，自择短长，各从所好。……《孟子》止为诸子，更不试大义”②。对此，范纯仁明确表示反对，以为“《孟子》恐不可轻，犹黜六经之《春秋》矣”③。在随后的科举改制论争中，《孟子》的存废并未成为焦点，讨论的中心实在于经义与诗赋之争。经过了一年多的争论之后，元祐二年十一月定进士试四场：第一场本经义二道，《论语》或《孟子》义一道；第二场律赋一道、律诗一首；第三场论一首；第四场子、史、时务策三道。新科明法增《论语》义二道，《孝经》义一道。自元祐五年施行。④ 此后，反变法派内部在经义和诗赋何者为主上面仍然争论不休，随着意见的冲突，在制度上也发生多次改变。首先，出于对原来熙丰时期试经义人未习诗赋的考虑，在元祐三年六月诏许其一次科场内仍旧。⑤ 四年四月，为使旧习经义者不专守一经，乃诏进士不兼诗赋人于本经外增治一经，

① 钱穆：《国史大纲》，580 页。

② 司马光：《温国文正司马公文集》卷五十二。

③ 《续长编》卷三百七十一，元祐元年三月戊戌条，8980 页。

④ 《续长编》卷四百七，元祐二年十一月庚申条，9899 页。

⑤ 《续长编》卷四百一十二，元祐三年六月庚辰条，10018 页。

增试一场①，至六月正式颁布新制。《宋史·选举志》载“立经义、诗赋两科”②，这种说法并不准确。严格地说，当时的规定是分别设立经义科和经义兼诗赋科。《宋会要辑稿》记载元祐四年四月十八日，从礼部议，“经义兼诗赋进士听习一经，第一场试本经义二道，《论语》或《孟子》义一道；第二场赋及律诗一首；第三场论一首；第四场子史时务策二道。经义进士并习两经。……第一场试本经义三道，《论语》义一道；第二场本经义三道，《孟子》义一道；余如前”③。因为此时定议经义和经义兼诗赋科各以五分取士，苏轼等表示不满，乃于同年十二月庚申诏次年科场以实际应考人数均取；再后一次则从元祐三年六月诏，不习诗赋人即经义科解发人数不得过三分之一；再以后则“并依元祐二年十一月敕命”。也就是说，经义科只是为了熙丰科举体制下举人而保留的暂时政策，在反变法派的定制中并没有长期的效力。只不过因为此后又经两次科举后，哲宗即已亲政，反变法派被罢免出朝，元祐二年之制最终未能施行。反映在现实上，就是元祐时期并立经义和经义兼诗赋科。但我们不能让历史所展现出来的既成事实遮蔽真正的历史真相，二科分立在当时只是权宜之策，反变法派最终还是要实行元祐二年之制，也就是要使士人皆习诗赋。

尽管如此，我们仍然可以发现，经义作为科举考试的内容并未遭到否定。相反，它实际上确立了自己的核心地位，因为四场考试以经义试为第一场，它的重要意义不言自明。其次，对于《孟子》来说，在

① 《续长编》卷四百二十五，元祐四年四月戊申条，10269页。

② 《宋史》卷一百五十五《选举志一》，3620页。

③ 《宋会要辑稿》选举三之五〇至五一。史籍中对经义兼诗赋进士考试中《孟子》是选考还是必考分成两种意见：《太平治迹统类》(卷二十七)、《宋史全文》(卷十三中，713页)与《宋会要辑稿》相同；而《续长编》(卷四百二十五，元祐四年四月戊午条，10280页)、《皇朝编年纲目备要》(卷二十二，548页)、《文献通考》(卷三十一《选举考四》，而误系于元祐二年)、元陈桱《通鉴续编》(卷十，景印文渊阁四库全书本)、《宋史》、明陈邦瞻《宋史纪事本末》(卷九)则记为《论语》和《孟子》义各一道。窃以为此事当以《宋会要辑稿》为准。因为经义科是从元祐二年之制中分离出来的，所谓经义兼诗赋科实际即是之前的进士科，作为一种继承关系，它并不会改变元祐二年的规定。

元祐二年之制中，由于诗赋的回归，压缩了原本共达十一道(本经义五道，《论语》《孟子》义各三道)的经义，而《孟子》成为兼经中的选考科目，而非如熙宁之制为必考，其实际地位是有所降低的。但是它毕竟保留在了科举考试之中，且未如司马光所建议的那样作为诸子，实际上稳固了其作为兼经的地位。《孟子》地位一定程度的降低，则反映了兼经地位的下降。因为在经义科的考试中，《论语》和《孟子》义都只有一道，附于本经之后，而非如熙丰时期作为专门的第二场考试，且各考三道。

另外，在元丰七年所定孔庙从祀的荀子、扬雄、韩愈的著作在元祐期间地位呈上升的趋势。元祐七年五月癸巳诏："秘阁试制科论题，于九经兼正史、《孟子》、《扬子》、《荀子》、《国语》并注内出，其正义内毋得出题。"①八年三月庚子，诏皇弟、诸郡王公出就外学时，各赐九经及《孟子》《荀子》《扬子》各一部，令国子监印给。② 荀子、扬雄同样受到重视，也显示着孟子地位的相对下降。但是，从制度而言，《孟子》仍然列名兼经，这是《荀子》《扬子》所无法比拟的。而孔庙祀典之中，孟子的配飨地位在元祐时从未遭到质疑，对天下读书人所显示的意义尤为重大。新法的反对派等于变相承认了王安石所确立的孔孟道统，孟子所代表的士大夫精神，所体现的阐明先王之道、追求圣人之意的学术精神都成为士人学习的典范。

第二，在元祐时期，《孟子》一书正式进入经筵，成为皇帝需要学习的经典。晁公武《郡斋读书志》卷十录有《五臣解孟子》，云："右皇朝范祖禹、孔武仲、吴安诗、丰稷、吕希哲元祐中同在经筵所进讲义，贯穿史籍，虽文辞微涉丰缛，然观者诚知劝讲自有体也。"③《玉海》卷二十六《帝学》"元祐绍兴讲《孟子》条"云："元祐四年，司马康言《孟子》书最醇正，陈王道明白，诏进讲。讲官为《节解》十四卷。范祖禹讲'今

---

① 《续长编》卷四百七十三，元祐七年五月癸巳条，11284 页。

② 《续长编》卷四百八十二，元祐八年三月庚子条，11472 页。

③ 晁公武撰，孙猛校证：《郡斋读书志校证》卷十《儒家类》，418 页。

乐犹古乐'及'公刘太王'章。"①可知元祐时期《孟子》成为经筵中皇帝的读本，并编修有讲义以供哲宗阅读。

范祖禹的《范太史集》中有《编孟子节解札子》，称："臣等准入内供奉官徐湜传宣奉圣旨，令讲读官编修《孟子节解》，作一十四卷进呈。臣等已知委讫六月八日，臣司马康(假)，臣吴安诗、臣范祖禹、臣赵彦若、臣范百禄札子。"②按其文集的编类顺序，此札子当上于元祐五年。《孟子节解》为讲读官奉诏编修，乃是供哲宗经筵学习之用。而《孟子》之得以进入经筵，盖出于司马光之子司马康的建议。元祐四年十月庚子，司马康兼侍讲。③ 范祖禹所作司马康墓志铭中记载元祐五年四月，"再对，又言《孟子》为书最醇正，陈王道尤明白，所宜观览。上曰：'方读《孟子》。'寻诏讲筵官编修《孟子节解》，为十四卷以进"④。元祐五年九月司马康去世，范祖禹作祭文云："某昨与公休同讲《无逸》，今讲《书》毕，一篇之义已录上之。公休进对，请读《孟子》，今则有诏讲《孟子》矣。此二书者，公休遗意也。"⑤观此，可知虽然哲宗似乎已经自己开始读《孟子》，但是首次明确在经筵中讲读《孟子》，成为制度的一部分，是由司马康倡议达成的。从范祖禹所上札子和《郡斋读书志》来看，经筵中的《孟子》讲义乃是元祐五年以后的经筵官们共同编修的。《孟子节解》与《五臣解孟子》的作者中唯范祖禹和吴安诗两处皆见，吕希哲之为经筵讲官更在元祐七年六月⑥，远在元祐五年六月上进《孟子节解》之后，则此二者似非一书。可能在进《孟子节解》之后，讲读官在当讲《孟子》之时分撰讲义，后汇为一书而为《五臣解孟子》。因二书皆已佚，姑作此猜测。但可以肯定的是，正是在反变法派掌权

---

① 王应麟：《玉海》卷二十六，526页。

② 范祖禹：《范太史集》卷十九《编孟子节解札子》，景印文渊阁四库全书本，第1100册，247页。

③ 《续长编》卷四百三十四，元祐四年十月庚子条，10456页。

④ 范祖禹：《范太史集》卷四十一《直集贤院提举西京嵩山崇福宫司马公墓志铭》，456页。

⑤ 范祖禹：《范太史集》卷三十七《祭司马谏议文》，414～415页。

⑥ 《续长编》卷四百七十四，元祐七年六月丙寅条，11307页。

时期，《孟子》得到了这些所谓“旧党”的重视，并在他们的主张之下确立了其在皇帝学习中的地位。从此，《孟子》基本成为以后宋朝历代皇帝的必读书。

司马康在建议哲宗读《孟子》时称其书“陈王道尤明白”，表明他在政治层面上推崇《孟子》一书，主要在于其中所展现的王道思想。在政治上师法尧舜三代，贬抑汉唐，本由王安石开其端绪，在元祐时期则得到相当多士人的认同。比如，范祖禹为经筵讲读所编撰的《唐鉴》①，开篇第一条就指责太宗陷高祖于罪，胁以起兵，称臣突厥，立国即不正而蕴败亡祸乱之源。结尾总论又称“凡唐之世，治日如此其少，乱日如彼其多也”。书中叙事凡三百廿六条②，大多是持批判态度，将唐代的政事作为反面教材。议论中又屡屡言唐制不可法，即使明君如唐太宗，范氏亦多次批评他不义，是范氏几乎视有唐一代如无物，这一方面要表示宋之兴起是天命所归，而更重要的在于范氏心中是以三代为法的。以出于内在的仁义道德为标准，汉唐都是霸道，是以诈谋把持天下，也就仅可供前车之鉴而不可为当世所师法。这种以心术来判别王霸，区分三代与汉唐的议论，与王安石如出一辙。他们在政治上所要达到的目标，与王安石一样都是要超越汉唐，直接追迹三代王道。这种对于理想政治的重新描摹具有相当的同一性。③ 而且，当王安石已经劝导神宗以实现三代王道为目标以后，高远的政治理想就有了在现实中实现的可能。从王道理想出发，关键在于皇帝的仁心。皇帝始

---

① 范祖禹：《唐鉴》，影印上海图书馆藏宋刻本，上海：上海古籍出版社，1984。对于《唐鉴》中所反映的历史观念与道学之间的密切关系，可参见姜鹏：《历史编纂与道学之间的呼应——以范祖禹〈唐鉴〉为中心》，见复旦大学亚洲研究中心编：《转型中的亚洲文化与社会》，上海：复旦大学出版社，2008，149～197页。

② 其序称“凡三百六篇”，然细检之，议论二百九十六条，有纪事而无议论者三十条，总则三百廿六条。不管单计议论条数，抑或合计，皆与序所言不符。若非序文脱“廿”字，亦非范氏自身计数有误，则疑有脱漏，或范氏有所删削。姑存疑，待考。

③ 对于北宋中期士大夫对汉唐的否定和对上古理想模式的重新定义，可参见[美]包弼德：《历史上的理学》，[新加坡]王昌伟译，第二章“在11世纪寻求一个新的基础”，杭州：浙江大学出版社，2010。

终是宋代政治体制中的一个核心环节。王安石入朝之初要神宗先讲学，就是先要使皇帝认同士大夫的政治理想，从源头处奠定恢复王道的基础。对此，新法的反对者同样重视对于君主的熏陶教育，尤其在陶冶皇帝的仁心上下功夫。在经筵中，范祖禹讲《孟子》“今乐犹古乐”“公刘太王”章，韩维赞赏哲宗在宫中避蝼蚁的行为①，都是在仿效孟子，从皇帝的恻隐之心着手，甚至从承认皇帝的基本欲望着手，在人主的心术上用功琢磨。在教育皇帝复兴王道、培养君主道德这些方面，《孟子》的意义和价值得到了进一步的承认。以理学家为代表，反新法派士大夫同样希望在政治上发挥《孟子》的作用。

北宋末期，哲宗、徽宗在亲政以后，均以“绍述”为名，努力恢复熙丰法度。主持朝政者虽然在整体上已经背离了王安石的初衷，但在学校科举政策方面则进一步发挥了王安石的意见，而《孟子》也逐渐渗透到了各级教育体制。元符元年十月癸巳，“太学录郭琉言，乞选官刊正五经、《论语》、《孟子》《音义》”②，目的就是要为学校提供标准的课本，以供士子学习之用。《宋会要辑稿·职官》引《哲宗正史职官志》云，太学官属中有“学谕二十人，掌以所授经传谕诸生，及专讲《论语》、《孟子》”③，表明哲宗时期已经正式在太学中讲授《孟子》。到三舍法推行于全国之后，《孟子》也必然在各地官学中占有一席之地。大观三年二月十六日，准戴安仁奏，黔南路学校立劝沮之法：“上等为能诵《孝经》、《论语》、《孟子》及一经略通义理者，特与推恩；中等为能诵《孝经》、《论语》、《孟子》者，与赐帛及给冠带；下等为能诵《孝经》、《论语》或《孟子》者，给与纸笔砚墨之费。”④政和四年六月二十五日，礼部言：“新差扬州司户高公粹乞外州军小学生，并置功课簿籍。国子监状，检承小学令，诸学并分上中下三等。能通经为文者为上；日诵本

① 《续长编》卷三百六十六，元祐元年二月甲戌条，8783页；苏轼：《东坡志林》卷二，北京：中华书局，1981，29页。

② 《续长编》卷五百三，元符元年十月癸巳条，11981页。

③ 《宋会要辑稿》职官二八之六。

④ 《宋会要辑稿·崇儒》，98页。

经二百字，《论语》或《孟子》一百字以上为中；若本经一百字，《论语》或《孟子》五十字者为下，仍置历书之。欲依本官所请。”从之。① 也就是说，从中央太学到地方官学以至于教育童子的小学，《孟子》的身影无处不在。除了确立《孟子》在这些儒家学校教育体制中的地位以外，北宋末期，更将《孟子》作为各种专门之学的必修课。大观元年二月四日，定画学令，补试外舍，士流各试本经义二道，或《论语》《孟子》义。② 重和七年八月辛酉，徽宗御笔：令天下学道之士许入州县学，“所习经以《黄帝内经》、《道德经》为大经，《庄子》、《列子》为小经外，兼通儒书，俾合为一道，大经《周易》，小经《孟子》”③。无论是进入书画这类专科学校，还是出家为道士，只要是在国家的体制之内读书学习，《孟子》就是必读的经典。这样，《孟子》一书就与国家各级教育体制紧紧联系在一起，成为塑造天下读书人思想的重要典籍。这种制度上的强制规定，更凸显了《孟子》的官方意识形态色彩。《孟子》的经典地位，也就越来越牢不可破了。

---

① 《宋会要辑稿·崇儒》，110～111 页。

② 《宋会要辑稿·崇儒》，181 页。

③ 《长编纪事本末》卷一百二十七《道学》，2134 页。

第七章　孟子封公与配飨孔庙：政治文化演变下的曲折与成功

孟子升格运动的成功，以孟子正式进入孔庙配享为标志，其时间为神宗元丰七年，但在朝廷上首次提出则是在熙宁七年。本章将结合神宗时的政治背景及变化来探讨孟子“封公入庙”的曲折历程。

宋神宗元丰六年，孟子获封邹国公，次年乃配享孔庙，正式在官方祀典中确立了合法的地位。但是在朝廷上首次有人提出孟子应当进入孔庙，则在熙宁七年，其结果则遭遇失败。孟子进入孔庙的两次提出，以往研究者只是在孟子升格运动完成之后，以“后见之明”回过头来在一个孟子地位不断提高的确定性脉络中进行叙述，脱离了这两次事件发生的实际历史情境，忽略了事件发生的特殊时间、不同结果以及与当时政治的密切关系。本章的目的则在重新梳理孟子进入孔庙的实际历史进程及其动因所在，力争揭示这一过程的历史实相，探讨新学学派在此过程中的作用，同时展现北宋后期士大夫对于不断膨胀的皇权的抗争。

第一节　神宗以前孔庙祀典的演化

在漫长的传统社会，学校的祀典对于天下读书人有着显著的象征意味。由于祀典由以皇帝为首的中央朝廷所制定，其演变就体现着各个王朝各个时期统治学说的变化，从而对天下读书人起着引导作用。

汉武帝“罢黜百家，独尊儒术”之后，将博士由顾问官改为教育官，并置博士弟子①，由是在中央设立了学校。但在汉代的学校中，并没有实行《礼记》中所言的释奠礼。《晋书·礼志上》称，“礼，始立学，必先释奠于先圣先师，及行事必用币。汉世虽立学，斯礼无闻”②，表明汉代学校中并无祭先圣先师之事。然则《后汉书》卷十四《礼仪志上》载：“明帝永平二年三月，上始帅群臣恭养三老五更于辟雍，行大射大礼。郡、县、道行乡饮酒于学校，皆祀圣师周公、孔子，牲以犬。”③而这也是周公和孔子首次与学校祭礼联系在一起。在学校中开始进行释奠礼盖始于魏。齐王曹芳正始“二年春二月，帝初通《论语》，使太常以太牢祭孔子于辟雍，以颜渊配”。之后五年五月讲《尚书》通，七年十二月讲《礼记》通，皆于孔颜行祭奠之礼。④ 这是学校祭祀对象以孔颜并称的开始，但作为皇帝通经之后的告成礼，这时的释奠仍属于特祭范围。至晋武帝泰始三年，“诏太学及鲁国，四时备三牲以祀孔子”⑤，之后太子讲经通，皆亲至太学释奠，于是释奠作为一项制度基本确定了下来。至晋成帝才有第一次的皇帝行释奠礼。之前皇帝至辟雍或太学，所行则为大射礼或乡饮酒礼。但如《通典》所言，晋代成帝至辟雍行释奠礼，“是一时制”，之后穆帝、孝武帝皆“于中堂权立行大学释奠”⑥，孝武帝并于建康立宣尼庙，为京师立孔庙之始。⑦ 以下宋齐梁陈，释奠礼大多是太子通经后的告成礼。又因太学或国子学存废不常，释奠礼也是时行时罢。同时的北朝则有所不同。北魏最初也依汉魏旧章，北齐则进一步，不仅每岁春秋释奠，而且每月由祭酒领博士以下及国

---

① 朱维铮师：《儒术独尊的转折过程》，见《中国经学史十讲》，66～95 页。

② 《晋书》卷十九《礼志上》，北京：中华书局，1974，599 页。

③ 《后汉书》卷九十四《礼仪志上》，北京：中华书局，1965，3108 页。

④ 《三国志》卷四《魏书四·三少帝纪》，北京：中华书局，1982，119 页。

⑤ 《晋书》卷十九《礼志上》，599 页。

⑥ 杜佑：《通典》卷五十三《礼十三》，王文锦等点校，北京：中华书局，2007，1472 页。

⑦ 黄进兴曾引许嵩《建康实录》证秦蕙田之误，参见黄进兴：《学术与信仰：论孔庙从祀制与儒家道统意识》，原载《新史学》，1994，5(2)，收入《优入圣域——权力、信仰与正当性》，台北：允晨文化实业有限公司，2003，226～227 页。

子诸学生以上拜孔揖颜，并在郡国设孔颜庙，扩大了祭祀范围，而不仅仅限于皇帝、太子或太常官员。以后隋朝更多沿袭北齐之制，“国子寺，每岁以四仲月上丁，释奠于先圣先师。年别一行乡饮酒礼。州郡学则以春秋仲月释奠。州郡县亦每年于学一行乡饮酒礼”①。

一直到隋代，史料记载中的学校释奠礼大多祀孔子，以颜渊配，似乎表明孔子是先圣，颜渊是先师。但事实恐非如此。《阙里文献考》卷十四称：“明帝永平间，益修明养老习射之礼，令郡、县、道学校皆祀圣师周公、孔子，于是孔子始祀于庠序焉。第或圣或师，升降不一，迄于唐初尚无定论。”②朱维铮师曾有详细考证，我们在此提供进一步的证据。汉代，周孔皆被称为圣人。③ 但自王莽以周公为模仿对象，经古文学兴盛之后，周公地位远高于孔子。周公之功大，为创制垂法的大圣；而孔子之功小，只是述而不作，是传达周公“天口”的司铎。至魏以后，则确定孔子为先师。前引《晋书·礼志一》说，“太子进爵于先师，中庶子进爵于颜渊”，明确表明虽然主要祭祀的是孔子，但孔子只是先师，而非先圣。此文所言为宋用魏晋故事，南齐武帝永明三年，从喻希议用宋元嘉故事，设轩悬之乐、六佾之舞，牲牢器用，悉依上公。需要注意的是当时范宁、范宣主张孔子同于周公，用帝王之仪，尚书令王俭认为过重，最后用上公之仪，表明孔子地位低于周公。④

---

① 《隋书》卷九《礼仪志四》，北京：中华书局，1973，181～182页。

② 孔继汾：《阙里文献考》卷十四，乾隆二十七年刻本。

③ 郑玄注《礼记·文王世子》称“凡始立学者，必释奠于先圣先师。及行事，必以币”，曰“先圣，周公若孔子”，先师则举汉儒高堂生等为例，表明直到东汉末年周孔皆为先圣。又严可均辑《全后汉文》卷九十七阙名《镜铭》曰：“许氏作竟自有纪，青龙白虎居左右。圣人周公鲁孔子，作吏高迁车生耳。郡举孝廉州博士，少不努力老乃悔，吉。”见严可均辑：《全上古三代秦汉三国六朝文》，北京：中华书局，1958，997页。

④ 黄进兴引《大唐郊祀录》范宁原议作“古周公之庙”以为此不能做当时有周公庙的证据，但即使是古周公庙，其庙用王者之制，在范宁的心目中周公也是王者，远较孔子上公地位为高。而略晚于此的北魏太和十六年，孝文帝立周文公庙于洛阳，其诏曰“周文公制礼作乐，垂范万叶，可祀于洛阳”(《通典》卷五十三，1477页)，也是在强调周公“制礼作乐”之功，并非如黄进兴所论更强调“治统”意义。

同时，喻希之议中言“嘉美先师”，“皇朝屈尊弘教，待以师资”①，都表明孔子实际上是先师。梁、陈基本沿用前朝之制，仍是以孔子为先师。北齐每月旦祭酒领博士以下拜孔揖颜，但张凭明确指出不拜颜回是因为奉孔子为先师，颜回不能越分于人师。② 至隋炀帝大业四年十月丙午，立孔子后为绍圣侯诏，仍然称孔子为“先师尼父”。③ 这些皆可为孔子先师地位之明证。唯一的例外似乎是北魏。孝文帝太和十三年于京师立孔子庙，亲政次年，即太和十六年又“改谥宣尼曰文圣尼父，告谥孔庙”④，这是魏晋以来首次公开赐予孔子“圣”的称号，而这无疑与其积极汉化的政策密切相关。但即使是这里的“圣”，也并非礼制中的“先圣”，而是为孔子单独立庙的褒称。

既然已经明确唐以前各朝基本以孔子为先师，那么，先圣只能是周公。先圣先师乃是教授儒家经典之学校中的祭祀对象，周公孔子则是魏晋以下儒家的代表宗师。⑤ 虽然史料中极少见到释奠周公的记

---

① 《南齐书》卷九《礼志上》，北京：中华书局，1974，143～144 页；《通典》卷五十三《礼十三》，1472～1473 页。

② 《隋书》卷九《礼仪志四》。《通典》卷五十三作“拜孔圣”，恐误。又同卷载张凭议曰：“不拜颜子者，按学堂旧有圣贤之像，既备礼尽敬，奉尼父以为师，而未详颜子拜揖之仪。臣以圣者，君道也；师者，贤臣道也。若乃推舜禹于君位，则稷契与我并为臣矣。师玄风于洙泗，则颜子吾同门也。夫大贤恭己，既揖让于君德；回也如愚，岂越分于人师哉！是以王圣佐贤，而君臣之义著；拜孔揖颜，而师资之分同矣。”（1473～1474 页）又北齐时郡国孔颜庙为祈雨场所之一，见《隋书》卷七《礼仪志二》。

③ 《隋书》卷三《炀帝纪上》诏曰：“先师尼父，圣德在躬，诞发天纵之姿，宪章文武之道。命世膺期，蕴兹素王。而颓山之叹，忽逾于千祀；盛德之美，不存于百代。永惟懿范，宜有优崇。可立孔子后为绍圣侯。有司求其苗裔，录以申上。”（72 页）

④ 《魏书》卷七《高祖纪下》，北京：中华书局，1974，169 页。

⑤ 嵇康“非汤武而薄周孔”；顾欢《夷夏论》“国师道士，无过老、庄；儒林之宗，孰出周、孔”（《全齐文》卷二十二，见严可均辑：《全上古三代秦汉三国六朝文》，2914 页）。至隋仲孝俊作于大业七年之《陈叔毅修孔子庙碑》中称“于此周公余化，唯待一变之期；夫子遗风，自为百王之则”（《全隋文》卷二十八，见严可均辑：《全上古三代秦汉三国六朝文》，4189 页），一直以周孔并称。

载①，其原因或许在于史籍所记释奠多非始立学的大礼，而更多属于常祀。《礼记·文王世子》云："凡学，春官释奠于其先师，秋冬亦如之。凡始立学，必释奠于先圣先师。"孔颖达《礼记正义》乃以为释奠有六——始立学、四时及出征之师还，称其中"立学为重，故及先圣。常奠为轻，故唯祭先师"②。如是，四时释奠只祭先师，唯始立学方释奠先圣，则释奠先圣周公之礼远较释奠先师孔子之礼为重为少，其记载之缺失或可作此解释。③

唐朝建立，对之前南北不一、存废不常的学校祀典重新予以更定，进一步规范化。高祖武德二年六月，于国子监立周公、孔子庙各一，次年正式确定以周公为先圣，孔子配享为先师。随后太宗继位，贞观二年，从房玄龄、朱子奢之议，罢周公，升孔子为先圣，以颜回配。并在四年诏州县学皆建孔子庙，使得学校与孔庙紧密地联系在一起，学校祀典与孔庙正式祭祀合而为一。贞观二十一年二月，以左丘明、卜子夏等二十二人配享孔庙，并为先师，同时确定各级学校释奠礼之主持人④，完善了祭祀制度的实行。可是高宗时期，先圣先师又经历

① 范镇记成都府周公礼殿有孔子像，以为"周公礼殿乃古之学，祀周公为先圣，孔子为先师"，然以唐明皇时方以孔子为先圣则误。参见范镇：《东斋记事》卷四，32页。又参见洪适：《隶释》卷一《益州太守高联修周公礼殿记》，影印洪氏晦木斋刻本，北京：中华书局，1985，注称此东汉所修周公礼殿至乾道中仍存。

② 《礼记正义》卷二十《文王世子》，见阮元刻：《十三经注疏》，1406页。

③ 高明士以为明清书院中甚少祭祀孔子，因祭孔乃国家大典，民间一般不能祭孔。故各地书院中有大成殿的很少，反倒是文昌祠等较多。参见高明士：《中国教育制度史论》，83～85、156页。由此亦可见典礼愈重要即愈少见，与此论释奠礼或可相参。

④ 《新唐书》卷十五《礼乐志五》载："国学释奠以祭酒、司业、博士为三献，辞称'皇帝谨遣'。州学以刺史、上佐、博士三献，县学以令、丞、主簿若尉三献。"(北京：中华书局，1975，374页)又参见《旧唐书·礼仪志四》，北京：中华书局，1975，917页。

了两次更迭。先是永徽中在武则天的影响下尊周公为先圣①，显庆二年又在长孙无忌、许敬宗等的抗议下改回太宗的规定。从此，在国学典礼中，正式以孔颜代替了周孔。玄宗开元八年，不但将颜回封作“亚圣”②，更将十哲、七十二贤皆从祀庙庭，并改十哲为坐像。二十七年，进一步将孔子赠谥为“文宣王”，颜回以下的孔子弟子都加以封爵。孔子正南向之位，祭祀用太牢，奏乐用宫悬，都属于皇帝之制。这一切似乎表明对孔子的尊崇，在学校的祀典都达到了最高规格。可在这种表象的背后，是祭奠孔子在有唐一代始终属于中祀，是玄宗在进封孔子时又设置了武成王庙与文庙并立，是老子被追号为王位之上的“太上玄元皇帝”，表明孔颜所代表的儒学在唐代实际已经衰落。到了晚唐五代，战乱频仍，除了后唐长兴年间有短暂恢复外，中央国学及祀典都已隳废，直到后周才再次恢复。③ 而进一步的兴盛与发展，则要等到宋朝建立之后了。

后周入宋，并没有像在此之前的数十年那样，以流血战争完成政权的过渡。这种比较和平的政权交接，以及太祖之下令士兵不得劫掠，使得开封并没有遭到严重的破坏。这样，宋朝也就能比较好地继承后周已然形成的一些措施。开封的国子监就是在后周的基础上逐步完善起来的。

周世宗显德二年开始营建京师国子监，置学舍，但当时似徒具其名，实际上并没有学生入国子监读书。宋太祖受禅之后，诏有司增葺祠宇，塑先圣及亚圣、十哲像，七十二贤及先儒二十(一)[二]人画像于东西廊之板壁。太祖亲自撰写先圣及亚圣赞，从祀先贤先儒则并命当时文臣为之；并重新规定，以春秋二丁及仲冬上丁，贡举人谒先圣

---

① 朱维铮先生推测此在永徽六年，带有武则天的个人印记。参见朱维铮师．《历史的孔子与孔子的历史》，见《走出中世纪(增订本)》，上海：复旦大学出版社，2007，288页。《新唐书》卷十五《礼乐志五》载武则天称帝的天授元年(《文献通考》卷四十三《学校考四》同，《旧唐书》卷二十四《礼仪志四》作“天授三年”)，封周公为褒德王，孔子为隆道公，体现出周公高于孔子的地位，可为旁证。

② 唐玄宗亲作《颜子赞》曰：“杏坛槐市，儒述三千。回也亚圣，某也称贤。四科之首，百行之先。秀而不实，得无恸焉。”见《全唐文》卷四十一，193页。

③ 以上参见《旧唐书》卷二十四《礼仪志四》、《新唐书》卷十五《礼乐志五》、《通典》卷五十二、《文献通考》卷四十三、《阙里文献考》卷十四。

先师，命官行释奠之礼，皆如旧典。至建隆三年，诏用一品礼，立十六戟于文宣王庙门。① 其先，在建隆元年改定祭祀用乐之时，也规定祭文宣王、武成王同用《永安》，与正月朝会所用乐章相同。② 这样，宋代的孔庙祭祀基本确立起来了。

太祖即位之初的这种举措，显示了大乱之后以文治天下的态度。他亲自撰写孔颜之赞，无疑也具有收天下士子之心的意图。《宣圣赞》曰："王泽下衰，文武将坠。尼父挺生，河海标异。祖述尧舜，有德无位。哲人其萎，凤鸟不至。"《颜子赞》曰："生值衰周，爵不及鲁。一箪藜藿，陋巷环堵。德冠四科，名垂千古。没表万邦，遂封东土。"③

可是在这种貌似尊孔重教的同时，我们却也可以发现，孔庙祭祀的地位并没有提高，甚至还有一定的下降。首先，孔庙祭祀基本延续唐制。文宣王为唐玄宗所封，孔颜分别为先圣、亚圣，祭祀文宣王为中祀，这些都是唐玄宗以来所制定而未改的。其次，就孔庙祭祀本身来说，唐玄宗时用太牢、宫悬，为天子之制。但到宋初之时已然废而不用。文宣王庙门立十六戟，为正一品礼，远低于天子、宗庙之门的二十四戟④；祭祀之乐虽规定用《永安》之曲，但实际上并未真正实行。直到仁宗景祐元年十一月辛亥，才诏太常寺，自今享先农，释奠文宣王、武成王并用登歌乐，令学士院撰乐章。⑤ 可一方面，宋制皇帝亲祀，大祀用宫悬，有司摄事用登歌⑥；另一方面，乐器之制用判架，

① 《续长编》卷三，建隆三年六月，68页。又参见《文献通考》卷四十三《学校考四》，409页。

② 《续长编》卷一，建隆元年四月，11页。

③ 《全宋文》卷八，第1册，196页。

④ 《宋史》卷一百五十《舆服志二》，3514页。其称"国学、文宣王庙、武成王庙亦赐焉，惟武成王庙左右各八"，似以为国学孔庙为各十二。然宋初孔庙实十六戟，至大观四年方改用二十四戟。其盖以此后之制涵盖全宋，殆误。

⑤ 《续长编》卷一百十五，景祐元年十一月辛亥条，2707页。

⑥ 《宋史》卷一百二十六《乐志一》载："先是，惟天地、感生帝、宗庙用乐，亲祀用宫县，有司摄事，止用登歌。自余大祀，未暇备乐。时既罢兵，垂意典礼，至是(景德三年)诏曰：'致恭明神，邦国之重事；升荐备乐，方册之彝章。矧在尊神，固当严奉。举行旧典，用格明灵。自今诸大祠并宜用乐，皆同感生帝，六变、八变如《通礼》所载。'"(2946页)

低于天子之制二等①。由是可见宋初孔庙祭祀等级的下降。

宋真宗时，大搞天书运动，东封西祀，也借机对孔庙制度进行了一定的变更。先是在景德四年，针对天下郡县官员不从定制、孔庙祭祀废弛的情况，听从户部员外郎、直集贤院、判太常礼院李维的建议，重申“州县春秋二仲月上丁释奠，并刺史、县令为初献，上佐、县丞为亚献，州博士、县簿尉为终献，若有故，以次官通摄”②。同年九月，又诏诸州县修葺孔庙并由公家出钱。这项规定之出台却是出于一件例外事件。《续长编》卷六十六记载：“知华州、起居舍人张舒与官属率民钱修孔子庙，为民所讼，并坐赎金。因诏诸州县文宣王庙自今并官给钱完葺，无得辄赋民财。”③张舒率民钱修孔庙，表明公家并没有这方面的专门资金，地方对孔庙的营葺很大程度上出于自发。而其为民所讼，更表明当时有民众并没有尊崇孔子的意识，孔庙祭祀与地方民众并没有紧密联系在一起。到最后朝廷的诏令，其关键在于最后的“无得辄赋民财”，是从财政和地方稳定的角度来处理此事的。这也暗示着朝廷对于孔子祭祀的消极态度。

大中祥符元年，天书运动正式拉开帷幕。十月，真宗封禅泰山。随后驾临曲阜，“十一月戊午朔，上服靴袍诣文宣王庙酌献。……诏加谥曰玄圣文宣王”；翌日，又遣张齐贤等以太牢致祭；又“追封叔梁纥为鲁国公、颜氏为鲁国太夫人、伯鱼母并官氏为郓国太夫人”。④ 二年“五月乙卯朔，诏追封孔子弟子兖公颜回为国公，费侯闵损等九人为郡公，成伯曾参等六十二人为列侯，宰相群官分撰赞”⑤。七月“戊寅，诏封玄圣文宣王庙配享先儒鲁史左邱明等十九人爵为伯，赠兰亭侯王肃司空，当阳侯杜预司徒，命近臣各撰赞”⑥，全面晋升了孔庙从祀先

① 《文献通考》卷四十四《学校考五》引北宋末陈旸《乐书》曰：“圣朝春秋上丁释奠于东序，上戊释奠于西序，并设登歌之乐，不用轩架而用判架。”(413页)

② 《续长编》卷六十五，景德四年四月甲戌条，1451页。

③ 《续长编》卷六十六，景德四年九月甲子朔条，1487页。

④ 《续长编》卷七十，大中祥符元年十一月戊午朔条，1574页。

⑤ 《续长编》卷七十一，大中祥符二年五月乙卯朔条，1605页。

⑥ 《续长编》卷七十二，大中祥符二年七月戊寅条，1625页。

贤、先儒的爵位。同时，于大中祥符三年二月甲辰，“诏开封府诸县祭社稷、玄圣文宣王庙礼料并从官给”①，六月丙辰，颁诸州释奠玄圣文宣王庙仪注并祭器图②，正式确立了地方孔庙祭祀的仪式，从礼制上作了进一步完善。

这里面有两个问题需要注意。其一，第一次有人正式在朝廷讨论尊孔子为帝的问题。“先是，诏有司检讨汉唐褒崇宣圣故事，初欲追谥为帝。或言宣父周之陪臣，周止称王，不当加帝号，故第增美名。《春秋演孔图》曰：‘孔子母梦感黑帝而生，故曰玄圣。’《庄子》曰：‘恬澹玄圣，素王之道。’遂取以为称。”③所谓汉唐故事，并没有尊孔子为帝，不过是西汉以孔子为“素王”，唐玄宗定释奠用部分天子礼仪，算不上真的“故事”。而最后所追谥的“玄圣”，其文献来源一则为纬书，一则为道家经典，表明宋既继承了汉唐的经学传统，又以道家凌驾于儒家之上。要知道，当时老子仍然沿袭唐朝被尊为玄元皇帝，至大中祥符六年八月加为“太上老君混元上德皇帝”④。而孔子的“玄圣”名头，也因犯了出于道教的赵氏“圣祖上灵高道九天司命保生天尊大帝”赵玄朗的名讳，改谥为“至圣”⑤，可见宋初儒家的二等地位。

其二，此时颜回在孔庙中的地位第一次出现了危机。大中祥符二年加封孔子弟子爵号时，“初议加封十哲爵以公，自余侯”，等于将十哲同等看待，使颜回不再具有亚圣地位而与闵损等人并列。只是最后在王旦的反对下，进颜回为国公，闵损等为郡公，才勉强保住颜回高于其他弟子的地位。但从公与侯到国公与郡公，其间的等级差别无疑缩小了。这种变化与真宗的态度密切相关。相对于太祖亲自撰写孔子、颜回之赞，真宗拒绝撰颜子赞，哪怕是在王旦的请求之下。⑥ 相对地，

---

① 《续长编》卷七十三，大中祥符三年二月甲辰条，1656 页。

② 《续长编》卷七十三，大中祥符三年六月丙辰条，1674 页。

③ 《续长编》卷七十，大中祥符元年十一月戊午朔条，1574 页。

④ 《续长编》卷八十一，大中祥符六年八月庚午条，1844 页。

⑤ 《续长编》卷七十九，大中祥符五年十二月壬申条，1808 页。

⑥ 《续长编》卷七十一，大中祥符二年五月乙卯朔条，1605 页。

真宗追谥周公为文宪王，在曲阜立庙①，并撰写《周文宪王赞》，表现出了对周公的重新尊崇。其《文宪王赞并序》曰：

> 若夫夹辅文、武，垂范成、康，措刑辟而惠民，制礼乐而正俗。宜乎大公刘之业，克致于隆周；启伯禽之封，遂成于东鲁者也。朕以载新盛典，肇建明祀，既峻极于徽章，复揄扬于懿美。赞曰：伟哉公旦，隆彼宗周。刑罚以息，王泽斯流。政成洛宅，庆锡鲁侯。式增显爵，用焕佳猷。②

其文表现了对周公政治平、礼乐兴的褒扬。尤其是加封其为王，置于文武之后、成康之前，与真宗自身继承太祖、太宗，又有意垂范后世子孙有异曲同工之妙。或许其退颜回而进周公，有这一含义在其中。不管动机如何，其客观效应显示了颜回地位的下降，对天下士人无疑也具有示范作用。

颜回在中国思想史上地位的变迁与意义，是个有趣的问题，也是个涵盖非常广的复杂问题，至今尚未见有专门且深入的论述。③ 这里仅就与北宋中期尊孟思潮相关的问题略作说明。

长期以来，颜回最被人看重的是他“一箪食，一瓢饮”而不改的陋巷之乐。一方面，这体现着颜回个人德性的圆满自足和贫富名利不累于其心的高尚节操；另一方面，却也显露出一种不出世的隐者形象，成为隐者所汲汲追求的安贫乐道的目标。就前者而言，宋人固然不会

---

① 《续长编》卷七十，大中祥符元年十一月戊午朔条，1574 页。

② 《全宋文》卷二六三，第 13 册，160 页。

③ 日本学者柴田笃曾就周敦颐、程颐、朱熹、王阳明、王畿的“颜子观”作了初步考察，参见[日]柴田笃：《“颜子没而圣学亡”的含义——宋明思想史上的颜回》，金培懿译，见《庆祝莆田黄锦鋐教授八秩日本町田三郎教授七秩嵩寿论文集》，台北：文史哲出版社，2001，27～50 页。葛艾儒曾注意到 11 世纪思想家对颜回的兴趣，并分析了张载对颜回在学为圣人过程中的作用，参见[美]葛艾儒：《张载的思想(1020—1077)》，罗立刚译，上海：上海古籍出版社，2010，29～31、113～118 页。

否认，且多所称赏。① 但对于颜回的不出世，宋人多不得不做出解释。李觏云："彼颜、闵氏时，夫子在，盖无可复言，非为有德行不著书也。"②张载称："颜子与孟子时异，颜子有孔子在，可以不显，孟子则处师道，亦是已老，故不得不显耳。"③二程也论道："学者全要识时，若不识时，不足以言学。颜子陋巷自乐，以有孔子在焉。若孟子之时，世既无人，安可不以道自任?"④"仲尼当周衰，辙环天下，颜子何以不仕?曰：此仲尼之任也。使孔子得行其道，颜子不仕可矣。然孔子既当此任，则颜子足可闭户为学也。"⑤这些解释都指向了一点，即颜子的不出世是因为当时有孔子在，孔子已经担起了拯救斯文、传道行道的责任，那么颜子独善其身就可以了。其反面的意思，也就是如果当世没有孔子那样的大圣人，就不应该安居乐道，而要出世行道。放在他们所生活的时代，并没有一个大家公认的圣人存在，那么，就需要有人出来传承道统、行道济世。在此情形之下，宋人无疑更强调要以道自任。

士人应该有为于世而不当隐居山林的思想在中唐时已然萌生。在这里我们不得不又提及韩愈，他在进士得第后上宰相书中称，"故士之行道者，不得于朝，则山林而已矣。山林者，士之所独善自养，而不忧天下者之所能安也。如有忧天下之心，则不能矣"⑥，明显表现出对

---

① 对于颜子的自足尤其是他"于子言无不悦""不违如愚"所代表的学风，宋人多以为这是颜子有德、近圣的表现，批评之声则不多见，笔者目前仅见到陆佃对其有所批评，其《陶山集》卷十二《答宏侄书》中说："夫事师者，不疑而悦，回也是也；疑而不悦，由也是也。回也不疑，殆不若由也之疑而不悦，有以触师使言也。"(132页)而陆佃恰恰是尊孟功臣王安石的弟子。

② 李觏：《李觏集》卷二十五《延平集序》，270页。

③ 张载：《横渠易说》，见《张载集》，章锡琛点校，北京：中华书局，2006，75页。

④ 程颢、程颐：《河南程氏遗书》卷二上《二先生语二上》，见《二程集》，15页。

⑤ 程颢、程颐：《河南程氏遗书》卷十八《伊川先生语四》，见《二程集》，221页。

⑥ 韩愈：《韩昌黎全集》卷十六《后二十九日复上书》，影印1935年世界书局本，北京：中国书店，1991，243页。

于隐逸山林的否定性态度。作为具有远大抱负的士人，应当以天下为己任，以天下之未能达到尧舜三代之治为忧，而不能甘于悠游林下，自得其乐。天下的重要性远在独善其身之上。北宋中期，这种思想无疑得到了大多数士人的认同。① 范仲淹"居庙堂之高则忧其民，处江湖之远则忧其君"，必"先天下之忧而忧，后天下之乐而乐"，无论在何处都以忧国忧民为先，不考虑个人的安乐。像他这样以天下为己任的"在位者"自不必多论。即如"吟风弄月"的周敦颐，在"学颜子之所学"的同时，更要"志伊尹之所志"。所谓"伊尹耻其君不为尧舜，一夫不得其所，若挞于市"②，就是说明士人要有兼善天下的志向，治国平天下是士人义不容辞的责任。终身以教授为业的安定弟子徐积，认为无位之学者当无所不思，无所不言③，即是将天下万事看作学者分内之事。中唐以后逐渐形成的这种新型士大夫，以政治主体自居，对于士人的责任也有了新的理解和认识。④ 当将以天下为己任置于士人的首要责任之后，独善其身的隐逸思想就退居于较不重要的地位。那么，常常被视作隐者楷模的颜回，与一心治国平天下的宋代士人在精神上就产生了一种隔膜，或者说在精神气质上难以完全契合。

相对地，宋人所欣赏的，是积极进取的孟子。孟子以圣人自居的

---

① 诸桥辙次认为宋儒觉悟儒学本来目的影响于社会有四方面，其二为隐逸之归俗，通过对《宋史·隐逸传》的考察，他指出宋代的隐者在庆历以后就很少了，参见[日]诸桥辙次：《儒学之目的与宋儒庆历至庆元百六十年间之活动》，200～202页。

② 周敦颐：《通书·志学第十》，见《周敦颐集》，陈克明点校，北京：中华书局，2009，23页。

③ 《宋元学案》卷一，39页。

④ 对于士的转型，可参考余英时《士与中国文化》(上海：上海人民出版社，2003)中《汉晋之际士之新自觉与新思潮》《中国近世宗教伦理与商人精神》等文以及《朱熹的历史世界》。又可参考包弼德《斯文》之第二章"士的转型"，但笔者对于他继承郝若贝等人思路，以为士人从国家精英向地方精英转变的看法并不赞同。唐宋之际世家衰落，政治、社会中坚由名族贵胄转移到由科举上进之寒人，可参见孙国栋：《唐宋之际社会门第之消融》，原载《新亚学报》，1959(4)，收入《唐宋史论丛(增订版)》，211～308页。

自信，高呼“如欲平治天下，当今之世，舍我其谁”的气概，都为宋人所仰慕。即如二程说孟子有“英气”、有“泰山岩岩之气象”①，虽似不无微词，但就其个人在面对进退出处问题时的想法与行为，就程颐在哲宗面前以师道自居的态度来看，他们无疑继承了孟子的这种“英气”。就整个士人群体而言，从士人对自身政治主体地位的自觉意识出发，欣赏孟子就意味着欣赏他独立不惧、大勇敢为的精神。就宋人推崇孟子、扬雄、王通这些以圣人自居的先贤背后的政治指向来看，圣人唯一性遭到否定，在中国古代王朝皇帝自视为唯一的今圣的情况下，也就具有了压制皇权、提高士大夫社会政治地位的意义。在宋代高扬的士风，与孟子的气概正相符合。孟子能够代表这种时代精神，也就能为此一时代的士人所宣扬表彰。从孔颜到孔孟的转变，从精神史的角度来看，可以说也反映了士人对于自身形象定位的转变。

实际上，在相当多的宋代士大夫心目中，颜子的地位仍高于孟子，尤其是在程朱理学一派，二程由追寻“孔颜乐处”入手，也总是说颜子在气象上更接近于圣人，学为圣人要先学颜子。但值得注意的是，钱穆指出朱熹之推尊颜子，重点在颜子所学在于礼乐邦家，并强调其刚果大勇之一面。在他眼中的颜曾思孟，皆是刚毅有力量之人。② 朱熹从治世实效、积极进取的角度，扭转过去对于颜子偏于阴柔形象的认识。这种新认识，更偏于学者对孟子的看法，也就是说，朱熹赋予颜子以孟子的特质，而这恰恰代表着朱熹所代表的宋代士大夫对于自身人格成就的期望。士人的独立人格也就在这种转变中形成了。

虽然颜回的地位有所下降，但仍然具有亚圣先师的地位。而在中央太学或国子学的孔庙祭祀中，孔颜而下至配享之群弟子、解经先儒之名单与次序也未曾变更。可是，在地方孔庙中，由于地方官的个人意见，或者是他所代表的一部分士大夫的意见，祀典规定以外的大儒如孟子等人早已进入了孔子庙廷。据韩愈所记，早在唐代宪宗元和年

---

① 程颢、程颐：《河南程氏遗书》卷十八《伊川先生语四》，卷五《二先生语五》，见《二程集》，196～197、76页。

② 钱穆：《朱子新学案》第3册，615～630页。

间，刺史李繁在处州立孔庙，就将不在祀典的孟轲、荀况、韩婴、董仲舒、扬雄杂于诸儒之间图于堂壁。① 到了宋代，地方孔庙中增加孟子以下大儒的情况已屡见不鲜。柳开在太平兴国八年重修润州文宣王庙，曾“自颜子及孟子已下门人大儒之像，各塑缋配享于座”②。孔道辅在家庙中构五贤堂以祀孟轲、荀卿、扬雄、王通、韩愈。③ 韩琦重修孔庙(似为并州之庙)，图孔子弟子及诸儒之像，又在书楼北壁图孟荀扬王韩五贤之像，并亲为作赞。④ 至和元年新修并州庙学，“尊颜氏以降诸弟子，孟氏以降诸大儒，或像而侍，或图而列次序于堂庑之间”⑤。可以说，随着孟荀扬王韩五子地位的高涨，他们开始逐渐走进国家祀典，成为宋代士大夫认同的孔子继承者。

在这些地方官员的主持下，地方孔庙配享的变更已然在滋长。尤为突出的是，在山东出现了专门的孟子庙。据孙复作于景祐五年的《兖州邹县建孟庙记》，可知孔道辅于景祐四年在知兖州任上，寻访得孟子之墓，在其地建孟子庙，以其弟子公孙丑、万章等人配享，至次年孟庙正式建成。⑥ 这虽然属于地方官员的个人行为，但经典根据在《礼记·祭法》“能御大菑则祀之，能捍大患则祀之”，且其有正位有配享的祭祀模式已同于孔庙，孙复记文中更赞同韩愈所说“孟子之功不在禹下”，实际上已经赋予了孟子等同于圣人的地位。

可以说，北宋中期这种地方孔庙祀典的变化，这种“在野”声音的高扬，为五贤尤其是孟子在朝廷制度中的正式进入孔庙开了先路，奠定了孟子“升公入庙”的舆论基础。

---

① 韩愈：《韩昌黎全集》卷三十一《处州孔子庙碑》，398 页。

② 柳开：《河东先生集》卷四《润州重修文宣王庙碑文》，四部丛刊本。

③ 孙复：《上孔给事书》，见《孙明复小集》，172 页。

④ 韩琦：《安阳集》卷二十三《五贤赞(并序)》，341～342 页。

⑤ 韩琦：《安阳集》卷二十一《并州新修庙学记》，330 页。

⑥ 孙复：《孙明复小集》，174～175 页。

第二节 熙宁七年孟子从祀的提出与失败

一、宋神宗与王安石

熙宁元年四月，宋神宗终于见到了王安石，由是开始了君臣遇合，致力于恢复三代之治的伟业。而王安石之“得君行道”，也每为后世之士大夫所歆羡。史书每记神宗于王安石之言无所不从，曾公亮也曾说“上与安石如一人”①，似乎熙宁前中期神宗与王安石亲密无间。作为熙宁时期政治上的核心人物，宋神宗与王安石之间这种貌似君臣相得的关系，有必要进一步深入探讨以及重新审视。王安石希望将神宗塑造成什么样的君主，神宗对于王安石的言论采取何种态度，随着时势的推移他们之间的关系又有怎样的变化，这些都属于熙宁年间政治运作的关键问题，也是熙宁七年常秩等之所以推尊孔子、孟轲、扬雄的政治背景，有必要先予以说明。

熙宁二年，王安石任参知政事，正式开始变法。青苗法、均输法、保甲法、免役法等相继推行，却也遭到了朝野内外大范围的激烈反对。自宰相、台谏、两制到外任之元老重臣纷纷上书表示异议，甚至最初支持变法的程颢、张戬也与王安石分道扬镳。在这种情况下，除了拔引新进之士以推行法令外，王安石更意识到，要使新法得到顺利而坚定不移的推行，发令者的坚定态度不可或缺，因此更积极地从皇帝入手，力争获得皇帝的支持。而为了使皇帝不为纷纷之论所摇动，王安石采取了加强皇权，增强皇帝对士大夫的压制的方式。②

熙宁三年二月，韩琦上书称青苗法不便于民，要求废止。作为三朝重臣，他的意见在政治上具有相当大的影响力，神宗也不能不予以考虑。同时，在朝的吕诲等人也对王安石发动激烈的弹劾。于是王安

---

① 《续长编》卷二百十五，熙宁三年九月庚子条，5238 页。

② 刘子健已经注意到这一点，并认为就此而言，王安石促进了专制主义的增长。参见 James Liu, *Reform in Sung China: Wang An-shih (1021-1086) and His New Policies*, p. 91.

石称疾不出，神宗命司马光草制促其视事，内中有“士夫沸腾，黎民骚动”之语，安石大怒，抗章自辩。神宗乃下手诏，遣吕惠卿谕旨。次日安石入朝，对神宗言中外大臣、从官、台谏、朝士朋比之情，且曰：“陛下欲以先王之正道胜天下流俗，故与流俗相为轻重。流俗权重，则天下之人归流俗；陛下权重，则天下之人归陛下。权者与物相为轻重，虽千钧之物，所加损不过铢两而移。今奸人欲败先王之正道，以沮陛下之所为，是于陛下与流俗之权适争轻重之时，加铢两之力，则用力至微，而天下之权，已归于流俗矣，此所以纷纷也。”①在这里，王安石明确地提出了权力的分配问题：朝廷的政治权力属于皇帝与“流俗”——士大夫，皇帝与士大夫位于相对立的权力的两极，长期处在冲突斗争之中。普通人民(或许包括未出仕的士人在内)处于从属地位，随着政治权力的倾斜而左右摇摆。权力属于士大夫，则议论纷纷，事无成功之日。因此，权力一定要集中在皇帝手中，才能保证天下人民听命于皇帝，也才能实现政事成而先王之道复见于当日。在皇帝与士大夫进行权力较量之时，王安石坚定地站在皇帝一边，要求神宗增进刚健之德，不苟合于流俗之见。② 而王安石本人也实际上成了皇权的代表，与士大夫抗衡。这种局势引起了士大夫的不满，司马光、文彦博等人都指出皇帝不能仅仅听从王安石、韩绛、吕惠卿的意见而独断专行，不考虑士大夫群体的看法，文彦博更是在此之际提出皇帝“为与士大夫治天下”③。这种“皇帝与士大夫共治天下”的观念，神宗实际上是接受的。虽然神宗本身要求皇帝权力的绝对化，但仍要依赖于士大夫来进行治理。面对举朝的反对之声，神宗也不免产生犹豫之情。他曾让王安石稍改常平法，以合众论。但王安石称：“陛下方以道胜流

---

① 《东都事略》卷七十九《王安石传》，513 页；又参见《宋史》卷三百二十七《王安石传》，10545 页。

② 《续长编》卷二百十四，熙宁三年八月戊寅条，5217～5218 页；卷二百十五，熙宁三年九月己丑条，5232 页。

③ 《续长编》卷二百十，熙宁三年四月甲申条，5112～5114 页；卷二百二十一，熙宁四年三月戊子条，5369～5370 页。

俗，与战无异。今少自却，即坐为流俗所胜矣！”①他鼓励神宗奋战到底，不然皇权将彻底被士大夫权力击败。在神宗刚健纯粹之德不足的情况下，王安石强调法令的重要性，他引《孟子》瞽瞍杀人事曰“先王制法，虽天子之父犯法，不得贷也。此孟子所言，尧舜所行，非申韩之言也”②，表明法制的权威。当士大夫不守法，不遵从之时，就要严格执行惩罚措施，对那些不执行新法政策的官员实行贬黜。另外，王安石也希望能够在朝廷之上统一思想。只有“朝廷任事之臣，同心同德，协于克一”，天下之事才能有所作为，也才能实现治道。他将持不同意见的异论视作如同杨、墨一般的异端，曰：“孟子曰：‘杨、墨之道不息，孔子之道不著。邪说诬民，充塞仁义，仁义充塞，则率兽食人，人将相食。’然则人将相食，其本在杨、墨之道不息。今朝廷异论，类皆怀奸，其实岂止于杨、墨之道不息而已，以邪为正，以正为邪，其为名不正甚矣，则其患至于人无所措手足、人相食无足怪也。”③他希望以孔孟正道——王安石无疑自居为当世孔孟——纠正异端的邪说，从而达到统一思想的目的。熙宁三年七月，曾公亮、韩绛推荐司马光任枢密副使，王安石就从司马光为异论宗主，不利于新法推行的角度予以反对。对此，神宗也认为“要令异论相搅，即不可”④。他们都强调在朝廷上保证一个声音、一种是非的重要性。而其统一思想的一个重要原则，则是“人各上同而自致，则礼出于一，而上下治”⑤，即人人都要自觉地与在上者——皇帝保持步调一致。当人人都认同皇帝的意见，天下也就实现了至治。

更进一步，王安石这种推尊皇权的意见，甚至将皇帝置于整个官僚系统之上。官僚系统要按照一定的制度规定、祖宗法度行事，但皇

---

① 《长编纪事本末》卷六十八《青苗法上》，1209 页。

② 《续长编》卷二百十五，熙宁三年九月己丑条，5232 页。又程元敏《三经新义辑考汇评(三)——周礼》载：“莅誓而戒焉，则制百官百族于刑之中，义也。”(472 页)

③ 《续长编》卷二百二十五，熙宁四年七月，5475 页。

④ 《续长编》卷二百十三，熙宁三年七月，5168～5169 页。

⑤ 程元敏：《三经新义辑考汇评(三)——周礼》，第 290 页。

帝则不受这些约束，有无限的自由与权力。在熙宁三年争论李定是否可以任监察御史里行时，苏颂、李大临封还辞头，以为与之前诏令“台官有缺，委御史中丞奏举，不拘官职高下兼权”的规定不符。① 这时，王安石为了达成使李定进入台谏系统的目的，表达出了强烈的以绝对皇权压制不同意见的态度。其先言“若遂从之，即陛下威福为私议所夺，失人君之道矣”，又言“陛下特旨，虽妨前条亦当施行”②，要求皇权凌驾于法令制度之上，具有无上权威。在他看来，“至尊不可以有司法数制之”③；就君臣之道而论，“为物所制者，臣道也；制物者，君道也”④，君主不可以为物所制，所以故事不必参考遵从，“祖宗不足法，流俗之言不足恤”也由此得到了理论依据。

王安石的这种态度无疑得到了神宗的欣赏。每次在王安石表达尊君的意见之后，神宗都“以为然”，表现出极大的赞同。在第四章中，我们已经讨论过英宗以来出于皇位合法性塑造等原因，英宗、神宗对于重振皇权的努力。神宗之坚定地任用王安石，除了需要依靠他实行变法外，还由于王安石为推行新法而表现出的尊君主张，与神宗继位后要求加强皇权的努力不谋而合。后来王安石主持修撰的《三经新义》，也常常透露出这层意思，如“操纵之权，上之所专”，“复，有报乎上也；逆，有言乎上也。上言而令之，下听而行之，所谓顺也；下有言乎上，则逆矣”。⑤《三经新义》后来能够作为官方钦定的教材，成为科举考试的指定参考书，应该考虑及它暗合神宗之心的因素。而神宗与王安石的独断也确实产生了实际效果，有些官员揣摩出神宗的心术，也开始为功名利禄而要求君主的绝对强势。如唐坰上疏论秦二世制于

---

① 对此事之讨论，可参见[日]熊本崇：《“权监察御史里行”李定——关于王安石的对御史台政策》，马晓地、轮田直子译，见[日]近藤一成主编：《宋元史学的基本问题》，北京：中华书局，2010，51～72页。该文主要就制度层面探讨王安石的台谏政策。

② 《续长编》卷二百十一，5125页。

③ 程元敏：《三经新义辑考汇评(三)——周礼》，95页。

④ 《续长编》卷二百十四，熙宁三年八月己卯条，5218页。

⑤ 程元敏：《三经新义辑考汇评(三)——周礼》，51、68页。

赵高，乃失之弱，非失之强。在王安石的赞同下，神宗马上将其留在京师，命为崇文院校书。① 到了熙宁四年，王安石称："观今年人情，听上所为，不敢侮慢，孰与去年?"②已可见臣下更多地表现出服从皇帝的主张，君主的权威在实际政治的运行过程中得到了加强。

需要注意的是，王安石以推尊皇权为表现的集权倾向主要集中在熙宁四年之前，也即新法刚刚开始推行之际。到熙宁四年之后，反对派的主要人物如吕诲、富弼、司马光、曾公亮、范纯仁、吕公著等相继被免出朝，朝政基本被变法派控制，新法也能够稳定地推行下去。这时，皇帝对于变法的支持已经不那么特别重要。由是，王安石对于神宗的塑造也发生了变化。虽然也会提及要神宗增益乾健之德，但这已不是他进言的重点。王安石更多地开始表现出限制皇帝实际权力，在道德层面教导神宗的倾向。

熙宁四年五月，王安石对神宗言："天下事大计已定，其余责之有司，事不当则罪有司而已。今每一小事，陛下辄再三手敕质问，臣恐此体伤于丛脞，则股肱倚办于上，不得不堕也。且王公之职，论道而已。若道术不明，虽劳，适足自困，无由致治；若道术明，君子小人各当其位，则无为而天下治，不须过自劳苦纷纷也。"③熙宁五年十一月，神宗以市易卖果实为太繁细，王安石因论曰："周公制法如此，不以烦碎为耻者，细大并举，乃为政体，但尊者任其大，卑者务其细，此先王之法，乃天地自然之理。……臣以谓不当任烦细者，乃大人之事。如陛下朝夕检察市易务事，乃似烦细，非帝王大体，此乃《书》所谓'元首丛脞'也。陛下修身，虽尧、舜无以加，然未能运天下者，似于大体未察，或代有司职，未免丛脞。"④这里，王安石都在批评神宗对具体的行政事务关心、干涉得太多，希望神宗只关注帝王大略。所

① 《续长编》卷二百十五，熙宁三年九月庚寅条，5233页。

② 《续长编》卷二百二十二，熙宁四年四月甲戌条，5409页。注称"新法之行否，端在此际"。

③ 《续长编》卷二百二十三，熙宁四年五月庚子条，5427页。

④ 《续长编》卷二百四十，熙宁五年十一月丁巳条，5827页。

谓帝王大略，尤在于以“道”来裁断天下之事，判别君子小人。“苟能闻道，即声色玩好不能累其心，不必强勉而后能胜也；君子、小人之情状来接于我，即有以应之，不必劳耳目思虑而后能察也。三公以论道为职者，必以为治天下国家，不可以不闻道故也”①，闻道成为神宗所要汲汲追求的一个目标。这种“道”的具体形态，并不是在实际政治生活中遵守一种外在的强制性规范，而具有内在的自觉性。就此而言，王安石所要求神宗的，是加强内在的德性修养，意图在人心上将神宗塑造成“有道之君”，而一定程度上消解了圣王在事功方面的要求。

在规劝神宗时，王安石多次提到的“丛脞”问题，出自《尚书》皋陶“喜起歌”。王安石在其所主持修撰之《尚书新义》中解云，“皋陶以为人君不必下侵臣职以求事功，但委任而责成功尔”②，指明君臣各有职守，君主不应该侵夺臣子的职责。天下之事有赖于臣子的实际统治，而不能靠皇帝一人的独断专行。在这时，王安石不像熙宁初那样强调皇帝独断、胜天下流俗的必要性，不再强调君道与臣道的差别在制物与制于物，而对君臣关系予以重新界定。“所谓主道者，非吏事而已。盖精神之运，心术之化，使人自然迁善远罪者，主道也”③，即吏事并不是皇帝首先要关注的事情。更进一步，“君道以择人为职，上必无为而用天下，下必有为而为天下用，此君臣之分也”④，将皇帝在朝廷上的职责限定在择人这一点上。在选择合适的人选担任宰相等合适的官职之后，皇帝就可以垂拱无为。相反，做臣子的则需要积极有为，实际负责治理天下的重任。可以说，王安石对圣明之世的朝廷结构进行了重新规划：皇帝居上，以德性修养为本，以明道任人为职；士大夫居下，以天下之兴衰治乱为己任，在实际事务中振兴事功，达成治世。从这个角度来看，王安石在稳固了自己一派的政治地位与思想、政策统治之后，重新站在士大夫一边，要求由士大夫担当治国之任。毕竟，

① 《续长编》卷二百三十九，熙宁五年十月壬辰条，5815页。

② 程元敏：《三经新义辑考汇评(一)——尚书》，45页。

③ 《续长编》卷二百三十，熙宁五年二月乙卯条，5590～5591页。

④ 程元敏：《三经新义辑考汇评(一)——尚书》，201页。

王安石本人属于士大夫群体的一员。当他要求发挥士大夫的政治作用时，也同样是在为其自身谋得地位的进一步稳固。

由于在变法过程中，以皇帝名义强力推行的政策实际上是王安石的意见，皇权实际上以神宗与王安石权力的合力来显现，因此在皇权得到加强的同时，王安石的个人权力也急剧膨胀。① 司马光弹奏王安石时称其“常自以己意阴赞陛下内出手诏以决外廷之事，使天下之威福在己，而谤议悉归于陛下”②，已经暗示王安石的权力超过了神宗，即皇权实际上更多地操纵在王安石手中。王安石在当政之初就曾向神宗请求，中书处分自出牒，不必称圣旨，使得神宗一脸惊愕。③ 在新法推行中，中书完全为王安石所控制。曾布每事白安石即行之。或问布当白两参政，布曰：“丞相已议定，何问彼为！俟敕出令押字耳!”④由此可见王安石的权势与专断。熙宁五年，郭逢原上疏，以为神宗遇王安石师臣之礼未极优异，尚守君臣常分，要求更有隆盛，事无巨细必咨而后行；又以为宰相代天理物，无所不统，当废除枢密院，并归中书。⑤ 一方面，在君臣关系上，他认为作为师臣的臣子，不应当纳入普通的君臣关系之中，而具有与君主分庭抗礼，甚至君主北面事之的待遇，实际上就是要将王安石置于神宗之上——至少在“道”的层面上。另一方面，在朝廷政治结构上，希望以宰相为核心，一切权力和政治事务都集中在宰相身上，等于让王安石总揽大权。加强宰相的权力，

---

① 余英时以为王安石的非常相权出于神宗主动将君权纳入相权轨道，且体现了神宗对于士大夫治天下权力的认可，参见余英时：《朱熹的历史世界》上篇，第四章“君权与相权之间”，231～250页，这与笔者此处所论恰恰相反。两说虽均表现为君权与相权的结合，但笔者所论实乃王安石之个人相权以尊君权而获得增长，二者之合力代表的实际上是君权而非士大夫权力，因为前文已有说明，相权并非总是士大夫权力的代表。余英时论朱熹时之所谓“后王安石时代”，乃是后世出于高扬士大夫政治而对宋神宗与王安石关系进行重新解读，并非宋神宗时所表现出的实际状态。

② 《续长编》卷二百二十，熙宁四年二月辛酉条，5339页。

③ 《长编纪事本末》卷五十九《王安石事迹上》，1046页。

④ 《续长编》卷二百二十，熙宁四年二月甲子条，5346页。

⑤ 《续长编》卷二百三十五，熙宁五年七月，5721～5722页。

即是相对地在削弱皇权。无怪于此一上疏惹得神宗不满。

其实，就王安石自身来说，他也时刻以师臣自居。熙宁元年首次进见神宗之时，对于神宗所问唐太宗何如主，他就直截了当地认为皇帝当以尧舜为法，被神宗视为“责难于君”。对此，神宗也确实希望王安石能够辅佐他实现尧舜三代之道，所以经常与他讨论为治之术，实际上是王安石在向神宗解说当今局面下所应当采取的措施。在王安石被任命为参知政事以前，他要求神宗“先讲学，使于臣所学本末不疑，然后用之”，取汤之于伊尹、高宗之于傅说、文王之于太公的“学然后臣之”之意。① 王安石希望自己首先是皇帝的老师，然后才是臣子。作为师弟关系，神宗需要对王安石的学问抱有坚定不移的信任与钦服，由此引申出的皇帝与师臣关系，更是显出王安石在神宗前的尊贵与显赫。不管王安石是否如陈瓘所批评的，在日录中假造神宗称其为师臣之语②，但就王安石的心态来说，却确实反映了他所以自处的位置。因此，他在神宗面前常常表现出强硬的态度，“一言不合己志，必面折之，反复诘难，使人主伏弱乃已”③，他也要求侍讲在经筵中应当坐讲④。就此而论，王安石的思想中含有尊严师道，甚至以师道凌驾于君道之上的观念。⑤

另外，在熙宁七年王安石第一次罢相之前，王安石也曾多次请求

---

① 《长编纪事本末》卷五十九《王安石事迹上》，1045 页；《宋史》卷三百二十七《王安石传》，10543 页。

② 陈瓘：《四明尊尧集》卷九《寓言门》，392 页。

③ 马永卿辑，王崇庆解：《元城语录解》卷之上，丛书集成初编本，北京：中华书局，1985，10 页。

④ 《长编纪事本末》卷五十三《经筵》，936～937 页。

⑤ 对于师道复兴及师道与君道的关系，参见邓志峰师：《王学与晚明的师道复兴运动》，“导言”第三节“师道与师道复兴”，北京：社会科学文献出版社，2004，19～52 页。又可参见邓秉元师：《孟子章句讲疏》，19～22、71～74、142～145 页等。对于王安石在新法中的尊君，邓师也有所论述，并指出士大夫之反对新法，此为一重要原因。后来在《王安石与北宋时期的政治共识》一文中，邓师更指出，王安石打破了北宋“君师共治”的政治共识。参见邓秉元师：《新文化运动百年祭》，上海：上海人民出版社，2019。

去位。其原因各不相同，神宗的态度也有些许隐微的变化。接下来，我们对其各次求免的情形作一番简略分析，以进一步说明这期间王安石与宋神宗的关系与变化。

1. 熙宁四年五月，因东明县民入京诉役事，王安石请去，神宗不许。安石因言："陛下诚能讨论帝王之道，垂拱无为，观群臣之情伪，以道揆而应之，则孰敢为欺？人莫敢为欺则天下已治矣！臣敢不且黾勉从事？若但如今日，恐无补圣治也。"①其意在针砭神宗之过于关心细小之事，希望神宗能够垂拱无为。只要神宗明了帝王之道，那么细事、小人之欺罔就不能使神宗有所疑虑了。

2. 熙宁五年五月，因李评事②，王安石乞东南一郡。就表面来看，似乎是因为李评请更定礼制，但实际上，作为神宗的"秘密耳目"，李评已经威胁到王安石在神宗前的地位。通过李评，神宗听到了与王安石所言不同的外间状况。王安石对这种不经由自己而上达神宗的声音非常不满，因此也极力希望将李评予以罢任。③ 他之请求外放，恐亦不无要挟神宗的意味。对此，神宗称："自卿在翰林，始得闻道德之说，心稍开悟。卿，朕师臣也，断不许卿出外。"当王安石称过两日再乞对时，神宗说："勿如此，终不许卿去。外人顾望，恐害事。"④后一语尤其显示出神宗之留任王安石，有恐外人借此而疑惑朝廷将更改政事，导致异论复兴之意。

3. 熙宁六年二月，因之前王安石从驾观灯，至宣德门下马，卫士呵止之，并檛伤其马，王安石大怒，将卫士送至开封府，又请罢勾当

---

① 《续长编》卷二百二十三，熙宁四年五月庚戌条，5436 页。

② 李评，祖母乃太宗幼女献穆公主(《宋史》卷二百二十三《外戚传中》)。而神宗皇后向氏之母为献穆公主从子文且之女，曾祖母为太宗次女英惠公主(沈括《长兴集》卷二十八向经墓志铭)，可见李评与神宗有多重外戚关系。《宋史》卷二百二十三《外戚传中》载"钦圣皇后以甥舅之故，尝幸其(李端愿，献穆公主子，李评父)第，致礼于献穆祠堂，命近侍掖端愿勿拜"(13571 页)，可见李评之家与皇室的密切联系。神宗利用外戚的作用在此值得注意。

③ 《续长编》卷二百五十三，熙宁七年五月丙辰条，6196 页。

④ 《续长编》卷二百三十三，熙宁五年五月甲午条，5660～5661 页。

御药院内侍一人，神宗都照听处理。对此，蔡确弹奏开封府官吏曲意逢迎大臣，于是将有关涉的官员都进行了处罚。由是王安石乞解机务。① 神宗表示，“朕置卿为相，事事赖卿以济。后来可使者何人？孰可以为相者？卿所见也”，表明除王安石外，无人可以帮助神宗行新法，也透露出神宗不许王安石辞位的一丝无奈。

从这几次王安石请辞的过程来看，在王安石一方，逐渐地显示出其地位提高、权势凌人的态势。尽管排除史料书写上的倾向性，王安石个人的道德气节在其做出请辞的举动中发挥着重要影响，但是就每次作为其请辞原因的事件来看，王安石自视甚高，自居神宗之师而神宗必须对其信任尊礼无二的心理无疑有明显的增强。在宋神宗一方，虽然对于王安石的请辞都未予批准，表现出了对王安石的依赖，但其处理相关事件的方式与不同意的态度变化已然暗含着摧抑王安石权力膨胀的意味。宋神宗与王安石之间的权力紧张感已然开始显现，至少已在萌芽之中。

二、熙宁七年政局与王安石罢相：孟子入庙提出之政治背景

熙宁六年十月，王韶收复熙河，是神宗欲以武力扫荡西、北，成不世之功的第一步，更是变法以来反映在武功方面的巨大胜利。神宗将王安石的支持视作成此大功的关键因素，因此解所服玉带赐安石。此举或可视作神宗与安石君臣相得的最高峰。但也恰是这种成功，为神宗在现实的政治局面处理上树立了信心。在此之后，神宗对王安石的态度已悄然发生变化。邓广铭先生已经注意到，王安石第一次罢相前夕，宋神宗与王安石对话的神情已非前两年可比。② 我们不妨再重新审视熙宁七年年初神宗与王安石之间的一些谈话情形。

在二月，宋闻谍报称契丹想要再求关南之地，朝廷计议要加强河北守备。在讨论以何人为河北帅时，神宗想要任用郭逵知定州，王安石表示反对。这种意见分歧并没有迅速地以神宗听从王安石意见而告终。在王安石的坚决反对下，神宗也表现出了强硬的抵制态度，二人

---

① 《续长编》卷二百四十二，5898～5899、5907～5908 页。

② 邓广铭：《北宋政治改革家王安石》，246 页。

反复争论不已。八日丙子讨论不果，决定次日继续。第二天，王安石建议用薛向，神宗则没能顶住压力，最终在这次争论中败下阵来，屈从了王安石的意见。但是，神宗并非心服，而只是权宜之计，宣称“今且用向，逵候缓急别商量”，在无奈中也透露了对王安石的不满。①

三月，针对吕嘉问主持实行之市易法，神宗听闻有违立法本意，命三司使曾布察访以闻。曾布据魏继宗之说上奏，谓市易主者榷固掊克，都邑之人不胜其怨，与神宗之意合，使得神宗喜见于色。面对神宗和曾布的质疑，王安石的解释是曾布与吕嘉问两人素有嫌隙，暗含曾布有夸大污蔑之嫌，市易法实际上并没有如曾布所言之弊端。但当晚神宗批问安石，“恐嘉问实欺罔，非布私忿移怒”，又一次表达了对于王安石的不认同与不满情绪。② 这是他“数以市易苛细诘责中书”后的一次大爆发，其矛头无疑指向了王安石。

神宗对于王安石这种态度的转化，在熙宁六七年开始集中凸显，除了上文所言及的王安石对于君权的抑制之外，仍有一事值得注意。在收复熙河后，神宗在军事上的信心已然建立，希望能够进一步有所行动。熙宁六年十二月，神宗多次在朝廷中论及兵法甚至具体的部伍结阵之法，尤其欣赏李靖的团刀法，并已经开始付诸实践。面对神宗的论兵，王安石表现出了明显的摧抑态度。一方面，对于神宗论兵，安石指出团刀之法不可行，并对神宗言李靖未必不如韩信，兵欲措之于易胜，而李靖对手远不如韩信，“措易胜与难胜乃为奇，措易胜与易胜不足为奇”，无论从具体的战术上还是宏观的战略思想上都不赞同神宗的意见，还暗含着神宗所论不足为奇，甚至有误的意思。另一方面，王安石又指出神宗当以“诚正”为先务，用兵非所及。也就是要先立足于道德之本，而后再言军旅之末节，明显不赞成神宗继续用兵。虽然王安石《日录》记称“上以为然”，可神宗马上又继续论用兵之阴阳五行之理等，可见神宗并没有真正“以为然”。③ 重振宋室武功，恢复西北

① 《续长编》卷二百五十，6087～6089 页。

② 《续长编》卷二百五十一，6133～6135 页。

③ 《续长编》卷二百四十八，6053～6058 页。

二边是神宗的志向，他继位之初就曾在宫中穿戴金甲，踌躇满志。①当王安石否定他的军事才能，遏制他的武功志向，神宗难免会产生反感情绪；同时，也就加强了他要加强皇权，以自己为主导来实现富国强兵、灭夏败辽的意愿。前述神宗坚决要用郭逵知定州，随后又在不通知王安石的情况下直接派宦官李宪前往熙河②，都体现了神宗要求亲自主导军事的意图。在军事意见上的分歧，加剧了神宗和王安石之间关系的破裂，也加快了神宗重振皇权的脚步。③

另外，就在变法成果初步显现的时候，朝廷上却又爆发了新法全面推行以来最激烈的反对声音，诱因是熙宁六年冬至七年初的大旱，以致河东、河北、陕西的饥民流入开封，开封城内外饥民甚众。市易、免行尤为当时所纷纷言及之法，其议论也常常能够传入神宗耳中。神宗多次“质问”王安石：“何故士大夫言不便者甚众?”“近臣以至后族无不言不便，何也?”④尤其是面对天灾，作为“天子”，神宗即使在理论上认同王安石“天变不足畏”之论，但作为一心图治的君主，他的心理上必然承受着巨大的压力。因此，在避正殿、减常膳无效之后，神宗终于在翰林学士承旨韩维的劝说下发布“罪己诏”，允许臣下言朝政阙失，以应天变。⑤ 随后郑侠上《流民图》，司马光、滕甫也上疏极言新

---

① 蔡絛：《铁围山丛谈》卷一，冯惠民、沈锡麟点校，北京：中华书局，2006，7页。

② 《续长编》卷二百五十，熙宁七年二月辛卯条，6101～6102页。

③ 张元从政治理念的不同探讨了神宗与王安石在军事上的分歧，参见张元：《从王安石的先王观念看他与宋神宗的关系》，原载《国际宋史研讨会论文集》，1988年9月，收入台湾宋史座谈会编：《宋史研究集》第23辑，273～299页。他从王安石的先王观念出发，认为王安石以“先王之道”对神宗进行塑造，而神宗并未接受王安石的这些观念，只是敷衍而已；他任用王安石也不过在利用王安石的改革进取精神和政事才能。他将宋神宗与王安石的观念及他们之间的关系当作静态的整体来看，虽不为无见，但忽略了其中可能存在的动态变化，因此仍有进一步讨论的必要。尤其是他认为宋神宗并不认同先王之道，只是作为“文饰”的手段，笔者不能赞同，后文有详细讨论。

④ 《续长编》卷二百五十一，熙宁七年三月，6119、6124页。

⑤ 《续长编》卷二百五十一，熙宁七年三月乙丑条，6137～6138页。

法之害，请求予以废止。① 据《续长编》引郑侠《言行录》称："时诏求直言，欲应诏者甚众，闻侠被劾，皆沮缩，惟司马光辈一二文字得达上前。险佞之党，日于匭函假名投书，乞留王安石，坚守新法。"②则当时反对派的意见似乎不能全然上达天听，而变法派也同样在积极宣称新法无害。他们之间力量拉扯的一个焦点是王安石的相位。只要王安石一天在相位，新法就一天不会废除；而如果王安石被罢相，也就意味着神宗不再相信他，新法的废止也就指日可待了。可以说，无论在变法派还是反对派眼中，新法都与王安石紧密相连，王安石才是关系新法成败、天下安危的关键人物。在这里，神宗对于新法的作用则被他们忽视。

面对反对派尤其是郑侠的激烈攻击，在天变未消的情形下，作为"君子"的王安石选择主动请求辞位。神宗最终同意了他的请求。这样，似乎是迫于反对派的压力，四月十九日丙戌，王安石首次被神宗罢相知江宁府。然而，就在这之后仅仅三天，神宗就下诏：

> 朕嘉先王之法，泽于当时而传于后世，可谓盛矣。故夙兴夜寐，八年于兹，度时之宜，造为法令，布之四方，皆稽古先王，参考群策而断自朕志。已行之效，固亦可见。而其间当职之吏，有不能奉承，乃私出己见，妄为更益，或以苛刻为名，或以因循为得，使吾元元之民，未尽蒙泽。虽然，朕终不以吏或违法之故，辄为之废法，要当博谋广听，案违法者而深治之。间有未安，考察修完，期底至当。士大夫其务奉承之，以称朕意。无或狃于故常，以戾吾法。敢有弗率，必罚而不赦。③

虽然李焘接下来称此诏为吕惠卿请神宗所下，又不知此诏出于何人之手，但在王安石退位以后，无人能有使神宗言听计从的影响力。那么，

① 《续长编》卷二百五十二，6152～6154、6160～6168 页。

② 《续长编》卷二百五十二，6168 页。

③ 《续长编》卷二百五十二，熙宁七年四月己丑条，6172 页。

此诏无疑集中体现了神宗的意旨。观其言辞，其内中含义颇值得玩味。此诏可分为几个部分。第一个部分在于强调神宗在新法中的核心地位。新法的制定与实行，在于神宗的汲汲于复行上古先王之法，在于听取士大夫意见后神宗的英明独断，其法令所体现的是神宗的个人意志，而对于主持新法的王安石只字不提。这样，神宗在向天下宣示，皇帝才是新法的真正主持者。忽略王安石等于重新确立了皇帝的政治主导权，也意味着神宗要求皇权乾纲独断的政治理念。第二个部分在于说明新法在当前的状况。成效是显著的，而且是主流。实际推行中产生的弊端并不是法令本身的问题，而是具体执行者的责任。其责任的根源在于官吏未能真正奉承法令及其精神，而按官员自身的想法实行。这实际上申明了皇帝所推行的新法的合理性，皇帝绝对正确，当官员与皇帝不一致时就会产生弊端。也就是只有官员与皇帝一心，绝对忠于皇帝才能保证政策措施的有效推行。第三个部分指明新法在未来的走向——坚定不移地继续推行。对于其中的一点点不妥当的地方，修订以求达到完美的地步。更重要的，是要士大夫坚定地跟随皇帝的脚步，严格奉行皇帝所行的法令。其称“敢有弗率，必罚而不赦”，更是强硬地表达了对于敢不服从皇帝的处罚决心。综合而论，此诏表达了继续推行神宗主导的新法的决心。尤其是诏中两次提到“奉承”一词，深刻体现了神宗对于士大夫的要求和他以自己为绝对最高权威的心态，这才是此诏的核心精神所在。由是也可以推测，神宗内心并没有真正对新法产生怀疑。天灾确实曾引起神宗的焦虑，但并不足以动摇他推行新法的决心。我们可以发现，在罢免王安石以后，新法仍然继续推行而没有废除。反对派的攻击，就其效应而论，很大程度上成为神宗罢免王安石的借口，而充当了他重振皇权的工具。

因此，在罢免王安石之后，神宗开始努力地使自己成为变法的主导。虽然在前诏中神宗并不认为新法有根本的不便之处，但承认仍然“间有未安”，需要修订。四月二十五日壬辰，“诏中书自熙宁以来创立改更法度，令具本末，编类进入”①，神宗要亲自予以审定。随后也确

① 《续长编》卷二百五十二，6174 页。

实对一些在施行中产生问题的新法进行了一定的更正，如按治淮南路推行新法背戾之事、减省司农寺官员等。这些措施并不妨碍新法的进一步推行，更不意味着新法面临废除的危机或者有根本性的调整。对于新法的实行，神宗表现出了坚定的态度。他贬黜激烈攻击新法的郑侠、李师中，就宣示了新法不可以被否定。他积极推行将兵法，就是希望能进一步在自己的设想上前进。很多时候，一方面他表现出了对于吕惠卿等变法派的过度听从，因为他需要依赖这些人来保证新法的推行。可在另一方面，神宗又不是完全听任变法派，放任他们权力的增长。他罢免了对王安石反戈一击的曾布，又召回了激烈反对役法的杨绘任翰林学士，先前因反对新法而降官、降职、降差遣的数十名官员也得到了一定的复任。① 这些无不显示了神宗重新要对臣子进行权力制衡，将权力集中到皇帝手中的意图。

除了重新树立自己作为政治权力的核心，在实际政务上收揽威权，神宗也希望提升自己的道德权威。神宗曾对辅臣说："如卿辈知识高远，但行其所知，古人不难到也。"②之前王安石勉励神宗为尧舜圣王，而现在变成了神宗勉励诸臣不难为古之贤臣，君臣之势明显反转。在神宗心中，他自以为得道，比士大夫更能掌握道的话语权。他勉励臣下，实际上在道的层面已然将自己摆在了高于臣子的位置，显示了皇权要掌握道的意图。这暗示着一种象征性皇权的扩张。宋初以来的这种趋势，在神宗时期得到进一步发展。经历了仁、英时期士大夫权力的膨胀与皇权的衰弱，神宗力图重新树立皇帝的权威——无论是象征层面还是实际政治层面。

三、推尊孔孟扬的提出与失败

对于熙宁七年十二月的推尊孔子、孟子和扬雄的历史过程，《续长编》只有两句话的记载："判国子监常秩等请立孟轲、扬雄像于孔子庙廷，仍加爵号。又乞追尊孔子以帝号。诏两制与国子监、礼院官同详定，后不果行。"李焘注云："翰林学士杨绘以为加帝号非是，当求绘

---

① 《续长编》卷二百五十八，熙宁七年十二月甲戌条，6298～6299 页。

② 《续长编》卷二百五十四，熙宁七年六月癸巳条，6216 页。

议，附见于此。范祖禹志绘墓，云绘言不必追尊。”①《宋史》卷一百五《礼志八》也是只有同上的简略记载。建言者基于什么理由要尊孔子为帝，立孟、扬之像，反对者又以什么观点表达了不同的意见，史阙有间，难以断言。幸好南宋赵汝愚编的《皇朝诸臣奏议》卷九十一保存了李清臣等的《上神宗乞罢追帝孔子》一文，注文中又引用了常秩等人以及元绛的奏章②，可以让我们借此略窥此一事件的始末。

据李清臣此奏可知，最初提议谥孔子以帝号，于孔庙塑孟子、扬雄像，主要有判国子监常秩、李定、黄履、吕升卿等。其札子曰：

> 切惟孔子之道，万世帝王所宜师法。历代之主，虽知慕其名，而不能行其道；虽尝崇其号，而不能尽其实。今陛下发明经术，陶成天下之士。至于作新百度，又未尝不推原其意，可谓能行孔子之道矣。然其爵号犹袭唐制。臣等闻皇以道，帝以德，若孔子可谓道德之至者也，宜因盛时追谥帝号，以尽圣人之实，以称尊崇之意。其冕服祠事，乞下有司详定制度。

又言：

> 孔子之后，能明圣人之道者，莫如孟轲、扬雄。而历世以来，未尝加以爵号，又不载之祀典。欲乞于孔子庙庭建立像貌，加以爵号，岁时从祀，以称陛下崇尚儒术之意。

就此札子来看，于孔庙设孟轲、扬雄像是第二位的目的，其主要目标在尊孔子为帝。在此札子中，常秩等认为神宗所推行的一系列政策法令都是根源于孔子之意，所行的是孔子之道，这与上文所引神宗诏书所称的“稽古先王”不同。神宗之意，在于继承上古有德有位的圣王之

---

① 《续长编》卷二百五十八，熙宁七年十二月庚寅条，6304～6305页。

② 赵汝愚编：《宋朝诸臣奏议》，985～986页。下文论及此事，若不另注者皆出于此。

道，由君道一脉而下；常秩等人之意，则将孔子提升到超越于帝王之上的地位，帝王需要遵守的是孔子之道，而非先王之道。这样，据有大位的皇帝要师从有德无位的人臣，含有师在君上的意味。而将孔子加上帝号，使名实相符，就是要皇帝承认孔子相对于皇帝至少是平等的而不是屈居臣子僚属的地位。对此，翰林学士元绛表示支持，称“参详自生民以来，莫盛孔子。虽当时无位，不得以有行，然其载之后世者，上自天子，下逮黔首，莫不师用其道。则其德业盛大，不待论之而后著也”，同样表明孔子是天下所共敬仰的圣人，即使是天子也要以孔子为师，行孔子之道。师道凌驾于君道之上，若表现于政治，则体现着士大夫群体对于皇权膨胀的抑制。

就神宗诏书与常秩等的奏疏对比来看，其差异性是非常明显的，其中体现着皇帝与士大夫对于“道”的争夺。在神宗看来，法是先王之法，道是先王之道，治国所要遵循的是上古圣帝明王的模式。圣王真正了解应该如何治理天下，如何造就完美的社会秩序，并确实实现了这一点。因此，圣王之道才是后世君主应当效法的对象。作为拥有皇帝宝座、掌握天下大权的君主，他是圣王的继承者，也就可以运用先王之道来平治天下。那么，道的解释权无疑掌握在皇帝手中。在常秩等人看来，情况则完全不一样。道是由孔子发现的。自有人类历史以来，孔子是前无古人后无来者的第一圣人。因为他掌握了道，所以虽然生前无位，但其对天下后世的影响和作用超越了上古圣王。后代帝王想要实现“至治”，需要遵循师法的是孔子之道，而不是先王之道。在此，得道的地位要高于现实的功业，更高于君主的“位势”。

从当时的实际政治情形来看，这次推尊孔子为帝的举动似乎应该是为王安石而发。朱维铮先生已经指出常秩等用孔孟代替孔颜传达的是王安石的主张。① 我们先考察一下上此议论之人及其与王安石的关系。

常秩，字夷甫，颍州汝阴人。举进士不第，遂隐居里巷，屡召不起。欧阳修、胡宿、吕公著、王安石等皆称之。神宗时被召，拜右正言、直集贤院、管干国子监。其于王安石所行新法皆以为是，初长于

---

① 朱维铮师：《中国经学与中国文化》，见《中国经学史十讲》，23 页。

《春秋》，及安石废《春秋》，遂尽讳其所学，匿其书不出。王安国曾嘲之曰："君之《春秋》，亦权倚阁矣。"①

李定，字资深，扬州人。少受学于王安石。熙宁中独言青苗法便民，王安石力除之为监察御史里行，曾遭朝野普遍反对。元丰初为御史中丞，起苏轼"乌台诗案"。②

黄履，字安中，邵武人。元丰中与蔡确、章惇、邢恕相交结，至绍圣后排击吕大防、刘挚等不遗余力③，可谓变法派中的一员健将。

吕升卿，吕惠卿弟，泉州晋江人。熙宁三年进士，熙宁七年，吕惠卿引之入经筵，并参与修撰《三经新义》，于《诗经新义》用力尤多。

元绛，其先临川人，唐末定居于杭州。幼随父于荆南，每从学于僧舍。在地方为能吏，神宗朝为翰林学士、知开封府、拜三司使、参知政事。《宋史》称其"在翰林，谄事王安石及其子弟，时论鄙之"。④

可以看出，这些人多为新学学者，都是新法的支持者，且多与王安石有密切关系。上文所述士大夫以王安石在位与否为新法去就，吕惠卿使人投函留王安石，即表明士大夫尤其是变法派认为新法与王安石密不可分，神宗所推行的实际是王安石的意见。王安石作为圣人之徒，是能明圣人之道的圣贤，是当今"道"的掌握者。常秩等认为神宗行孔子之道，尊孔子之号，实际上等于让神宗承认自己是师从王安石的，使皇帝屈尊于师臣之前。

常秩等人的奏疏中，实际也撰造了一个儒家明道、传道的谱系：孔子—孟轲—扬雄，将孟、扬视作孔子以下千余年间仅有的得道大儒。这样的谱系与王安石有莫大干系。王安石年轻时作《淮南杂说》，见者以为孟子。⑤ 他的《孟子》一诗，引孟子为千古知己，实际是以当世孟

---

① 《宋史》卷三百二十九《常秩传》，10595～10596页。邵博：《邵氏闻见后录》卷二十二，174页。

② 《宋史》卷三百二十九《李定传》，10601～10603页。

③ 《宋史》卷三百二十八《黄履传》，10572～10574页。

④ 《宋史》卷三百四十三《元绛传》，10907页。释文莹：《湘山野录》卷上，18～19页。

⑤ 《元城语录解》卷上，6页；晁公武撰，孙猛校证：《郡斋读书志校证》卷十九，1000页。

子自居。对于扬雄，王安石认为其行合于圣人，是孟子以下唯一的“大人”。① 王安石继承扬雄的说法，认为只有圣人才能在言行上与前圣一致，贤人只能知圣人之言却不能行。既然孟子、扬雄在行动上与孔圣不异，那么，王安石实际上将他们都视作了圣人。可以说，孟轲和扬雄是孔子而下王安石最为推崇的学者，王安石所自我期许的，就是孟轲、扬雄这样的“圣人”。常秩等人的意见基本由王安石而来，更可见他们此议实际为王安石而发，要推尊当世的“圣人”王安石。

蔡涵墨、李卓颖据秦桧《宣圣七十二贤赞像记》重新探讨了“道统”一词的历史，认为至少在北宋末期，“道统”乃指古代圣/王传承至徽宗、高宗的政治/文化权威，而理学家的“道统”蕴含着对帝王权威修辞的严厉挑战。② 在本章的论述中，笔者以为，尽管宋神宗诏书与常秩等人的奏疏中并未使用“道统”一词，但其中已经包含了两种不同性质的“道统”传承，新学对于“圣王道统”的挑战无疑较二程更早，且直接展示于朝廷之上，表现得更为激烈。③ 而皇帝与士大夫对于“道统”的争夺，无疑也是个十分漫长而复杂的冲突过程。

推尊孟轲、扬雄还有另外一个目的——排斥异端。这在元绛的奏

---

① 王安石：《临川先生文集》卷七十二《答龚深父书》，1293～1194 页；《答王深甫书》，1298 页。

② [美]蔡涵墨、李卓颖：《新近面世之秦桧碑记及其在宋代道学史中的意义》，见姜锡东主编：《宋史研究论丛》第 12 辑，保定：河北大学出版社，2011，1～57 页。又关于朱熹之前使用“道统”一词的情形，可参见[德]苏费翔：《朱熹之前“道统”一词的用法》，见陈来、朱杰人主编：《人文与价值：朱子学国际学术研讨会暨朱子诞辰 880 周年纪念会论文集》，上海：华东师范大学出版社，2011，82～88 页。又高明士亦已指出，唐代庙学制以孔子为先圣，从法制上确立了道统与治统之分，而道统也由兼有王者之统而转向教育、学术方面的权威性，从庙学制方面讨论了道统与政统的关系，参见高明士：《隋唐庙学制度的成立与道统的关系》，载《台湾大学历史学系学报》第 9 期，1982。

③ 其实，论述“道统”，不可仅追溯词义之起源，更当求其观念之产生与演变。韩愈以降，士人的“道统”意识已然萌生，只不过未用这一词语，对究竟何人入道统之谱系也有过种种不同的看法，直到朱熹才最终形成影响后世的“道统”谱系而已。道统并非程朱理学家所独享，需要在历史中观察其演进的过程与学术观念的转变。对此，容另文讨论。

疏中表现得更为明显，他说："孟轲、扬雄出于孔子之后，能明其道以辟邪说，其于后世诚为有功。"上文曾引王安石说今之异端甚于杨、墨，即将驳斥反变法派的意见，一道德同风俗比作孟子排斥杨、墨。在王安石罢相以后，神宗召回了部分反变法派官员入朝，恢复了一些之前遭到贬斥的反变法派官员的职任。就神宗而言，他在树立自身的政治权威与主导权，平衡朝中政治势力，实际并无废止新法的想法。但在变法派的眼中，神宗的这种变化有可能造成反变法派重新掌权，使得新法的推行遭遇重大转向，进而威胁到这些因赞同新法而获得政治地位的新进人士的既得权力和利益。也就是说，通过在孔子庙中设立孟轲、扬雄像，变法派有意树立王安石等变法派卫道护法的正统形象，向天下宣示不容异议纷纭的态度，从而巩固新法和自身的地位。

对于常秩等人的意见，判太常寺李清臣、翰林学士杨绘表示反对。杨绘之议已不可见，其论无考。李清臣的奏疏尚存，其大意谓孔子虽为圣人，但既无位，便是臣子。位号受于天而名分不能齐，君师位号不同，不损于其为圣人。若以无位而为帝，不符孔子本意，加异姓以帝号古今所无。他主要从名分角度对谥孔子以帝号加以否定。李清臣在熙丰时期逐渐占据高位，绍圣时又力主恢复新法，可以归入变法一派，但与蔡确、章惇等人还是有所区别的。元祐初，刘挚、王岩叟、苏辙等人攻击力主新法的"奸人"，却基本都没有针对李清臣。尽管他们认为李清臣人才平庸，但作为神宗朝留下的执政，他们还是主张将他留在朝廷之中。可见在反变法派眼中，李清臣不是一味贪权怙势、怀奸挟诈的"小人"。因此魏了翁《跋李清臣奏疏》称："李定、黄履诸人固不足多道，常夷甫晚节亦鄙贱，可笑其欲追帝孔子，何但知圣人污也！淇水翁(即李清臣，号淇水钓翁，有《淇水集》)虽与元祐诸公异论，而此疏非喜为异者。迨今百五十有一年，历观人物品第，判若黑白，吾鄙亦可以自儆矣。"①在治国理念上，他也认为在下者当各任其责而天子无为②，即士大夫担负天下治乱兴衰之责任，因此赞同在孔庙立

① 魏了翁：《鹤山先生大全文集》卷六十二《跋李清臣奏疏》。

② 李清臣：《明责》，见吕祖谦编：《宋文鉴》卷一百四，景印文渊阁四库全书本，第1351册，191～194页。

孟、扬像，升孔庙为大祀。但另一方面，李清臣强调法、礼的重要性，重视天尊地卑、君臣定分的上下秩序。[①] 他反对谥孔子以帝号，就是要维护君臣相对的政治架构。士大夫的政治主体地位不能超越于皇帝之上，仍然要安顿在以君主为核心的政治体制之中。他的这种态度，很能反映宋代大部分士大夫的政治诉求：提高士大夫的地位，加强儒家正统观，但以尊君、明确君臣之分为前提。

另一位可考的持反对意见的杨绘，其先出于东汉杨震，七世祖于唐僖宗时徙居于四川绵竹。杨绘少聪慧，“专治经术，工古文，尤长于《易》、《春秋》”。熙宁中为翰林学士权御史中丞，反对王安石变法，屡言新政不便，并要求科举中恢复《春秋》。[②] 因此遭王安石嫉恨，于熙宁四年七月出知郑州。[③] 除了在学术上的分歧之外，杨绘反对王安石的一个重要原因在于当时中书诸房检正官每有定夺文字，只与王安石商量后禀复神宗行下，有权柄归于私人的倾向[④]，也即王安石有侵夺皇帝权力的趋势。待到熙宁七年八月，在王安石罢相后杨绘又被重新任命为翰林学士[⑤]，他之反对尊孔子以帝号，也有明确君臣分界，防止权臣尤其是王安石假借师臣之名而专擅国政的含义。

常秩等人的提议遭到否定之后，又有改定孔子像冕服之制的请求。《文献通考》卷四十四《学校考五》载熙宁八年，常秩等请国子监中孔子之像，其冕应当用天子之制十二旒，七十二贤二十一先儒也应依爵用周代冕服。其根据在唐代故事——玄宗时曾出王者衮冕之服以衣孔像。此举应该是在太常寺否定尊孔子以帝号之后，常秩等人的进一步折中方案。如果获得通过，那么即使没有帝号，在孔庙的仪制中使孔子享受天子的待遇，也就等于在实际上坐实了孔子的帝位。这种礼仪制度

---

① 李清臣：《法原》《礼论》，见楼昉编：《崇古文诀》卷二十八，景印文渊阁四库全书本，第1354册，224～228页。

② 范祖禹：《范太史集》卷三十九《天章阁待制杨公墓志铭》，434～436页。《宋史》卷三百二十二《杨绘传》，10448～10450页。

③ 《续长编》卷二百二十五，熙宁四年七月丁酉条，5487～5488页。

④ 《续长编》卷二百二十，熙宁四年二月甲子条，5346～5347页。

⑤ 《续长编》卷二百五十五，熙宁七年八月癸未条，6237页。

的改变，其象征含义无疑具有重大影响。常秩等人的基本意思与之前并无不同，只是采取了略显隐蔽的手段。对此，太常依据本朝制度予以否定。神宗最终也听从了太常的意见。① 这股推尊孔子、孟轲、扬雄的浪潮算是暂时停息了。

从以上分析可见，熙宁七年常秩等人推尊孔孟扬的举动，核心在于高扬孔子之道，以师道制衡君道，背后的目的在于重新揭出王安石的重要地位，所针对的是王安石罢相后神宗皇权膨胀与反变法派势力有复起之倾向的政治现实，并不是单纯的制度改革问题。就此时的神宗来看，虽然看不见他的直接态度，但他认同太常的意见就已经表明了他的立场。在完全属于自己的皇权刚刚得到伸张之时，神宗自然不会同意有凌驾于皇权之上的更高权威存在。

第三节　元丰孟子封公入庙之成功

一、元丰政治文化之转变

熙宁十年十二月壬午，诏明年改元元丰，其诏曰："朕奉承圣绪，一纪于兹。兢兢业业，罔敢暇逸。赖天之祐，年谷顺成。其因来岁之正，以新元统之号。式循典旧，对越神休。"②这表明神宗在位期间已经获得了上天的眷顾，取得了变法的阶段性成功。改元元丰，意味着一个新的起点，神宗将要开始实现他更高远的理想。

尽管对于元丰年间的变法是进一步深化还是发生逆转，论者有不同的意见③，但这显然意味着论者已然注意到元丰之制与熙宁年间相比是有一定变化的。在其中，官制改革得到了论者更多的关注。④ 但是，一方面对于官制改革的研究大多集中在行政制度层面来探讨其原

---

① 《文献通考》卷四十四《学校考五》，413页。

② 《宋大诏令集》卷二，8页。

③ 李华瑞：《王安石变法研究史》，472～475页。

④ 较重要者有龚延明：《北宋元丰官制改革论》，见《中国古代职官科举研究》，北京：中华书局，2006，283～306页；张复华：《北宋中期以后之官制改革》，台北：文史哲出版社，1991。

因与得失，忽视了其所以产生的政治文化背景；另一方面，官制改革只是元丰年间神宗主导下新法的一个部分，同时还存在的其他变革举措却少有人注意。在笔者看来，神宗在元丰年间的变革举措，以复“尧舜三代之治”为最高鹄的。这与熙宁年间以现实的富国强兵为主题有着明显区别。熙宁年间，神宗主要任用王安石等变法派推行一系列措施，待“尽得荆公许多伎俩”后，至元丰中“事皆自做”①，主导着元丰年间的变法。考察神宗在元丰中所推行的诸般更革措施，便可以窥见元丰年间政治文化与熙宁时期的不同。

需要预先说明的是，在这里我们讨论元丰年间与熙宁年间政治文化的不同，并不能将两者一刀切似的截然区分。变化是一个逐渐发展的过程，元丰之制很多已在熙宁间萌生。这里只是从整体上对元丰与熙宁的政治文化差异作一些说明。这样我们才能理解，为什么孟子升格在熙宁间失败而于元丰中获得成功。

首先要对元丰官制改革作一下说明。神宗在元丰中正式开始了厘定官制的工作。张复华以为神宗之有意改革官制，早在治平四年即已揭开序幕，但正式改革始于元丰三年。② 从宋代官僚制度的弊病而言，改革官制确实直接针对宋初以来名实不副、机构重叠等官制紊乱的现象，改革后也产生了一定的实际效果。但是，元丰三年八月乙巳，神宗下中书之诏称：“朕嘉成周以事建官，以爵制禄，小大详要，莫不有叙，分职率属，而万事条理，监于二代，为备且隆。逮于末流，道与时降，因革杂驳，无取法焉。惟是宇文造周，旁资硕辅，准古创制，义为可观。国家受命百年，四海承德，岂兹官政，尚愧前闻。今将推

① 《朱子语类》卷一百三十《本朝四·自熙宁至靖康用人》，3096页。又朱熹《读两陈谏议遗墨》云：“及其讦谟既久，渐涵透彻，则遂心融神会而与之为一，以至于能掣其柄而自操之，则其运动弛张又已在我，而彼之用舍去留不足为吾重轻矣。于是安石卒去而天下之政始尽出于宸衷，了翁所谓‘万几独运于元丰’，闲乐所谓‘屏弃金陵十年不召’者，盖皆指此。”见《朱子全书》，3380页。

② 张复华：《北宋中期以后之官制改革》，12～16页。龚延明亦有类似见解，参见龚延明：《北宋元丰官制改革论》，见《中国古代职官科举研究》。

本制作董正之原，若稽祖述宪章之意，参酌损益，趋时之宜。”①第一，神宗心目中周代的“以事建官，以爵制禄”，“分职率属”为其改革官制的目标与基本原则。改制后以职事官和寄禄官对北宋前期“差遣”和“官”分离的局面进行整合，前者使差遣与官名相符，即“以事建官”之意；后者判定官员之俸禄、品服，即“以爵制禄”；而三省、六部、九寺、五监各司其职，使整个官僚机构上下有序，职守井然，也符合“小大详要，莫不有叙，分职率属”的模式。可以说，元丰官制与周制在基本精神上的一致，是神宗所想要达到的目标。即使有具体建制与周代不同，但仍然符合神宗认同王安石所说的“法先王当法其意”。第二，在实际改制过程中，神宗远师北周，近法《唐六典》。陈寅恪已然证明北周模仿周制仅及于中央文官政治之一部分，《唐六典》更是取唐代令式条文按其执掌归类以符《周礼》体裁而已。② 宋官制多因唐代，元丰改制后之朝廷架构也基本与《唐六典》所载相同，并非完全根据《周礼》改定。可是，宋神宗所直接取法的前代故事，都是宣称以《周礼》为法。除了体系完备便于推行外，我们需注意其潜在的认识，即以周制为应该效法的完美制度。恢复《周礼》的精神就意味着进一步接近了“至治”之世。一方面，神宗对《周礼》的重视应该受到了王安石的影响。王安石推行变法及与反对派辩论时，常以《周礼》为据，并亲自撰写了《周礼新义》。另一方面，“三代之治”的具体形态在文献记载中非常简单，某种程度上有一种虚无缥缈的感觉。想要恢复三代之制，并没有具体途径可循。唯有周代的制度，可以通过《周礼》的记载进行模仿，予以实践。同时，周制因为损益了夏商之制，为孔子所称羡，代表了三代的完美体制。想要实现三代之制，也就需要恢复，或者遵循《周礼》中的国家模式。熙宁十年经筵讲毕《诗经》后，侍读沈季长、黄履问请讲何书，神宗曰：“先王礼乐法度莫详于周，宜讲《周礼》。”③至元丰六年四

① 《续长编》卷三百七，元丰三年八月乙巳条，7462 页。

② 陈寅恪：《隋唐制度渊源略论稿》三《职官》，北京：生活·读书·新知三联书店，2001，91～110 页。

③ 《续长编》卷二百八十五，熙宁十年十月庚辰条，6972 页。

月，才讲到《地官・司市》。不管经筵中是否按顺序进讲，不管同时是否也在讲其他经典，更不管此后至神宗驾崩是否仍然在讲《周礼》，我们至少可以说，神宗有近六年的时间在学习、研读《周礼》。可见，他确实有真心根据《周礼》的原则施行政策的愿望。今人每好言“托古改制”，以改制为实而托古为虚名，殊不知在古人心目中，“古”是真实的存在。言复古，也是在追求他们心目中的完美社会政治秩序。①

除了改官制外，元丰中一项更重要、持续更久的改革为修订郊庙礼制。元丰元年正月十二日戊午，正式成立详定礼文所，命判太常寺、枢密直学士陈襄，崇政殿说书、同修起居注、太子中允、集贤校理黄履，太常博士、集贤校理李清臣，秘书丞、集贤校理王存详定郊庙奉祀礼文；太常寺主簿、秘书丞杨完，御史台主簿、著作佐郎何洵直，国子监直讲、密县令孙谔充检讨官。② 由此开始了对于郊丘、宗庙祭祀等国家礼制的改定。从礼器、礼服的形制、规格到仪式的先后步骤，祭祀人员的方位等各个方面，详定礼文所进行了大量细致的考索，最后经神宗同意进行了大量的修订。其依据的原则为儒家经典中所记载的唐、虞、三代之制。如昊天上帝、皇地祇、太祖皇帝之座原各设三牲俎，非尚质贵诚之义。依《礼记》《尚书》《春秋传》所载，改亲祠圜丘、方泽正配位皆用犊，不设羊豕俎及鼎匕。太庙尊彝之数溢于古，皆依《周礼》改定。③

---

① 包弼德通过神宗以后的贡举殿试试题指出北宋后期皇帝追慕上古的意图，参见 Peter K. Bol，“Emperors Can Claim Antiquity Too：Emperorship and Autocracy under the New Policies，” in *Emperor Huizong and Late Northern Song China：The Politics of Culture and the Culture of Politics*，edited by Patricia Buckley Ebrey and Maggie Bickford，Cambridge：Harvard University Press，2006，pp. 173-205.

② 《续长编》卷二百八十七，元丰元年正月戊午条，7012 页。陈均《皇朝编年纲目备要》卷二十第 489 页称“置详定礼文局”。而《续长编》卷二百八十六熙宁十年十二月甲午条注称“明年二月戊午，置详定所”，戊午为是月十三日，然其月五日庚戌条已有详定礼文所之文，李焘盖以日同为戊午致误其月。

③ 《续长编》卷二百九十二，元丰元年九月乙酉条，7134 页；同卷九月戊子条，7137 页。其他各项改定措施可见《长编纪事本末》卷七十八、七十九。

这种复古之制，重新强调的是儒家的礼仪规范，并有意在礼制上清除——至少是减弱佛道对于国家礼制的影响。① 比如，祈雨雪、祈晴自中晚唐以来基本在寺观中进行，到宋代依然如此。宋初三帝临幸佛寺、道观，有相当多次是为了祈雨雪和祈晴。但到了神宗时期，尤其是元丰中，这种仪式重新回到了儒家礼仪中的郊庙、社稷之中。据《续长编》所记，最早在郊庙、社稷祈雨盖发生于熙宁六年七月庚申②，而后一直到元丰中，皇帝命令下的京师祈雨雪、祈晴活动似乎再未在宫观寺院中举行。③ 当然现存的历史记录可能有遗漏，未必是历史的全貌，而有些记载也并未说明举行仪式的地点，但对比神宗前后时期的这类祈祷活动，神宗中后期这种回归儒家祈雨雪礼仪的特征却是非常明显的。又如依儒家礼仪，祭社稷、五祀、五岳都应是血祭。《周礼·春官·大宗伯》曰："以吉礼事邦国之鬼神示，以禋祀祀昊天上帝，以实柴祀日月星辰，以槱燎祀司中司命飌师雨师，以血祭祭社稷五祀五岳，以狸沈祭山林川泽，以副辜祭四方百物。"但佛教、道教都反对血祭，都希望按自身的宗教仪式改造国家祭祀。④ 元丰三年九月，准建四望坛于四郊以祭五岳四渎，以五时迎气日祭之，皆用血祭瘗埋；元丰四年，详定礼文所以"今祭社稷仪注不用血祭，皆违经礼，伏请社

① 关于国家礼制的神祠色彩与佛道二教和国家祭祀的关系，参见雷闻：《郊庙之外——隋唐国家祭祀与宗教》，北京：生活·读书·新知三联书店，2009。

② 《续长编》卷二百四十六，5983 页。

③ 《续长编》卷二百六十四，熙宁八年五月丙寅条，6458 页；卷二百八十一，熙宁十年三月辛酉条，6883 页；卷二百八十三，熙宁十年七月己巳条，6937 页；卷二百八十八，元丰元年三月癸未条，7051 页；卷二百九十，元丰元年六月庚午条，7093 页。

④ 雷闻：《郊庙之外——隋唐国家祭祀与宗教》，201～204 页。他并未说明在佛道的反对与影响下国家祭祀中血祭的实行情况。又参见欧阳修等编：《太常因革礼》卷十四，影印宛委别藏本，台北：台湾"商务印书馆"，1981。其中载庆历祀仪，唯太庙、后庙、文宣王、武成王甑豆实以毛血，元丰中详定礼文所又言"今祭社稷仪注不用血祭"，可见宋代国家祭祀中血祭已经大量减少，这其中恐怕包含佛道二教的影响。

稷以埋血为始"①，都在努力恢复古老的儒家礼仪传统。虽然神宗时期仍然有相当数量的宗教活动，如建中太一宫，改造大相国寺等②，但元丰年间的礼制改定，无疑是以儒家经典为指导原则而展开的，说明神宗在有意识地树立儒家的正统与核心地位。这也是恢复三代之治的内在要求，毕竟三代之时没有佛教和道教。

在修订礼制的同时，神宗又下令改定乐器。这与定礼实为一体之两面。元丰三年，诏秘书监致仕刘几与礼部侍郎致仕范镇，知礼院、秘书监杨杰赴详定礼文所议乐。③ 最后定制，从刘几、杨杰之议，下王朴乐二律，用仁宗时所制编钟。历代乐制争论不休，其得失此处无法详论。但就元丰中之改定乐制来看，刘几称"新乐之城，足以荐郊庙，传万世"，至元丰六年正月御大庆殿开始使用新乐，其中含有配合礼制修订，使礼乐制度都符合古制的意味。

另外，久保田和男指出，神宗后半期，开始以《周礼》为依据修筑东京外城。对当时人来说，新外城具有象征国家权威的功能，可以说是神宗新法政治的象征性土木工程。④ 这与官制改革、修订礼乐一样，同处增强国家象征性权威的复古脉络之下。

伴随着一系列复古的举措的，是神宗个人专断权力的增长。刘安世说："及元丰之初，人主之德已成，又大臣尊仰，将顺之不暇。天容毅然，正君臣之分，非与熙宁初比也。"⑤前文已经言及熙宁间在王安

---

① 《续长编》卷三百八，元丰三年九月，7481页；卷三百十七，元丰四年十月，7662页。

② 汪圣铎：《宋代政教关系研究》，115～135、626～627页。但同时，汪圣铎也指出，此一时期如元丰五年将祖宗神御殿从寺观中撤出、译经机构规格降低等现象显示出官方与佛道的联系有一定程度的削弱。又需要注意的是朝廷一些宗教活动与内廷的宗教信仰之间的关系，尤其是太皇太后曹氏、皇太后高氏对此的影响。

③ 《长编纪事本末》卷八十《定乐器》；《宋史》卷一百二十八《乐志三》。

④ [日]久保田和男：《宋代开封研究》，郭万平译，董科校译，第九章"神宗朝的外城修筑"，上海：上海古籍出版社，2010，201～219页。

⑤ 马永卿辑，王崇庆解：《元城语录解》卷之上，10页。

石支持下皇权扩张的情况，至王安石第二次罢相以后，这种趋势进一步增强。首先是御笔手诏对于朝政的直接指挥。《宋史》称“初，国制，凡诏令皆中书门下议，而后命学士为之。至熙宁间，有内降手诏，不由中书门下共议，盖大臣有阴从中而为之者”①，所指实即王安石。但王安石对于神宗往往有所压制，其命令也常常代表着王安石的意见。当皇帝个人能够主导政治以后，手诏就完全成为皇帝贯彻个人意志的工具。手诏“禁止朝廷任何机构和官员加以审核、抵制，甚至不准拖延时刻”②，意味着宰相对政事处决权的丧失，意味着臣子对于皇帝命令的绝对服从，皇帝的独裁与专制性格得到加强。熙宁十年时，权监察御史里行蔡承禧就曾说：“今之患在乎百职之不自任其职而已。中书以进人选才之方诿于陛下，密院以用兵择帅之事诿于陛下，事事皆出于圣意。”③神宗已然在实际上削弱了宰相的职权。在这种强势君主的压力下，元丰年间的宰执更渐渐失去了与皇权对抗的力量。在元丰年间一直担任宰相的王珪每事苟取容悦，承顺上意，被时人目为“三旨相公”④。至于蔡确、章惇，苏辙认为他们于神宗时“特使此等行文书、赴期会而已。至于大政事议论，此等何尝与闻。小有罪犯，辄罚铜谢过，为天下笑”⑤。宰执已然如此，遑论其他下级官员。因此《续长编》称，“上临御久，群臣俯伏听命，无能有所论说，时因奏事有被诘谪者”⑥，显示出皇权的强大，也衬托出士大夫官僚相对于皇权的弱势地位。

其次，在礼仪制度的更定中，神宗也有意识地强调皇帝的独尊地位，分割群臣的权力。就官制改革而言，保留了枢密院，仍不许宰相掌兵；三省分班奏事，各有职令，等于进一步分割宰相事权，使皇帝

① 《宋史》卷四七二《蔡京传》，13726 页。

② 朱瑞熙：《中国政治制度通史(第六卷宋代)》，北京：人民出版社，1996 年，177 页。

③ 《续长编》卷二百八十二，熙宁十年五月丙寅条，6908 页。

④ 《宋史》卷三百一十二《王珪传》，10243 页。

⑤ 《续长编》卷三百六十七，元祐元年二月，8819 页。

⑥ 《续长编》卷三百二十七，元丰五年六月，7873 页。

凌驾于官僚体制之上。① 在改定郊庙典礼之时，也在强调皇帝的至尊地位。如亲祠圜丘仪制中，定唯天子升午陛及从升之臣依旧外，其司徒、祝史当升东陛；若有司摄事，则太尉亚、终献，亦由东陛升降。在亲飨太庙时，亚终献、公卿、祝史等并改由西阶。理由在于阼为主人阶，唯人君得升阼行事，非臣子所得升降。郊丘之东陛，犹庙西阶；午陛，犹庙阼阶。② 在祭天时，别设主日、配月之位，因为“天体至尊也，故郊礼，天不为主，而以日为主，示百神莫敢与天亢也。《记》曰：大报天而主日，配以月”③。这些同样都在表明皇帝的至尊地位，严明君臣的等级秩序。

最后，元丰中神宗虽然继续坚定地实行新法，但对于变法派官员却不是完全持赞同态度。一方面，神宗有意消泯变法派与反变法派之间的冲突。在王安石第二次罢相后，神宗以吴充为相，理由即在于神宗认为“其中立无与”。实际上吴充对于新法多持否定态度，为相后也希望召回司马光、吕公著等人，有所变革。④ 元丰元年，神宗更任命反对变法的孙固、吕公著为同知枢密院事。这使得宰执中新旧人士兼用，任何一方都无法完全贯彻他们的意见，而必定由神宗做出选择与裁定。神宗希望他所主导的新法能够得到全体士大夫的支持，而不仅是其中的一部分。另一方面，在元丰改制中，对于如何才能实现“至治”，神宗也包容和吸收了王安石一派以外的其他意见和政策。在神宗时期科举的殿试试题中，我们也可以发现从熙宁到元丰，神宗对于治国方略的变化。在熙宁三年、六年的殿试策题中，神宗都在追问，到

---

① 龚延明：《北宋元丰官制改革论》，见《中国古代职官科举研究》。叶坦也认为神宗的官制改革从长远来看，是神宗要重振国威、一统海内，永保君主神权以求长治久安，参见叶坦：《大变法：宋神宗与十一世纪的改革运动》，北京：生活·读书·新知三联书店，1996，203 页。又参见 Paul Smith, “The Yuan-feng administrative reforms,” in *The Cambridge History of China*. Vol. 5, Part One: *The Sung Dynasty and Its Precursors, 907-1279*, pp. 457-464.

② 《续长编》卷二百九十二，元丰元年九月戊子条，7137 页。

③ 《续长编》卷三百十三，元丰四年六月己巳条，7589 页。

④ 《宋史》卷三百一十二《吴充传》，10240 页。

底如何才能实现上古的治世，至熙宁九年，已经提及了先王之时的礼乐问题。元丰五年策问，更是完全在探讨先王的礼法制度。① 这种对于礼乐的重视，似乎暗示着神宗对司马光等人强调以礼乐安顿社会政治秩序的吸取。但从另一角度而言，神宗可以根据自己的需要来自由选择以什么样的“术”来治国，无须被迫听从哪一派的意见。他在包容反变法派之中，已然显出皇权的绝对权威。

元丰中最能体现神宗独断意志的一件事为“拓边西北”。前文已言及神宗在重振武功方面的志向。在元丰中，神宗此一心态有更明显的表现。太祖即有积金帛以收复幽燕的想法，因此在内廷设封桩库。神宗时经过熙宁以来的变法措施，国家收入有明显增长，很大一部分进入内廷，进一步充实了皇帝的私人金库。元丰元年，神宗更改库名，作诗曰：“五季失图，猃狁孔炽，艺祖造邦，思有惩艾。爰设内府，基以募士，曾孙保之，敢忘厥志。”每字为一库。后来羡赢增多，神宗又作诗题库名曰：“每虔夕惕心，妄意遵遗业。顾予不武姿，何日成戎捷。”②这些表现出他强烈的制服西夏和契丹“戎狄”的责任感与激情。他不但自己注重对兵法、军政的研读，也鼓励天下之人学习兵法。元丰三年四月乙未，下诏校定《孙子》《吴子》《六韬》《司马法》《三略》《尉缭子》《李靖问对》等书，镂板行之③，希望能借此培养出有谋略的军事人才。神宗的这种态度也表现在实际的对外战争之中。元丰四年，因谍报西夏内乱，神宗手诏命鄜延、环庆、泾原、河东四路进兵西夏境内，借口帮助西夏国主秉常讨伐叛逆，实际意在一举消灭西夏。诏中称，“荡除贼巢穴，当比熙河赏功三倍”④，可见神宗的决心。结果李宪收复兰州，但高遵裕攻灵州不下，退兵时遭西夏追袭，又因饥寒交迫，败退而归。此役宋夏双方可说互有得失，但神宗并不甘心，于次年从

① 诸次殿试策问皆见《宋会要辑稿》选举七。

② 《续长编》卷二百九十五，7192 页。

③ 《续长编》卷三百三，元丰三年四月乙未条，7375 页。

④ 《续长编》卷三百十四，元丰四年七月庚寅条，7600 页。又有李宪所领熙河路，实际为五路进兵。

徐禧之请筑永乐城，结果徐禧全军覆没。① 两次讨伐的发动，都出于神宗的一意孤行，几乎都是越过中书和枢密院，出手诏直接对李宪等进行指挥。朝中王珪、蔡确只是顺承神宗之意以保禄固位，虽有文彦博、吕公著等人的反对，但神宗置之不理，并在元丰五年四月第二次对西夏用兵之前将同知枢密院吕公著罢免出朝，显示对于反对用兵之异议的压制。事件的结果对于神宗晚年政局有巨大影响。永乐之败对神宗的打击非常大，神宗在听到此一消息后，“涕泣悲愤，为之不食”，面对朝堂之上的辅臣公然恸哭。② 李焘《续长编》称自是之后，神宗厌兵事，无意西伐。③ 李华瑞认为神宗并未放弃制服西夏的打算，在元丰七年六月之后更有从兰州进兵的迹象。④ 但是就整体的战略格局而言，北宋对西夏明显转向了守势。元丰六、七年间，西夏屡屡犯边，而神宗每戒以持重，甚至认为：“贼倾国而来，彼费已大，洎入汉境，盘泊旬日，卒无所得，大众伤夷而归，在我固已收全功矣。宜遍谕诸将，勿以不能尾击，多所斩获为恨。”⑤对于西夏，神宗改变了之前积极进取的攻势，而要在稳健的前提下，以“汉威远畅，羌人震叠”⑥为目的，进而确立宋夏之间稳定的藩属关系。在内政方面，永乐之败造成对专制君主权威的严重打击，使神宗不得不对权力有所放松，而加强对臣下不同意见的吸取。尤其是对于反变法派官员，他多次表示了好感。如他想以司马光为御史大夫，用苏轼来修国史，但均在王珪、蔡确的坚决反对之下作罢。⑦ 这一方面表明神宗后来的调和倾向，另

---

① 《长编纪事本末》卷八十九《徐禧永乐之败》。对这两次战役的详细介绍，可见李华瑞：《宋夏关系史》，石家庄：河北人民出版社，1998，180～190 页。

② 《续长编》卷三百三十，元丰五年十月戊申朔条，7945 页。

③ 《续长编》卷三百三十，元丰五年十月乙丑条，7955 页。

④ 李华瑞：《宋夏关系史》，191～193 页。

⑤ 《续长编》卷三百四十二，元丰七年正月癸丑条，8224 页。

⑥ 《续长编》卷三百五十，元丰七年十二月辛未条，8393 页。

⑦ 《续长编》卷三百三十八，元丰六年八月辛卯条，8149 页；卷三百四十二，元丰七年正月辛酉条，8228 页；卷三百五十，元丰七年十二月戊辰条，8390～8391 页。

一方面也说明宰辅仍然能够干预皇帝的用人权，神宗很难像熙宁末元丰初那样独断专行。

其实，神宗收揽大小事务，极力加强皇权的举措，长期为士大夫所反对。在王安石当政时，矛头都对准了王安石。待王安石离任，神宗自己主导变法时，就有人开始批评神宗专断的不当。熙宁九年，权御史中丞邓润甫称当初为了推行新法而排斥异论，当今法度已定，就应当广收天下议论。① 监察御史彭汝砺多次向神宗指出人主不能专断独行，要与天下人共是非。②当神宗派宦官李宪往熙河措置边事之时，邓润甫率御史周尹、蔡承禧、彭汝砺加以反对，其立场就是要任用士大夫而不能用皇帝的私人导致盗窃国柄。③ 士大夫与皇权的对立倾向清晰可见。当神宗进一步加强专制，完全控制朝政时，虽然在中央朝廷很少能听到要"皇帝与士大夫治天下"的呼声，但这不表明士大夫对于皇权完全凌驾于士大夫之上的现实状况表示认同。如葛兆光所论，洛阳学术中心与开封政治中心的分离就含有地方士大夫对于中央专制的不满。④ 士大夫与皇帝之间对于权力、对于道的解释权的冲突与斗争，始终存在着。

最后，我们对元丰时期的政治文化略作概述。

第一，以改订礼乐制度为手段，以复三代至治为目的的元丰年间的改革意味着神宗希望成为上古那样的"圣王"。他既要求加强皇帝在政治运作过程中的实际权力，也希望提高皇帝在礼乐制度领域的象征性权威。

第二，这种圣王是儒家经典所描绘和塑造的，也符合宋代士大夫要求"回向三代"的理想，这巩固了儒家在官方意识形态中的正统地位。

---

① 《续长编》卷二百七十八，熙宁九年十月己酉条，6806 页。值得注意的是，是月丙午王安石刚第二次罢相。

② 《续长编》卷二百七十九，熙宁九年十一月癸丑朔条，6818 页；卷二百八十五，熙宁十年十月庚寅条，6979 页；卷二百八十五，6985 页。

③ 《续长编》卷二百七十九，熙宁九年十二月辛丑条，6839～6843 页。

④ 葛兆光：《中国思想史》(第 2 卷)，上海：复旦大学出版社，2005，185～217 页。

不管是先王之道还是先圣之道，对于“道”的重视反而使得以“传道”“明道”为己任的士大夫进一步强化了自身的责任感和相对于皇帝的尊严地位。

第三，神宗独断性格的膨胀引起士大夫群体的反抗。而当神宗独断导致的永乐之败发生后，皇帝在政事处理上的不足有所体现，相应地使得皇帝与士大夫共治的体制得到恢复与发展。

二、孟子封公与配飨孔庙

元丰二年正月甲午，京兆府学教授蒋夔请求更改释奠礼制，对颜回“可曰‘兖国公颜子’，毋称先师，毋读祝，其祭器、牲体、荐享、祝献之仪，一切降杀，毋拟于其师。而进九人亦在祀典，颜子降于孔子，九人降于颜子”①。需要注意的是，蒋夔指出在原有的释奠仪制中，孔子与颜回的肆祭器、实牲体、盥手、濯爵、奠币、读祝、拜跪、登降、进退之节实际上是相同的。据欧阳修等所编《太常因革礼》，卷七十七新礼十《谒文宣王庙》唯记真宗之事，而卷五十一释奠文宣王之卷已佚，虽不知其仪制，但据其体例，新礼记变，非新礼则沿用据《开元礼》所定之《开宝礼》，可知其制殆与《开元礼》相同。《开元礼》卷五十三《皇太子释奠于孔宣父》中，先圣先师前并陈牺尊二、象尊二、山罍二，牲体并升右胖十一体，皇太子于先圣先师并跪奠再拜。② 由是可见，自开元以迄元丰中，在释奠仪制中，孔子和颜回一直享受着同等的待遇。也就是说，在官方的意识形态中，虽然先圣先师有别，但更看重的实际是颜回。最后神宗听从礼官的意见，不进行更改，表明他仍然认为颜回才是儒家士大夫应该效法的对象。虽然蒋夔的建议最后未能实行，但他已公开否定颜回的先师地位，质疑自唐以来经学传统的合理性，提出了变革的要求。

进一步的变化发生于元丰六年，即神宗遭受永乐之败打击后的第二年。首先，是年十月戊子，从吏部尚书曾孝宽所请，诏封孟轲为邹

---

① 《续长编》卷二百九十六，元丰二年正月甲午条，7201～7202 页。

② 欧阳修等：《太常因革礼》，影印宛委别藏本。《大唐开元礼》卷五十三，影印光绪十二年洪氏公善堂刊本，北京：民族出版社，2000。

国公。① 曾孝宽于是年八月新除为吏部尚书，之前为京东西路安抚使，兖州在所辖范围之内。兖州邹县孟子庙建于景祐五年，本是地方官所建的地方性祠庙。曾孝宽希望在国家层面上提升对于孟子的褒崇。今山东邹城孟子林庙尚存刻有孟子封公的尚书省牒的石刻，其文全录如下：

礼部状："近准都省批送下朝散大夫、试吏部尚书曾孝宽札子：'臣左领使京东西路，邹鲁实在封部。伏见孟轲有庙在邹，属兖州，未有封爵载于祀典。况先儒皆有封爵，孟轲自古尝以其书置博士，朝廷亦以其书劝学取士。宜有褒封，载于祀典。伏望圣慈付有司议定施行。取进止'后批送礼部勘当。本部寻符太常寺，详上件事理定夺。申：'今据本寺状，检会近条节文，今后诸神祠加封，无爵号者，赐庙额；已赐额者，加封爵。初封侯，再封公，次封王。生有爵位者，从其本。当寺参详，孟子传圣人之道，有功于天下后世，非诸神祠一时感应之比。今若止加庙额、侯爵，恐未尽褒崇之义。检会颜子封兖国公，十哲并封郡公。欲乞自朝省详酌，特封国公。又缘与近条不同，乞据状申取朝廷指挥，申部者[省?]看详。'太常寺所申事理，虽于近条有妨，缘孟子传道于圣人，而为后世宗师，非诸子之比，谓宜封公，以示褒显。本部未敢施行，更自朝廷详酌指挥，伏候指挥。"

兖州孟轲·牒·奉敕：

"自孔子没，先王之道不明。发挥微言，以绍三圣，功归孟氏，万世所宗。厥惟旧邦，实有祠宇，追加爵号，以示褒崇。宜特封邹国公。"

牒至准敕，故牒。

元丰六年十月　日牒

中大夫、守右丞李

中大夫、守左丞王

太中大夫、守右仆射

① 《续长编》卷三百四十，元丰六年十月戊子条，8186 页。

银青光禄大夫、守左仆射
仙源县医人朱经刊①

孟子庙本无爵号，无赐额，根据当时的规定，应该首先赐额，在赐额的基础上加封爵也应自侯爵始。但从此牒来看，自曾孝宽到太常寺到礼部再到尚书省，几乎一致认为应该加封孟子为国公，以显示对于孟子传道之功的褒崇，并最终获得批准。封孟子为邹国公，首先承认了邹县孟子庙的合法地位，将其纳入国家所认可的祭典范围之内，成为国家礼制的一部分。而邹国公的封号，与颜回兖国公的封号为同一等级，高于子路以下十哲的郡公和七十二贤的侯爵，等于变相承认了孟子与颜子并驾齐驱的地位。

孟子被封为公，马上引起了积极的响应。不久，晋州州学教授陆长愈就上状请求春秋释奠之时，以孟子与颜子并配。本州据状奏闻，神宗命下太常寺定夺。太常少卿叶均，博士盛陶、王古、杨杰、辛公祐谓："凡配享从祀，皆孔子同时之人，今以孟轲并配，非是。"礼部郎中林希谓配享及从祀取著德立功，其道有以相承者，不必同时之人，请孟子配飨，并提出荀况、扬雄、韩愈并从祀。叶均等又认为不妥，礼部称均等援据不经。最后，于元丰七年五月壬戌，从礼部之议，诏曰："自今春秋释奠，以邹国公孟轲配食文宣王，设位于兖国公之次。荀况、扬雄、韩愈以世次从祀于二十一贤之间，并封伯爵：况，兰陵；雄，成都；愈，昌黎。"②孟子终于进入孔庙，获得了朝廷承认的正统地位。

就此次孔庙祀典的更定时间来看，之前的元丰五年新官制推行，元丰六年年初始用新乐，同年十一月始罢天地合祭，郊庙礼仪大纲已定，神宗恢复尧舜三代之制的改革已基本完成，在此时对孔庙祀典进

① 刘培桂编著：《孟子林庙历代石刻集》，济南：齐鲁书社，2005，4～5页。

② 《续长编》卷三百四十五，元丰七年五月壬戌条，8291页；赵汝愚编：《宋朝诸臣奏议》卷九十一林希《上神宗论孟子配飨》并注，986页；《宋史》卷四百四十三《杨杰传》，13102～13103页。辛公祐，《长编纪事本末》作"祐"，唯《宋史·杨杰传》作"佐"，而《续长编》《宋会要辑稿》皆有辛公祐，殆同一人，疑当以"祐"为是。

行改定，意味着神宗对于官方统治学说的调整，尤其对天下士人具有示范作用。这也可以说是神宗在礼仪制度等象征领域进行改革的一部分。尤为重要的是，孟子之封公入庙，发生于元丰五年永乐之败给予神宗严重打击之后。上文已论述过，此时皇帝与士大夫共治的体制得到恢复与加强，皇权的不力导致皇帝需要士大夫的支持①，由是士大夫的势力有所加强。增加孔庙的配飨就是这种士大夫政治力量加强在象征领域的反映。朱维铮先生指出，否定以恭顺出名的颜回而推尊孟轲，因为孟轲总以皇帝的导师自居，士大夫要借此使皇帝服从士大夫的意见，使政治跟随士大夫的目标。② 而孟、荀、扬、韩进入孔庙，理由亦在于他们能传圣人之道，朱熹说"配享只当论传道"③，正体现着士大夫强调"道"尊于"势"的意识。

此次孔庙改制增加的孟子、荀子、扬雄和韩愈四人，是中唐以来儒家士大夫最为尊崇的先贤。在北宋中期的学术论争中，不同的学者对于孟、荀、扬、王、韩有不同的看法，体现着不同的学术取向。反过来说，对各人的尊崇各有一股推动力量，意味着他们各代表着一部分士大夫的政治势力。曾孝宽是曾公亮之子，在熙宁之初，曾公亮似曾暗助王安石抵制韩琦等人对新法的攻击，曾孝宽之迅即得到大用即由于此。④ 提出孟子配飨问题的陆长愈乃是林希的妻弟⑤，后来朝中力主孟子配飨的又是林希，陆氏之议可能最初也是出自林希。绍圣中，章惇用林希为中书舍人，司马光等贬制皆其所草，词极丑诋，他虽自称坏了名节，而贪于禄位⑥，也应属于新法一党。那么，提出孟子配

---

① 邓志峰师指出明代经"土木堡之变"，私人性君主权力大为削弱，由是天顺、成化间尊孔之风甚盛，君道乞灵于士大夫之支持。参见邓志峰师：《明代史学略论稿》，见复旦大学历史系编：《史与诗：世界诸文明的历史书写》，上海：复旦大学出版社，2007，74页。元丰五年永乐之败后的情形与之颇有类似之处。

② 朱维铮师：《孔子与教育传统》，见《音调未定的传统》，69～86页。

③ 《朱子语类》卷九十《礼七·祭》，2294页。

④ 朱弁：《曲洧旧闻》卷八，"曾鲁公助介甫韩魏公奏不行"条，202～203页。

⑤ 《续长编》卷三百八十五，元祐元年八月己亥条，9385页。

⑥ 《宋史》卷三百四十三《林希传》，10913页。

飨孔庙，可以算是以王安石为代表的一派士大夫的呼声。叶均等人加以反对，其理由无足道，其学术与政治背景也并不是都可考见。但其中如盛陶，《宋史》称其不屈于王安石①；《东轩笔录》记叶均之得罪安石，李焘辨之恐非②，但其除秘书少监，论者以为与孙觉皆为一时之选③，也可能属反变法派；杨杰长于礼乐，熙宁中论僖祖为始祖与安石合④，可能在学术上与王安石有一致之处；王古，神宗以为好异论，后蔡京以其役法用司马光法⑤，与新法之意见大概多不相合；辛公祐不详。这些人大多属于对新法持否定或部分否定意见之人。不管他们是出于政治或学术上的抵制，抑或单纯因为礼仪上的意见，在他们提出反对之后，礼部郎中林希的驳议不仅支持孟子配飨，同时提出将荀况、扬雄和韩愈也加入从祀之列。这明显是为了减少反对声音而采取的调和方案。而神宗最后的认同也体现了对于不同学派不同政治势力的包容和吸收。其示范效应是显著的。虽然并没有在科举制度上做出相应的修订，但是民间的教育已经开始注意对其他经典的学习。在童子试中，元丰七年饶州朱天申诵《周易》《尚书》《毛诗》《周礼》《礼记》《孝经》《论语》《孟子》《杨子》《老子》凡十经合一百通，抚州黄居仁诵《尚书》《孟子》《毛诗》《礼记》《周礼》《孝经》《孟子》《老子》及《太玄经》凡九经合七十五通，元祐元年三月路州钱伯祥通诵《孝经》《论语》《孟子》《周易》《尚书》《周礼》《礼记》《杨子》《荀子》《庄子》⑥，扬雄、荀子以至老庄的书都被视作了经典。对多种不同思想倾向的经典的重视和包容，与王安石和神宗初期所强调的“一道德、同风俗”——统一思想的政策截然

---

① 《宋史》卷三百四十七《盛陶传》，11006～11007页。

② 《东轩笔录》卷五，58～59页；《续长编》卷二百八十五，熙宁十年十月戊子条，6975～6976页。

③ 章如愚：《群书考索》后集卷十《官制门》。

④ 《宋史》卷四百四十三《杨杰传》，13102～13103页；《续长编》卷二百四十，5855～5861页。

⑤ 《宋史》卷三百二十《王古传》，10405～10406页。

⑥ 《宋会要辑稿》选举九之二四。

不同。又神宗对扬雄作《剧秦美新》甚为不满①，却同意扬雄从祀孔庙，更可见皇帝已无法完全控制统治学说的建设，而依赖于士大夫，尤其是不同学派和政治背景的士大夫共同来平治天下。

尽管孟、荀、扬、韩的地位都得到了提高，但实际上孟子获得了独尊的地位。孟子不仅封号高于其他人两等，而且与颜回并列配飨，远高于从祀。更进一步，陆长愈在论颜孟序座时称："论其知觉之先后，居世之近远，则门人为亲，而颜必处孟上；以其闻先圣之道，距杨、墨之言，后世为有功，而孟不在颜下。"所谓颜处孟上，不过是因为他时代在前，直接为孔圣弟子，在与孔子的亲近关系上占了优势。但论起实际的对圣人之道的把握，论起对后世的影响与贡献，孟子都超过了颜子。也就是说，此议实际上否定了颜回的先师地位，指出孟子才是能够传孔子之道的先师。孔庙配飨中，最为强调的是尊孟。这体现着王安石一派的独尊和正统地位。朱熹就以为"孟子配享，乃荆公请之"②，近藤正则也认为尽管王安石已经退隐，但当时仍然继续着王安石的政治路线，王安石在此背后有所推动是可能的。③ 其实，退居金陵的王安石此时与中央政治是疏离的，元丰五年的官制改革是明显的信号。④ 就直接的推动力而言，王安石未必会对孟子配飨有直接的影响。但王安石作为变法派的核心与领袖，其学说作为推行新法的理论来源和思想基础，新法一派之推尊孟子仍可视作王安石影响下的政治行为。孟子从祀孔庙，也就意味着以王安石为代表的新学在统治学说中树立了正统地位。

在这里，我们还要提及神宗对于孟子的态度。在继位之前，神宗已经接触过《孟子》，并表现出了浓厚的兴趣。至徽宗时，内阁还藏有神宗在藩邸时手书的《孟子章句》。⑤ 这似乎与韩维的劝导有关。从神

---

① 《邵氏闻见录》卷十一，120页。

② 《朱子语类》卷九十《礼七·祭》，2294页。

③ ［日］近藤正则：《王安石における孟子尊崇の特色——元豐の孟子配享と孟子聖人論を中心として》，载《日本中國學會報》，第36集，1984。

④ 《朱子语类》卷一百三十《本朝四·自熙宁至靖康用人》，3108页。

⑤ 《宋会要辑稿·崇儒》，337页。

宗封王开始，韩维就一直是他的僚属，义兼师友。在神宗初继位时，韩维曾注滕世子问孟子居丧之礼一篇上之。① 后来在哲宗朝的经筵进讲中，韩维也引“昔孟子论齐王不忍觳觫之牛，以为是心足以王”来教育哲宗。② 可见韩维重视用《孟子》来规范和培养皇帝的仁心仁德，使神宗在年轻时就亲近并接受了孟子的一些思想。元丰五年八月王安礼请神宗免随州贡红蛾时以《孟子》“民为贵，社稷次之”为说，神宗也表示了接受。③ 在神宗继位并任用王安石之后，王安石也常引《孟子》之说。熙宁三年科举，叶祖洽为状元，朱熹称：“此人本无才能，但时方尊尚介甫之学，祖洽多用其说，且因而推尊之，故作第一人。”《朱子语类》此条下注云：“按《编年》，上好读《孟子》，人未知之。时廷试进士，始用策，叶祖洽乡人黄履在禁从，因以告之。祖洽试策皆援引《孟子》，故称旨，擢为第一。”④《四朝闻见录》也有基本相同的记载。虽然叶祖洽具体引用了《孟子》的哪些说法不得而知，但却可见神宗对于《孟子》一书至少表现出了部分的认同和接受，甚至是喜爱。他对《孟子》的这种态度虽未必与士大夫强调孟子基于相同的理由，但在《孟子》最后能够成为官方统治学说这一点上，神宗的支持恐怕也是必要的。哲宗之后孟子能在统治学说中站稳脚跟，从皇帝的角度而言，神宗的影响恐怕是后来皇帝重视《孟子》的重要原因。

---

① 《续长编》卷二百九，治平四年二月乙酉条，5077 页。

② 《续长编》卷三百六十六，元祐元年二月甲戌条，8783 页。

③ 《续长编》卷三百二十九，元丰五年八月癸亥条，7922 页。

④ 《朱子语类》卷一百二十八《本朝二·法制》，3070 页。又叶绍翁《四朝闻见录》甲集《制科词赋三经宏博》条载：“叶因乡人黄裳劝神宗讲，知上意深喜《孟子》，尝以语叶，故叶对策始终援《孟子》以为说。”虽将黄履误作黄裳，而亦以叶祖洽迎合神宗喜《孟子》而获状元。见叶绍翁：《四朝闻见录》，北京：中华书局，2006，19 页。

第八章 新学与北宋后期的天地分祭合祭之争[①]

作为一个学派的新学，并不是超脱于政治之外的纯粹的学者群体，他们中的多数人也是北宋中后期政治上的重要人物，在当时的政治变革与实践中发挥着巨大的作用。新学不仅意图以其学术影响政治，构建新的政治秩序，也在现实残酷的政治斗争中“不择手段”。熙丰变法、“绍述”、新旧党争等事件都有新学学者的参与。其中，北宋中后期的礼制改革，尤其是作为重中之重的关于天地究竟应当合祭抑或分祭的问题，很能体现出新学如何参与到政治之中，是我们审视新学与政治之间关系非常好的一个切入口。

对于北宋后期郊祀的天地分合之争，小岛毅、朱溢等学者对其过程已有了详细的梳理[②]，本章将不过多重复，不再按时间顺序分别叙述不同学者的具体意见与经典依据或合理性，而着重探讨新学学者、皇帝和他们的对手，如何出于不同的目的而提出各自分祭合祭的主张。如果说元丰时期提出分祭之说是新学学术的内在要求与复兴上古圣王之制的必要方式，那么在哲宗时期的郊祀分合之争则更多地属于政治斗争的产物。礼制与经典本身并不具有绝对的价值，政治目的才是最为关键的。

---

① 按：依《周礼·大宗伯》，对神祇的祭祀之名有所分别，一般而言，天神称祀，地祇称祭，人鬼曰享或飨。本章在具体的使用上尽量各从其类，而在比较笼统的地方则多称祭。

② ［日］小島毅：《郊祀制度の變遷》，载《東洋文化研究所紀要》，第108册，1989；朱溢：《从郊丘之争到天地分合之争——唐至北宋时期郊祀主神位的变化》，载《汉学研究》，2009(2)。

第一节 元丰天地分祭：模法周制与尊君

关于天地应当分祀、南北郊各祭天地的议题最初发于元丰元年年初设立的详定礼文所。这一机构的设置，近因盖出于熙宁十年年底黄履认为当年的南郊祭典有与古制不合之处，希望神宗命有司考正舛讹。① 而更深一层的原因，则在于神宗希望复兴上古治世的礼制，通过对礼乐制度的更革以与三代之治尤其是周制进行沟通，既塑造自身在象征领域的权威地位，也意图展示当下的完美秩序。对于元丰时期神宗下诏天地当分祭，重新确立了南郊和北郊的意义，也应在此一脉络中进行考察与理解。

详定礼文所有时又称“详定郊庙礼文所”或“详定郊庙奉祀礼文所”，其考订礼文的核心在于郊祀与宗庙，即集中在对于天地、祖宗的祭祀上面。此机构设立不足两月，便对南郊合祭天地抑或分祭的问题向神宗进行了初步的报告。② 这似乎是详定礼文所上奏的第一条意见，其重要性由是可见。

在详定礼文所的奏书之中，负责礼制更定的官员认为：“古者祀天于地上之圜丘，在国之南；祭地于泽中之方丘，在国之北。其牲币、器用、歌诗、奏乐亦皆不同，凡以顺阴阳、因高下而事之以其类也。汉元始间，以祀乐既各有合，而礼又有夫妇共牢之文，于是合祭天地，以隆一体之谊。后汉光武至魏之黄初，与夫东晋元帝及唐武后以来，皆因仍之，非所谓求神以类之意。”③“古者”与汉元始以来实行的是两种不同的祭祀方式。汉代的郊祀典礼经历了由神祠制度向郊祀制度的

---

① 《续长编》卷二百八十六，熙宁十年十二月甲午条，6999 页。按：本条注言明年二月戊午置详定所，误，前已辨正，当为正月。

② 汤勤福、王志跃：《宋史礼志辨证》，上海：上海三联书店，2012，125 页。按：著者以为《续长编》将此误系于元丰三年，其实不然。《续长编》乃是在元丰三年五月甲子张璪建议以后附载详定礼文所之初议及各详定官之意见，其明言“先是”，显是未曾将初议置于该时，《宋史礼志辨证》此处辨析实属不必。

③ 《续长编》卷三百四，元丰三年五月甲子条，7396 页。

转变①，尤其是汉平帝元始五年(5)王莽改郊祀礼，以南北二郊于冬夏至日分祀天地，正月上辛若丁合祀天地于南郊。前者为有司摄事，属“特祀”；后者则为天子亲祀之正礼。② 此制奠定了后世郊祀礼的基本格局。但这种天地合祀确是与上古时期不符的。所谓“古者”，笼统而言指尧舜三代，而其经典依据乃在于《周礼·大司乐》，故实际上主要指的是西周时期。详定礼文所的意见，即认为郊祀之礼应当以古时的周代礼制为法则，这才是符合治世的举措。

此书上奏以后，神宗命陆佃等人各上所见。③ 诸人所见，各有不同，但在最根本的地方却是一致的。对于天地分祀合祀的议论，其实有两层含义：第一，在皇帝亲自进行南郊祀天之时，是否在圜丘中设皇地祇之位④；第二，是否实行皇帝于夏至方泽/丘亲祭皇地祇之礼。这两点都指的是皇帝亲祭的情形，在每年按时施行的有司摄事中，冬至南郊祀天，夏至北郊祭地，各从其类，完全不存在天地合祭的情形。诸人意见不一的地方，实际上都集中在第二点，而对于前一点，众人并没有歧议，都主张圜丘中不设皇地祇位。其中李清臣和陆佃看似主合祭，但李清臣的意见是在冬至南郊前一日先至北郊祭地，是对原有景灵宫—太庙—南郊这一“系列祭祀”进行改造，变成太庙—北郊—南郊。虽然天地在这一系列的礼仪中都得到祭祀，但南郊祀天和北郊祭地在时间和地点上都进行了分离，这样就避免了过去祭地位置不当的失误。更进一步，在李清臣的意见中，他表示，一方面，皇帝亲自参与系列祭祀，使宗庙和天地都得到尊奉；另一方面，这一祭祀次序也

---

① 甘怀真：《西汉郊祀礼的成立》，见《皇权、礼仪与经典诠释：中国古代政治史研究》，上海：华东师范大学出版社，2008，26～58 页；又参见杨天宇：《秦汉郊礼初探》，见《经学探研录》，上海：上海古籍出版社，2004，70～84 页。

② 《汉书》卷二十五下《郊祀志下》，1265～1266 页。

③ 《续长编》卷三百四，元丰三年五月甲子条，7395～7403 页。

④ 郊丘是否为一历来有不同的意见，但在官方的祭典之中，晋武帝以后基本从王肃之说，圜丘与南郊、方泽与北郊合一，参见杨志刚：《中国礼仪制度研究》，上海：华东师范大学出版社，2001，269～275 页。故本章中南郊与圜丘、北郊与方泽/丘所指为一，并未作严格之区分。关于郊丘之辨，参见杨天宇：《西周郊天礼考辨二题》，见《经学探研录》，57～69 页。

显示了由卑到尊，上天至尊无匹的意味。

至于陆佃，陆游在《家世旧闻》中说："楚公精于礼学，每摅经以破后世之妄，惟合祭天地一事，独以为是。常曰：'祀天，百神皆从祀，地示亦当从祀，但不可云合祭耳。'"①其说前半实误解陆佃之意。陆佃提出"望祭"之说，建议当南郊祀天之后在圜丘之北别祠地祇。这是就南郊皇帝亲祭而言，与此同时，他同样也认可夏至皇帝应当在北郊亲祭地，即他是在主张皇帝分祭天地的基础上来提出此一建议的，此其一。其二，如其说，则圜丘中实际上也没有设皇地祇之位，此一祭地之举是在圜丘之外进行的，这也就将祀天与祭地分别开来了。《东都事略·陆佃传》中说，"徽宗欲亲祠北郊，大臣以为盛暑不可。徽宗意甚确，既退，皆曰：上不以为劳，当遂行之。李清臣不以为然，佃曰：'元丰非合祭而是北郊，公之议也，今反以为不可，何邪？'清臣乃已"②，也是认为陆佃是主张分祭而亲行北郊之礼的，则陆佃之主分祭，实无可疑。而陆佃望祭之说，他自己即言"未有显据"，其意则在礼仪和经典本身之外。陆佃称，望祭乃是因祀天而顺便举行，"虽祠地祇，亦事天而已"，"虽祭地祇，实亦事帝而已"③，即此一典礼之目的并不在于祭地，而是要明确地对于天的从属地位，强调天的尊贵性和唯一性。在祀天之时，从皇地祇以下，都应该作为陪衬者向天表示恭敬之意，没有任何例外。上文《家世旧闻》中所录陆佃之说，也正显示其主张皇地祇也应从祀昊天，天为唯一至尊的意思。

李清臣、陆佃等人分祭说论及的对天的尊崇，亦有加强君主在象征领域独尊地位的意味隐含其中。实际上，元丰中众人之主张天地分祀，与同一时期宋神宗加强君权——无论是实际的政治权力运作还是礼制中皇帝的象征性——是一致的。宋代的郊祀礼制，与唐代以有司摄事补充皇帝亲祭的皇帝祭祀方式不同，乃是在通常的有司摄事的基础上实行三年一次的皇帝亲祭，而伴随皇帝亲祭的，往往还有大赦、

---

① 陆游：《家世旧闻》卷上，182页。

② 《东都事略》卷九十七《陆佃传》，631页。

③ 《续长编》卷三百四，元丰三年五月甲子条，7400、7403页。

赏赉等举措，具有强烈的社会因素，其重要性尤为凸显。① 但对于宋神宗来说，更为重要的是，皇帝亲祭是他向天下万民展示的舞台，也是他与上天沟通、显示天命的重要渠道。他在元丰中以周制为“模板”，兴礼作乐，强调的是在象征领域加强自身“圣王”的合法性。他最后赞同天地分祀之说，既表明他采用与上古圣王一样的礼仪制度，在现实的人间世复兴了周礼；也使得自己与上天的联系更为紧密与直接，显示自己对于所有臣民的独尊地位，正如上天之对地祇日月百神一样。

如果进一步考虑到宋神宗征伐西夏，意图压制契丹、收复燕云十六州这一态度，他在祀典改革中强调独尊地位或许也具有向“蛮夷”宣示天命的意味。我们知道，在澶渊之盟以后，宋辽约为兄弟之国，互相承认对方的皇帝地位，论者或以为此具有现代国际关系的雏形。但同时，我们也应注意到，在宋辽之间的誓约和国书中，彼此称对方为“皇帝”。据日本学者的研究，皇帝这一称号一般是对国内事务的②，即宋辽彼此承认的是对方在自己国土内的治理之权。宋朝皇帝承认辽/契丹皇帝，并不意味着他们放弃了“天下秩序”，也不意味他放弃了对“蛮夷”进行教化与统治的责任。真宗皇帝的天书封禅运动就是要向异族宣示天命，加强自身的合法性。③ 在宋代的祀天册文中，皇帝依然自称“嗣天子臣某”④，也就延续了汉以来的传统。而宋神宗在礼制改

---

①　[日]金子修一：《皇帝制度——日本战后对汉唐皇帝制度的研究》，见[日]谷川道雄主编：《魏晋南北朝隋唐史学的基本问题》，北京：中华书局，2010，149～150页。又参见朱溢：《从郊丘之争到天地分合之争》，载《汉学研究》，2009(2)。

②　王权中“皇帝”与“天子”的二重身份，由西嶋定生首先提出。参见[日]尾形勇：《中国古代的“家”与国家》，张鹤泉译，第六章“古代帝国的秩序构造和皇帝统治”，北京：中华书局，2010，205～231页；[日]渡边信一郎：《中国古代的王权与天下秩序》，徐冲译，第五章“古代中国的王权与祭祀——以南郊祭天礼仪为中心”，北京：中华书局，2008，127～150页；金子修一：《皇帝制度》。

③　刘静贞：《皇帝和他们的权力：北宋前期》，126～131页。

④　《太常因革礼》卷十一，121～122页。按：后者与前者相比，将祭祀九宫贵神、百神降为“嗣天子某”，减少了自称“嗣天子臣某”的情形，也意味着君主在象征领域地位的提高。

革中认同天地分祀，加强了对天之唯一性的强调，同时也就是在重申自己作为“天子”——而且是唯一的“天子”之独尊地位，从而向“天下”、向四裔宣告自己仍然是上天降命的唯一人选。

在推动元丰天地分祭之议的过程中，新学无疑起着首要的作用。张璪、黄履、陆佃等人都是新学的重要成员，他们都主张圜丘不祭地，正是他们集体推动了周礼中天地分祭在现世之成立。这其中，黄履的作用尤其重要。在熙宁十年，他应神宗之问而言天地合祭之非，不仅直接促成了详定礼文所的建立，开启了郊庙礼制的改革工作，更在确立南北郊分祀之制的过程中起到了决定性的作用。《东都事略》和《宋史》的《黄履传》都表示正是因为黄履的建议和坚持，“于是北郊之制定”，而且其他郊庙礼文的更革也多有黄履的功劳。

其实，黄履等人的意见，在王安石那里似已启其端绪。在《周礼新义》中，王安石解《大司乐》“圜钟为宫，冬日至，于地上之圜丘奏之；函钟为宫，夏日至，于泽中之方丘奏之”，并未阐明冬至圜丘、夏至方丘何以分别，但他认为，祀天用圜钟，祭地用函钟，都与天地的方位相关。“圜钟，正东方之律，帝与万物相见，于是出焉；天无乎不覆，求天神而礼之，则其乐之宫，宜以帝所出之方而已，故以圜钟为宫。函钟，西南方之律，万物于是致养乎地；地无乎不载，求地示而礼之，则其乐之宫，宜以物致养之方而已，故以函钟为宫。”①这与上面黄履等人主张天地分祀于冬至、夏至的理由看起来并不一样。但在这一解释背后，王安石认为要求得天地的福佑，就要用相对应的祭祀方式表达对天地的诚敬之意。对此，王昭禹以更为明确的语言进行了表达：“先王于祭祀，其用乐也，各以其义类取声而用之。”②王安石的这种思想，在其他文字中也可以找到证据。《议皇地示神州地示不合燎燔事札子》中主张祀天用燎燔之礼，而祭地当取就下求阴之义而行瘗埋之礼，二者不同不可混用③，同样是祭必以类之义。还有一点值得玩味的是，王安石的文集中有《议郊祀坛制札子》一文，其中说：

---

① 程元敏：《三经新义辑考汇评(三)——周礼》，334～335页。

② 王昭禹：《周礼详解》卷二十，8723页。

③ 王安石：《临川先生文集》卷四十二，813～814页。

先王所以交于神明，坛坎、牲币、器服、时日、形色、度数，莫不依其象类。《易》曰：“一阴一阳之谓道。”乾，阳物也；坤，阴物也。冬日至，祀天于地上之圆丘，所谓为高必因丘陵，而因天事天也。夏日至，祭地于泽中之方丘，所谓为下必因川泽，而因地事地也。盖阳以圆为形，其性动；阴以方为体，其性静。天阳而动，故祀于地上之圆丘，而礼神以苍璧，璧亦圆也。地阴而静，故祭于泽中之方丘，而礼神以黄琮，琮亦方也。合祀天地①为圆坛而于国阳之地上，岂圣人以类求神之意哉？熙宁郊仪，祭皇地示坛八角，祭神州地示坛广四十八步、高五尺。今则变方为圆坛，神州筑方坛而复无坎，皆不应礼。伏请皇地示、神州地示为方坛，坛之外为坎，庶协古制。②

此文明确以阴阳判分祀天与祭地。阴阳之性不同，这是天之所命，亦是道之所在。人世顺天道而行，就当使阴阳各从其类，而祀天与祭地也应该各自按照相应的时间、地点、仪物来举行礼仪，只有这样才可谓合乎“道”。礼仪制度并不仅仅是人间的举措，也是天道的反映。新学对天人之道的认识在礼制更定的过程中发挥出潜在的影响。

但是，此文是否为王安石所作却颇有疑问。因自“熙宁郊仪”以下，又见元丰三年七月二十六日丙戌详定礼文所上言，而上一句“合祀天地为圆坛而于国阳之地上”作“今祭地亦为圜坛，在国北之地上”。《王文公文集》后复有“右奉圣旨改圆坛为方丘，馀不行”一语，与《续长编》所记结果相同。又文集中同卷《议郊庙太牢札子》亦见同日详定礼文所上言。③

---

① 《王文公文集》中此四字作“今祀地”。（359 页）

② 王安石：《临川先生文集》卷四十二，811～812 页。

③ 王安石：《临川先生文集》卷四十二，812～813 页。《续长编》卷三百六，元丰三年七月丙戌条，7447 页。又《临川先生文集》卷四十二《议南郊三圣并侑札子》亦见于王珪《华阳集》卷四十五，《续长编》《宋会要辑稿》及《宋史》皆作王珪之语，见《宋史礼志辨证》，106～107 页。但是札为嘉祐六年两制集议后所上，其具体月份不可考，而是年六月王安石已授知制诰，可能已参与到集议中来。考虑到集议一般以官高者领头署名的情况（如《濮安懿王典礼议》一文出自司马光之手，而以王珪为首署名，且《华阳集》中亦收入），则此文亦可能为王安石所作而署作王珪等。

元丰中王安石定居金陵，不可能直接参与朝廷政治举措的更革，但也许仍然在或明或暗地向朝中施加影响。元丰改官制，王安石大吃一惊，叹道“上平日许多事，无不商量来。只有此一大事，却不曾商量”①，这从一个侧面说明在涉及朝廷大纲大法、重要政策的时候，神宗可能是征求过王安石的意见的。反过来，王安石也可能一直对朝中的一些举措发表意见。考虑到历来王安石文集的编者、年谱的作者都没有对这几篇文章的署名权提出质疑，或许可以作一个大胆的猜测：详定郊庙礼文所对于礼制的改定有王安石参与其中。有些内容，很可能是由王安石最初提出，而由礼文所众人单独署名或联名上奏。而天地之进行分祀，也可能是采纳了王安石的意见，至少也是与王安石的态度相一致的。这也可以说明王安石等新学学者在元丰礼制更定过程中的作用。施行天地分祭，也是新学对天人之道的认识在其政治实践领域的反映。他们希望以自身的学术、以他们对于《周礼》中圣人之意亦即天道的理解来改造、塑造人间秩序。新学学者之学术思想与其政治行为并非截然分开，反倒是他们常常力图使学术指导、整饬政治，而其政治举措很多也是以其学术背景为依据的。

第二节　哲宗时期政治冲突下的分合论争

从学理上来说，天地分祭要较合祭为当于理。清代考礼大家，如秦蕙田《五礼通考》、黄以周《礼书通故》均持分祭之说。② 但在北宋后期，对于天地分合的论争其实多在于学术本身之外。主合祭者多言《周礼·大司乐》，主分祭者常引《诗·昊天有成命》序，于经典各有依据，但关键在于他们对经典进行各自的阐释之后所提出的政治主张与政治诉求。元祐时期旧党执政，绍圣以后则新党当权，天地之分与合亦由

---

① 《朱子语类》卷一百二十八，3070页。

② 秦蕙田：《五礼通考》卷一，景印文渊阁四库全书本，第135册，137页；黄以周：《礼书通故》第十二《郊礼通故一》，王文锦点校，北京：中华书局，2007，609页。

此而判分，可见哲宗时期政治斗争与冲突实是礼制论争的根本原因所在。由于元祐中新党以及多数新学学者都远离朝廷，并未直接参与天地分合之争，因此本节将不对此一时期的情形作过多探讨，而集中于哲宗亲政以后。

一、先皇/王之制与祖宗之法

元丰八年神宗驾崩之后，吕公著、司马光等反变法派相继还朝，而章惇、蔡确等新党亦渐遭罢黜。朝局实时扭转，新法亦几近于全部废罢。而于郊庙大礼，则一时无暇顾及。在元祐元年、四年当举行皇帝亲祭之大礼之年，都没有施行南郊之礼，而行明堂之祭。在具体的祭祀礼仪上，则从神宗元丰三年之制①，唯祀昊天上帝。但苏辙于元祐元年，朱光庭、姚勔于四年皆提出要如仁宗时期一样遍设五帝、五官神之位，苏辙更要求设皇地祇位②，即在明堂中合祀天地，此即已启南郊天地合祭之议。至元祐七年行郊礼时，也终于废止分祭之议，而从祖宗故事，施行合祭。

宋代自仁宗皇祐二年始行明堂之礼，与南郊间行。按刘子健先生的说法，明堂之祭乃是将天祖宗化，显示宋代皇帝相对于天之地位的提高。③ 其名曰“大享(或飨)”，即表示是对人鬼之祭祀。因此虽然都是祭天，但与南郊相比，明堂更为强调对于祖宗的尊崇。历次有事于明堂和礼毕大赦之诏书皆提及继承列圣之功业，言及“孝”，都是在加强在位皇帝与祖先的联系。④ 元祐时期的明堂之礼，对变法派和反变

---

① 《续长编》卷三百八十，元祐元年六月壬寅条，9220 页。

② 《续长编》卷三百七十七，元祐元年五月壬戌条，9161～9162 页；卷四百二十七，元祐四年五月乙酉条，10319 页。

③ 刘子健：《封禅文化与明堂祭天》，见《两宋史研究汇编》，3～9 页。

④ 按：金子修一通过对魏晋至隋唐郊祀、宗庙制度的梳理，指出郊祀的比重在增加，显示出皇帝对天的关心。他暗示作为制度的皇权在隋唐以后与上天的联系较祖先更为紧密，参见[日]金子修一：《关于魏晋到隋唐的郊祀、宗庙制度》，谯燕译，见刘俊文主编：《日本中青年学者论中国史(六朝隋唐卷)》，上海：上海古籍出版社，1995，337～386 页。北宋中后期的明堂之祭，并非纯粹的宗庙祭祀，乃是将天与祖宗联结在一起，也同样表明宋代皇帝要将皇权与天合一的努力，这与金子修一判断的趋势是一致的。

法派来说，具有不同的含义。元祐元年司马光要求明堂祭祀以仁宗配享，既不顾神宗时已行的“严父”之制，也与其治平间循旧制以真宗配享之意见不同；而礼官何洵直则坚决主张以神宗配享。① 司马光等人主张仁宗配享，也就意味着他们希望新皇帝能以仁宗为法，在政治举措上不能只继承其父，更要不违背祖宗以来形成的典章故事。这一建议乃是意图在象征领域表达出复祖宗之法的意味。而以神宗配享，从制度上来说与神宗以英宗配享一致，在现实的效应上来说，也是在暗示哲宗以神宗为“严父”，应当遵从父亲的志业与政策，先皇神宗才是哲宗应当效法的对象。这一争论背后透露出祖宗之法与先皇之制之间的冲突。

宋代在政治运作过程中形成了一套“祖宗之法”，并始终处于宋代政治的核心位置。虽然祖宗之法的具体内涵是流动性的，但其在政治上却具有相当大的权威性，很少可以被直接质疑与否定。② 在熙宁实行变法的过程中，祖宗之法则遭到了强有力的挑战，司马光即视王安石等人乃主张“祖宗不足法”。王安石等创新立制，也确实认为祖宗之法不当者即当革之，应当以三代圣王的法度为准则。反对派尽管以“祖宗法制俱在”的理由抵制新法，但在神宗的压制之下，圣王之制还是胜过了祖宗之法。“元祐更化”时期，反变法派为了废除新法，也重新搬回了“祖宗之法”，以之作为废除新法的合理性所在。他们在各种场合中对哲宗宣扬本朝家法在治国平天下方面具有无可比拟的作用，经筵官也常常将祖宗之善政提高到祖宗家法的地位，宰臣吕大防等更是明确指出“祖宗家法甚多，自三代以后，唯本朝百三十年中外无事，盖由祖宗所立家法最善”，并举出事亲、事长、治内、待外戚、尚俭、勤身、尚礼、宽仁等家法，进而提出“陛下不须远法前代，但尽行家法，足以为天下”。③ 也就是说，法古并不必要，关键是要能行家法。在反变法派这些人的眼中，借用祖宗之法可以约束哲宗不再回到神宗时期

---

① 《续长编》卷四百九十四，元符元年二月壬辰条，11751 页。

② 邓小南：《祖宗之法——北宋前期政治述略》。

③ 《续长编》卷四百八十，元祐八年正月丁亥条，11416～11417 页。

复古改制的道路上，尤其是不再施行神宗时期创立的新法。祖宗之法乃是他们抵制新法和新党的重要借口和工具。

在南郊祭礼上，祖宗之制同样成为废除分祀的重要依据。如元祐中崔公度主张“当依旧合祭，并依祖宗旧仪，为万世不刊之典”①，苏轼请“守太祖建隆、神宗熙宁之礼，无更改易”②，都是要哲宗恢复祖宗合祭的传统。绍圣元年主合祭的钱勰、范纯礼、韩宗师、王古、井亮采、常安民等人也以“如祖宗故事”为言。③ 但祖宗之制毕竟与《周礼》所载不同，范祖禹等人的意见中即指出了“欲循祖宗之旧，则礼不经见；欲如元丰之制，则虑北郊或未可行”的两难处境。面对这种局面，他们认为如果能实行亲祭北郊之礼，那么他们也没有异议，自然不必南郊合祭。但在现实之中，北郊未曾亲祀的情况下，还是应当“合祭天地，如祖宗故事”。④ 虽然他们也说如果能亲祭北郊便可罢合祭，但实际上他们认为亲祭北郊是不可能实行的。诸人所提出的从权之法，如果减损北郊仪物，那么便显得对天地父母有不平等的对待，有怠慢地祇、母亲之嫌；如果北郊与南郊、明堂间隔举行，那么六年或者九年才能举行一次，对天地祖宗均为不敬。也就是说，在他们看来，周礼并不适合现实的情况，甚至“自汉以来，不行千有余年矣。时异事变，不能尽同”，整个后世都是不能复兴周礼的。相反，就本朝来说，自“太祖建隆四年初郊，至元丰百二十年，已成一代之礼”，宋朝的各位皇帝已经根据时势的变化创立了自己的家法故事。他们举出了详细的例子。“宋兴以来，太祖郊四，太宗郊五，真宗郊五，仁宗郊九，英宗郊一，神宗郊三，皆合祭”，即在指出本朝家法是要天地合祭的，而哲宗不能违背祖宗成训。“今近舍祖宗百余年已行之礼，而欲远复三代千余年不举之祭，守《周礼》为空义，虚地祇之大祭，失今不定，后必

---

① 《续长编》卷四百七十一，元祐七年三月辛丑条，11252 页。

② 苏轼：《上哲宗圆丘合祭六议》，见赵汝愚编：《宋朝诸臣奏议》卷八十五，927 页；又见《续长编》卷四百八十一，元祐八年二月壬申条，11458 页。

③ 《宋会要辑稿》礼三之二四。

④ 《续长编》卷四百七十七，元祐七年九月戊子条，11359～11371 页。以下元祐七年诸人之议不另出注者，皆出于此。

悔之”，不守家法而唯泥古制，必不能获得天地之福佑，终将悔而改之。反过来说，祖宗之法比三代先王之制更值得效法，更符合现实需要，也就更具有政治合法性与政治效力。在元祐八年确立南郊合祭的诏书中，范祖禹写道：“五帝不相沿乐，三王不相袭礼，世有损益，因时制宜。惟我祖宗，严奉郊庙。当遣官摄事，皆考合于前文；唯奠玉亲祠，自裁成于大礼。……朕惟菲德，嗣守丕基，列圣已行，谨当遵奉，先朝未举，惧不克堪。”①时势已与上古不同，连神宗都没能够真正施行先王之制，那么祖宗创立的本朝家法才是最应该遵守的。

但如邓小南所论，“祖宗之法并非确切条文的集合，而是内容纷纭的组合；其主旨无疑是保守祖宗基业，而‘保守’的途径，则主要是通过防范弊端。核心目标清楚而具体做法模糊的这样一套‘祖宗法’，自然为时人留有足够的诠释空间；而祖宗的‘故事’也很容易被不同政治人物引作强化个人立场的工具”②。在新旧两派各自当政的时期，他们对于祖宗之法的诠释也有明显的差异，都是为其政治目的服务的。上文所引苏轼、范祖禹的言论特意强调神宗熙宁之制，强调神宗四次南郊中有三次都是合祭，就是在努力消解元丰改制后与祖宗家法之间的矛盾，力图显示神宗法度与祖宗之法一致，或者说神宗遵守祖宗之法的一面，从而减轻哲宗的抗拒心理。他们称引祖宗之法是为了反对新法和新党，尤其是在哲宗亲政之后，原先主张分祀的范纯礼转而同意从权“以循祖宗故事”，正是在看到哲宗绍述神宗之政的情况下希望以祖宗之法来压制新党。这也说明，政治斗争的需要才是他们力主祖宗之法的根本原因所在。

而对于新党和新学学者来说，他们在言及祖宗之法之时便在强调神宗的伟大，强调神宗如古先圣王一样能够根据天道人情而创法立制。蔡京、林希、蔡卞、黄履等新学学者与新党认为：“先皇帝考协先王，遂罢合祭，修北郊祀地之文，更定仪注。遹追来孝，正在今日。”③他

① 《续长编》卷四百八十三，元祐八年四月丁巳条，11481页。

② 邓小南：《祖宗之法——北宋前期政治述略》，436页。

③ 《宋会要辑稿》礼三之二五。

们提出追随先皇神宗之制乃是为子之“孝”的必然要求。对越天地在乎诚敬，追迹祖宗则在致孝。于是，哲宗绍述神宗之政便已符合恪守祖宗之法的要求。他们将“从赵宋列圣相沿的‘祖宗家法’收缩到专一‘继述’神宗一朝，所反映的，并不是将抽象原则具体化的努力；恰恰相反，通过强调‘神宗皇帝更法立制以垂万世’、‘神考新一代之典刑以遗我后人’，事实上拉开了与前代习称的‘祖宗家法’的距离，或者说是旨在‘架空’祖宗之法”①。对于支持变法的这一派人来说，祖宗家法的意义渐趋于淡泊，其权威性也相对下降了。

同时，新学学者这些论述也有另一层含义，即通过赞扬神宗创法立制，尤其是在当代使尧舜三代先王之制得以实现，从而将先皇帝与先王结合在一起，赋予神宗之制以先王之制的神圣性与权威性。神宗在元丰时期便努力塑造自己与上古尧舜一样的圣王形象，他与王安石等人主持的变法也以圣人之意与《周礼》等经典为终极依据。“这些改革家将上古圣王视为文明的真正奠基者，从而可以将王朝法律相对化(relativize)，并从儒家经典中为一个全新的超越王朝法当前限制的根本宪政秩序建立更高、更神圣的根基。”②哲宗时期，新学学者和新党将神宗之制提高到如圣王一样的地位，也就为哲宗的绍述奠定了更为坚实的基础。哲宗听从蔡京等人建议之后所下罢合祭之诏书中也称：“朕惟先王之祀天地，其时物、器数，各以其象类求之。故以阳求天，祀于冬至之日；以阴求地，祭于泽中之丘。载于典经，其义明甚。而合祭之论，特起于腐儒之臆说，历世袭行，未之有改。先皇帝以天纵大智，缉熙王度，是正百礼，以交神明。遂定北郊亲祠之仪，将举千载已坠之典。虽甚盛德，无以复加。乃者有司不原本指，尚或固陋。肆予冲人，嗣有令绪，仰惟先志，其敢忽忘。”③天地分祭是有经典中所记载的先王之制作为根据的，神宗决定实行北郊亲祠的礼仪，就是

① 邓小南：《祖宗之法——北宋前期政治述略》，445页。

② ［美］狄百瑞：《亚洲价值与人权：儒家社群主义的视角》，尹钛译，北京：社会科学文献出版社，2012，92页。

③ 《宋会要辑稿》礼三之二六。

重新恢复圣王的制度。哲宗继承神宗遗志，不仅是执行了对父亲的孝思，更是在遵循圣王之制。而本朝祖宗所行的天地合祭，是后世“腐儒之臆说”，不符合想要成为一个圣王所应当遵行的正确的礼仪，也就不能够继续在错误的道路上前进。张商英说：“义理之在人心，礼文之出人情，舍六经无以折衷其是非。事有不幸，而不经见，则因时损益可也。经训坦明，而故违之，此在先王之法谓之乱名改作，诛而不赦者也。先皇帝以历代典礼讹谬，置详定礼文所考合异同，讲废兴坠，谓天地合祭非古也，据经而正之。”①虽然张商英不能算作严格意义上的新学学者，但在政治态度上他支持新法，从属于新党，而在学术思想方面也有与新学较为接近的地方。在此，他提出经典是后世制定礼乐制度的根本依据，在经典记载缺漏或不明晰的时候可以根据现实情况损益变革，但如果经典中记载分明，则必须严格遵守，否则便入于“乱名改作”之境，而对不守先王遗制的人应当“诛而不赦”了！

在其他的新学学者中，对合祭分祭问题发表意见的还有陈祥道。《宋会要辑稿》中绍圣元年张商英之上奏中言：“太常博士陈祥道又以《昊天有成命》郊祀天地之诗为合祭不可破之论。或折详道曰：‘审如子言，则春夏祈谷于上帝，岂以夏祈而合于春乎？时迈巡守而祀四岳河海也，《诗》曰“允犹翕河”，岂以海岳之祀而合于河乎？’祥道屈无以对。”②似乎陈祥道乃主合祭之论。但在陈祥道《礼书》卷八十八“圜丘、方丘”条中，他却又明确说应当祀天于南郊之圜丘以象天，祭地于北郊之方丘以象地，并且指斥曰：“元始之间，缪戾尤甚，春则天地同牢于南郊，冬夏则天地分祭于南郊。光武兆南郊于雒阳之阳，兆北郊于雒阳之阴，其礼仪度数，一遵元始之制，而先王之礼隳废殆尽，良可悼也！”③他认为元始以后之制使先王之礼遭到破坏，即主张应复行古制，各因其类以祀天地。他虽没有言及祖宗之法是否该遵循，但从他痛心

---

① 《宋会要辑稿》礼三之二〇。

② 《宋会要辑稿》礼三之二〇至二一。

③ 陈祥道：《礼书》卷八十八，北京图书馆古籍珍本丛刊3，影印元至正七年福州路儒学刻明修本，北京：书目文献出版社，2000，346页。

于先王之礼"隳废殆尽"来看，他应该是以先王之制为终极依据的。至如《诗序》"郊祀天地"一语，他也与《周礼》一同引用，却并没有说这表明天地要合祭。而且，在解《诗序》"春夏祈谷于上帝"和"丰年，秋冬报"之时，他认为春祈谷为启蛰而郊，夏祈谷为龙见而雩，秋报为季秋大飨，冬报为冬日至圜丘①，将诗序之语都拆开来看作两个不同的祭祀。那么他也不大可能会用"郊祀天地"来证明天地合祭为"不可破之论"。如此看来，陈祥道主张合祭之说颇为可疑，反倒是支持他赞同分祭的证据更为充分一些。

余英时指出宋代儒家有"回向三代"的理想，无论是新学还是其他学派的学者与政治人物，都不会否认复兴尧舜三代之治的复古追求。同样，他们对于本朝祖宗家法也大多表示尊重，不会轻易发表否定性意见——即使不赞同，也多以比较隐晦、委婉的方式来表达。先王之制与祖宗之法都是他们在构建理想政治秩序时所要遵循的基本原则。但是，在先王之制/圣王之制与祖宗之法发生冲突之际，谁更具有权威性呢？对于这样一个问题，宋人似乎并没有给出一个明确无疑的答案，也就是说并没有一个绝对的权威可以凌驾于另一个之上。现实的情况是，在不同的政治局势之下，学者所强调的侧重点会以其特定的政治目的与诉求为基本出发点。二者的内涵如何诠释，又如何进行协调，政治立场的差异往往才有真正的决定性。

二、太皇太后与皇帝之争

绍圣元年，御史中丞黄履在重申应当天地分祭之时，不仅驳斥了旧党对经典阐释的失误，更直接提出了合祭背后的现实政治问题："南郊合祭，自古无有，止因王莽谄事元后，遂跻地位，同席共牢。逮于先帝，始厘正之。陛下初郊，大臣以宣仁同政，复用王莽私意，合而祀之，渎乱典礼。而进言者既陈殃咎以动之，又条六议以实之，且谓古今之正礼，不独初郊可行，实为无穷不刊之典。臣详其说，大概以夕月西郊、《昊天有成命》为得其要，而不知天地定位，不可为一，故自日而降，始得从祀。《记》曰'大报天而主日'是也。至《昊天有成命》

① 陈祥道：《礼书》卷八十九，348页。

‘郊祀天地’之诗，终篇虽不言地，而其用可通，是以序兼言之。亦犹《天作》‘祀先王先公’，诗不言先公；《般》‘巡守祀四岳河海’，诗不言海，其旨皆同。由是推之，天地不可合祭，亦昭然矣。”①与元丰时期的意见有所区别的是，这里特别提出王莽定天地合祭之制是为了“谄事元后”。于是，在太皇太后高氏“权听制”的时期，元祐主合祭之臣也就具有了和王莽一样“谄事高后”的嫌疑。在黄履的有意联系之下，合祭成为旧党阿谀奉承、为了推尊太皇太后而以私心变乱国家大典的悖逆行为，那么，旧党之被贬黜不仅恰当，更是罪有应得了。

在元祐时期，大小政事其实都是由高后作最终裁决的，史籍中所载哲宗之语，大多是高后之言。真正能反映哲宗态度的，大概只有在经筵中接受教育时所讲。在元祐七年有事南郊的御札中，代哲宗立言的词臣就宣称皇帝继位以来的八年之中，皆是“(勤)[亲]遵太母之训，祇守丕基之成”②，哲宗的意见并没有贯彻到——甚至只是进入朝廷的议论之中，他所能做的只是遵照祖母高后的指示罢了。因此，《铁围山丛谈》中记载：“哲宗即位甫十岁，于是宣仁高后垂帘而听断焉。及寖长，未尝有一言。宣仁在宫中，每语上曰：‘彼大臣奏事，乃胸中且谓何，奈无一语耶?’上但曰：‘娘娘已处分，俾臣道何语?’……上所以衔诸大臣者，匪独坐变更，后数数与臣僚论昔垂帘事，曰：‘朕只见臀背。’”③年幼的哲宗坐在高高的龙椅之上，得不到大臣的尊重，只能看见臣子对祖母拜伏时背对自己的臀部和后背。对于高后和元祐之臣，哲宗心中充满了不平之气。

作为蔡京的儿子，出于维护新党、维护哲宗与蔡京等人反宣仁之政、罢黜元祐之臣的目的，蔡絛的记载可能有夸张之处，不容尽信为实录。可考之于既不属于新党也不属于旧党的苏颂的举止，则蔡絛所记未必没有可能。《宋史·苏颂传》云：“方颂执政时，见哲宗年幼，诸臣太纷纭，常曰：‘君长，谁任其咎耶?’每大臣奏事，但取决于宣仁

① 《宋会要辑稿》礼三之二一。

② 《宋大诏令集》卷一百十九《元祐七年有事南郊御札》，405 页。

③ 蔡絛：《铁围山丛谈》卷一，5 页。

后，哲宗有言，或无对者。惟颂奏宣仁后，必再禀哲宗；有宣谕，必告诸臣以听圣语。及贬元祐故臣，御史周秩劾颂。哲宗曰：'颂知君臣之义，无轻议此老。'"①也就是说，除了苏颂之外，其他大臣基本都忽略了哲宗才是真正的统治者。哲宗虽然在元祐中一语不发，但他在内心中对诸人的言行实际上都有自己的判断。即使元祐之臣在实际的态度上并没有不尊重哲宗，但在哲宗的情感上却造成这样一种印象。只有苏颂，能够事事向哲宗请示，被哲宗视作"知君臣之义"而得到保护，也才能逃脱新党的陷害。

《续长编》引《哲宗实录》记载元祐中合祭分祭之争时说："惟苏颂议论稍有经据，颇合礼典，自馀皆狂说异意，惟务变革良法善政。"但考之事实，则高后与宰辅共同商议之际，苏颂与吕大防、苏辙等人的意见一致，都主张遵循仁宗皇帝故事，施行合祭；而主分祭的为范百禄，故范冲等重新修订实录之时辩其错谬与诬谤宣仁之罪。② 按《哲宗实录》撰自元符三年，至大观四年成书上进，历经近十年③，主其事者如蔡京、陆佃、蹇序辰等都是新学的重要成员，更是新党的核心力量。他们在修实录过程中必然会以新法为是，以哲宗绍述为是，而以元祐更化为非。蔡京等人不顾事实，而特意将苏颂与吕大防等人分开，很难说是考释不精所致。哲宗拒绝周秩弹劾苏颂的建议，即意味着哲宗将对自己表示尊重的苏颂排除在了附会宣仁、变乱神宗法制的"奸党"之外。那么，或许可以认为，《哲宗实录》之旧录以苏颂"议论稍有经据，颇合礼典"，借以表明苏颂在元祐时期属于尊君——尊哲宗一派，乃是顺承哲宗之意的结果，是要传达出苏颂尊君亲上而旧党背君乱上的意思。

尽管恶意攻击的成分居多，但旧党之人对于高后与哲宗的态度确实会给人以口实。上引《苏颂传》中言"大臣奏事，但取决于宣仁后"，

---

① 《宋史》卷三百四十《苏颂传》，10867 页。

② 《续长编》卷四百七十七，元祐七年九月，11365～11369 页。

③ 《哲宗实录》的纂修与重修经过，可参见蔡崇榜：《宋代修史制度研究》，台北：文津出版社，1993，98～101 页。

是诸人唯以高后为主，而全置哲宗于度外。高后摄政之制一依章宪明肃刘后之故事，但真宗末刘后“居中预政，太子虽听事资善堂，然事皆决于后，中外以为忧”①，在天圣、明道之间，大臣也常常在努力遏制刘后揽权、专制的倾向。与之不同的是，高后在元丰之末开始权同听断出于群臣之请；而且高后在政治上支持反变法一派，反对新法，更促进了旧党对于高后的支持与尊崇。在旧党眼中，高后已经是实际上的君主。主合祭最力的苏轼、苏辙和范祖禹，他们对于高后的尊崇也最为有力。苏轼、范祖禹等人在奏疏、墓志等文章中屡次言及“二圣嗣位”②，即将高后与哲宗视作共同继承神宗皇位的圣人，等于以高后为皇位的继承者。苏辙在奏状中更是直接宣称“太皇太后陛下以女主称制”③，近于将高后同于汉之吕后、唐之武则天，虽无皇帝之名，而有为天下万民之“主”之实。

太后摄政在北宋自有故事，仁宗、英宗继位之初皆是在太后的统治之下，皇帝自身没有实际权力。从名分上来说，真宗刘后和仁宗曹后都不是新皇帝的母亲，她们更多是作为先帝之皇后来获得摄政之权的，其权力的根源仍在于作为其夫的皇帝。④ 而高后却是神宗的母亲、哲宗的祖母，具有直接的血缘关系。当司马光提出“以母改子”之说以后，高后就不仅是作为先帝之后而存在了，她因家庭内部母亲对于儿子的地位和权力而获得政治行为的正当性。⑤ 国事被融摄进家庭关系之中，旧党以母子关系来消解变革先帝政事的困境。从这一角度来说，

---

① 《宋史》卷三百一十《王曾传》，10183 页。

② 苏轼：《苏轼文集》卷十六《司马温公行状》，489 页；卷二十九《述灾沴论赏罚及修河事缴进欧阳修议状札子》，823 页；卷二十九《论周穜擅议配享自劾札子》之二，833 页；卷三十《论高丽进奉状》，847、848 页；卷三十一《应诏论四事状》，881 页；卷六十三《祭范蜀公文》，1950 页。范祖禹：《范太史集》卷三十九《天章阁待制杨公墓志铭》，卷四十《检校司空左武伟上将军郭公墓志铭》等。

③ 苏辙：《栾城集》卷三十六《乞选用执政状》，793 页。

④ 刘静贞：《皇帝和他们的权力：北宋前期》，164～167 页。

⑤ 杨联陞《国史上的女主》即指出太后作为母亲的权力和妻子的权力，见杨联陞：《国史探微》，沈阳：辽宁教育出版社，1998，66～79 页。又杨氏亦指出，宋代太后可能受到武曌及契丹拥大权的太后之影响。

高后的政治地位与合法性是旧党十分需要的。在南郊之中实行天地合祭，并着重提出"父事天，母事地"，不可独独尊崇父亲而忘了对母亲的礼敬①，也就意味着提高太皇太后在政治体制中的合法地位。

在坚持合祭的建议中，范祖禹等人认为："王者父事天，母事地，皆不可以不亲。今三年而一郊，已非古典，而北郊未有亲祠之日，若不亲见地祇，则是尊天而不亲地，事父而未事母也。"②苏辙的《论合祭天地札子》(时已有旨施行，不复上)中也说："天子父事天，母事地，自生民以来未有事父而遗母，事天而遗地者也。……既已再见昊天，而未始一见皇地。事天而遗地，有事父而遗母之嫌，推之人情，神意不远。"③他们强调天子对天地具有同等的责任和义务，即对父母要表示同等的尊重与孝思。文彦博说："譬如祭父母，作一处何害?"④苏辙在《拟合祭天地手诏》中写道，"既已再见昊天，未尝亲奉神媪。惟父天母地，不可以独疏"⑤，更是直接将地祇与象征阴、代表女性的神媪联系起来。汉元始之制，特祀南北郊分别以先祖妣即高帝高后配，合祭则以吕后与高帝同席共牢，一起合配天地。⑥ 此后北郊基本皆以先妣配享。但随着皇帝与天地之间联系的日益紧密，隋唐以后，北郊祭地也逐渐以祖宗配享。⑦ 宋朝之制，常祀有司摄事北郊都是以太祖配地，早已将"王后/皇后"与"地"的联系割断。而苏辙等人重新强调母事地，强调事地之义在于事母，无疑是重在点出哲宗乃至神宗对应于高后的母子、祖孙之间的义务。哲宗不仅应该对父孝，也应当孝于母，应当顺从祖母之意；当高后"以母改子"之时，已然作古的神宗作为人子自然不能有意见，作为孙子的哲宗就更应奉行不辍了。

---

①　苏辙：《栾城后集》卷十五《论合祭天地札子》，见《栾城集》，1324～1326页。

②　《续长编》卷四百七十七，11360页。

③　苏辙：《栾城后集》卷十五，见《栾城集》，1324～1326页。

④　《文献通考》卷七十六《郊社考九》，701页。

⑤　苏辙：《栾城后集》卷十五，见《栾城集》，1324页。

⑥　《汉书》卷二十五下《郊祀志下》，1265～1266页。

⑦　《文献通考》卷七十六《郊社考九》，695页。

朱溢认为哲宗以后郊祀论争的焦点在于皇帝亲祭北郊的可操作性。① 确实，宋代郊祀因为要对大臣、宗室、军队等进行赏赐，费用极高②，苏轼、范祖禹等人也多因此反对亲祀北郊。但郊祀之费是否真正足以对宋代财政造成沉重的负担，换句话说，北宋朝廷是否真的拿不出这样一笔钱，其实似乎并没有绝对的证据。熙宁之初，曾公亮等请辞南郊所赐银绢，王安石、王珪都以为所费并不多，即使赞同曾公亮等人之举的司马光也承认“此物未能富国家”。③ 冀小斌更指出，北宋君臣会为某种政治目的而夸大资金不足的严重性，所谓“国用不足”问题实际上只是在制度上三司财用不足，而非整体的财政紧张。④ 此论提示我们，苏轼等人以用度不足为借口反对亲祠北郊，未必是现实的财政压力所致，其背后的政治目的才是关键。对于新学来说，在力主分祭之说时，如叶祖洽等人也提出了减损北郊仪制以便施行的建议。对此，范祖禹说，“减损北郊之仪，以就可行，是于父母有隆杀也”⑤，苏轼也称，“事天则备，事地则简，是于父母有隆杀也”⑥。他们更为在意的，是南北郊异制所体现出的尊父卑母——尊神宗而卑高后的象征意义，那将降低高后在政治体制中的地位，也会减弱高后“以母改子”废止神宗新法的合法性。反过来，如上文已经提到的，新学分祭之说加强了天的唯一性和尊贵性，而使北郊仪制与南郊相比有所降格，也就同样具有天尊地卑、尊无二上的意味了。如黄裳分祭之议虽有变礼，但其根据仍在天尊地卑。“王者之事天地，当有隆杀”，明是与旧党之说相反。“《昊天有成命》，二郊同歌一诗之辞，不言地。盖天

① 朱溢：《从郊丘之争到天地分合之争》，载《汉学研究》，2009(2)。

② 赵翼著，王树民校证：《廿二史劄记校证（订补本）》卷二十五《宋郊祀之费》，北京：中华书局，2005，532～533页。

③ 《长编拾补》卷三下，熙宁元年八月癸丑条，123～127页。

④ 冀小斌：《北宋积贫新解——试论“国用不足”与王安石新法之争》，见周质平、Willard J. Peterson主编：《国史浮海开新录——余英时教授荣退论文集》，283～300页。

⑤ 《续长编》卷四百七十七，11361页。

⑥ 《续长编》卷四百八十一，11456页。

无成而代有终者，地之道也。地不敢有其功，而归之天焉故也”①，更是强调地不自有其功，而天为之主。同样，在人间世界，母后也不应着意表现其功业，而应归之于皇帝，加强皇帝功济天下的唯一性。

合祭分祭之争即伴随着新旧党争②，从董敦逸、黄庆基二人之言行际遇颇可窥其大概。在元祐七年之集议之中，二人皆主分祭。在此之间，他们又反复弹奏苏轼兄弟，其中如言其擅作威福，窃人君之柄，对人之子，詈人之父，诋斥先帝，都从尊君、尊神宗的角度指责苏轼兄弟不合人臣之义。元祐八年，苏轼上《圜丘合祭六议》之后，范祖禹恐怕合祭之议在群臣的互相辩难之中败下阵来，暗中请吕大防在朝廷中斟酌苏轼的意见施行而罢集议。③随后颁布的罢合祭之诏亦为范祖禹所草④，可见旧党本身对于自己的理论也并不自信，而需要通过一定的政治手段去达成自己的政治目的。而在宣布罢合祭之后，元祐八年五月辛卯，董敦逸、黄庆基便以言苏轼兄弟不当被罢。⑤可是，哲宗亲政以后，他们又迅速返回朝廷，并且在议南郊之礼时继续坚持分祭之说。⑥尽管不能说二人是因为合祭分祭之争而被罢或得复，却可以从中看到是否尊君、尊哲宗已经成为党争之中的一个重要议题。又如周秩提出，“司马光以元祐之政，以母改子，非子改父，失宗庙之计。朝廷之政，必正君臣之义，以定父子之亲，岂有废君臣父子之道而专以母子为言”⑦，正是在以君臣父子这种上下等级秩序反对元祐时期的母子之说。在新学和新党的眼中，君父的地位是独尊的，在政治体制之中，哲宗的地位也远非高后可比。高后的“权”听断并不具有与皇帝一样的政治权力，母子之间的家庭内部关系不足以凌驾于君臣父

---

① 黄裳：《演山集》卷二十六《议北郊表》，183～184页。

② 关于哲宗时期的新旧党争，参见罗家祥：《北宋党争研究》，第三章至第五章。

③ 《续长编》卷四百八十一，元祐八年二月壬申条，11459页。

④ 《续长编》卷四百八十三，元祐八年四月丁巳条，11481页。

⑤ 《续长编》卷四百八十四，元祐八年五月辛卯条，11495～11504页。

⑥ 《宋会要辑稿》礼三之二五。

⑦ 《长编拾补》卷十，绍圣元年七月丁巳条，432～433页。

子关系之上，其改变神宗之政也就不具有天然的合法效力。本小节开头所引黄履之说，特意在分祭合祭之争中提出王莽“谄事元后”，无疑是在加强哲宗独尊权力以否定元祐宣仁之政的背景下的党争话语。由此更可以看出，哲宗时期的合祭与分祭之争不仅是礼制问题，其核心仍在于政治斗争。

后 记

后记通常是谢词，不能免俗，也是理所应当，所以先要对成书过程中所得到的帮助表示感谢。

首先要感谢的是我的导师朱维铮先生。先生不嫌我鲁钝，收我入门下，还让我长期担任他的助理，使我能够有机会近距离感受先生为人与治学的风范，这是我一生的财富。先生望之俨然，即之也温，待学生虽严，心底却始终柔软。在博士论文写作的过程中，先生已罹病住院，但始终关心着我。在夜晚的陪护之中，先生几次与我长谈，指导我的论文，也关心我未来的出路。2012 年 2 月 15 日下午，就在辞世前不到一个月，先生还忍受着病痛的折磨，与研究室老师一起讨论我的博士论文，为我指点新的研究方案。师恩深重，永铭于心！先生归道山倏然已逾十载，思之恻然。这几年无论主业做出版还是业余从事学术“研究”，似粗堪有以自立，但离先生的标准还远得很，惭愧不已！唯有努力向学，庶不负先生所望。

还需要特别感谢的是我的硕士导师邓志峰先生。我在大四保研以后才开始在邓师的指导下有系统地读书，是邓师引领我初窥学术门径，使我认识到学问的境界。邓师学问淹博精深，在关键处的提点常使我拨云见日；而邓师之人格风范，也常引领我前行。读书时，每当遇到困难的时候，总是向邓师寻求帮助；而邓师也总是不厌其烦，悉心以对，每一次谈话，我都能在邓师那里获得前进的动力。邓师惠我良多，我终生感佩！

本书的初稿是我的博士论文，在送审和答辩的过程中，得到朱瑞熙教授、虞云国教授、严佐之教授、姚大力教授、朱刚教授、粟品孝教授的耐心审读和宝贵意见，不胜感激之至！

在复旦求学的十一年中，得到过许多师友的帮助。中国思想文化史研究室的高晞教授、王维江教授、姜鹏教授常对我表达关切之情，给了我很多有价值的建议，谨此致谢。有幸听过历史学系、中文系、哲学学院众多老师的课程，从中获益良多。多年来与闫鸣、曹南屏同居一室，切磋砥砺、把酒闲谈，避免独学无友之叹，也为单调的求学生涯增添了一丝乐趣；师姐胡春丽、友人张旭辉在各个方面都提供给我许多帮助，在此一并表示感谢！

工作以后，身在出版社，与学界、出版界、媒体界的许多长辈、同道交往颇多，得到了许多师友的关心、帮助和鼓励，这里恕不一一列名，以免攀附之讥，但感激之情，并无少减。

小书在出版过程中，得到虞云国先生和邓志峰师的推荐。孙瑜老师热心联系，蒙谭徐锋兄不弃，惠允纳入“中华学人丛书”；复蒙于馥华、段亚彤两位编辑细心加工，正讹匡谬。在此特别表示深深的感谢！书中若有任何错讹，责任自然全部在我，尚祈读者批评指正。

最后，要感谢我的家人。为了读书，为了自己的理想，在当今的时代，未能对家庭尽更多的责任，心中常怀愧疚。但他们一直表示理解，常安慰我不要顾及太多。正是他们的宽容，使我能够自由地做自己想做的事情。谨以此书为献！

表达完感谢，似乎便可以就此搁笔。但总还想再说些什么，却又常常不知从何说起，又能够说些什么。稍微啰唆两句吧。就本书的主题来讲，北宋之新学，其学虽然不无可取之处，却也有所偏，以之治国，则大患生焉。新学离我们差不多已有千年之远——去年，“各界”刚刚“庆祝”了王安石千岁诞辰，自然又是一番争吵不休——今之视昔，岂能不感慨丛生？

2022 年 3 月 31 日

俗称上海浦西划江封闭“大年夜”

图书在版编目（CIP）数据

北宋新学研究/张钰翰著．—北京：北京师范大学出版社，2022.3

（中华学人丛书）

ISBN 978-7-303-27835-0

Ⅰ．①北…　Ⅱ．①张…　Ⅲ．①学术思想—思想史—研究—中国—北宋　Ⅳ．①B244.99

中国版本图书馆 CIP 数据核字（2022）第 041618 号

营销中心电话　010-58808006

北京师范大学出版社谭徐锋工作室微信公众号　新史学 1902

BEISONG XINXUE YANJIU

出版发行：北京师范大学出版社 www.bnupg.com

北京市西城区新街口外大街 12-3 号

邮政编码：100088

印　　刷：北京盛通印刷股份有限公司

经　　销：全国新华书店

开　　本：730 mm ×980 mm　1/16

印　　张：24

字　　数：346 千字

版　　次：2022 年 7 月第 1 版

印　　次：2022 年 7 月第 1 次印刷

定　　价：79.00 元

策划编辑：谭徐锋　　责任编辑：于馥华　段亚彤

美术编辑：王齐云　　装帧设计：王齐云

责任校对：段立超　　责任印制：赵　龙